弁護士実務に効く

判例にみる
宗教法人の法律問題

横浜関内法律事務所
本間久雄 著

第一法規

推薦のことば

　信教や宗教のテーマは、いにしえより人間とともにあるものでありながら、現在でもさまざまな解決すべき現代的問題もはらむところであります。本書は、宗教法人の法律問題についての判例を体系ごとに取り上げているもので、弁護士などの法律実務家にとどまらず、この問題について関心をもつ多くの方々に大いに役に立つものであると確信しております。

　神弁協叢書は、出版したいと考える弁護士及び神奈川県弁護士会の専門委員会や研究会の思いをかなえるために、神奈川県弁護士協同組合が出版社との間を取り次いでその思いを実現していく事業です。神奈川県弁護士会の英知が神弁協叢書を通じて続々と世の中に出ていき、我が国の法律実務発展のために貢献していくことを期待して、本書を推薦いたします。

平成30年12月　神奈川県弁護士会
会長　芳野直子

神弁協叢書発刊の辞

　神奈川県弁護士会は、平成30年9月1日現在、1,635人の会員を擁し、東京三会、大阪弁護士会、愛知県弁護士会に次ぐ規模の弁護士会となっております。これだけの多種多彩なバックボーンをもつ会員が集まる会だからこそ、委員会活動や研究活動も盛んで、各種委員会の出すマニュアル類や各種研究会の出す論文集等は、市販されている出版物に比べても決してひけを取らない完成度を誇っています。

　神奈川県弁護士協同組合では、多種多彩な会員のもつ英知を出版という形で世に問うてみたいと考え、今般、神弁協叢書を発刊する運びとなりました。

　神弁協叢書第一弾として、本間久雄弁護士の「弁護士実務に効く　判例にみる宗教法人の法律問題」をお送りします。本間弁護士は、寺院出身で僧籍ももっており、宗教法人関係の事件を多数扱っています。その経験と実績を生かして、本書は、初めて宗教法に触れる読者の便宜を図って必要十分な基礎知識の解説を交えつつ、戦後の宗教裁判例を体系的に整理しています。本書を読めば、宗教法人実務のおおよその勘所はしっかりと把握できるようになるでしょう。宗教法人に関する裁判例を体系的にまとめた書物は近年見当たらず、必ずや宗教法人関係の実務に直面した実務家のお役に立つ書籍となるであろうと確信しております。

　神奈川県弁護士協同組合では、今後も、各種委員会の出すマニュアル類や各種研究会の研究結集、各会員の経験知を書籍化していく予定です。神弁協叢書を通じて、日本の法律実務の向上に少しでも貢献していきたいと思います。

　最後になりますが、神弁協叢書事業に賛同し、本書出版にご協力していただいた第一法規株式会社には、心よりの感謝を申し上げます。

　　　　　　　　　　　　　平成30年12月　神奈川県弁護士協同組合
　　　　　　　　　　　　　　　　　　　　理事長　庄司道弘

はしがき

　本書は、宗教法（宗教にまつわる法の総称）に関する戦後の主要な裁判例をまとめ、それを体系的に並べて必要な解説を付したものです。本書をお読みいただければ、裁判例を通じて宗教法の基礎的な知識をヴィヴィッドに把握することができるでしょう。

　宗教や宗教法人に関する事件処理をするにあたっては、以下に述べるような理由で宗教裁判例に対する体系的な理解をもっておくことが必要不可欠です。

1　宗教関係法の条文が少ないこと

　宗教法人のガバナンスを規律する宗教法人法は、会社法の条文が979条もあることと比較して、わずか89条しかありません。しかも、会社法が頻繁に改正されるのとは対照的に、宗教法人法はオウム真理教事件を契機に平成7年に比較的大規模な改正がなされた程度で、その他はめぼしい改正がなされていません。

　墓地に関する法律として、墓地、埋葬等に関する法律（墓埋法）がありますが、墓埋法は、わずか28条しかなく、昭和23年の施行以来、根本的な改正はなされていません。

　このような少ない条文の間隙を埋めるものとして、宗教や宗教法人に関する事件処理をするにあたって裁判例の把握が必要不可欠なのです。宗教裁判例を知っておかないと、例えば、「包括宗教団体から懲戒処分を受けたがどう対応したらいいか」「寺院墓地に異教徒から埋葬依頼を受けたがどう対応したらいいか」「境内地について財産処分をしたいが、どのようにしたら法律上問題がないか」などといった相談に対して右往左往することになるでしょう。特に、宗教法人の役員の地位をめぐる紛争については、判例実務を知らないで適切に対処することは困難です。

2 他の法分野にない独自の法概念があり、いまだ裁判実務が定まっていないこと

　宗教法には、墓地使用権・典礼施行権などといった他の法分野にはない独自の法概念がありますが、その内容をめぐっていまだに裁判実務が定まっていません。例えば、寺院墓地における典礼施行権について、昭和38年の津地裁判決によって一応の指針が示され、それに従って宗教法人実務が動いてきましたが、平成24年の宇都宮地裁判決がそれを覆すかのような判断を示し、宗教法人実務は混迷を極めています。

　宗教法人内部の争いをめぐっては、必ずといっていいほど当該紛争が「法律上の争訟」であるか否かが問題となります。平成初頭の一連の最高裁判決によって、「法律上の争訟」該当性について実務が固まったと思いきや、平成20年代に入っても地裁と高裁で判断を別にする事案が出てきています。また、葬儀費用の負担に関しても、裁判所の判断は、喪主説・相続財産負担説・相続人負担説等に分かれており、いまだに最高裁の判断が示されていません。

　宗教法分野の裁判例は、いまだに判例法理というものが定まっていないところが多々あります。最先端の法分野（知的財産法・ＩＴ法・金融法等）においてもまだまだ判例法理が定まっておりませんが、この状況を宇宙探索に喩えれば、宗教法分野は、深海探索に喩えることができるでしょう。

　宗教法には、独自の法概念があるとともに、裁判実務が定まっていないことから、現在取り扱っている事件が裁判所に持ち込まれたときにどのような扱いを受けるのかについて、あらかじめ従前の裁判例の状況を体系的に把握しておく必要があります。

3 宗教実務の実情が理解できること

　宗教法人は、包括宗教団体が独自の懲戒機関を設けていたり、護寺会などといったいわば寺院サポート会を結成していたりなど、普段、宗教に関わりがないと中々その実情がわかりにくいものです。

　宗教裁判例の多くは、宗教実務について、簡にして要を得た事実認定をしており、これらの裁判例に接することで、宗教実務の実情が理解しやすくな

ります。

　現在、判例検索システムが充実しており、判例の検索は容易ですが、宗教法は、究極的には「信教の自由」というバックボーンによって動いていることと、論点によっては裁判所の判断がいまだに固まっていないことから、事件ごとに裁判例を検索して、付け焼刃的に「わかったつもり」になって宗教法の事件処理をしていては、思わぬところで足をすくわれることになります。
　本書は、主要な宗教裁判例を体系的にまとめるとともに、必要な解説を付していますので、初めて宗教法事件を扱う実務家にとって、よき羅針盤になるものと確信しています。宗教関係の事件処理をしていて壁にぶつかったとき、本書の目次をみて、関連裁判例を眺めてみると、解決のための糸口がみえてくるものと思います。ある程度、宗教法事件を取り扱っている実務家にとっても、「こんな裁判例があったのか」という新たな発見があるでしょう。本書は、宗教法の初心者から中上級者まで、全ての方のニーズを満たすものであると確信しています。

　私が所属する横浜関内法律事務所では、昨年、『寺院法務の実務と書式』（民事法研究会）という僧侶を主な対象とした書籍を出版させていただきました。同書を執筆する中で、宗教裁判例の重要性を痛感しましたが、宗教裁判例を一冊でまとめた書物は、平成３年に発刊された『宗教判例百選〈第二版〉』（有斐閣）以来見当たりません。平成３年以降、重要な宗教裁判例が多数出されているにもかかわらず、それが全くアップデートされていない状況に歯がゆい思いをしておりました。そのことを弊所所長であり、神奈川県弁護士協同組合理事長でもある庄司道弘弁護士に話すと、神弁協叢書の企画があると言われ、今回出版させていただく運びとなりました。本書出版をサポートしていただいた神奈川県弁護士協同組合の皆様、第一法規株式会社出版編集局編集第一部の草壁岳志様・藤本優里様、過分なご推薦の言葉を賜りました神奈川県弁護士会の芳野直子会長には大変感謝しております。

前著『寺院法務の実務と書式』が、「人に読んでいただきたい本」であるとするならば、今著は、「自分が読んでみたい本」です。宗教裁判例をまとめていく中で、今まで気づかなかったさまざまな発見をすることができ、大変勉強になりました。

　平成時代は、私が少年時代・青年時代を駆け抜けた時代です。思い出深い平成時代も終わろうとする時期に、このような私のわがままを実現できた本を出せる感慨に浸っております。

　本書が、宗教法実務に携わる実務家の皆様方のお役に僅かでも立てることができるならば、これ以上の喜びはありません。

平成30年12月　弁護士　本間久雄

凡　　例

１．判例出典等略語

　裁判例には、原則として判例情報データベース「D1-Law.com 判例体系」（https://www.d1-law.com）の検索項目となる判例IDを〔　〕で記載した。

　例：最高裁平成11年3月25日判決（裁判集民192号499頁）〔28141941〕

民集	最高裁判所民事判例集
刑集	最高裁判所刑事判例集
裁判集民	最高裁判所裁判集民事
高裁刑集	高等裁判所刑事判例集
下級民集	下級裁判所民事裁判例集
下級刑集	下級裁判所刑事裁判例集
判タ	判例タイムズ
判時	判例時報
労判	労働判例
家裁月報	家庭裁判月報
裁決事例集	国税不服審査庁HP掲載裁決事例集

２．法令略語

憲法	日本国憲法
社寺処分法	社寺等に無償で貸し付けてある国有財産の処分に関する法律
情報公開法	行政機関の保有する情報の公開に関する法律
墓埋法	墓地、埋葬等に関する法律

目　次

推薦のことば ································· iii
神弁協叢書発刊の辞 ···························· iv
はしがき ···································· v
凡例 ······································· ix

第 1 章　宗教と憲法

Ⅰ　はじめに ································· 002

Ⅱ　信教の自由 ································ 003
　❶　はじめに ································ 003
　❷　信仰の自由 ······························ 004
　　⑴　はじめに ······························ 004
　　⑵　信仰の自由の実質的保障 ··················· 005
　　⑶　宗教的人格権 ·························· 012
　　⑷　私人間における信仰の自由 ················· 024
　❸　宗教的行為の自由 ························· 033
　❹　宗教的結社の自由 ························· 037

Ⅲ　政教分離 ································· 041

Ⅳ　司法権の限界 ······························ 062
　❶　はじめに ································ 062
　❷　訴訟物による制限に関する裁判例 ··············· 064
　　⑴　宗教上の地位の確認 ····················· 064
　　⑵　宗教団体内の懲戒処分の無効確認 ············ 067

(3) 信者の地位の確認・・・・・・・・・・・・・・・・・・・・・・・・・・・069
　3 宗教団体の自律的決定権との関係による制限に関する裁判例・・・072
　　(1) 司法権と宗教団体の自律的決定権との
　　　関係のリーディングケース・・・・・・・・・・・・・・・・・・・・・072
　　(2) 代表役員の地位そのものが問題となる類型・・・・・・・・・・074
　　(3) 民事紛争の前提として問題となる類型・・・・・・・・・・・・・079
　　(4) いまだに混乱する裁判実務・・・・・・・・・・・・・・・・・・・・087

第2章　宗教とガバナンス

Ⅰ　はじめに・・・・・・・・・・・・・・・・・・・・・・・・・・・・・・・・・・・・094

Ⅱ　規則・・・・・・・・・・・・・・・・・・・・・・・・・・・・・・・・・・・・・・・095
　1 規則とは・・・・・・・・・・・・・・・・・・・・・・・・・・・・・・・・・・095
　2 規則規定事項に関する裁判例・・・・・・・・・・・・・・・・・・・・096
　　(1) 目的（1号）・・・・・・・・・・・・・・・・・・・・・・・・・・・・・096
　　(2) 基本財産、宝物その他の財産の設定、管理及び処分、
　　　予算、決算及び会計その他の財務に関する事項（8号）・・・・・098
　3 規則の認証・・・・・・・・・・・・・・・・・・・・・・・・・・・・・・・・101
　4 規則の認証に関する裁判例・・・・・・・・・・・・・・・・・・・・・102
　　(1) 認証審査の程度・・・・・・・・・・・・・・・・・・・・・・・・・・・102
　　(2) 手続きに瑕疵のある規則変更の効力・・・・・・・・・・・・・・104
　　(3) 規則変更認証・不認証処分を争う原告適格・・・・・・・・・・108
　　(4) 認証審査の放置と国家賠償・・・・・・・・・・・・・・・・・・・114

Ⅲ　備付書類・・・・・・・・・・・・・・・・・・・・・・・・・・・・・・・・・・・118
　1 備付書類とは・・・・・・・・・・・・・・・・・・・・・・・・・・・・・・118
　　(1) 備付書類の内容・・・・・・・・・・・・・・・・・・・・・・・・・・・118

(2) 信者やその他の利害関係人の閲覧請求権 ・・・・・・・・・・・118
　　(3) 備付書類の写しの所轄庁への提出 ・・・・・・・・・・・・・119
　❷ 備付書類に関する裁判例 ・・・・・・・・・・・・・・・・・・・122
　　(1) 宗教法人法25条3項の各要件 ・・・・・・・・・・・・・・・122
　　(2) 所轄庁提出書類と情報公開 ・・・・・・・・・・・・・・・・125

Ⅳ 財産処分 ・・・・・・・・・・・・・・・・・・・・・・・・・・・128
　❶ 財産処分に関する基本的ルール ・・・・・・・・・・・・・・・・128
　❷ 財産処分に関する裁判例 ・・・・・・・・・・・・・・・・・・・130
　　(1) 宗教法人法24条但書の善意には
　　　 重過失の場合を含まないこと ・・・・・・・・・・・・・・・・130
　　(2) 相手方の重過失 ・・・・・・・・・・・・・・・・・・・・・132
　　(3) 境外地処分と宗教法人法24条 ・・・・・・・・・・・・・・・138
　　(4) 宗教法人法23条1項1号の「処分」の意義 ・・・・・・・・・139
　　(5) 公告をめぐる裁判例 ・・・・・・・・・・・・・・・・・・・142
　　(6) 文化財保護法と財産処分 ・・・・・・・・・・・・・・・・・144
　　(7) 宗教法人法24条違反の主張が信義則に反する場合 ・・・・・・146
　　(8) 宗教法人令下の財産処分と宗教法人法 ・・・・・・・・・・・147
　　(9) 財産処分等に関する無効の訴えと原告適格 ・・・・・・・・・149
　　(10) 利益相反取引と財産処分 ・・・・・・・・・・・・・・・・・152

Ⅴ 組織・機関 ・・・・・・・・・・・・・・・・・・・・・・・・・156
　❶ 宗教法人のプレーヤー ・・・・・・・・・・・・・・・・・・・・156
　　(1) 代表役員 ・・・・・・・・・・・・・・・・・・・・・・・・156
　　(2) 責任役員 ・・・・・・・・・・・・・・・・・・・・・・・・156
　　(3) 代務者 ・・・・・・・・・・・・・・・・・・・・・・・・・157
　　(4) 仮代表役員・仮責任役員 ・・・・・・・・・・・・・・・・・158
　　(5) 議決・諮問・監査等の機関 ・・・・・・・・・・・・・・・・159

2 宗教法人の組織・機関に関する裁判例 ･･････････････････ 159
- (1) 後任住職選定に関する私的契約の効力 ･････････････････ 159
- (2) 代表役員の解任と民法651条 ････････････････････････ 163
- (3) 代表役員を互選する場合の責任役員と特別利害関係人 ････ 168
- (4) 責任役員会議の決議無効確認訴訟 ･････････････････････ 170
- (5) 代表役員（住職等）選任基準 ････････････････････････ 171
- (6) 役員解任権限 ･･････････････････････････････････････ 173
- (7) 地位確認の訴えと被告適格 ･･････････････････････････ 175
- (8) 役員の地位を争う原告適格 ･･････････････････････････ 176
- (9) 登記関係訴訟 ･･････････････････････････････････････ 180
- (10) 包括宗教団体におけるガバナンス関係訴訟 ･･････････････ 183
- (11) 仮代表役員 ･･ 185
- (12) 信者（会員）の地位をめぐる問題 ･････････････････････ 189
- (13) 責任役員会運営をめぐる問題 ････････････････････････ 196

VI 包括・被包括関係 ･･････････････････････････････････････ 204
1 包括・被包括関係とは ･････････････････････････････････ 204
2 包括・被包括関係に関する裁判例 ･･･････････････････････ 208
- (1) 包括宗教団体による被包括宗教法人役員罷免事例 ････････ 208
- (2) 宗教法人法78条1項の適用 ･････････････････････････ 211
- (3) 包括宗教法人の被包括宗教法人役員任命をめぐる問題 ････ 217
- (4) 包括宗教団体による懲戒処分をめぐる問題 ･･････････････ 219

VII 合併・解散 ･･ 226
1 合併とは ･･ 226
2 解散とは ･･ 228

第3章　宗教と墓地葬祭法

Ⅰ　はじめに ……………………………………………………… 238

Ⅱ　墓地に関する判例 …………………………………………… 238
　❶　墓地使用権の性質 …………………………………………… 238
　❷　墓地等の経営許可をめぐる問題 …………………………… 242
　❸　墓埋法13条の「正当の理由」をめぐる問題
　　　〜典礼施行権を中心として〜 ……………………………… 258
　❹　墓地管理をめぐる問題 ……………………………………… 267
　　（1）墓地所有権 ………………………………………………… 267
　　（2）永代使用料 ………………………………………………… 271
　　（3）墓地管理料 ………………………………………………… 274
　　（4）墓地の区画整理 …………………………………………… 280
　　（5）墓地使用契約の解除・解消 ……………………………… 283
　　（6）墓地経営者・管理者の注意義務 ………………………… 288
　　（7）墓地開発・運営に伴うトラブル ………………………… 302

Ⅲ　葬祭に関する判例 …………………………………………… 314
　❶　葬儀費用の負担 ……………………………………………… 314
　❷　祭祀承継者及び特別縁故者をめぐる問題 ………………… 316
　　（1）祭祀承継（主宰）者の権利 ……………………………… 316
　　（2）祭祀承継者の指定基準 …………………………………… 320
　　（3）特別縁故者 ………………………………………………… 321

第4章　宗教と民事法

Ⅰ　はじめに ……………………………………………………… 326

Ⅱ 所有権 ································ 326
❶ 所有権の帰属 ························· 326
❷ 取得時効 ···························· 338
❸ 所有権の行使 ························· 348

Ⅲ 賃貸借・使用貸借 ························· 355
❶ 賃貸借をめぐる裁判例 ····················· 356
(1) 住職の借地の上に寺院が設立された場合と民法612条 ····· 356
(2) 寺院境内地に土地賃借権の時効取得が認められた事例 ····· 357
❷ 使用貸借をめぐる裁判例 ····················· 360
(1) 寺族に対する明渡請求 ····················· 360
(2) 塔頭寺院の使用貸借契約をめぐる問題 ············· 365

Ⅳ 不法行為 ································ 370
❶ 宗教活動の違法性 ························ 370
❷ 受忍限度論 ···························· 376
❸ 宗教法人売買をめぐるトラブル ················ 385
❹ 名誉毀損 ···························· 391
(1) 宗教法人の指導者の私事の公益性 ··············· 392
(2) 住職の前科・行状と名誉毀損 ·················· 394
(3) 言論の応酬の抗弁 ······················· 397
(4) 公表文書等の名誉毀損該当性の否定 ·············· 398
(5) 霊言と名誉毀損 ························ 401
❺ 人格権侵害 ···························· 407
❻ 住職の逸失利益 ························· 422
❼ 宗教者の守秘義務違反 ····················· 423

Ⅴ 宗教法人運営をめぐる問題 ····················· 424

- **1** 寄付金の返還請求 ･････････････････････････････････ 424
- **2** 宗教法人の地位争いと占有回収の訴え ･････････････ 429
- **3** リーストラブル ･･･････････････････････････････････ 431
- **4** 書類の引渡請求 ･･･････････････････････････････････ 434
- **5** 貸金債権の履行期 ･････････････････････････････････ 436

VI 労働関係法 ･･･ 437
- **1** 宗教法人関係者の労働者性 ････････････････････････ 437
- **2** 破門と解雇 ･･･････････････････････････････････････ 443

VII 知的財産法 ･･ 444
- **1** 氏名権 ･･･ 444
- **2** 不正競争防止法 ･･･････････････････････････････････ 446
- **3** 著作権法 ･･･ 450
  - (1) 教義等の著作物性 ･･･････････････････････････････ 450
  - (2) 観音像の仏頭部のすげ替えと同一性保持権 ･･････ 452
- **4** 商標法 ･･･ 465

第5章　宗教と刑事法

I はじめに ･･･ 470

II 礼拝所及び墳墓に関する罪の裁判例 ･････････････････ 470
- **1** はじめに ･･･ 470
- **2** 礼拝所不敬罪 ･････････････････････････････････････ 470
- **3** 説教等妨害罪 ･････････････････････････････････････ 473
- **4** 墳墓発掘罪 ･･･････････････････････････････････････ 474
- **5** 死体損壊等の罪 ･･･････････････････････････････････ 475

6 墳墓発掘死体損壊等の罪 ･････････････････････････････ 479
　　7 変死者密葬罪 ･･････････････････････････････････････ 479

Ⅲ 宗教法人運営に伴う刑事法裁判例 ････････････････････････ 479
　　1 寺院住職の横領行為が問題となった事案 ･････････････ 479
　　2 寺院の敷地と住居侵入罪 ･･････････････････････････ 483
　　3 仏具・寺宝と刑事法 ･･････････････････････････････ 485
　　　(1) 寺院が魔除けの仏具として刀剣類を所持する場合と
　　　　銃砲刀剣類等所持取締令第2条但書 ････････････････ 485
　　　(2) 秘仏の写真と刑法175条のわいせつ物該当性 ･･･････ 487
　　4 宗教法人と注意義務違反（過失）････････････････････ 490

Ⅳ 宗教的感情に関連する事案の刑事法裁判例 ･･････････････ 493
　　1 祈祷名目による詐欺 ･･････････････････････････････ 493
　　2 「罰があたるぞ」との言辞と選挙妨害 ････････････････ 496
　　3 墓地外埋葬と期待可能性 ･･････････････････････････ 497
　　4 霊感治療と準強姦 ････････････････････････････････ 499

第6章　宗教と税法

Ⅰ はじめに ･･ 504

Ⅱ 法人税に関する裁判例（裁決例） ･･････････････････････ 505
　　1 はじめに ･･ 505
　　2 収益事業の収益事業該当性が問題となった裁判例（裁決例）････ 506
　　　(1) 宗教法人が死亡したペットの買主から
　　　　依頼を受けて葬儀等を行う事業 ････････････････････ 506
　　　(2) 不動産貸付業 ････････････････････････････････････ 508

(3) 霊園に関する事業・・・・・・・・・・・・・・・・・・・・・・・・・・・・・・・511

Ⅲ 固定資産税・都市計画税に関する裁判例・・・・・・・・・・・・516
❶ はじめに・・・・・・・・・・・・・・・・・・・・・・・・・・・・・・・・・・・・・・516
❷ 地方税法348条2項3号の非課税事由に関する裁判例・・・・・・・517
　　(1) はじめに・・・・・・・・・・・・・・・・・・・・・・・・・・・・・・・・・・517
　　(2) 庫裡・・・・・・・・・・・・・・・・・・・・・・・・・・・・・・・・・・・・・518
　　(3) 沐浴道場・・・・・・・・・・・・・・・・・・・・・・・・・・・・・・・・・519
　　(4) 堂宇建設までの建築資材等の仮置き場・・・・・・・・・・・・・521
　　(5) 将来境内地となる予定の工事中の土地・・・・・・・・・・・・・523
　　(6) 宗旨宗派を問わない納骨堂・・・・・・・・・・・・・・・・・・・・525
　　(7) 動物霊園・動物遺骨安置供養施設・・・・・・・・・・・・・・・528
❸ 地方税法348条2項4号の非課税事由に関する裁判例・・・・・・・533

Ⅳ その他の税目等に関する裁判例（裁決例）・・・・・・・・・・536
❶ 所得税・・・・・・・・・・・・・・・・・・・・・・・・・・・・・・・・・・・・・536
❷ 登録免許税・・・・・・・・・・・・・・・・・・・・・・・・・・・・・・・・・・538
❸ 相続税・・・・・・・・・・・・・・・・・・・・・・・・・・・・・・・・・・・・・541
❹ 差押禁止財産・・・・・・・・・・・・・・・・・・・・・・・・・・・・・・・・543
❺ 消費税・・・・・・・・・・・・・・・・・・・・・・・・・・・・・・・・・・・・・545

事項索引・・552
判例索引・・560

著者プロフィール・・・・・・・・・・・・・・・・・・・・・・・・・・・・・・・・573

第1章

宗教と憲法

I はじめに

　宗教と法律、裁判例といって真っ先に思い出すのは、信教の自由（憲法20条1項前段）や政教分離（憲法20条1項後段、20条3項、89条）、司法権の限界（憲法76条1項）といった憲法問題でしょう。ちなみに、信教の自由の対象となる「宗教」とは、「超自然的、超人間的本質（すなわち絶対者、造物主、至高の存在等、なかんずく神、仏、霊等）の存在を確信し、畏敬崇拝する心情と行為」であるとされています（名古屋高裁昭和46年5月14日判決（津地鎮祭事件第2審／行裁例集22巻5号680頁）〔27200546〕。ただ、宗教法人実務を行っていくとき、憲法論はあまり使わないのではないかと思う人は多いと思います。

　しかしながら、近代の自由主義は、中世の宗教的な圧迫に対する抵抗から生まれ、その後の血塗られた殉教の歴史を経て成立したもので、信教の自由は、あらゆる精神的自由権を確立するための推進力となったものです。そのため、信教の自由は人権宣言の花形に数えられ、各国憲法が等しく保障するものとなっています（芦部信喜・高橋和之補訂『憲法〈第六版〉』岩波書店（2015年）153頁）。我が国の歴史をみても、戦前、神社神道は国教として扱われ優遇されたのに比してその他の宗教は冷遇され、弾圧されたという経緯があります。宗教法人実務に携わる者としては、自らがよって立つ基盤となるものですから、信教の自由については、しっかりと理解をしておく必要があります。また、政教分離についても、行政との関係が政教分離に反するのではないかと報道されたりすると宗教法人の評判を下げます（レピュテーションリスクの問題）し、税務訴訟などでは、政教分離原則が固定資産税の課税等の場面で解釈原理となっておりますので、個々の宗教法人からしても遠い世界の概念ではありません。そして、司法権の限界についても、宗教法人の内部紛争の問題（代表役員の地位争いや労働問題等）が裁判所に持ち込まれたときには、真っ先に主張がなされるもので、判例法理をしっかりと理解しておかなければなりません。後で紹介しますが、平成の初頭までには、

司法権の限界に関する最高裁の判例が出そろったと思いきや平成20年代に至ってもいまだに地裁と高裁で結論が異なるなどしており、司法権の限界の問題は、混迷を極めております。

本章では、信教の自由（信仰の自由・宗教的行為の自由・宗教的結社の自由）、政教分離、司法権の限界の問題の順に宗教と憲法に関する裁判例を紹介し、宗教と憲法の現在についてアウトラインがわかるようにしていきます。なお、宗教と憲法に関して、判例時報2344号臨時増刊「法曹実務にとっての近代立憲主義」（2018年）所収の泉德治元最高裁判事の論文「政教分離－最高裁判例を読み直す」が大変わかりやすくまとまっていて（タイトルは政教分離となっておりますが、それだけではなく、信教の自由、司法権の限界の問題についても言及されております。）、本章を執筆するにあたって大変参考にさせていただきました。読者の皆様方もぜひご一読していただくことをおすすめいたします。

Ⅱ 信教の自由

1 はじめに

憲法20条1項前段は、「信教の自由は、何人に対してもこれを保障する」と規定しています。信教の自由には、信仰の自由、宗教的行為の自由、宗教的結社の自由の3つが含まれます。これらは、個人の権利自由であることから、それが国家により侵害された場合は、侵害された個人は裁判所にその救済を求めることができます。また、私人間で信教の自由が問題となっても、侵害された個人は、憲法が定めた信教の自由の趣旨に違反するような相手方の行動について、民法90条や709条などの私法の一般条項を通じて権利救済を求めることができます（間接適用説）。

ただ、宗教上の行為の自由は、人の内心にとどまる信仰の自由とは異なり、国際人権規約（自由権規約）18条の定めるように、「公共の安全、公の秩序、

公衆の健康若しくは道徳又は他の者の基本的な権利及び自由を保護するために必要な」制約に服します。すなわち、宗教上の行為の自由といえども、公共の福祉（憲法12条、13条）による制約を受けることになります。また、信教の自由の趣旨を憲法の間接適用によって私人間に及ぼすといっても、対立当事者にも保持すべき権利利益があることから、その調整が問題となります。信教の自由の裁判例の検討にあたっては、対立当事者との利益衡量をどう図っていくかという視点が重要となります。

それでは、各々の自由について、主要な裁判例をみていきましょう。

2 信仰の自由

（1）はじめに

信仰の自由は、宗教を信仰し、または信仰しないこと、信仰する宗教を選択し、または変更することについて、個人が任意に決定する自由のことをいいます（芦部信喜・高橋和之補訂『憲法〈第六版〉』岩波書店（2015年）155頁）。内心の信仰の自由は、絶対的に保障されます。それゆえ、国には、個人に対して、信仰の告白を強制したり（江戸幕府がキリシタン禁圧のために行った宗門改め等）、信仰に反する行為を強制したりすること（踏絵等）は許されません。

ただ、課税等の国家の行為で個人の信仰の自由に影響を与える場合がありますが、その場合、内心の信仰の自由を直接に踏みにじるのではありませんから、国民の納税義務（憲法30条）や公共の福祉（憲法12条等）との兼ね合いから当該国家の行為が違憲であるかどうかが決まります。東大寺等を対象とする文化観光税条例が問題となった奈良地裁昭和43年7月17日判決（判時527号15頁）〔21028431〕は、「本件条例は、前記のとおり東大寺金堂への入場が文化財を公開している場所への有償入場にあるという面のみを対象として、課税しようとしたものにすぎない。すなわち、原告が聖武祭（春の祭、5月2日）、大仏奉讃法要（秋の祭、10月15日）に奈良市内の聖武講講員ら

が入堂する場合といわゆる優待入場の場合のほかはすべて拝観料を支払わなければ何人にも入場を認めないという入堂拝観の実態（このこと自体は本質的に宗教と関係があるとはいえない。もし、定額の香華料または賽銭、お布施が宗教の名においてその出捐を強いることができるとするなら、それは当該宗教からのいわば背理といわれても過言ではなかろう）にもとづき、かかる入堂拝観者に対し、税額にして最低額の僅か10円ないし5円の負担を求めんとするのが、本件条例にほかならないのである。したがつて、本件条例は、東大寺金堂に入場する拝観者について、その内心ないし信仰または宗教的活動にまで立ち入つて関心をもとうとするものでは全くないのであり、また直接信教の自由を抑制することを目的とするものでないことはもちろんである。それゆえ、仮りに本件条例にもとづく課税が、結果として宗教上の信仰をもつ僅少の拝観者に対し何らかの影響を与えることがありうるとしても、それは、拝観行為が単に拝観者の文化財を公開する場所への有償入場であるという面のみを対象とし、税額にして最低限の僅か10円という課税の結果、間接的に惹き起されるにすぎない極めて軽度のものであつて、憲法第20条がかかる軽度のものまでをも排斥しようとする趣旨とは到底解せられないところである。」として、条例が信教の自由に反するものではないとしています。

（2）信仰の自由の実質的保障

　信仰の自由を実質的に保障するため、国ないしは地方公共団体が信者の心の負担を取り除くための特別な措置を取るべき宗教への配慮が求められることがあります。この点が争点になった裁判例を紹介していきます。

1　東京地裁昭和61年3月20日判決
日曜日授業参観事件／判タ592号122頁〔27803442〕

事案

　牧師である両親の主宰する教会学校に出席したため、日曜日に行われた公立小学校の参観授業に欠席した児童2人と両親が、指導要録への「欠席」記載処分の取消しと損害賠償を求めた。原告らは、教育基本法9条（現15条）1項の解釈から導かれる公教育の宗教教育に対する特別配慮義務に違反するとの主張を行っていた。

判旨

　請求棄却。

　「（2）一般に、宗教教団がその宗教的活動として宗教教育の場を設け、集会（本件の教会学校もここにいう「集会」に含める。）をもつことは憲法に保障された自由であり、そのこと自体は国民の自由として公教育上も尊重されるべきことはいうまでもない。しかし、公教育をし、これを受けさせることもまた憲法が国家及び国民に対して要請するところであり、具体的には学校教育法等の関係法規によつて定められたところに従つて、被告校長その他の教育実務の運営に当たる機関において実施することが要求されている行為であることもまた明らかである。そして、右の公教育をいかなる日時に実施すべきかについては、前記2（一）（2）でみたとおり学校教育法施行規則47条とこれを受けた都、区の各規則で定めるところである。その結果、公教育が実施される日時とある宗教教団が信仰上の集会を行う日時とが重複し、競合する場合が生じることは、ひとり日曜日のみでなく、その他の曜日についても起こりうるものである（例えば、教義によつては土曜日を特別に宗教上重要な日とし、あるいは金曜日をそのような日と考え、また、曜日によつてではなく特定の暦日をそのような日と

して扱う宗教があることは公知の事実である。)。それゆえ、ある宗教教団がその教義に従つて集会を行う日時が公教育の実施される日時と重なる場合には、当該宗教教団に所属する信仰者は、そのいずれに出席するかの選択をその都度迫られることになるが、これをしも公教育の実施が信者の宗教行為の自由を制約するというのであれば、そのような制約はひとり本件授業にとどまらず、随所に起こるものということができる。

　しかし、宗教行為に参加する児童について公教育の授業日に出席することを免除する(欠席として扱うことをしない。)ということでは、宗教、宗派ごとに右の重複・競合の日数が異なるところから、結果的に、宗教上の理由によつて個々の児童の授業日数に差異を生じることを容認することになつて、公教育の宗教的中立性を保つ上で好ましいことではないのみならず、当該児童の公教育上の成果をそれだけ阻害し(もつとも、学業の点のみであれば、後日補習で補えないものではない。)、そのうえさらに、公教育が集団的教育として挙げるはずの成果をも損なうことにならざるをえず、公教育が失うところは少なくないものがあるといえる。

　このような見地から、学校教育法施行規則47条等の前掲関係法規は、公立小学校の休業日に授業を行い授業日に休業しようとするときの手続を定めるに当たつても、右宗教上の集会と抵触するような振替えを特に例外的に禁止するような規定は設けず、振替えについての公教育上の必要性の判断を『特別の必要がある場合』との要件の下に当該学校長の裁量に委ねたものと解されるのである。

　したがつて、公教育上の特別の必要性がある授業日の振替えの範囲内では、宗教教団の集会と抵触することになつたとしても、法はこれを合理的根拠に基づくやむをえない制約として容認しているものと解すべきである。このように、国民の自由権といつても、それが内心にとどまるものではなく外形的行為となつて現れる以上、法が許容する合理的根拠に基づく一定の制約を受けざるをえないことについては信仰の自由も例外となるものではないと解される。

以上の意味において、かつその限りにおいて、原告らの教会学校における集会や信仰上の活動が前記（一）のような態様での不利益（※欠席記載が出席に対する消極的な評価であるという面で原告らにとって精神的な負担となる。）を被るという形で制肘される結果になつたとしても、そのゆえに本件授業が原告らに対して違憲、違法となるものではなく、原告らの被る右の不利益は原告らにおいて受忍すべき範囲内にあるものと言わざるをえないのである。

（3）原告らは、教育基本法九条を根拠に、公教育の担当機関は宗教教育に対する特別の配慮をすべき義務があり、宗教教育に参加する者に対して公教育上の授業に出席を強制する結果となるような授業日の振替えをしてはならず、宗教教育を受けるために授業に出席しなかつた者に対して少なくとも欠席の扱いをとるべきではないと主張する。

なるほど、教育基本法9条1項は、宗教に関する寛容の態度と並べて宗教の社会生活における地位を教育上尊重すべきことを規定しているが、その趣旨とするところは、宗教が人間性を培う上で重要な役割を果す契機の一つであるにもかかわらず、その重要性の認識がともすれば日常生活の利害の追求の中で稀薄化し、なおざりにされる恐れがあることに鑑みて、人格の完成をめざし国家及び社会の形成者としての資質を育成しようとする教育の目的（教育基本法1条参照）的見地から、社会生活における宗教の地位の尊重について配慮を促したものと理解される。したがつて、右規定は宗教的活動の自由に教育に優先する地位を与えたり、その価値に順序づけをしようとするものではなく、政治的教養（その涵養に必要な活動を含む）の尊重（同法8条1項）をうたうのと同様の趣旨に出たものにほかならない。それゆえ、この規定から、日曜日の宗教教育が本件授業の実施に優先して尊重されなければならないものと根拠づける原告らの主張は採用できないものと言わなければならない。まして公教育の担当機関が、児童の出席の要否を決めるために、各宗教活動の教義上の重要性を判断して、これに価値の順序づけを与え、公教育に対する優先の度合を測るというよ

うなことは公教育に要請される宗教的中立性（同法9条2項）に抵触することにもなりかねない。したがつて、原告らキリスト教の信仰者が日曜日には公教育に対する出席義務から解放されて自由に教会学校に出席する（させる）ことができるという利益が憲法上保護されるべき程度も、先に述べた公教育上の特別の必要がある場合に優先するものではなく、本件欠席記載を違法ならしめるものではないというべきである。

そして、前記判示のとおり、日曜日についても、一定の要件のもとでは、これを授業日とすることができるのであり、これが適法に授業日となつた以上、欠席は欠席として記録することが校長の職務上の義務であり、出席を要しない日として取り扱う法令上の根拠は存在しない。」

2 最高裁平成8年3月8日判決
神戸高専剣道実技履修拒否事件／判時1564号3頁〔28010410〕

事案

エホバの証人の信者である原告は、平成2年に神戸市立工業高等専門学校に入学した学生であるが、体育科目の履修において、信仰上の理由から格技である剣道実技に参加することを拒否した。このため、原告は、必修である体育科目の修得認定を受けることができず、2年連続して原級留置処分を受け、さらに、これを理由に学校規則及び退学に関する内規に従い、退学事由である「学力劣等で成業の見込みがないと認められる者」に該当するとして退学処分を受けた。そこで原告は、信教上の信条から剣道実技に参加しない者にその履修を強制し、それを履修しなかった者に代替措置をとることなく原級留置・退学の処分をしたことは、憲法20条の信教の自由や憲法26条の教育を受ける権利を侵害するものであり、教育基本法（平成18年改正前）3条、9条1項、憲法14条等にも違反すると主張して、原級留置及び退学の各処分の取消訴訟を提起した。校長の裁量権の範囲及び原告に代替措置をとることが政教分離に反するのではないかとの点が争

われた。

判旨

・校長の裁量権の範囲

「高等専門学校の校長が学生に対し原級留置処分又は退学処分を行うかどうかの判断は、校長の合理的な教育的裁量にゆだねられるべきものであり、裁判所がその処分の適否を審査するに当っては、校長と同一の立場に立って当該処分をすべきであったかどうか等について判断し、その結果と当該処分とを比較してその適否、軽重等を論ずべきものではなく、校長の裁量権の行使としての処分が、全く事実の基礎を欠くか又は社会観念上著しく妥当を欠き、裁量権の範囲を超え又は裁量権を濫用してされたと認められる場合に限り、違法であると判断すべきものである（…）。しかし、退学処分は学生の身分をはく奪する重大な措置であり、学校教育法施行規則13条3項も4個の退学事由を限定的に定めていることからすると、当該学生を学外に排除することが教育上やむを得ないと認められる場合に限って退学処分を選択すべきであり、その要件の認定につき他の処分の選択に比較して特に慎重な配慮を要するものである（…）。また、原級留置処分も、学生にその意に反して1年間にわたり既に履修した科目、種目を再履修することを余儀なくさせ、上級学年における授業を受ける時期を延期させ、卒業を遅らせる上、神戸高専においては、原級留置処分が2回連続してされることにより退学処分にもつながるものであるから、その学生に与える不利益の大きさに照らして、原級留置処分の決定に当たっても、同様に慎重な配慮が要求されるものというべきである。」との判断枠組みをとったうえで、下記の事情に鑑みれば、神戸高専校長の原級留置処分及び退学処分は、「信仰上の理由による剣道実技の履修拒否を、正当な理由のない履修拒否と区別することなく、代替措置について何ら検討することもなく、体育科目を不認定とした担当教員らの評価を受けて、原級留置処分をし、さらに、不認定の主たる理由及び全体成績について勘案すること

Ⅱ 信教の自由

なく、2年続けて原級留置となったため進級等規程及び退学内規に従って学則にいう『学力劣等で成業の見込みがないと認められる者』に当たるとし、退学処分をしたという上告人の措置は、考慮すべき事項を考慮しておらず、又は考慮された事実に対する評価が明白に合理性を欠き、その結果、社会通念上著しく妥当を欠く処分をしたものと評するほかはなく、本件各処分は、裁量権の範囲を超える違法なものといわざるを得ない。」とした。

記

①剣道実技の履修が高等専門学校において必須とはいい難く、体育科目による教育目的の達成は、他の体育種目の履行などの代替的方法によってこれを行うことも可能であること

②他方、原告が剣道実技への参加を拒否する理由は、内心の信仰の核心部分と密接に関連する真摯なものであったこと

③原告は、他の体育種目の履修は拒否しておらず、他の科目では成績優秀であったこと

④原告は、剣道実技の履修拒否の結果として、原級留置、退学という事態に追い込まれたものであり、その不利益は極めて大きく、その不利益を避けるためには信仰上の教義に反する行動をとることを余儀なくさせられること

⑤神戸高専においては、原告及び保護者からの代替措置を取って欲しいとの要求も一切拒否し、剣道実技の補講を受けることのみを説得したものであって、代替措置について検討したとはいえないこと

・代替措置の政教分離違反の有無

「所論は、代替措置を採ることは憲法20条3項に違反するとも主張するが、信仰上の真しな理由から剣道実技に参加することができない学生に対し、代替措置として、例えば、他の体育実技の履修、レポートの提出等を求めた上で、その成果に応じた評価をすることが、その目的において宗教的意義を有し、特定の宗教を援助、助長、促進する効果を有す

るものということはできず、他の宗教者又は無宗教者に圧迫、干渉を加える効果があるともいえないのであって、およそ代替措置を採ることが、その方法、態様のいかんを問わず、憲法20条3項に違反するということができないことは明らかである。また、公立学校において、学生の信仰を調査せん索し、宗教を序列化して別段の取扱いをすることは許されないものであるが、学生が信仰を理由に剣道実技の履修を拒否する場合に、学校が、その理由の当否を判断するため、単なる怠学のための口実であるか、当事者の説明する宗教上の信条と履修拒否との合理的関連性が認められるかどうかを確認する程度の調査をすることが公教育の宗教的中立性に反するとはいえないものと解される。これらのことは、最高裁昭和46年（行ツ）第69号同52年7月13日大法廷判決・民集31巻4号533頁の趣旨に徴して明らかである。」

（3）宗教的人格権

信仰の自由をより強固なものとするため、宗教的人格権を確立できないかという試みがなされてきました。その嚆矢となるのが、殉職自衛官合祀事件です。

3　最高裁昭和63年6月1日判決
殉職自衛官合祀事件／判タ669号66頁〔27801761〕

事案

キリスト教徒であるA（被上告人）が、その意に反して、自衛隊山口地方連絡部職員と社団法人隊友会の山口県支部連合会との共同の申請によって、殉職自衛官たる亡夫Bを宗教法人山口県護国神社に合祀されたことにより、信仰生活における心の静謐等を害され精神的苦痛を被ったと主張して、国家賠償法1条1項または民法715条1項に基づき国に対し100万円の慰謝料を請求した。第1審、第2審ともに「自己もしくは親しい者の

Ⅱ　信教の自由

死について、他人から干渉を受けない静謐の中で、宗教上の感情と思考を巡らせ、行為をなすこと」を私法上の宗教的人格権の一内容として認め、本件合祀申請によりＡの宗教的人格権は侵害されたとした。

判旨

原判決破棄。請求棄却。

「私人相互間において憲法20条1項前段及び同条2項によつて保障される信教の自由の侵害があり、その態様、程度が社会的に許容し得る限度を超えるときは、場合によつては、私的自治に対する一般的制限規定である民法1条、90条や不法行為に関する諸規定等の適切な運用によつて、法的保護が図られるべきである（最高裁昭和43年（オ）第932号同48年12月12日大法廷判決・民集27巻11号1536頁参照）。しかし、人が自己の信仰生活の静謐を他者の宗教上の行為によつて害されたとし、そのことに不快の感情を持ち、そのようなことがないよう望むことのあるのは、その心情として当然であるとしても、かかる宗教上の感情を被侵害利益として、直ちに損害賠償を請求し、又は差止めを請求するなどの法的救済を求めることができるとするならば、かえつて相手方の信教の自由を妨げる結果となるに至ることは、見易いところである。信教の自由の保障は、何人も自己の信仰と相容れない信仰をもつ者の信仰に基づく行為に対して、それが強制や不利益の付与を伴うことにより自己の信教の自由を妨害するものでない限り寛容であることを要請しているものというべきである。このことは死去した配偶者の追慕、慰霊等に関する場合においても同様である。何人かをその信仰の対象とし、あるいは自己の信仰する宗教により何人かを追慕し、その魂の安らぎを求めるなどの宗教的行為をする自由は、誰にでも保障されているからである。原審が宗教上の人格権であるとする静謐な宗教的環境の下で信仰生活を送るべき利益なるものは、これを直ちに法的利益として認めることができない性質のものである。

以上の見解にたつて本件をみると、県護国神社による孝文の合祀は、ま

さしく信教の自由により保障されているところとして同神社が自由になし得るところであり、それ自体は何人の法的利益をも侵害するものではない。そして、被上告人が県護国神社の宗教行事への参加を強制されたことのないことは、原審の確定するところであり、またその不参加により不利益を受けた事実、そのキリスト教信仰及びその信仰に基づき孝文を記念し追悼することに対し、禁止又は制限はもちろんのこと、圧迫又は干渉が加えられた事実については、被上告人において何ら主張するところがない。県護国神社宮司から被上告人あてに発せられた永代命日祭斎行等に関する書面も、その内容は前記一の３の（三）のとおりであつて、被上告人の信仰に対し何ら干渉するものではない。してみれば、被上告人の法的利益は何ら侵害されていないというべきである。」

※本判決には、学説の批判が多く、芦部信喜・高橋和之補訂『憲法〈第六版〉』岩波書店（2015年）163頁は、「『地連と隊友会が共同して行った合祀申請は、合祀と密接不可分の関係にあるもので、目的・効果の基準に照らし宗教的活動に当たり、宗教上の心の静穏という法的利益を違法に侵害する』旨の伊藤正巳裁判官反対意見を妥当とすべきであろう。」としている。

宗教的人格権の意義について、佐賀地裁平成14年4月12日判決（判時1789号113頁）〔28071992〕は、「日本国憲法は、政教分離の制度をとった上、信教の自由を手厚く保障している（憲法20条、89条）。これは、人がある特定の信仰を持つということが、場合によってはその人が自らの価値観のすべてを信仰に委ねることをも意味し、信仰を持つことが人の精神的活動において中核をなすからである。かかる意味で、信教の自由は、憲法が保障する人権の中でも中核的な人権の一つといえる。そして、信仰が人間の存在にとって重要な意味を持つものであるが故に、そこに自由な領域を確保する利益は、対国家との関係だけでなく、私人に対する関係においても十分に保障される

のが望ましい（もっとも、私法関係においては、一次的には私的自治の原則が妥当するから、実際には様々な制約がある。）。かかる意味で、信仰の自由は、それを原告らが主張するような宗教的人格権と呼ぶかは別にして、私人間においても法的に保護された利益とみるべきである。」と判示しています（同判決は、自治会費に含まれる特定宗教費（神社関係費）の支払を拒絶した自治会員に対して、自治会員としての取扱いをしなかった自治会の行為は、神社神道を信仰しない自治会員の信教の自由を侵害し違法であるとして、自治会員の地位確認請求が認容されたが、不法行為による慰謝料請求は棄却された事例です。）。

その後も、宗教的人格権が問題となった訴訟が多数提起されましたが、宗教的人格権が侵害されたと判断された事例はあまり多くありません。宗教的人格権侵害に基づく請求が認められなかった事案と認容された事案を紹介していきます。

ア 宗教的人格権に基づく請求が認められなかった事案

4　最高裁平成11年3月25日判決
裁判集民192号499頁〔28040618〕

事案

週刊誌に宗教団体Ａの主宰者を誹謗中傷する記事が掲載されたとして、Ａの信者らが「自己の帰依する宗教団体及び信仰の対象である主宰者をひぼう中傷されることにより宗教上の領域におけるこころの静穏を乱されることのない利益」が侵害されたとして、出版社等に損害賠償を求めた事案。原審は、信者らの請求を棄却した。

判旨

上告棄却。

「上告人らの請求は、上告人らが、自己の帰依する宗教団体及び信仰の対象である主宰者をひぼう中傷する一連の本件記事が週刊誌等に掲載された結果、右利益を侵害され、精神的に苦痛を被ったとして、被上告人ら（右週刊誌等の出版社、その代表取締役、編集者、執筆者）に対し、不法行為に基づき損害賠償を求めるものである。
　各人の価値観が多様化し、精神的な摩擦が様々な形で現れる現代社会においては、他者の言動によって内心の静穏な感情を害され、精神的苦痛を被ることがまれではない。人は自己の欲しない他者の言動によって心の静穏を乱されないという利益を有し、この利益は社会生活の上において尊重されるべきものである。しかし、同時に他者の言論、営業その他の社会的活動も尊重されるべきであって、これをみだりに制限すべきではないから、人は、社会生活において他者の言動により内心の静穏な感情を害され、精神的苦痛を受けることがあっても、一定の限度ではこれを甘受すべきであり、社会通念上その限度を超えて内心の静穏な感情が害され、かつ、その侵害の態様、程度が内心の静穏な感情に対する介入として社会的に許容できる限度を超える場合に初めて、右の利益が法的に保護され、これに対する侵害について不法行為が成立し得るものと解するのが相当である。
　これを本件についてみると、上告人らが被ったと主張する不利益の内容は、本件記事を自分で読み、ないしは右記事を読んだ周囲の人々から帰依する宗教団体等の批判を聞かされるなどした結果、内心の静穏な感情を害され、不快感、不安感等を抱いたというにとどまるものと解されるのであり、また、本件で問題とされる侵害行為は、週刊誌等に上告人らが帰依する宗教団体及びその信仰の対象である主宰者を批判する本件記事を掲載したという本来自由な言論活動に属するものであって、本件記事が上告人ら個々人の内心の静穏な感情を害する意図・目的で掲載されたというような事実関係もうかがわれない。したがって、本件記事の掲載等が上告人らの主張に係る法的利益を違法に侵害したものであると評価することはできず、これが上告人らに対して不法行為を構成することはないというべきで

ある。原審の判断は、以上と同趣旨をいうものとして、是認することができる。論旨は、違憲をいう点を含め、独自の見解に立って原判決の法令違背をいうものにすぎず、採用することができない。」

5 最高裁平成18年6月23日判決
判タ1218号183頁〔28111345〕

事案

上告人らが、内閣総理大臣の地位にあった小泉純一郎元首相が平成13年8月13日に行った靖国神社の参拝は、政教分離原則を規定した憲法20条3項に違反するものであり、本件参拝により、上告人らの「戦没者が靖国神社に祀られているとの観念を受け入れるか否かを含め、戦没者をどのように回顧し祭祀するか、しないかに関して（公権力からの圧迫、干渉を受けずに、）自ら決定し、行う権利ないし利益」が害され、精神的苦痛を受けたなどと主張して、小泉元首相らに損害賠償請求を行った。

判旨

上告棄却。

「人が神社に参拝する行為自体は、他人の信仰生活等に対して圧迫、干渉を加えるような性質のものではないから、他人が特定の神社に参拝することによって、自己の心情ないし宗教上の感情が害されたとし、不快の念を抱いたとしても、これを被侵害利益として、直ちに損害賠償を求めることはできないと解するのが相当である。上告人らの主張する権利ないし利益も、上記のような心情ないし宗教上の感情と異なるものではないというべきである。このことは、内閣総理大臣の地位にある者が靖国神社を参拝した場合においても異なるものではないから、本件参拝によって上告人らに損害賠償の対象となり得るような法的利益の侵害があったとはいえない。」

6 高松地裁丸亀支部平成29年3月22日判決
判時2354号66頁〔28251023〕

事案

本件は、四国八十八ヶ所霊場の関係者によって組織された権利能力なき社団である原告が、四国霊場第62番札所である宝寿寺の住職である被告に対し、参詣者の巡礼を妨害する行為、原告が定める納経所の運営要領に違反する行為、原告正会員の会費未払いがある旨主張し、定款または宗教的人格権に基づく妨害予防請求として、四国霊場巡礼の妨害禁止を求めた事案である。

判旨

請求棄却。

「原告は、四国霊場の統一的運営は社会通念上保護されるべき宗教的事業であって、かかる統一的運営を妨害されない人格的な利益（宗教的人格権）を有している旨主張する。

原告の主張は、私人である原告と被告との間において、原告が被告に対して宗教的人格権を主張するものであるから、私法上の法律関係として検討すべきものである。そして、私人相互間において憲法20条1項前段及び同条2項によって保障される信教の自由の侵害があり、その態様、程度が社会的に許容し得る限度を超えるときは、場合によっては、私的自治に対する一般的制限規定である民法1条、90条や不法行為に関する諸規定等の適切な運用によって、法的保護が図られるべきである（最高裁昭和57年（オ）第902号同63年6月1日大法廷判決・民集42巻5号277頁参照）。

これを本件についてみるに、原告は、四国霊場の統一的運営を妨害されない人格的な利益として、主に本件運営要領に従った納経所運営を主張す

るものである。確かに、納経所が四国霊場の巡礼において重要な役割を有しているものと認められる（前提事実（1）参照）。しかしながら、納経所の運営は各寺院が行うものである上、本件運営要領は納経の受付日、受付時間等に関する事務的な定めにすぎない（原告も本件運営要領が事務的な定めである旨主張する。）。そうすると、本件運営要領に従った納経所運営が原告の信教の自由に関わるものとは認め難いし、その他本件に現れた事情を考慮しても、原告において四国霊場の統一的運営を妨害されない人格的な利益を有するとは認められない。

　以上のとおり、原告主張の宗教的人格権が認められないから、その余について判断するまでもなく、宗教的人格権に基づく妨害予防請求及び履行請求はいずれも理由がない。」

イ 宗教的人格権に基づく請求が認容された事案

7 大阪地裁平成9年9月17日決定
判タ968号254頁〔28030989〕

事案

　本件は、宗教法人霊友会の会員である債権者らが、霊友会の職員である債務者らに対し、債権者らの所属する同会第二十五支部の講堂として使用されてきた本件建物の債権者らによる使用を、債務者らが妨害しているとして、霊友会の会員としての施設利用権に基づく妨害排除請求権もしくは差止請求権または、宗教的行為の自由もしくは宗教的人格権に基づく差止請求権を争いのある法律関係として、本件建物使用妨害禁止仮処分命令を申し立て、これが認容されたところ、債務者らから異議が申し立てられ、その後、霊友会において、債権者らを除名し、依然として、債権者らの本件建物の利用を拒んでいる事案である。

第1章　宗教と憲法

判旨

「信教の自由は、人間の感情世界に関することからであるものの、生命、身体、健康、行動の自由などと同様、人間の人格的本質にかかわるものとして、私人間においても実定法上一定程度尊重されなければならないものと考えられ、これを宗教的自由又は宗教的人格権に基づく権利と言うかどうかは別として、宗教上の信仰等に相当する行為に対する侵害があり、その態様・程度が社会的に許容しうる限度を超えるときには、場合によっては、法的保護が図られるべきであって、侵害の差止が認められる場合もあり得るというべきである。

本件支部においては、本件建物において所属会員全員のための読経と法座が毎月定例的に行われているところ、読経と法座に参加するという行為は、霊友会会員にとって霊友会という宗教団体に所属してその信仰を現実化する少なくとも最少限の基本的な宗教活動と考えられ、債権者らがこれに参加することは、霊友会会員として当然の信教の自由の行為に関することからであるといえる。したがって、右権利の信使のために必要な限りにおいて本件建物に立ち入り、これを使用することは、会員としての信教の自由の行使の前提をなすものとして、当然に許容されると考えられる。そして、右読経と法座は、会員全体のために、定例的に行われるのであるから、所有・管理権者である霊友会の調整・指定・指示等の行為をまつまでもなく、当然に債権者らもこれを享受することができ、これによって、所有・管理権者である霊友会の権利等の行使が侵害されるとか不都合が生じるとかのことは考えられないし、他の会員についても同様である。

債務者らは、霊友会に敵対する態度を示して会費を納入しない債権者らの本件建物への立入り・使用を認めないだけであって、霊友会の宗教団体・宗教法人としての活動の自由・宗教的人格権の正当な権利の行使として、違法でないという。

しかしながら、債権者らは、前記内紛に伴い一方の立場を支持する反面これに対立する立場に敵対することになっているのであって、霊友会その

ものに敵対しているとはいえない。また、会費を納入しないことは遺憾であるけれども、右事由によって前記会員としての最小限の基本的な宗教活動と考えられる読経と法座への参加を拒否されることは、規則・規範で定められた除名手続を経ることなく会員であることを否定されることに等しく、このような結果を招来する右拒否行為は、霊友会の活動の自由・宗教的人格権の行使としても、その正当な範囲を超えた権利行使というべきであり、相当とはいえない。

そうすると、債権者らが、本件支部所属会員全員を対象として本件建物で定例的に行われる読経又は法座へ参加するために本件建物へ立ち入り、使用することを、霊友会、霊友会員、霊友会職員によって拒否されることは、信教の自由、宗教的活動の自由の侵害に該当し、その妨害の排除が認められる場合に該る。」

8 最高裁平成12年2月29日判決
判タ1031号158頁〔28050437〕

事案

エホバの証人の信者である患者Aが、医師に対して輸血を拒否する意思を明確に表示していたにもかかわらず、肝臓の腫瘍を摘出する手術を受けた際に輸血され、これによって精神的損害を被ったとして、医師の勤務する病院を設置し運営している国及び手術に携わった医師らを被告として損害賠償を請求した事案である。原審は、Aの被った精神的苦痛を慰謝するには、50万円をもってするのが相当であり、弁護士費用は5万円が相当であるとして一部認容をした。国が上告した。

判旨

「本件において、甲医師らが、Aの肝臓の腫瘍を摘出するために、医療水準に従った相当な手術をしようとすることは、人の生命及び健康を管理

すべき業務に従事する者として当然のことであるということができる。しかし、患者が、輸血を受けることは自己の宗教上の信念に反するとして、輸血を伴う医療行為を拒否するとの明確な意思を有している場合、このような意思決定をする権利は、人格権の一内容として尊重されなければならない。そして、Ａが、宗教上の信念からいかなる場合にも輸血を受けることは拒否するとの固い意思を有しており、輸血を伴わない手術を受けることができると期待して乙病院に入院したことを甲医師らが知っていたなど本件の事実関係の下では、甲医師らは、手術の際に輸血以外には救命手段がない事態が生ずる可能性を否定し難いと判断した場合には、Ａに対し、乙病院としてはそのような事態に至ったときには輸血するとの方針を採っていることを説明して、乙病院への入院を継続した上、甲医師らの下で本件手術を受けるか否かをＡ自身の意思決定にゆだねるべきであったと解するのが相当である。

　ところが、甲医師らは、本件手術に至るまでの約1か月の間に、手術の際に輸血を必要とする事態が生ずる可能性があることを認識したにもかかわらず、Ａに対して乙病院が採用していた右方針を説明せず、同人及び被上告人らに対して輸血する可能性があることを告げないまま本件手術を施行し、右方針に従って輸血をしたのである。そうすると、本件においては、甲医師らは、右説明を怠ったことにより、Ａが輸血を伴う可能性のあった本件手術を受けるか否かについて意思決定をする権利を奪ったものといわざるを得ず、この点において同人の人格権を侵害したものとして、同人がこれによって被った精神的苦痛を慰謝すべき責任を負うものというべきである。」

9 徳島地裁平成30年６月20日判決
D1-Law.com 判例体系〔28263032〕

事案

　四国八十八か所の寺院に関する団体である原告霊場会並びにそのうちの２つの寺院である原告Ａ寺及び原告Ｂ寺が、原告らが許可していない寺宝（本尊）等を写真撮影し、撮影が許可された寺宝（本尊）等の写真についても原告らが許可した条件に反して展示・公開し、同写真を使用した御影（紙札）、書籍及び商品を製作・販売・頒布した被告の行為は、原告らとの間の撮影許可合意に反し、または原告らの宗教的人格権を侵害するものであるとして、本件写真の展示・公開、本件写真を使用した御影（紙札）・書籍・商品の頒布等の各差止め並びに本件写真、そのネガフィルム及び電子データ、本件写真を使用した御影・書籍・商品の各廃棄を求めた。

判旨

　一部認容。
　「本件写真２は広く頒布されることまでを想定して撮影が許可されたものではなく、また、本件写真67は原告Ｂ寺に無断で撮影されたものであり、いずれも一般に公開されたり、広く一般に流布されたりすることを認めていたわけではない。そして、原告ら寺院は、いずれも本尊を秘仏とし、原告Ａ寺については定期点検を行う調査員以外の第三者に公開せず、原告Ｂ寺についても60年に１回公開するのみであり、このような原告ら寺院における信仰の対象としての本尊の重要性に鑑みれば、原告ら寺院の意図に反して、被告が本件写真２及び本件写真67を使用し、これを一般に公開したり、広く一般に流布したりすることは、原告Ａ寺及び原告Ｂ寺の宗教上の人格権を侵害する不法行為に該当するものといえる。」

（４）私人間における信仰の自由

　信仰の自由は、対国家ではダイレクトに主張できますが、私人間では、民法の一般条項の解釈適用を介して問題解決が図られます（間接適用説）。私人間において信仰の自由が問題となった事案について紹介していきます。

10　最高裁昭和30年6月8日判決
判タ50号25頁〔27003034〕

事案

　日蓮宗が、被包括宗教法人Ａ寺の住職にＢ（被上告人）を特選任命した行為が、Ａ寺の檀信徒の信仰の自由を害するとして、Ａ寺の檀家総代ら（上告人ら）がＢの職務停止等を求めた。

判旨

　上告棄却。
　「上告人らの主張するところは、自己が徳行を欠くものとして信服することのできない僧侶を住職とし、これから儀式の執行、教義の宣布を受けることとなれば、信仰生活は破壊され、檀信徒の信仰の自由は奪われるので、Ａ寺の檀信徒総代の意思を無視して信任できない被上告人Ｂを同寺の住職に任命したのは、憲法違反であるというに帰する。しかしながら、憲法20条が同19条と相まつて保障する信教の自由は、何人も自己の欲するところに従い、特定の宗教を信じ又は信じない自由を有し、この自由は国家その他の権力によつて不当に侵されないということであつて、本件の場合のように管長が宗則に従つて住職を任命したことを所論の理由で排除し得る権能までをも檀信徒に与えたものと解することはできない。」

II 信教の自由

11 名古屋地裁昭和38年4月26日判決
判時333号10頁〔27611443〕

事案

　被申請会社は、申請人が創価学会員であることを知りつつ、神道的教義を唱導する団体の講習に参加をさせた。講習会では、神道の講義等がなされたため、申請人は創価学会員たる自己の信念に反することを告げて講義等に参加せず、また道場長に抗議を行った。そこで道場長は「神宮を拝めないなら帰れ」と講習途中で帰社を命じた。被申請会社は、申請人が会社の信用を失墜させたとして懲戒解雇の意思表示をしたため、申請人は、解雇権濫用を主張して地位保全の仮処分を申請した。

判旨

　申請認容。

　「申請人が講習途中において修養団より帰社を命じられたことが、被申請会社の名誉信用を傷つけたものであるかどうかを考える。申請人が帰社を命じられたのは申請人が祓詞の朗読および神宮参拝の仕方の講習に加わらず、伊勢神宮に参拝しなかつたこと、道場長の講義に抗議論争したことによるものであるが、祓詞の朗読および神宮参拝の仕方の講習は神道の行事の練習行為であり、神宮参拝は神道の行事であることは明らかである。しかし、信教の自由は何人に対しても保障されていることは憲法の明定するところであり、その信教の自由はかかる宗教的行事をなすことおよびなさざることの自由をも包含するものであるというべきである。

　従つて仮令講習の課目として行われるものであつても、申請人が自己の信仰する宗教と異なる宗教の行事に参加することを拒むことは権利として保障されているものであつて、申請人が右の行事に加わらなかつたことは何等非難さるべきものではない。又申請人が道場長の講義に対し抗議論争

したことについても、道場長は神道的立場から日蓮正宗と察知される宗教を誹謗し、その開祖である日蓮上人の行動を述べたのであるが、これに対し誹謗された宗教を信仰する者が抗議をなし、又自己の宗教の立場から事実の誤りを指摘することは、その宗教を信仰する者にとつて宗教上の信念の表現行為というべきものであつて、その態度が穏当を欠いていない限り、何等非難さるべき行為ではなく、本件において申請人の抗議論争の態度において格別穏当を欠くものと認むべき疎明もない。

然らば申請人の講習会における前記の如き行動は権利として保障されたことを行つたものであり、又宗教的信念の表現行為に出たもので敢えて非難を受けるが如き行動ではないものであつて、これに対し修養団が帰社を命じたのは単に自己の宗教的立場からしたものであり、申請人の責に帰すべき事由に因るものではないものというべきである。

従つて申請人の前記行動は従業員としての品位を汚したとはいえず、且つ被申請会社は修養団の説くところがその修養の実体からみて申請人の宗教上の信条に反することを充分に察知し得たに拘らず敢えて講習会に参加させたことをも考慮すれば、就業規則第40条第10号、第41条第5号に懲戒解雇事由として掲げられた『会社の名誉、信用をきずつけたとき』には該当しないものというべきである。」

12 最高裁昭和42年5月25日判決
判タ208号106頁〔27001077〕

事案

被上告人は、上告人らの養子である。被上告人宅で上告人らがA教の布教または祭祀を行わないことを誓約していたにもかかわらず、上告人らが布教活動を行ったため、被上告人は、上告人らに対して離縁請求を行った。上告人らは、特定の住居で宗教活動をしない約束は、憲法20条に違反し、無効であると主張した。

判旨

「憲法20条が同19条と相まつて保障する信教の自由は、何人も自己の欲するところに従い、特定の宗教を信じまたは信じない自由を有し、この自由は国家その他の権力によつて不当に侵害されないということで、本件のように特定の場所で布教または祭祀を行なわないことを私人間で約束することを禁ずるものではないと解すべきことは、当裁判所昭和27年（オ）第422号同30年６月８日言渡大法廷判決（民集９巻７号888頁）の趣旨に徴し明らかである。原判決には所論憲法違反はなく、論旨は理由がない。」

13 徳島地裁昭和58年12月12日判決
判時1110号120頁〔27490689〕

事案

統一教会関係者が、19歳の子の親権者に対し、以下の理由で人身保護請求をした。

記

「一　被拘束者は、昭和39年12月４日生まれ（当19歳）の女性で、昭和58年３月徳島県立Ａ高等学校を卒業し、同年４月早稲田大学教育学部に入学し、同月14日請求者から統一教会の教理の伝導を受けて原理研究会に入会し、早成寮に入寮していたものである。

　二　被拘束者は、同年７月12日早稲田大学において授業中、父である拘束者及び同行の数名の者によって無理やり同所から連行され、徳島県へ連れ戻された。その途次、同月13日ころ、被拘束者は徳島県内のレストラン「うなぎや」のトイレに、「命がけのお願いです。」との書出しで、両親らと家に向かっている旨を知らせるメモを残して早成寮への連絡を託した。その後、右レストランから早成寮へ右内容の連絡が入った。

三　被拘束者は、棄教強要の目的で同月13日ころから同年８月15日まで愛媛県宇摩郡《番地略》Ｂ病院に入院させられ、その後拘束者宅（被拘束者の実家）に監禁されている。その間の同年８月25日深夜、被拘束者は早成寮に「これから脱出する。」旨の電話連絡をし、監禁されていた自宅２階から、衣類10枚くらいつなぎ合わせたものをロープ代わりにして脱出を試みたが、同女の乗ったタクシーが無線連絡により追い掛けてきた両親の乗るタクシーに追い付かれ、結局自宅に連れ戻された。

　四　以上のとおりであって、被拘束者は早成寮に帰りたがっており、信教の自由が保障されている日本国憲法下においては、たとえ親権者といえども、その親権に服する子が選んだ宗教につき棄教を強要し、当人を監禁することは親権行使の濫用であり許されない。」

判旨

　請求棄却。

　「被拘束者は、本年12月４日に19歳になった未成年者で、拘束者及びその妻の親権に服するものである。ところで、親権は、その内容として、これに服すべき未成年の子を心身共に健全な社会人として育成するためその全生活にわたり監護教育を施す権利を含み、それは同時に義務性ある権能でもある。そして、かかる未成年の子に対する監護教育権行使の意義は、次代における健全な市民の形成にあるのであって、未成年の子の信教の自由に対する干渉も、それが明らかに未成年の子の幸福に反するなど濫用にわたるものと認められない限り、許容されてしかるべきものである。

　これを本件について見るに、（一）被拘束者は、大学構内から無理やり自動車で連行された上、約１か月間も精神科病棟に入院させられたり、自宅に戻ってからも、外出等は禁じられ、厳しい監視の下に２か月余り離れでの生活を強いられ、その後かなりの緩和は見られるものの被拘束者に対する拘束は依然として継続して現在に至っている。しかし、そうしたこと

Ⅱ　信教の自由

は、被拘束者が、親権者である拘束者の居所指定に従わず、あえて拘束者の親権の下から離脱する行動に出たり、精神科病棟に入院させる前夜に精神的異常を思わせるような言動を示したりなどしたことのほか、被拘束者の拘束につき、原理研究会関係者と目される者らから目に余る圧力等が加えられたのに対応しておのずと拘束が厳しくなったという特別の事情が存したことなどによるものであって、一概に不当視することを許さないものがある。(二)被拘束者に対する拘束中の取扱いは、拘束者を初め一家をあげて被拘束者の将来を憂慮し、被拘束者の幸福をひたすら願う慈愛に満ちたものに終始している。そして、その点については、被拘束者においてもおのずと分かってきて、早成寮に戻り、原理研究会に復帰するについても、拘束者を傷付けないようにしたいとの気遣いを示すに至っている。のみならず、最近に至り、被拘束者に対する拘束はかなり緩和され、また拘束者と被拘束者との間で親子の対話が持たれるようになっていて、被拘束者の復学についても昭和59年4月を目途として手続をすることで話がつき、更に被拘束者に統一教会の教理に関する解説書を読むことも許されるなど、被拘束者につき、現在の環境の中で一応の安定を見るに至っている。(三)被拘束者は、現在19歳の大学生で、年齢的には成人に近く、且つ優れた知能の持ち主であるが、いまだ心身発達の全段階を完了していないところから、多かれ少なかれ未成年者に共通の未成熟な面を残していないものとは言いえず、なお親権者である拘束者の監護教育にまつべき点も少なくないと見るのが相当であって、信教の問題についても例外ではないと言うべきである。また、拘束者は、被拘束者に対し、ひたすらその幸福のみを願い、一九年の長期間にわたって監護教育を継続してきたのであって、その実績は、今、被拘束者の幸福を考える上において、請求者がごく最近まで被拘束者とは何の関係もなかったのに比して大きな比重を占め、到底軽視することを許されないものがある。(四)被拘束者は、現在慢性胃炎等の疾病のため、拘束者の下で安静加療に務めるのが望ましい状況にある。

　以上かれこれの事情にかんがみれば、本件拘束状態が親権行使の濫用に

まで至っているものとは認め難い。したがって、拘束者による被拘束者の拘束は、その違法性が顕著である場合に当たるとまでは言いえない。」

> **14** 東京地裁平成9年10月23日判決
> 判タ995号234頁〔28040887〕

事案

原告が、妻である被告がエホバの証人を信仰するようになって以降、その信仰をめぐる対立等のために婚姻関係が破綻したとして、被告との離婚等を求めた。

判旨

「1　原告と被告は、被告がエホバの証人を信仰するようになって以降、それが原因で夫婦間に亀裂が生じて不和となり、約6年間に及ぶ原告の単身赴任生活を経て、正式の別居期間も約2年になろうとしている。

もっとも、その間における被告の集会等への参加状況というのは、前記認定の程度にとどまるものであるから、被告のそうした宗教的活動が原告との婚姻生活に対して現実的に重大な支障をもたらしたものとまではいえないというべきである。

そして、被告は、前記のとおり、原告との婚姻生活の継続を強く望んでいる。

2　ところで、夫婦間においても、個人の信教の自由が保障されるべきことは当然のことであるが、その一方で、夫婦は、相互の協力によって共同生活を維持していくべき義務を負っている（民法752条）。

右の観点から本件をみると、被告の信仰をめぐる原告と被告間の諍いは既に10数年に及び、その間、原告は、当初においてはもっぱら原告の実家との関わりにおいて被告の信仰を嫌悪し、その信仰を止めさせようと働き掛けてきたものであったが、それにもかかわらず被告が右信仰について

は譲らず、原告の側に歩み寄って来ないため、前記認定のようなエホバの証人の教義を正当なものとして信奉する被告に対して、自らも次第に強い反発と不信感を抱くようになるとともに、子供たち３人とも被告と同じ考えでいるために絶望感を抱くに至っており、そのため、原告と被告の対立ないし考え方の相異は既に相当深刻なものとなっているところ、被告においては、原告に対しては宗教的寛容さを求めながら、原告と折り合っていくために自らの信仰を変えるというようなことはできないとしているのである。

3　以上のところによると、被告はエホバの証人の信仰を絶ち難いものとしているのに対し、原告は、現在では、右信仰を変えない被告との間で婚姻生活を継続していくことは到底不可能であると考えており、そのような夫婦間の亀裂や対立は既に10数年にわたって継続されてきたものであり、これまでにも何度となく話合いがもたれ、その間、被告においてもいったんは原告との離婚を了承したこともあったことなどの経緯に照らすと、今後、どちらか一方が共同生活維持のため、相手方のために譲歩するというようなことは期待できないものといわざるを得ないのであって、原告と被告間の婚姻関係はもはや継続し難いまでに破綻しているものと認めるのが相当である。

なお、被告は、現在３人の子供（うち２人は既に成人しており、三女も来年４月に成人する）と同居しており、前掲各証拠によると、子供たちがそれぞれ自活できるようになるにはなお時間を要するものと考えられ、離婚後の被告の生活に対しては、原告が経済面での援助を行っていくことが必要になることが予想されるが、弁論兼和解期日や尋問の際における原告の財産分与に関する前向きの発言内容のほか、現在まで毎月20数万円もの婚姻費用の負担を継続してきていることの実績等に照らすと、原告においても、今後とも被告や子供たちに対する経済面での援助を惜しむことはないものと考えられるから、離婚後の被告の経済面での懸念だけをもって原告の本件離婚請求を排斥することはできない。

31

第 1 章　宗教と憲法

　4　次に、被告は、宗教的寛容さに欠ける原告こそが有責配偶者である旨主張する。

　しかし、本件においては、前記判示のとおり、被告がエホバの証人に入信して以降、原告と被告双方ともに相手方の信仰や立場に対して互いに歩み寄ろうとせず、婚姻生活を円満なものにするための譲歩をしようとしないため、その結果として婚姻関係が破綻するに至ったものであるから、右破綻の原因を原告にのみ負わせることはできないというべきである。

　この点について、被告は、原告の離婚請求の実質は、被告に対し、離婚に応ずるか、それともエホバの証人の信仰を捨てて婚姻を継続するかの選択を迫るものであり、被告の信教の自由を犯して服従を迫るものであると主張する。

　しかし、本件のように、原告と被告双方がそれぞれ信仰の点を含め自己の考え方に固執し、譲歩の余地を認め得ないような場合にあっては、右離婚請求を排斥して、原告に対して被告との婚姻生活を継続させるとすることは、今度は、原告について自己の信仰しない宗教との同調を求めることになるものであって、相当とは解されない。

　結局、こうした根源的な問題についての対立が今後とも解消し得ないものと認められる結果、それはどちらの側が悪いというようなものではないのであり、原告のみが宗教的寛容さを欠いた有責者であると断ずることはできないというべきである。

　5　そうすると、本件には民法770条1項5号所定の離婚原因があり、原告の本件離婚請求は理由があるというべきである。」

※配偶者の宗教活動を原因とする離婚裁判例で離婚請求を認めたものとして、上記以外に、広島地裁平成5年6月28日判決（判タ873号240頁）〔27827037〕、名古屋高裁平成10年3月11日判決（判時1725号144頁）〔28052578〕等がある。離婚請求を棄却したものとして、名古屋地裁豊橋支部昭和62年3月27日判決（判時1259号95頁）〔27801752〕、名古屋

高裁平成3年11月27日判決（判タ789号219頁）〔27811826〕、東京地裁平成5年9月17日判決（判タ872号273頁）〔27826990〕がある。

3 宗教的行為の自由

　宗教的行為の自由とは、信仰に関して、個人が単独で、または他の者と共同して、祭壇を設け、礼拝や祈祷を行うなど、宗教上の祝典、儀式、行事その他布教等を任意に行う自由のことをいいます（芦部信喜・高橋和之補訂『憲法〈第六版〉』岩波書店（2015年）156頁）。憲法20条2項「何人も、宗教上の行為、祝典、儀式又は行事に参加することを強制されない。」と重ねて強調しているとおり、宗教的行為の自由の中には、宗教的行為をしない自由、宗教的行為への参加を強制されない自由を含みます。宗教的行為の自由は、当該宗教的行為が刑罰法規に触れるか否かをめぐって、主に刑事裁判において争われてきています。

1　最高裁昭和38年5月15日判決
加持祈祷事件／判タ145号168頁〔27681213〕

事案

　被害者が精神病者で「タヌキつき」といわれる症状を呈したため、被害者の家族から依頼を受けた真言宗寺院の住職である被告人が被害者の平癒を祈願して加持祈祷をし、その過程で暴れた被害者を被害者の家族の手を借りて押さえつけるなどしたことにより死亡したことで、傷害致死罪に問われた事案である。原審で有罪判決となったため、被告人は上告を行った。

判旨

　上告棄却。
　「憲法20条1項は信教の自由を何人に対してもこれを保障することを、

同2項は何人も宗教上の行為、祝典、儀式または行事に参加することを強制されないことを規定しており、信教の自由が基本的人権の一として極めて重要なものであることはいうまでもない。しかし、およそ基本的人権は、国民はこれを濫用してはならないのであつて、常に公共の福祉のためこれを利用する責任を負うべきことは憲法12条の定めるところであり、また同13条は、基本的人権は、公共の福祉に反しない限り立法その他の国政の上で、最大の尊重を必要とする旨定めており、これら憲法の規定は、決して所論のような教訓的規定というべきものではなく、従って、信教の自由の保障も絶対無制限のものではない。

　これを本件についてみるに、第一審判決およびこれを是認した原判決の認定したところによれば、被告人の本件行為は、被害者Vの精神異常平癒を祈願するため、線香護摩による加持祈祷の行としてなされたものであるが、被告人の右加持祈祷行為の動機、手段、方法およびそれによつて右被害者の生命を奪うに至つた暴行の程度等は、医療上一般に承認された精神異常者に対する治療行為とは到底認め得ないというのである。しからば、被告人の本件行為は、所論のように一種の宗教行為としてなされたものであつたとしても、それが前記各判決の認定したような他人の生命、身体等に危害を及ぼす違法な有形力の行使に当るものであり、これにより被害者を死に至したものである以上、被告人の右行為が著しく反社会的なものであることは否定し得ないところであつて、憲法20条1項の信教の自由の保障の限界を逸脱したものというほかはなく、これを刑法205条に該当するものとして処罰したことは、何ら憲法の右条項に反するものではない。これと同趣旨に出た原判決の判断は正当であつて、所論違憲の主張は採るを得ない。」

2 神戸簡裁昭和50年2月20日判決
牧会活動事件／判タ318号219頁〔27681946〕

事案

　昭和45年10月、全国的に学園紛争が頻発していた頃、県立高校の教室をバリケード封鎖しようと建造物侵入罪・凶器準備集合罪等嫌疑を受けて逃走中の生徒2名を教会に1週間宿泊させて説得、警察に任意出頭させた教会牧師が、犯人蔵匿罪に問われた事案である。牧師は、牧会活動（故人の魂への配慮を通じて社会に奉仕する活動）の一環でなされたもので正当業務行為（刑法35条）にあたるとして無罪を主張した。

判旨

　無罪。
　「一般にキリスト教における牧師の職は、ある宗教団体（教会等）からの委任に基づき、日常反復かつ継続的に、福音を述べ伝えること即ち伝道をなし、聖餐の儀式をとり行うこと即ち礼拝を行い、又、個人の人格に関する活動所謂『魂への配慮』等をとおして社会に奉仕すること即ち牧会を行い、その他教会の諸雑務を預かり行うことにある。そのうち牧会とは、牧師が自己に託された羊の群（キリスト教では個々の人間を羊に喩える）を養い育てるとの意味である。そこで、牧師は、中に迷える羊が出れば何を措いても彼に対する魂への配慮をなさねばならぬ。即ちその人が人間として成長して行くようにその人を具体的に配慮せねばならない。それは牧師の神に対する義務即ち宗教上の職責である。従って、牧会活動は社会生活上牧師の業務の一内容をなすものである。
　しかるところ、前認定被告人の所為は、自己を頼つて来た迷える2少年の魂の救済のためになされたものであるから、牧師の牧会活動に該当し、被告人の業務に属するものであつたことは明らかである。

ところで、それが正当な業務行為として違法性を阻却するためには、業務そのものが正当であるとともに、行為そのものが正当な範囲に属することを要するところ、牧会活動は、もともとあまねくキリスト教教師（牧師）の職として公認されているところであり、かつその目的は個人の魂への配慮を通じて社会へ奉仕することにあるのであるから、それ自体は公共の福祉に沿うもので、業務そのものの正当性に疑を差しはさむ余地はない。一方、その行為が正当な牧会活動の範囲に属したかどうかは、社会共同生活の秩序と社会正義の理念に照らし、具体的実質的に評価決定すべきものであつて、それが具体的事情に照らし、目的において相当な範囲にとどまり、手段方法において相当であるかぎり、正当な業務行為として違法性を阻却すると解すべきものである。」

※本判決は、かくまわれた少年らが2人とも17歳の高校生であったこと、うち1人の少年について被告人が従前から父親代わりの役割を果たしてきたこと、その少年の母親から少年がどこかへ行かないように止めてくれと依頼されたこと、少年らの犯罪行為が学園紛争に由来するものであったこと、少年らの精神の安定や過激なグループとの絶縁を必要とする状況にあったこと、少年らが自主的に警察に出頭したこと、捜査の支障はさしたるものではなかったことなどを摘示し、「被告人の本件所為を判断するとき、それは全体として法秩序の理念に反するところがなく、正当な業務行為として罪とならないものということができる。」とした。

3 最高裁平成20年8月27日判決
判タ1301号124頁〔28155730〕

事案

　宗教法人の代表役員ないし責任役員であった被告人らが、足裏診断と称

して、病気が悪くなるなどと不安をあおり、高額な代金を修行代名下にだましとって詐欺罪に問われた事案である。

> [!判旨]
> 上告棄却。
> 「上告趣意のうち、原判決は宗教の教義の真偽を判断しているという点において憲法20条1項、76条1項に違反するという点は、原判決は宗教上の教義に関して判断しているものではなく、詐欺罪の成否を判断しその成立を認定する限度で、被告人両名の言動の虚偽性を判断し認定しているに過ぎない。」

4 宗教的結社の自由

　宗教的結社の自由とは、特定の宗教を宣伝し、または共同で宗教的行為を行うことを目的とする団体を結成する自由のことをいいます（芦部信喜・高橋和之補訂『憲法〈第六版〉』岩波書店（2015年）156頁）。

　宗教団体が形成されてくると、社会との関わりが増え、団体として財産をもったり、取引の主体となる必要が出てきます。そこで、宗教団体に法人格をもたせるための法律が、宗教法人法です。宗教法人法1条1項は、宗教法人法について、「宗教団体が、礼拝の施設その他の財産を所有し、これを維持運用し、その他その目的達成のための業務及び事業を運営することに資するため、宗教団体に法律上の能力を与えることを目的」とした法律であるとしています。宗教法人法81条1項は、宗教法人について、「法令に違反して、著しく公共の福祉を害すると明らかに認められる行為をしたこと」（1号）や「第2条に規定する宗教団体の目的を著しく逸脱した行為をしたこと又は1年以上にわたつてその目的のための行為をしないこと」（2号）などの事由があったときは、所轄庁・利害関係人・検察官の請求により裁判所がその解散を命ずることができるとしています。解散命令は、宗教団体の法人格を

第 1 章　宗教と憲法

奪うだけのもので、宗教団体の活動そのものを禁止したり、信者の宗教上の行為を禁止したり制限したりする法的効果を一切伴いません。しかしながら、解散命令が確定し清算手続きが行われる結果、礼拝施設その他の宗教上の行為の用に供していたものも処分されることになるから、これらの財産を用いて信者らが行っていた宗教上の行為を継続するのに何らかの支障が生じることはあり得ます。

そこで、宗教法人に対する解散命令は、信者の信仰の自由を害するものとして憲法20条1項に反するのではないかが問題となったのが下記裁判例です。

1　最高裁平成8年1月30日決定
宗教法人オウム真理教解散事件／判タ900号160頁〔27828991〕

事案

東京地検検事正及び東京都知事が、裁判所に対し、オウム真理教代表役員Aが、信者多数とともに組織的に、不特定多数の者を殺害する目的で、サリンの生成を企て、もって殺人の予備をしたことが、宗教法人法81条1項1号及び同2号に該当するとして解散命令を請求したところ、原原審・原審ともに請求を認容したため、オウム真理教は、特別抗告を行った。

判旨

抗告棄却。

「所論は要するに、抗告人を解散する旨の第一審決定（以下「本件解散命令」という。）及びこれに対する即時抗告を棄却した原決定は、抗告人の信者の信仰生活の基盤を喪失させるものであり、実質的に信者の信教の自由を侵害するから、憲法20条に違反するというのである。以下、所論にかんがみ検討を加える。

本件解散命令は、宗教法人法（以下「法」という。）の定めるところに

より法人格を付与された宗教団体である抗告人について、法81条1項1号及び2号前段に規定する事由があるとしてされたものである。

　法は、宗教団体が礼拝の施設その他の財産を所有してこれを維持運用するなどのために、宗教団体に法律上の能力を与えることを目的とし（法1条1項）、宗教団体に法人格を付与し得ることとしている（法4条）。すなわち、法による宗教団体の規制は、専ら宗教団体の世俗的側面だけを対象とし、その精神的・宗教的側面を対象外としているのであって、信者が宗教上の行為を行うことなどの信教の自由に介入しようとするものではない（法1条2項参照）。法81条に規定する宗教法人の解散命令の制度も、法令に違反して著しく公共の福祉を害すると明らかに認められる行為（同条1項1号）や宗教団体の目的を著しく逸脱した行為（同項2号前段）があった場合、あるいは、宗教法人ないし宗教団体としての実体を欠くに至ったような場合（同項2号後段、3号から5号まで）には、宗教団体に法律上の能力を与えたままにしておくことが不適切あるいは不必要となるところから、司法手続によって宗教法人を強制的に解散し、その法人格を失わしめることが可能となるようにしたものであり、会社の解散命令（商法58条）と同趣旨のものであると解される。

　したがって、解散命令によって宗教法人が解散しても、信者は、法人格を有しない宗教団体を存続させ、あるいは、これを新たに結成することが妨げられるわけではなく、また、宗教上の行為を行い、その用に供する施設や物品を新たに調えることが妨げられるわけでもない。すなわち、解散命令は、信者の宗教上の行為を禁止したり制限したりする法的効果を一切伴わないのである。もっとも、宗教法人の解散命令が確定したときはその清算手続が行われ（法49条2項、51条）、その結果、宗教法人に帰属する財産で礼拝施設その他の宗教上の行為の用に供していたものも処分されることになるから（法50条参照）、これらの財産を用いて信者らが行っていた宗教上の行為を継続するのに何らかの支障を生ずることがあり得る。このように、宗教法人に関する法的規制が、信者の宗教上の行為を法

的に制約する効果を伴わないとしても、これに何らかの支障を生じさせることがあるとするならば、憲法の保障する精神的自由の一つとしての信教の自由の重要性に思いを致し、憲法がそのような規制を許容するものであるかどうかを慎重に吟味しなければならない。

　このような観点から本件解散命令について見ると、法81条に規定する宗教法人の解散命令の制度は、前記のように、専ら宗教法人の世俗的側面を対象とし、かつ、専ら世俗的目的によるものであって、宗教団体や信者の精神的・宗教的側面に容かいする意図によるものではなく、その制度の目的も合理的であるということができる。そして、原審が確定したところによれば、抗告人の代表役員であったＡ及びその指示を受けた抗告人の多数の幹部は、大量殺人を目的として毒ガスであるサリンを大量に生成することを計画した上、多数の信者を動員し、抗告人の物的施設を利用し、抗告人の資金を投入して、計画的、組織的にサリンを生成したというのであるから、抗告人が、法令に違反して、著しく公共の福祉を害すると明らかに認められ、宗教団体の目的を著しく逸脱した行為をしたことが明らかである。抗告人の右のような行為に対処するには、抗告人を解散し、その法人格を失わせることが必要かつ適切であり、他方、解散命令によって宗教団体であるオウム真理教やその信者らが行う宗教上の行為に何らかの支障を生ずることが避けられないとしても、その支障は、解散命令に伴う間接的で事実上のものであるにとどまる。したがって、本件解散命令は、宗教団体であるオウム真理教やその信者らの精神的・宗教的側面に及ぼす影響を考慮しても、抗告人の行為に対処するのに必要でやむを得ない法的規制であるということができる。また、本件解散命令は、法81条の規定に基づき、裁判所の司法審査によって発せられたものであるから、その手続の適正も担保されている。

　宗教上の行為の自由は、もとより最大限に尊重すべきものであるが、絶対無制限のものではなく、以上の諸点にかんがみれば、本件解散命令及びこれに対する即時抗告を棄却した原決定は、憲法20条１項に違背するも

のではないというべきであり、このように解すべきことは、当裁判所の判例（最高裁昭和36年（あ）第485号同38年5月15日大法廷判決・刑集17巻4号302頁）の趣旨に徴して明らかである。論旨は採用することができない。」

III 政教分離

　政教分離とは国家と宗教の分離の原則のことをいいます。政教分離を規定した憲法の条文としては、憲法20条1項後段、20条3項、89条があります。憲法20条1項後段は、「いかなる宗教団体も、国から特権を受け、又は政治上の権力を行使してはならない」と定め、憲法20条3項は、「国及びその機関は、宗教教育その他いかなる宗教的活動もしてはならない」と規定しています。これは、戦前の神社神道のように国から特権を受ける宗教を禁止するとともに、国家の宗教的中立性を明らかにした規定です。憲法89条は、「公金その他の公の財産は、宗教上の組織若しくは団体の使用、便益若しくは維持のため、又は公の支配に属しない慈善、教育若しくは博愛の事業に対し、これを支出し、又はその利用に供してはならない。」と規定し、政教分離を財政面から裏付けております。

　最高裁昭和52年7月13日判決（津地鎮祭事件／民集31巻4号533頁）〔27000278〕は、「政教分離規定は、いわゆる制度的保障の規定であつて、信教の自由そのものを直接保障するものではなく、国家と宗教との分離を制度として保障することにより、間接的に信教の自由の保障を確保しようとするものである」と判示しています。すなわち、政教分離は、制度的保障であり、個人の権利利益とは直接関係がない以上、国民は、国の政教分離違反を直接裁判で争うことは困難ですが、地方公共団体の政教分離違反行為については、地方自治法242条の2の住民訴訟によって争うことが可能です。それゆえ、政教分離に関する裁判例は、そのほとんどが住民訴訟に関するものです。

　本項では、政教分離に関する裁判例の流れについて紹介していき、現在の

第1章　宗教と憲法

政教分離に関する判例法理のアウトラインを明らかにしていきたいと思います。❶の津地鎮祭事件以降、最高裁は、政教分離違反の有無について目的効果基準をとってきましたが、❹の空知太神社事件では、目的効果基準の代わりに総合的判断の基準が用いられました。今後、最高裁が政教分離関係事件でどのような態度をとっていくのかについて注目されます。なお、自衛官合祀拒否訴訟・内閣総理大臣公式参拝違憲訴訟においても、政教分離が問題となりますが、主要な論点は、宗教的人格権の権利侵害の有無ですので、前項の信仰の自由の箇所で紹介しました。

1　最高裁昭和52年7月13日判決
津地鎮祭事件／民集31巻4号533頁〔27000278〕

事案

昭和40年1月14日、津市は、市体育館の起工にあたり、神社神道固有の儀式にのっとった起工式（地鎮祭）を挙行し、それに要する費用として市の公金7,663円を支出した。当時市議会議員であった原告は、市のこの行為が憲法20条、89条に違反するとして、地方自治法242条の2（住民訴訟）に基づき、津市長である被告に対して損害補填を求めた。

判旨

・政教分離原則の意義

「元来、政教分離規定は、いわゆる制度的保障の規定であって、信教の自由そのものを直接保障するものではなく、国家と宗教との分離を制度として保障することにより、間接的に信教の自由の保障を確保しようとするものである。ところが、宗教は、信仰という個人の内心的な事象としての側面を有するにとどまらず、同時に極めて多方面にわたる外部的な社会事象としての側面を伴うのが常であって、この側面においては、教育、福祉、文化、民族風習など広汎な場面で社会生活と接触することになり、そのこ

とからくる当然の帰結として、国家が、社会生活に規制を加え、あるいは教育、福祉、文化などに関する助成、援助等の諸施策を実施するにあたって、宗教とのかかわり合いを生ずることを免れえないこととなる。したがって、現実の国家制度として、国家と宗教との完全な分離を実現することは、実際上不可能に近いものといわなければならない。更にまた、政教分離原則を完全に貫こうとすれば、かえって社会生活の各方面に不合理な事態を生ずることを免れないのであって、例えば、特定宗教と関係のある私立学校に対し、一般の私立学校と同様な助成をしたり、文化財である神社、寺院の建築物や仏像等の維持保存のため国が宗教団体に補助金を支出したりすることも疑問とされるに至り、それが許されないということになれば、そこには、宗教との関係があることによる不利益な取扱い、すなわち宗教による差別が生ずることになりかねず、また例えば、刑務所等における教誨活動も、それがなんらかの宗教的色彩を帯びる限り一切許されないということになれば、かえって受刑者の信教の自由は著しく制約される結果を招くことにもなりかねないのである。これらの点にかんがみると、政教分離規定の保障の対象となる国家と宗教との分離にもおのずから一定の限界があることを免れず、政教分離原則が現実の国家制度として具現される場合には、それぞれの国の社会的・文化的諸条件に照らし、国家は実際上宗教とある程度のかかわり合いをもたざるをえないことを前提としたうえで、そのかかわり合いが、信教の自由の保障の確保という制度の根本目的との関係で、いかなる場合にいかなる限度で許されないこととなるかが、問題とならざるをえないのである。右のような見地から考えると、わが憲法の前記政教分離規定の基礎となり、その解釈の指導原理となる政教分離原則は、国家が宗教的に中立であることを要求するものではあるが、国家が宗教とのかかわり合いをもつことを全く許さないとするものではなく、宗教とのかかわり合いをもたらす行為の目的及び効果にかんがみ、そのかかわり合いが右の諸条件に照らし相当とされる限度を超えるものと認められる場合にこれを許さないとするものであると解すべきである。」

・憲法20条3項により禁止される宗教的活動（目的効果基準）

「憲法20条3項は、『国及びその機関は、宗教教育その他いかなる宗教的活動もしてはならない。』と規定するが、ここにいう宗教的活動とは、前述の政教分離原則の意義に照らしてこれをみれば、およそ国及びその機関の活動で宗教とのかかわり合いをもつすべての行為を指すものではなく、そのかかわり合いが右にいう相当とされる限度を超えるものに限られるというべきであって、当該行為の目的が宗教的意義をもち、その効果が宗教に対する援助、助長、促進又は圧迫、干渉等になるような行為をいうものと解すべきである。その典型的なものは、同項に例示される宗教教育のような宗教の布教、教化、宣伝等の活動であるが、そのほか宗教上の祝典、儀式、行事等であっても、その目的、効果が前記のようなものである限り、当然、これに含まれる。そして、この点から、ある行為が右にいう宗教的活動に該当するかどうかを検討するにあたっては、当該行為の主宰者が宗教家であるかどうか、その順序作法（式次第）が宗教の定める方式に則ったものであるかどうかなど、当該行為の外形的側面のみにとらわれることなく、当該行為の行われる場所、当該行為に対する一般人の宗教的評価、当該行為者が当該行為を行うについての意図、目的及び宗教的意識の有無、程度、当該行為の一般人に与える効果、影響等、諸般の事情を考慮し、社会通念に従って、客観的に判断しなければならない。」

・地鎮祭の宗教活動性

「元来、我が国においては、多くの国民は、地域社会の一員としては神道を、個人としては仏教を信仰するなどし、冠婚葬祭に際しても異なる宗教を使いわけてさしたる矛盾を感ずることがないというような宗教意識の雑居性が認められ、国民一般の宗教的関心度は必ずしも高いものとはいいがたい。他方、神社神道自体については、祭祀儀礼に専念し、他の宗教にみられる積極的な布教・伝道のような対外活動がほとんど行われることがないという特色がみられる。このような事情と前記のような起工式に対する一般人の意識に徴すれば、建築工事現場において、たとえ専門の宗教家

である神職により神社神道固有の祭祀儀礼に則って、起工式が行われたとしても、それが参列者及び一般人の宗教的関心を特に高めることとなるものとは考えられず、これにより神道を援助、助長、促進するような効果をもたらすことになるものとも認められない。そして、このことは、国家が主催して、私人と同様の立場で、本件のような儀式による起工式を行った場合においても、異なるものではなく、そのために、国家と神社神道との間に特別に密接な関係が生じ、ひいては、神道が再び国教的な地位をえたり、あるいは信教の自由がおびやかされたりするような結果を招くものとは、とうてい考えられないのである。」「以上の諸事情を総合的に考慮して判断すれば、本件起工式は、宗教とかかわり合いをもつものであることを否定しえないが、その目的は建築着工に際し土地の平安堅固、工事の無事安全を願い、社会の一般的慣習に従った儀礼を行うという専ら世俗的なものと認められ、その効果は神道を援助、助長、促進し又は他の宗教に圧迫、干渉を加えるものとは認められないのであるから、憲法20条3項により禁止される宗教的活動にはあたらないと解するのが、相当である。」

※津地鎮祭事件最高裁判決が示した政教分離に関する合憲性審査基準（目的効果基準）は、最高裁昭和63年6月1日判決（殉職自衛官合祀事件／判タ669号66頁）〔27801761〕、最高裁昭和63年12月16日判決（稲荷神社参道補修事件／判タ741号96頁）〔27807446〕、最高裁平成4年11月16日判決（大阪地蔵像事件／判タ802号89頁）〔25000030〕、最高裁平成5年2月16日判決（箕面忠魂碑事件／判タ815号94頁）〔27814472〕、最高裁平成9年4月2日判決（愛媛玉串料事件／判タ940号98頁）〔28020801〕、最高裁平成11年10月21日判決（箕面遺族会補助金事件／判タ1018号166頁）〔28042451〕、最高裁平成14年7月9日判決（主基斉田抜穂の儀参列事件／判タ1105号136頁）〔28071915〕、最高裁平成14年7月11日判決（大嘗祭参列事件／判タ1105号134頁）〔28071916〕、最高裁平成16年6月28日判決（即位礼正殿の儀参列事件／判タ1176号

121頁）〔28091849〕で踏襲されている。このうち、政教分離違反を認めたのが、後述の最高裁平成9年4月2日判決（愛媛玉串料事件／判タ940号98頁）〔28020801〕である。なお、後述の最高裁平成22年1月20日判決（空知太神社事件／判タ1318号57頁）〔28160142〕では、審査基準の定立にあたって「目的及び効果」について触れていないところに注目される。

2　最高裁平成5年2月16日判決
箕面忠魂碑事件／判タ815号94頁〔27814472〕

事案

下記の箕面市・箕面市長らの行為は憲法20条、89条に違反するとして、箕面市民らが市長らを相手取り、住民訴訟を提起した。

記

（ⅰ）箕面市は、小学校の増改築工事に伴い、同校庭にあった市遺族会の所有管理する忠魂碑を移転する必要がでてきたため、昭和50年7月に、7882万円余で土地を購入し、そこに忠魂碑を移設するとともに、同土地を遺族会に無償貸与した。

（ⅱ）昭和51年、昭和52年に、市遺族会が行った忠魂碑における神式または仏式の慰霊祭に、箕面市長、教育長が参列し、玉串奉奠・焼香をし、また、市の職員は市の事務用品を使用して案内状を発送したり、送迎用に乗用車・マイクロバスを使うなどした。

争点は、①市が忠魂碑の存する公有地の代替地を買い受けて上記忠魂碑の移設・再建をした行為及び右忠魂碑を維持管理する地元の戦没者遺族会に対しその敷地として上記代替地を無償貸与した行為が憲法20条3項により禁止される宗教的活動に当たるか否か、②財団法人日本遺族会及びその支部遺族会は憲法20条1項後段にいう「宗教団体」及び憲法89条に

いう「宗教上の組織若しくは団体」に該当するか否か、③市の教育長が地元の戦没者遺族会が忠魂碑前で神式または仏式で挙行した各慰霊祭に参列した行為が憲法上の政教分離原則及び憲法20条、89条に違反するか否か、という３点である。

判旨

・争点①について

　津地鎮祭事件の目的効果基準を採用したうえで以下のとおり判示した。

「（１）旧忠魂碑は、地元の人々が郷土出身の戦没者の慰霊、顕彰のために設けたもので、元来、戦没者記念碑的な性格のものであり、本件移設・再建後の本件忠魂碑も同様の性格を有するとみられるものであって、その碑前で、戦没者の慰霊、追悼のための慰霊祭が、毎年１回、市遺族会の下部組織である地区遺族会主催の下に神式、仏式隔年交代で行われているが、本件忠魂碑と神道等の特定の宗教とのかかわりは、少なくとも戦後においては希薄であり、本件忠魂碑を靖国神社又は護国神社の分身（いわゆる「村の靖国」）とみることはできないこと、（２）本件忠魂碑を所有し、これを維持管理している市遺族会は、箕面市内に居住する戦没者遺族を会員とし、戦没者遺族の相互扶助・福祉向上と英霊の顕彰を主たる目的として設立され活動している団体であって、宗教的活動をすることを本来の目的とする団体ではないこと、（３）旧忠魂碑は、戦後の一時期、その碑石部分が地中に埋められたことがあったが、大正５年に分会が箕面村の承諾を得て公有地上に設置して以来、右公有地に存続してきたものであって、箕面市がした本件移設・再建等の行為は、右公有地に隣接する箕面小学校における児童数の増加、校舎の老朽化等により校舎の建替え等を行うことが急務となり、そのために右公有地を学校敷地に編入する必要が生じ、旧忠魂碑を他の場所に移設せざるを得なくなったことから、市遺族会との交渉の結果に基づき、箕面市土地開発公社から本件土地を買い受け、従前と同様、本件敷地を代替地として市遺族会に対し無償貸与し、右敷地上に移設、再建

したにすぎないものであることが明らかである。

　これらの諸点にかんがみると、箕面市が旧忠魂碑ないし本件忠魂碑に関してした次の各行為、すなわち、旧忠魂碑を本件敷地上に移設、再建するため右公社から本件土地を代替地として買い受けた行為（本件売買）、旧忠魂碑を本件敷地上に移設、再建した行為（本件移設・再建）、市遺族会に対し、本件忠魂碑の敷地として本件敷地を無償貸与した行為（本件貸与）は、いずれも、その目的は、小学校の校舎の建替え等のため、公有地上に存する戦没者記念碑的な性格を有する施設を他の場所に移設し、その敷地を学校用地として利用することを主眼とするものであり、そのための方策として、右施設を維持管理する市遺族会に対し、右施設の移設場所として代替地を取得して、従来どおり、これを右施設の敷地等として無償で提供し、右施設の移設、再建を行ったものであって、専ら世俗的なものと認められ、その効果も、特定の宗教を援助、助長、促進し又は他の宗教に圧迫、干渉を加えるものとは認められない。したがって、箕面市の右各行為は、宗教とのかかわり合いの程度が我が国の社会的、文化的諸条件に照らし、信教の自由の保障の確保という制度の根本目的との関係で相当とされる限度を超えるものとは認められず、憲法20条3項により禁止される宗教的活動には当らないと解するのが相当である。」

・争点②について

「憲法20条1項後段にいう『宗教団体』、憲法89条にいう『宗教上の組織若しくは団体』とは、宗教と何らかのかかわり合いのある行為を行っている組織ないし団体のすべてを意味するものではなく、国家が当該組織ないし団体に対し特権を付与したり、また、当該組織ないし団体の使用、便益若しくは維持のため、公金その他の公の財産を支出し又はその利用に供したりすることが、特定の宗教に対する援助、助長、促進又は圧迫、干渉等になり、憲法上の政教分離原則に反すると解されるものをいうのであり、換言すると、特定の宗教の信仰、礼拝又は普及等の宗教的活動を行うことを本来の目的とする組織ないし団体を指すものと解するのが相当であ

る。」「財団法人日本遺族会及びその支部である市遺族会、地区遺族会は、いずれも、戦没者遺族の相互扶助・福祉向上と英霊の顕彰を主たる目的として設立され活動している団体であって、その事業の一つである英霊顕彰事業として、政府主催の遺骨収集、外地戦跡の慰霊巡拝、全国戦没者追悼式等への参加、協力などの活動のほか、神式又は仏式による慰霊祭の挙行、靖国神社の参拝等の宗教的色彩を帯びた行事をも実施し、靖国神社国家護持の推進運動にも参画しているが、右行事の実施及び右運動への参画は、会の本来の目的として、特定の宗教の信仰、礼拝又は普及等の宗教的活動を行おうとするものではなく、その会員が戦没者の遺族であることにかんがみ、戦没者の慰霊、追悼、顕彰のための右行事等を行うことが、会員の要望に沿うものであるとして行われていることが明らかである。

　これらの諸点を考慮すると、財団法人日本遺族会及びその支部である市遺族会、地区遺族会は、いずれも、特定の宗教の信仰、礼拝又は普及等の宗教的活動を行うことを本来の目的とする組織ないし団体には該当しないものというべきであって、憲法20条１項後段にいう『宗教団体』、憲法89条にいう『宗教上の組織若しくは団体』に該当しないものと解するのが相当である。」

・争点③について

　津地鎮祭事件の目的効果基準を採用したうえで以下のとおり判示した。

　「（１）旧忠魂碑は、地元の人々が郷土出身の戦没者の慰霊、顕彰のために設けたものであり、元来、戦没者記念碑的な性格のものであって、本件移設・再建後の本件忠魂碑も同様の性格を有するとみられるものであること、（２）本件各慰霊祭を挙行した市遺族会の下部組織である地区遺族会は、箕面地区に居住する戦没者遺族を会員とする団体であって、特定の宗教の信仰、礼拝又は普及等の宗教的活動を行うことを本来の目的とする団体ではないこと、（３）本件各慰霊祭への被上告人Ａ（津市教育長）の参列は、地元において重要な公職にある者の社会的儀礼として、地区遺族会が主催する地元の戦没者の慰霊、追悼のための宗教的行事に際し、戦没者やその

遺族に対して弔意、哀悼の意を表する目的で行われたものであることが明らかである。

　これらの諸点にかんがみると、被上告人Ａの本件各慰霊祭への参列は、その目的は、地元の戦没者の慰霊、追悼のための宗教的行事に際し、戦没者遺族に対する社会的儀礼を尽くすという、専ら世俗的なものであり、その効果も、特定の宗教に対する援助、助長、促進又は圧迫、干渉等になるような行為とは認められない。したがって、被上告人Ａの本件各慰霊祭への参列は、宗教とのかかわり合いの程度が我が国の社会的、文化的諸条件に照らし、信教の自由の保障の確保という制度の根本目的との関係で相当とされる限度を超えるものとは認められず、憲法上の政教分離原則及びそれに基づく政教分離規定に違反するものではないと解するのが相当である。」

3　最高裁平成9年4月2日判決
愛媛玉串料事件／判タ940号98頁〔28020801〕

事案

　愛媛県が宗教法人靖国神社の挙行した恒例の宗教上の祭祀である例大祭に際し玉串料として9回にわたり各5,000円（合計4万5,000円）を、同みたま祭に際し献灯料として各7,000円または8,000円（合計3万1,000円）を、宗教法人護国神社の挙行した恒例の宗教上の祭祀である慰霊大祭に際し供物料として9回にわたり各1万円（合計9万円）を、それぞれ県の公金から支出した。

　愛媛県の住民である原告らは、これらの支出が憲法の定める政教分離原則（憲法20条3項、89条等）に違反する違法な財務会計上の行為であり、かかる行為によってよって愛媛県に生じた損害について、愛媛県知事個人らを相手に住民訴訟を提起した。

　本件判決は、最高裁が政教分離原則違反を認めた初めての判決である。

Ⅲ　政教分離

なお、多数意見の判断枠組みは、津地鎮祭事件と同様目的効果基準を採用している。

> **判旨**
>
> 「神社神道においては、祭祀を行うことがその中心的な宗教上の活動であるとされていること、例大祭及び慰霊大祭は、神道の祭式にのっとって行われる儀式を中心とする祭祀であり、各神社の挙行する恒例の祭祀中でも重要な意義を有するものと位置付けられていること、みたま祭は、同様の儀式を行う祭祀であり、靖国神社の祭祀中最も盛大な規模で行われるものであることは、いずれも公知の事実である。そして、玉串料及び供物料は、例大祭又は慰霊大祭において右のような宗教上の儀式が執り行われるに際して神前に供えられるものであり、献灯料は、これによりみたま祭りにおいて境内に奉納者の名前を記した燈明が掲げられるというものであって、いずれも各神社が宗教的意義を有すると考えていることが明らかなものである。」「これらのことからすれば、県が特定の宗教団体の挙行する重要な宗教上の祭祀にかかわり合いを持ったということが明らかである。そして、一般に、神社自体がその境内において挙行する恒例の重要な祭祀に際して右のような玉串料等を奉納することは、建築主が主催して建築現場において土地の平安堅固、工事の無事安全等を祈願するために行う儀式である起工式の場合とは異なり、時代の推移によって既にその宗教的意義が希薄化し、慣習化した社会的儀礼にすぎないものになっているとまでは到底いうことができず、一般人が本件の玉串料等の奉納を社会的儀礼の一つにすぎないと評価しているとは考え難いところである。そうであれば、玉串料等の奉納者においても、それが宗教的意義を有するものであるという意識を大なり小なり持たざるを得ないのであり、このことは、本件においても同様というべきである。また、本件においては、県が他の宗教団体の挙行する同種の儀式に対して同様の支出をしたという事実がうかがわれないのであって、県が特定の宗教団体との間にのみ意識的に特別のかかわり

合いを持ったことを否定することができない。これらのことからすれば、地方公共団体が特定の宗教団体に対してのみ本件のような形で特別のかかわり合いを持つことは、一般人に対して、県が当該特定の宗教団体を特別に支援しており、それらの宗教団体が他の宗教団体とは異なる特別のものであるとの印象を与え、特定の宗教への関心を呼び起こすものといわざるを得ない。」「確かに、靖国神社及び護国神社に祭られている祭神の多くは第二次世界大戦の戦没者であって、その遺族を始めとする愛媛県民のうちの相当数の者が、県が公の立場において靖国神社等に祭られている戦没者の慰霊を行うことを望んでおり、そのうちには、必ずしも戦没者を祭神として信仰の対象としているからではなく、故人をしのぶ心情からそのように望んでいる者もいることは、これを肯認することができる。そのような希望にこたえるという側面においては、本件の玉串料等の奉納に儀礼的な意味合いがあることも否定できない。しかしながら、明治維新以降国家と神道が密接に結び付き種々の弊害を生じたことにかんがみ政教分離規定を設けるに至ったなど前記の憲法制定の経緯に照らせば、たとえ相当数の者がそれを望んでいるとしても、そのことゆえに、地方公共団体と特定の宗教とのかかわり合いが、相当とされる限度を超えないものとして憲法上許されることになるとはいえない。戦没者の慰霊及び遺族の慰謝ということ自体は、本件のように特定の宗教と特別のかかわり合いを持つ形でなくてもこれを行うことができると考えられるし、神社の挙行する恒例祭に際して玉串料等を奉納することが、慣習化した社会的儀礼にすぎないものになっているとも認められないことは、前記説示のとおりである。ちなみに、神社に対する玉串料等の奉納が個人の祭礼に際して香典を贈ることとの対比で論じられることがあるが、香典は、故人に対する哀悼の意と遺族に対する弔意を表するために遺族に対して贈られ、その葬礼儀式を執り行っている宗教家ないし宗教団体を援助するためのものではないと一般に理解されており、これと宗教団体の行う祭祀に際して宗教団体自体に対して玉串料を奉納することとでは、一般人の評価において、全く異なるものがある

といわなければならない。」「地方公共団体の名を示して行う玉串料等の奉納と一般にはその名を表示せずに行うさい銭の奉納とでは、その社会的意味を同一に論じられないことは、おのずから明らかである。そうであれば、本件玉串料等の奉納は、たとえそれが戦没者の慰霊及びその遺族の慰謝を直接の目的としてされたものであったとしても、世俗目的で行われた社会的儀礼にすぎないものとして憲法に違反しないということはできない。」「以上の事情を総合的に考慮して判断すれば、県が本件玉串料等を靖国神社又は護国神社に前記のとおり奉納したことは、その目的が宗教的意義を持つことを免れず、その効果が特定の宗教に対する援助、助長、促進になると認めるべきであり、これによってもたらされる県と靖国神社等のかかわり合いが我が国の社会的・文化的諸条件に照らし相当とされる限度を超えるものであって、憲法20条3項の禁止する宗教的活動に当たると解するのが相当である。そうすると、本件支出は、同項の禁止する宗教的活動を行うためにしたものとして、違法というべきである。」「また、靖国神社及び護国神社は憲法89条にいう宗教上の組織又は団体に当たることが明らかであるところ、以上に判示したところからすると、本件玉串料等を靖国神社又は護国神社に前記のとおり奉納したことによってもたらされる県と靖国神社等のかかわり合いが我が国の社会的・文化的諸条件に照らし相当とされる限度を超えたものと解されるのであるから、本件支出は、同項の禁止する公金の支出に当たり違法というべきである。」

4 最高裁平成22年1月20日判決
空知太神社事件／判タ1318号57頁〔28160142〕

事案

北海道砂川市がその所有する土地を神社施設の敷地として無償で使用させていることは、憲法の定める政教分離原則に違反する行為であって、敷地の使用貸借契約を解除し同施設の撤去及び土地明渡しを請求しないこと

が違法に財産の管理を怠るものであるとして、砂川市住民（被上告人ら）が、砂川市（上告人）に対し、地方自治法242条の2第1項3号に基づき上記怠る事実の違法確認を求めた。

判旨

・憲法判断の枠組み

「憲法89条は、公の財産を宗教上の組織又は団体の使用、便益若しくは維持のため、その利用に供してはならない旨を定めている。その趣旨は、国家が宗教的に中立であることを要求するいわゆる政教分離の原則を、公の財産の利用提供等の財政的な側面において徹底させるところにあり、これによって、憲法20条1項後段の規定する宗教団体に対する特権の付与の禁止を財政的側面からも確保し、信教の自由の保障を一層確実なものにしようとしたものである。しかし、国家と宗教とのかかわり合いには種々の形態があり、およそ国又は地方公共団体が宗教との一切の関係を持つことが許されないというものではなく、憲法89条も、公の財産の利用提供等における宗教とのかかわり合いが、我が国の社会的、文化的諸条件に照らし、信教の自由の保障の確保という制度の根本目的との関係で相当とされる限度を超えるものと認められる場合に、これを許さないとするものと解される。

国又は地方公共団体が国公有地を無償で宗教的施設の敷地としての用に供する行為は、一般的には、当該の宗教的施設を設置する宗教団体等に対する便宜の供与として、憲法89条との抵触が問題となる行為であるといわなければならない。もっとも、国公有地が無償で宗教的施設の敷地としての用に供されているといっても、当該施設の性格や来歴、無償提供に至る経緯、利用の態様等には様々なものがあり得ることが容易に想定されるところである。例えば、一般的には宗教的施設としての性格を有する施設であっても、同時に歴史的、文化財的な建造物として保護の対象となるものであったり、観光資源、国際親善、地域の親睦の場などといった他の意

義を有していたりすることも少なくなく、それらの文化的あるいは社会的な価値や意義に着目して当該施設が国公有地に設置されている場合もあり得よう。また、我が国においては、明治初期以来、一定の社寺領を国等に上知（上地）させ、官有地に編入し、又は寄付により受け入れるなどの施策が広く採られたこともあって。国公有地が無償で社寺等の敷地として供される事例が多数生じた。このような事例については、戦後、国有地につき『社寺等に無償で貸し付けてある国有財産の処分に関する法律』（昭和22年法律第53号）が公布され、公有地についても同法と同様に譲与等の処分をすべきものとする内務文部次官通牒が発出された上、これらによる譲与の申請期間が経過した後も、譲与、売払い、貸付け等の措置が講じられてきたが、それにもかかわらず、現在に至っても、なおそのような措置を講ずることができないまま社寺の敷地となっている国公有地が相当数残存していることがうかがわれるところである。これらの事情のいかんは、当該利用提供行為が、一般人の目から見て特定の宗教に対する援助等と評価されるか否かに影響するものと考えられるから、政教分離原則との関係を考えるに当たっても、重要な考慮要素とされるべきものといえよう。

　そうすると、国公有地が無償で宗教的施設の敷地としての用に供されている状態が、前記の見地から、信教の自由の保障の確保という制度の根本目的との関係で相当とされる限度を超えて憲法89条に違反するか否かを判断するに当っては、当該宗教的施設の性格、当該土地が無償で当該施設の敷地としての用に供されるに至った経緯、当該無償提供の態様、これらに対する一般人の評価等、諸般の事情を考慮し、社会通念に照らして総合的に判断すべきものと解するのが相当である。

　以上のように解すべきことは、当裁判所の判例（最高裁昭和46年（行ツ）第69号同52年7月13日大法廷判決・民集31巻4号533頁、最高裁平成4年（行ツ）第156号同9年4月2日大法廷判決・民集51巻4号1673頁等）の趣旨とするところからも明らかである。」

・本件利用提供行為の憲法適合性

「(1) 前記事実関係等によれば、本件鳥居、地神宮、『神社』と表示された会館入口から祠に至る本件神社物件は、一体として神道の神社施設に当たるものと見るほかはない。

また、本件神社において行われている諸行事は、地域の伝統的行事として親睦などの意義を有するとしても、神道の方式にのっとって行われているその態様にかんがみると、宗教的な意義の希薄な、単なる世俗的行事にすぎないということはできない。

このように、本件神社物件は、神社神道のための施設であり、その行事も、このような施設の性格に沿って宗教的行事として行われているものということができる。

(2) 本件神社物件を管理し、上記のような祭事を行っているのは、本件利用提供行為の直接の相手方である本件町内会ではなく、本件氏子集団である。本件氏子集団は、前記のとおり、町内会に包摂される団体ではあるものの、町内会とは別に社会的に実在しているものと認められる。そして、この氏子集団は、宗教的行事等を行うことを主たる目的としている宗教団体であって、寄附を集めて本件神社の祭事を行っており、憲法89条にいう『宗教上の組織若しくは団体』に当たるものと解される。

しかし、本件氏子集団は、祭事に伴う建物使用の対価を町内会に支払うほかは、本件神社物件の設置に通常必要とされる対価を何ら支払うことなく、その設置に伴う便益を享受している。すなわち、本件利用提供行為は、その直接の効果として、氏子集団が神社を利用した宗教的活動を行うことを容易にしているものということができる。

(3) そうすると、本件利用提供行為は、市が、何らの対価を得ることなく本件各土地上に宗教的施設を設置させ、本件氏子集団においてこれを利用して宗教的活動を行うことを容易にさせているものといわざるを得ず、一般人の目から見て、市が特定の宗教に対して特別の便益を提供し、これを援助していると評価されてもやむを得ないものである。前記事実関係等によれば、本件利用提供行為は、もともとは小学校敷地の拡張に協力

した用地提供者に報いるという世俗的、公共的な目的から始まったもので、本件神社を特別に保護、援助するという目的によるものではなかったことが認められるものの、明らかな宗教施設といわざるを得ない本件神社物件の性格、これに対し長期間にわたり継続的に便益を提供し続けていることなどの本件利用提供行為の具体的態様等にかんがみると、本件において、当初の動機、目的は上記評価を左右するものではない。

（４）以上のような事情を考慮し、社会通念に照らして総合的に判断すると、本件利用提供行為は、市と本件神社ないし神道とのかかわり合いが、我が国の社会的、文化的諸条件に照らし、信教の自由の保障の確保という制度の根本目的との関係で相当とされる限度を超えるものとして、憲法89条の禁止する公の財産の利用提供に当たり、ひいては憲法20条１項後段の禁止する宗教団体に対する特権の付与にも該当すると解するのが相当である。」

・職権による検討

「１　本件は、被上告人らが地方自治法242条の２第１項３号に基いて提起した住民訴訟であり、被上告人らは、前記のとおり政教分離原則との関係で問題とされざるを得ない状態となっている本件各土地について、上告人がそのような状態を解消するため使用貸借契約を解除し、神社施設の撤去を求める措置を執らないことが財産管理上違法であると主張する。

２　本件利用提供行為の現状が違憲であることは既に述べたとおりである。しかしながら、これを違憲とする理由は、判示のような施設の下に一定の行事を行っている本件氏子集団に対し、長期にわたって無償で土地を提供していることによるものであって、このような違憲状態の解消には、神社施設を撤去し土地を明け渡す以外にも適切な手段があり得るというべきである。例えば、戦前に国公有に帰した多くの社寺境内地について戦後行われた処分等と同様に、本件土地１及び２の全部又は一部を譲与し、有償で譲渡し、又は適正な時価で貸し付ける等の方法によっても上記の違憲性を解消することができる。そして、上告人には、本件各土地、本件建物

及び本件神社物件の現況、違憲性を解消するための措置が利用者に与える影響、関係者の意向、実行の難易等、諸般の事情を考慮に入れて、相当と認められる方法を選択する裁量権があると解される。本件利用提供行為に至った事情は、それが違憲であることを否定するような事情として評価することまではできないとしても、解消手段の選択においては十分に考慮されるべきであろう。本件利用提供行為が開始された経緯や本件氏子集団による本件神社物件を利用した祭事がごく平穏な態様で行われてきていること等を考慮すると、上告人において直接的な手段に訴えて直ちに本件神社物件を撤去させるべきものとすることは、神社敷地として使用することを前提に土地を借り受けている本件町内会の信頼を害するのみならず、地域住民らによって守り伝えられてきた宗教的活動を著しく困難なものにし、氏子集団の構成員の信教の自由に重大な不利益を及ぼすものとなることは自明であるといわざるを得ない。さらに、上記の他の手段のうちには、市議会の議決を要件とするものなども含まれているが、そのような議決が適法に得られる見込みの有無も考慮する必要がある。これらの事情に照らし、上告人において他に選択することのできる合理的で現実的な手段が存在する場合には、上告人が本件神社物件の撤去及び土地明渡請求という手段を講じていないことは、財産管理上直ちに違法との評価を受けるものではない。すなわち、それが違法とされるのは、上記のような他の手段の存在を考慮しても、なお上告人において上記撤去及び土地明渡請求をしないことが上告人の財産管理上の裁量権を逸脱又は濫用するものと評価される場合に限られるものと解するのが相当である。

3　本件において、当事者は、上記のような観点から、本件利用提供行為の違憲性を解消するための他の手段が存在するか否かに関する主張をしておらず、原審も当事者に対してそのような手段の有無に関し釈明権を行使した形跡はうかがわれない。しかし、本件利用提供行為の違憲性を解消するための他の手段があり得ることは、当事者の主張の有無にかかわらず明らかというべきである。また、原審は、本件と並行して、本件と当事者

がほぼ共通する市内の別の神社（富平神社）をめぐる住民訴訟を審理しており、同訴訟においては、私有地上に神社敷地として無償で使用させていた私有地を町内会に譲与したことの憲法適合性が争われていたところ、第1、2審とも、それを合憲と判断し、当裁判所もそれを合憲と判断するものである（最高裁平成19年（行ツ）第334号）。原審は、上記訴訟の審理を通じて、本件においてもそのような他の手段が存在する可能性があり、上告人がこうした手段を講ずる場合があることを職務上知っていたものである。

そうすると、原審が上告人において本件神社物件の撤去及び土地明渡請求をすることを怠る事実を違法と判断する以上は、原審において、本件利用提供行為の違憲性を解消するための他の合理的で現実的な手段が存在するか否かについて適切に審理判断するか、当事者に対して釈明権を行使する必要があったというべきである。原審が、この点につき何ら審理判断せず、上記釈明権を行使することもないまま、上記の怠る事実を違法と判断したことには、怠る事実の適否に関する審理を尽くさなかった結果、法令の解釈適用を誤ったか、釈明権の行使を怠った違法があるものというほかない。」

※1 本判決では、宗教との関わり合いが「相当とされる限度を超える」かどうかの判断に際し、これまでの政教分離関係判例で適用していた目的効果基準に言及することなく、総合判断によると述べている点に注目される。この点、最高裁は、これまでと異なる審査基準を採用したのではないかと思われるが、泉徳治元最高裁判事は、「最大判（空知太神社）は、その判断対象が一時的行為ではなく、長期にわたる無償での敷地提供であったため、かかわり合いの相当性の着眼点として行為の目的及び効果に言及しなかっただけのことで、政教分離原則に違反するかどうかは「諸般の事情を考慮し、社会通念に照らして総合的に判断すべきものと解するのが相当」としており、

第 1 章　宗教と憲法

憲法で禁止された宗教的活動かどうかは「諸般の事情を考慮し、社会通念に従って、客観的に判断しなければならない」とする最大判（津地鎮祭）と基本的に同じ判断基準を採用している。」と述べている（『法曹実務にとっての近代立憲主義』判例時報社（2017年）102頁）。実際、最高裁平成22年7月22日判決（白山ひめ神社事件／判タ1330号81頁）〔28161889〕は、神社の記念事業の支援を目的とする団体の発会式に市長が出席して祝辞を述べたという事件について、目的効果基準を適用して合憲とする裁判官一致の判断をしており、最高裁は目的効果基準を依然として用いている。どのような場合に目的効果基準を用いるかについて、本判決の藤田補足意見は、「過去の当審判例上、目的効果基準が機能せしめられてきたのは、問題となる行為等においていわば「宗教性」と「世俗性」とが同居しておりその優劣が微妙であるときに、そのどちらを重視するかの決定に際して」であったと述べられている箇所が参考になる。

※2　本判決を踏まえて、砂川市は、本件神社施設を利用する地域住民で構成される氏子集団の幹部らと協議のうえ、①集会場に設置されていた「神社」の表示を撤去する、②本件土地上に設置されていた地神宮の表面を削り、「開拓記念碑」等の宗教的色彩のない文字を掘り直す、③集会場内にある祠を取り出し、鳥居付近に設置し直す、④鳥居及び祠の敷地として土地の一部を上記氏子集団に適正価格によって賃貸する、⑤上記土地の周囲にロープを張るなどしてその範囲が外見的にも明確になるような措置を施すという手段をとることで合意し、一部については原審終結前に実施に移した。そうしたところ、最高裁平成24年2月16日判決（判タ1369号96頁）〔28180301〕は、以下のような判示（判決要旨）を行った。

市が連合町内会に対し市有地を無償で神社施設の敷地としての利用に供している行為が憲法89条、20条1項後段に違反する場合において、

市が、上記神社施設の撤去及び上記市有地の明渡しの請求の方法を採らずに、氏子集団による上記神社施設の一部の移設や撤去等と併せて上記市有地の一部を上記氏子集団の氏子総代長に適正な賃料で賃貸することは、上記氏子集団が当該賃貸部分において上記神社施設の一部を維持し、年に数回程度の祭事等を今後も継続して行うことになるとしても、次の（１）～（３）などの判示の事情の下では、上記の違憲性を解消するための手段として合理的かつ現実的であって、憲法89条、20条１項後段に違反しない。

（１）ア　上記賃貸がされると、上記氏子集団が利用する市有地の部分が大幅に縮小され、当該賃貸部分の範囲を外見的にも明確にする措置により利用の範囲が事実上拡大することも防止される上、上記神社施設の一部の移設や撤去等の措置により上記市有地の他の部分からは上記神社施設に関連する物件や表示は除去されることとなる。

イ　上記氏子集団が上記アの移設や撤去等の後に国道に面している当該賃貸部分において祭事等を行う場合に、上記市有地の他の部分を使用する必要はない。

ウ　上記神社施設の前身は上記市有地が公有となる前からその上に存在しており、上記市有地が公有となったのも、小学校敷地の拡張に協力した用地提供者に報いるという目的によるものであった。

（２）上記神社が全て直ちに撤去されると、上記氏子集団がこれを利用してごく平穏な対応で行ってきた祭事等の継続が著しく困難になるのに対し、上記賃貸がされると、上記氏子集団は当該賃貸部分において従前と同様の祭事等を行うことが可能となる。

（３）上記賃貸の実施は市議会の議決を要するものではなく、上記賃貸の方針は上記氏子集団や連合町内会の意見聴取を経てその了解を得た上で策定されたものであり、賃料の額も年３万円余であって、その支払が将来滞る蓋然性があるとは考え難い。

第 1 章　宗教と憲法

Ⅳ　司法権の限界

1　はじめに

　憲法76条1項は、「すべて司法権は、最高裁判所及び法律の定めるところにより設置する下級裁判所に属する」と規定しています。「司法」とは、「当事者間に、具体的事件に関する紛争（具体的な争訟）がある場合において、当事者からの争訟の提起を前提として、独立の裁判所が統治権に基づき、一定の争訟手続によって、紛争解決の為に、何が法であるかの判断をなし、正しい法の適用を保障する作用」のことをいいます（芦部信喜・高橋和之補訂『憲法〈第六版〉』岩波書店（2015年）336頁）。上記の定義のうち、「具体的な争訟」は、司法権の概念の核心にあたります。裁判所法3条1項が「裁判所は、日本国憲法の特別の定めのある場合を除いて一切の法律上の争訟を裁判し、その他法律において特に定める権限を有する」と規定していますが、ここの「法律上の争訟」とは、司法権の対象となる具体的な争訟と同義であるとされます（最高裁昭和28年11月17日判決（裁判集民10巻455頁）〔27600644〕等）。

　判例は、裁判所法3条1項にいう「法律上の争訟」の意義について、①当事者間の具体的な権利義務ないし法律関係の存否（刑罰権の存否を含む）に関する紛争であって（したがって、裁判所の救済を求めるには、原則として自己の権利または法律によって保護される利益の侵害という要件が必要とされます。）、かつ、②それが法律を適用することにより終局的に解決することができるものに限られるとしています（最高裁昭和41年2月8日判決（民集20巻2号196頁）〔27001227〕等）。例えば、純然たる信仰の対象の価値または宗教上の教義に関する判断自体を求める訴え、あるいは単なる宗教上の地位（住職や宮司、牧師等）の確認の訴えは、①当事者の具体的な法律関係の存否に関する紛争ではなく、②法律を適用することによって終局的に解決することはできないことから、「法律上の争訟」にはあたらず、かかる訴え

がなされたとしても、不適法なものとして却下されることになります。

　ただ、宗教関係事件の場合、形式的には、「法律上の争訟」に該当したとしても、宗教的結社の自由と政教分離原則の関係でその審理にあたっては一定の制限を受けることになります。すなわち、憲法 20 条 1 項前段は、宗教的結社の自由を保障し、各々の宗教団体がそれぞれの目的に適した自主的規範をもち、組織を自主的に運営することを憲法で保障しています。また、憲法 20 条 1 項後段、20 条 3 項、89 条は、政教分離原則を定め、国及びその機関の宗教的活動を禁止しています。このことから、裁判所は、宗教団体内部の宗教的紛争に介入することはできないのです。それゆえ、宗教関係事件が「法律上の争訟」に該当したとしても、事件の前提として宗教が問題となってくる場合、裁判所は、宗教的紛争に介入しないように慎重な判断が求められるのです。

　芦部信喜・高橋和之補訂『憲法〈第六版〉』岩波書店（2015 年）340 頁には、「法律上の争訟」にはあたるものの、宗教問題が前提として争われる場合として、（ⅰ）紛争の実体ないし核心が宗教上の争いであって紛争が全体として裁判所による解決に適しない場合と（ⅱ）紛争自体は全体として裁判所による解決に適しないとは言えない場合があるとしています。そして、（ⅰ）の場合は、訴訟は実質的には法令の適用による終局的な解決の不可能なものであるから「法律上の争訟」にはあたらないとして却下されます（最高裁昭和 56 年 4 月 7 日判決（板まんだら事件／民集 35 巻 3 号 443 頁）〔27000141〕等）。（ⅱ）の場合は、訴えは却下されず、裁判所の審査が行われますが、当該争点については宗教団体の自律的判断が尊重され、例えば、宗教上の教義の解釈にわたるなど本来その自治によって決定すべき事項については裁判所は実体的な審理判断を行わず、自治に対する介入にわたらない問題（住職の選任ないし罷免の手続き上の問題等）についてのみ、審理判断することになります。

　このように、宗教関係事件では、司法権の限界の問題が常に付きまとうことになり、宗教関係事件の訴訟を行うにあたっては、却下されずに本案の判

断が出るように初期の段階から事案の実相を見極め、主張立証を吟味しなければなりません。そのためには、宗教関係事件の司法権の限界についての裁判例に習熟している必要があります。泉徳治元最高裁判事が、前述の論文「政教分離－最高裁判例を読み直す」において、「裁判所が本案の裁判を行うためには、①まず、訴訟物が法律上の争訟に当たるかを審理し、②次に、憲法で保障された団体等の自律的決定権との関係で裁判権を制限されることがないかを審理されることになる。」と論じているように、裁判例の整理において、①訴訟物による制限、②宗教団体の自律的決定権との関係による制限という視点は極めて有用ですので、以下、司法権の限界に関する裁判例を紹介する際は、この2つの視点に分けて紹介していきます。

2 訴訟物による制限に関する裁判例

(1) 宗教上の地位の確認

　代表役員とは、宗教法人の事務執行機関であり、宗教法人における代表権を有する唯一の者です。宗教法人には、3人以上の責任役員が置かれ、そのうち1人が代表役員とされています（宗教法人法18条1項）。それに対して、住職とは、寺院を主宰するという宗教上の地位であり、代表役員のように法的な権限はありません。

　代表役員の選定方法は、規則によって定められます（宗教法人法12条1項5号）。被包括法人になっている寺院のほとんど全てが、代表役員は、宗教上の役職の「充て職」となっているのが実態です（寺院規則において、「この法人の代表役員は、この寺院の住職の職にある者を充てる」などと規定されているのが通例です。）。

　それでは、このような充て職規定の下で、代表役員の前提となる住職の地位の確認を求めることができるのでしょうか。この点について判断したのが、下記判決です。

1 最高裁昭和44年7月10日判決
判タ239号147頁〔27000799〕

事案

X（被上告人）は臨済宗相国寺派（上告人）に属する宗教法人慈照寺（通称銀閣寺）の住職として、住職は当然に宗教法人法にいう責任役員及び代表役員となるとの慈照寺規則により同宗教法人の代表役員、責任役員であったが、昭和31年5月1日、住職の任命権をもつ包括宗教法人臨済宗相国寺派の管長Aに対し、慈照寺の住職、代表役員、責任役員を辞任する旨の意思表示をしたので、臨済宗相国寺派はY（上告人）を特命住職に任命し同人は慈照寺規則により同時に慈照寺の代表役員、責任役員に就任し、同月8日、XよりYへ代表役員、責任役員の変更登記がなされた。

Xはその後、上記住職、代表役員、責任役員の辞任の意思表示は真意に出たものでなかったから無効であると主張し、臨済宗相国寺派及びYを被告として、「Xが宗教法人慈照寺の住職、代表役員、責任役員であることを確認する」との判決を求めて訴えを提起した。

判旨

「被上告人の右請求は、宗教法人慈照寺規則において同寺の住職は、同寺の代表役員および責任役員となることと定められているところから、右代表役員および責任役員たる地位の確認請求のほかに、その前提条件として同寺の住職たる地位の確認を請求するというのである。

しかしながら、原審が適法に確定した事実によれば、同寺の住職たる地位は、元来、儀式の執行、教義の宣布等宗教的な活動における主宰者たる地位であって、同寺の管理機関としての法律上の地位ではないというのであるから、住職たる宗教上の地位に与えられる代表役員および責任役員としての法律上の地位ならびにその他の権利義務（たとえば、報酬請求権や

寺院建物の使用権など）のすべてを包含するいみにおいて、権利関係の確認を請求する趣旨であれば格別、右代表役員および責任役員としての法律上の地位の確認請求をすると共に、これとは別個にその前提条件としての住職たる地位の確認を求めるというのは、単に宗教上の地位の確認を求めるにすぎないものであって、法律上の権利関係の確認を求めるものとはいえず、したがって、このような訴は、その利益を欠くものとして却下を免れない。」

※本判決は、「住職たる宗教上の地位に与えられる代表役員および責任役員としての法律上の地位ならびにその他の権利義務（たとえば、報酬請求権や寺院建物の使用権など）のすべてを包含するいみにおいて、権利関係の確認を請求する趣旨であれば格別」として、宗教上の地位確認が適法となり得る余地があることに含みをもたせているが、最高裁昭和55年1月11日判決（種徳寺事件／判タ410号94頁）〔27000187〕は、「上告人は、被上告人曹洞宗においては、住職たる地位と代表役員たる地位とが不即不離の関係にあり、種徳寺の住職たる地位は宗教法人種徳寺の代表役員たりうる基本資格となるものであるということをもつて、住職の地位が確認の訴の対象となりうるもののように主張するが、両者の間にそのような関係があるからといって右訴が適法となるものではない。」としており、宗教上の地位確認が適法となり得る余地がないかのような判示を行っている。

（２）宗教団体内の懲戒処分の無効確認

2 最高裁平成4年1月23日判決
民集46巻1号1頁〔27810691〕

事案

　上告人は、真宗大谷派（被上告人）の被包括宗教法人たる寺院の代表役員・住職であり、真宗大谷派の宗務役員であったが、真宗大谷派内部における管長派と内局派との内紛において、昭和51年4月に宗務役員として不当な事務処理をしたことを理由として、同月24日、宗務役員を免役され（乙処分）、その後の同年5月に生じた管長派による宗務所占拠、籠城事件に参加して、教団の秩序を乱したことを理由として、昭和56年8月31日に重懲戒7年の懲戒処分（甲処分）を受けた。上告人は、甲処分の無効確認（甲請求）と乙処分の無効を理由とする宗務役員の地位確認（乙請求）を求めた。真宗大谷派は宗教団体内部の自律的決定であり司法権が及ばないとの本案前の主張をし、本案について上告人の主張を争った。
　1、2審とも、真宗大谷派の本案前の主張を排斥し、甲請求については上告人の主張を認めず、甲処分を有効とし、乙請求については、乙処分の効力にかかわらず甲処分によって、上告人は、現在、宗務役員たる地位を有しないとして、甲、乙各請求を棄却した。

判旨

　「宗教団体内部においてされた懲戒処分が被処分者の宗教活動を制限し、あるいは当該宗教団体内部における宗教上の地位に関する不利益を与えるものにとどまる場合においては、当該処分の効力に関する紛争をもって具体的な権利又は法律関係に関する紛争ということはできないから、裁判所に対して右処分の効力の有無の確認を求めることはできないと解すべきである（最高裁昭和51年（オ）第958号同55年1月11日第三小法廷判決・

民集34巻1号1頁参照)。これを本件についてみるに、原審の適法に確定したところによれば、本件処分は、被上告人の宗教団体内部の規律違反に関するものであり、被上告人の宗教団体内部において、上告人の僧侶としての宗教活動を制限し、又は宗教団体内の地位をはく奪し、若しくは降格するものであるというのである。そうすると、本件処分の効力の有無をもって具体的な権利又は法律関係に関する紛争ということはできない。

　もっとも、上告人は、前記1（三）記載のとおり、本件処分により上告人が被る不利益として、宗教法人Ａ寺の代表役員又は同寺の住職たる地位の喪失及び僧侶としての活動等が制限されることによる収入の減少を挙げる。しかし、原審認定事実によっても、Ａ寺の住職たる地位が単なる宗教上の地位以上の法律関係を含むものであるとは認められない上、宗教法人Ａの代表役員たる地位の存否は、同宗教法人との間の紛争であって、本訴当事者間の権利又は法律関係に関する紛争ということはできない。そして、本件処分の結果として上告人が経済的及び市民的生活に関する不利益を受け、これが具体的な権利又は法律関係に関する紛争に該当することがあるとしても、その故に本件処分の効力の有無をもって具体的な権利又は法律関係に関する紛争ということはできない。」

※懲戒処分によって、上告人が現実に受ける不利益（Ａ寺の代表役員の地位の喪失等）はどのように裁判上解決すればよいのかという問題については、本判決の調査官解説（富越和厚氏）が、「原判決が甲請求を具体的な権利又は法律関係に関する紛争であるとして指摘する事情、すなわち、甲処分により原告は宗教法人Ａの代表役員たる地位（「具体的権利法律関係」）を喪失し、甲処分の効力を判断するために宗教団体内部で自治的に決定せられるべき事項を審理する必要はないこと等は、原告が宗教法人Ａを被告として、同法人の代表役員たる地位を有することの確認を求める場合の前提問題として本件懲戒処分の当否を判断することを許す理由とすることはできる。しかし、甲処分の効力そのものをもって

「具体的権利法律関係」であるとする理由にはならないといわねばならない。」と述べているとおり、上告人とＡ寺との地位確認請求訴訟等で解決することになろう。

（３）信者の地位の確認

　宗教法人法は、宗教法人の一定の重要な行為について、「信者その他の利害関係人」に対して公告をするものとしています（宗教法人法12条3項、23条、26条2項、34条1項、35条3項、44条2項）。また、「信者その他の利害関係人」は、財産目録等の書類または帳簿を閲覧できる（宗教法人法25条3項）とともに、解散について意見を述べることができるとしています（宗教法人法44条3項）。ただ、宗教法人法は、信者と宗教法人との間の権利義務ないし法律関係について直接明らかにする規定を置いていません。そのため、信者が宗教上の地位（宗教法人法2条にいう教化育成の対象としての地位）を有するにとどまるのか、市民的・経済的な法律上の地位をも有するのか（地位確認訴訟を提起できるのか。）が問題となります。この点について判断したのが、下記判決です。

> **3** 最高裁平成7年7月18日判決
> 　判タ888号130頁〔27827574〕

事案

　上告人は、宗教法人である被上告人Ａ寺の檀徒であったが、昭和63年7月25日、Ａ寺から檀徒の地位を剥奪する旨の処分を受けた。そこで、上告人は、Ａ寺の檀徒の地位にあることの確認を求めて本件訴えを提起した。

　原審は、本件除名処分によって上告人はＡ寺の檀徒の地位を失い、Ａ寺内部において宗教活動をすることができなくなるが、檀徒の地位は、単に宗教団体内の地位にすぎず、それ以上の法律関係を含むものとは認められ

第 1 章　宗教と憲法

ないから、本件除名処分の効力の有無に関する紛争は、具体的な権利または法律関係に関する紛争ということはできないとして、本件訴えを不適法として却下した。

判旨

原判決破棄。

「宗教法人法は、檀徒等の信者については、宗教法人の自主性を尊重しつつその最終的な意思決定に信者の意見が反映されるよう、宗教法人の一定の重要な行為につき、信者に対して公告をするものとしている（同法12条3項、23条、26条2項、34条1項、35条3項、44条2項）が、信者と宗教法人との間の権利義務ないし法律関係について直接に明らかにする規定を置いていないから、檀徒等の信者の地位が具体的な権利義務ないし法律関係を含む法律上の地位ということができるかどうかは、当該宗教法人が同法12条1項に基づく規則等において檀徒等の信者をどのようなものとして位置付けているかを検討して決すべきこととなる。

記録によると、所論の檀徒の地位に関しては、宗教法人法12条1項に基づく被上告人の規則（宗教法人「A寺」規則）等において次のような規定が置かれていることが明らかである。

（1）被上告人の規則16条は、被上告人の檀信徒につき、被上告人の包括宗教法人である『高野山真言宗の教義を信奉し、この寺院の維持経営に協力する者を檀信徒という。』と定める。

（2）高野山真言宗の宗規中の被上告人に関する条項が同規則34条により被上告人にも適用されるところ、右宗規の141条1項は『寺院及び教会は、檀信徒名簿を備え付けなければならない。』と定め、また、その142条は檀信徒の除名について『檀信徒であって、左に掲げる各号の1に該当するときは、住職は管長の承認を得て檀信徒名簿から除名することができる。1　教義信条に反し、意義を唱うる者、2　宗団若しくは寺院、又は教会の維持経営を妨害する者』と定めており、これらの条項は被上告

人において適用されている。

　(3) 被上告人においては、宗教法人法18条に基づく代表役員及び責任役員の外に、代表役員を補佐し、被上告人の維持経営に協力することを基本的職務とする総代6人を法人組織上の機関として設置している（同規則17条1項、4項）ところ、檀信徒の地位にあることが総代に選任されるための要件とされ（同条2項）、総代であることが代表役員以外の責任役員に選任されるための要件とされている（同規則7条3項）。

　(4) 被上告人においては、代表役員には宗教的活動の主宰者の地位にある住職の職にある者をもって充てることとされている（同規則7条1項）ところ、住職の選任に際しては総代の意見を聴かなければならず（同条2項）、また、被上告人の基本財産等の設定・変更や不動産、宝物の処分等（同規則20条、22条1項）、予算の編成等（同規則25条、28条、31条）、規則の変更及び合併（同規則33条）に際しても総代の意見を聴かなければならないものとされており、さらに、総代は決算の報告を受けるものとされている（同規則30条）。

　以上によれば、被上告人においては、檀信徒名簿が備え付けられていて、檀徒であることが被上告人の代表役員を補佐する機関である総代に選任されるための要件とされており、予算編成、不動産の処分等の被上告人の維持経営に係る諸般の事項の決定につき、総代による意見の表明を通じて檀徒の意見が反映される体制となっており、檀徒による被上告人の維持経営の妨害行為が除名処分事由とされているのであるから、被上告人における檀徒の地位は、具体的な権利義務ないし法律関係を含む法律上の地位ということができる。」

※福岡高裁平成14年10月25日判決（判タ1150号268頁）〔28080556〕は、「法中」という宗教上の地位の確認を求める訴えが、その地位が契約ないし時効取得に基づくものとして構成され、かつその存否の判断が宗教上の教義等に立ち入ることなく可能であるとして、「法律上の争訟」に当た

ると判断した。

3 宗教団体の自律的決定権との関係による制限に関する裁判例

(1) 司法権と宗教団体の自律的決定権との関係のリーディングケース

訴訟物自体は法律上の争訟に当たる場合であっても、その解決のために宗教上の教義・信仰の内容などの宗教団体の自律的決定に委ねられている事柄に関する判断が必要なものは、司法権の行使が制限されます。この点を明らかにした裁判例が、板まんだら事件判決です。

> **1** 最高裁昭和56年4月7日判決
> 板まんだら事件／民集35巻3号443頁〔27000141〕

事案

創価学会（上告人）の元会員であるXら（被上告人ら）は、昭和40年10月、本尊である板まんだらを安置する正本堂の建立のための創価学会の募金に応じてそれぞれ金員を寄付したが、その後この贈与は要素の錯誤に基づいてなされた無効のものであるとして、寄付金の返還を求めて出訴した。被上告人らは、①板まんだらが偽物であることを知らなかった点、②創価学会が、正本堂建立は広宣流布達成の時期であるとして募金したのに、その完工の時に広宣流布はいまだ達成されていないという2点が要素の錯誤であると主張した。

第1審は、本件訴訟が「法律上の争訟」に当たらないとして、訴えを却下したが、第2審では、これを取り消して事件を差し戻したため、創価学会が上告をした。

判旨

破棄自判。

「裁判所がその固有の権限に基づいて審判することのできる対象は、裁判所法３条にいう『法律上の争訟』、すなわち当事者間の具体的な権利義務ないし法律関係の存否に関する紛争であつて、かつ、それが法令の適用により終局的に解決することができるものに限られる（最高裁昭和39年（行ツ）第61号同41年２月８日第三小法廷判決・民集20巻２号196頁参照）。したがつて、具体的な権利義務ないし法律関係に関する紛争であつても、法令の適用により解決するのに適しないものは裁判所の審判の対象となりえない、というべきである。

　これを本件についてみるのに、錯誤による贈与の無効を原因とする本件不当利得返還請求訴訟において被上告人らが主張する錯誤の内容は、（１）上告人は、戒壇の本尊を安置するための正本堂建立の建設費用に充てると称して本件寄付金を募金したのであるが、上告人が正本堂に安置した本尊のいわゆる『板まんだら』は、日蓮正宗において『日蓮が弘安２年10月12日に建立した本尊』と定められた本尊ではないことが本件寄付の後に判明した、（２）上告人は、募金時には、正本堂完成時が広宣流布の時にあたり正本堂はまだ三大秘法抄、一期弘法抄の戒壇の完結ではなく広宣流布はまだ達成されていないと言明した、というのである。要素の錯誤があつたか否かについての判断に際しては、右（１）の点については信仰の対象についての宗教上の価値に関する判断が、また、右（２）の点についても『戒壇の完結』、『広宣流布の達成』等宗教上の教義に関する判断が、それぞれ必要であり、いずれもことがらの性質上、法令を適用することによつては解決することのできない問題である。本件訴訟は、具体的な権利義務ないし法律関係に関する紛争の形式をとつており、その結果信仰の対象の価値又は宗教上の教義に関する判断は請求の当否を決するについての前提問題であるにとどまるものとされてはいるが、本件訴訟の帰すうを左右する必要不可欠のものと認められ、また、記録にあらわれた本件訴訟の経過に徹すると、本件訴訟の争点及び当事者の主張立証も右の判断に関するものがその核心となつていると認められることからすれば、結局本件訴訟

は、その実質において法令の適用による終局的な解決の不可能なものであつて、裁判所法３条にいう法律上の争訟にあたらないものといわなければならない。」

司法権と宗教団体の自律的決定権との関係が問題となる類型としては、代表役員の地位そのものが問題となる類型と、建物明渡訴訟等の民事紛争の前提として問題となる類型があります。以下、各類型の最高裁判決をみていきましょう。

（２）代表役員の地位そのものが問題となる類型

2　最高裁昭和55年4月10日判決
本門寺事件／判タ419号80頁〔27650912〕

事案

本門寺（上告人）の寺院規則では、住職をもって代表役員及び責任役員にあてると定められているが、寺院内部で対立があり、本門寺の塔中、末寺の住職の推薦に基づき檀信徒総会の選挙で選出された被上告人と、本門寺の前住職の単独の意思によって住職に選ばれたAとのいずれが、本門寺における正当な代表役員等の地位を取得したかが争われた。被上告人が、本門寺を相手取って、上告人が代表役員等の地位を有することの確認を請求したところ、第１、２審ともに被上告人が適法有効に代表役員等に就任したものと認定判断して、被上告人の請求を認容した。そこで、本門寺が上告をした。

判旨

上告棄却。
「本訴請求は、被上告人が宗教法人である上告人寺の代表役員兼責任役

員であることの確認を求めるものであるところ、何人が宗教法人の機関である代表役員等の地位を有するかにつき争いがある場合においては、当該宗教法人を被告とする訴において特定人が右の地位を有し、又は有しないことの確認を求めることができ、かかる訴えが法律上の争訟として審判の対象となりうるものであることは、当裁判所の判例とするところである（最高裁昭和41年（オ）第805号同44年7月10日第一小法廷判決・民集23巻8号1423頁参照）。そして、このことは、本件におけるように、寺院の住職というような本来宗教団体内部における宗教活動上の地位にある者が当該宗教法人の規則上当然に代表役員兼責任役員となるとされている場合においても同様である。この場合には、裁判所は、特定人が当該宗教法人の代表役員等であるかどうかを審理、判断する前提として、その者が右の規則に定める宗教活動上の地位を有する者であるかどうかを審理、判断することができるし、また、そうしなければならないというべきである。もっとも、宗教法人は宗教活動を目的とする団体であり、宗教活動は憲法上国の干渉からの自由を保障されているものであるから、かかる団体の内部関係に関する事項については原則として当該団体の自治権を尊重すべく、本来その自治によって決定すべき事項、殊に宗教上の教義にわたる事項のごときものについては、国の機関である裁判所がこれに立ち入って実体的な審理、判断を施すべきではないが、右のような宗教活動上の自由ないし自治に対する介入にわたらない限り、前記のような問題につき審理、判断することは、なんら差し支えのないところというべきである。これを本件についてみるのに、本件においては被上告人が上告人寺の代表役員兼責任役員たる地位を有することの前提として適法、有効に上告人寺の住職に選任せられ、その地位を取得したかどうかが争われているものであるところ、その選任の効力に関する争点は、被上告人が上告人寺の住職として活動するにふさわしい適格を備えているかどうかというような、本来当該宗教団体内部においてのみ自治的に決定せられるべき宗教上の教義ないしは宗教活動に関する問題ではなく、専ら上告人寺における住職選任の手続

上の準則に従って選任されたかどうか、また、右の手続上の準則が何であるかに関するものであり、このような問題については、それが前記のような代表役員兼責任役員たる地位の前提をなす住職の地位を有するかどうかの判断に必要不可欠のものである限り、裁判所においてこれを審理、判断することになんらの妨げはないといわなければならない。そして、原審は、上告人寺のように寺院規則上住職選任に関する規定を欠く場合には、右の選任はこれに関する従来の慣習に従ってされるべきものであるとしたうえ、右慣習の存否につき審理し、証拠上、上告人寺においては、包括宗派である日蓮宗を離脱して単立寺院となった以降はもちろん、それ以前においても住職選任に関する確立された慣習が存在していたとは認められない旨を認定し、進んで、このように住職選任に関する規則がなく、確立された慣習の存在も認められない以上は、具体的にされた住職選任の手続、方法が寺院の本質及び上告人寺に固有の特殊性に照らして条理に適合したものということができるかどうかによってその効力を判断するほかはないとし、結局、本件においては、被上告人を上告人寺の住職に選任するにあたり、上告人寺の檀信徒において、同寺の教義を進行する僧侶と目した者の中から、沿革的に同寺と密接な関係を有する各末寺（塔中を含む。）の意向をも反映させつつ、その総意をもってこれを選任するという手続、方法がとられたことをもって、右条理に適合するものと認定、判断したものであり、右の事実関係に照らせば、原審の右認定、判断をもって宗教団体としての上告人寺の自治に対する不当な介入、侵犯であるとするにはあたらない。」

※本判決は、宗教法人における特定人の住職たる地位の存否が同人の当該宗教法人における代表役員、責任役員たる地位の存否の確認を求める請求の当否を判断する前提問題となっている場合には、裁判所は、当該宗教法人の教義等に照らして同人が住職として活躍するのにふさわしい適格を備えているかどうかなどその宗教団体内部で自治的に決定されるべ

き事項について判断するのでなければ住職の地位の存否を決められない場合でない限り、上記住職たる地位の存否について審理判断する権限を有するとした。そして、住職たる地位の存否の判断について、それについて定めた寺院規則や慣習が存在しない場合、条理に基づいて判断するとし、条理の判断要素として、①具体的になされた住職選任手続き、方法、②寺院の本質、③寺固有の特殊性を考慮した点が注目される。

3 最高裁平成5年9月7日判決
日蓮正宗管長事件／判タ855号90頁〔27815981〕

事案

日蓮正宗の僧侶ら（上告人ら）が、同宗の宗教活動上の最高権威者である法主に就任したという現法主（被上告人）は宗教法人である日蓮正宗（被上告人）の代表役員及び同宗を総理する管長の地位にないと主張してその地位の不存在確認を求めた。上告人らは、現法主は、宗規規定の「血脈相承」を受けていないと主張した。原審は、「法律上の争訟」ではないとして訴えを却下した。

判旨

上告棄却。

「特定の者が宗教団体の宗教活動上の地位にあることに基づいて宗教法人である当該宗教団体の代表役員の地位にあることが争われている場合には、裁判所は、原則として、右の者が宗教活動上の地位にあるか否かを審理、判断すべきものであるが、他方、宗教上の教義ないし信仰の内容にかかわる事項についてまで裁判所の審判権が及ぶものではない（最高裁昭和52年（オ）第177号同55年4月10日第一小法廷判決・裁判集民事129号439頁参照）。したがって、特定の者の宗教活動上の地位の存否を審理、判断するにつき、当該宗教団体の教義ないし信仰の内容に立ち入っ

て審理、判断することが必要不可欠である場合には、裁判所は、その者が宗教活動上の地位にあるか否かを審理、判断することができず、その結果、宗教法人の代表役員の地位の存否についても審理、判断することができないことになるが、この場合には、特定の者の宗教法人の代表役員の地位の存否の確認を求める訴えは、裁判所が法令の適用によって終局的な解決を図ることができない訴訟として、裁判所法にいう『法律上の争訟』に当たらないというほかない。

　これを本件についてみるのに、上告人らの請求は、被上告人阿部日顕（以下「日顕」という。）が被上告人日蓮正宗（以下「日蓮正宗」という。）の代表役員及び管長の地位にないことの確認を求めるものであるが、原審の判示するところによれば、日蓮正宗においては、代表役員は、管長の職にある者をもって充て、管長は、法主の職にある者をもって充てるものとされているところ、代表役員は、宗教法人法に基づき設立された宗教法人である日蓮正宗を代表する地位であり、法主は、日蓮正宗の宗教上の最高権威者の呼称であって、宗教活動上の地位であるというのである。原審の右認定判断は、記録に照らして首肯するに足り、右事実関係によれば、日顕が代表役員及び管長の地位にあるか否かを審理、判断するには、日顕が法主の地位にあるか否かを審理、判断する必要があるところ、記録によれば、日蓮正宗においては、法主は、宗祖以来の唯授一人の血脈を相承する者であるとされているから、日顕が法主の地位にあるか否かを審理、判断するには、血脈相承の意義を明らかにした上で、同人が血脈を相承したものということができるかどうかを審理しなければならない。そのためには、日蓮正宗の教義ないし信仰の内容に立ち入って審理、判断することが避けられないことは、明らかである。そうであるとすると、本件訴えは、結局、いずれも法律上の争訟性を欠き、不適法として却下を免れない。したがって、本件訴えを却下すべきものとした第一審判決は相当であるから、上告人らの控訴を棄却すべきものとした原判決は、その結論において是認することができる。論旨は、原審の判断の違憲、違法をいうが、原判決の結論

に影響を及ぼさない部分を論難するものにすぎず、採用することができない。」

※代表役員の地位そのものが問題となる類型として、上記以外に最高裁平成11年9月28日判決（判タ1014号174頁）〔28042212〕がある。

（3）民事紛争の前提として問題となる類型

　民事紛争の前提として、宗教団体の自律的決定権が問題となったケースの嚆矢として、最高裁昭和55年1月11日判決（種徳寺事件／判タ410号94頁）〔27000187〕があります。同事件は、曹洞宗（被上告人）から住職の地位を罷免された上告人に対し、種徳寺（被上告人）が、本堂、庫裡等の明渡と仏像等の引渡を求めた事案です。同判決は、「被上告人種徳寺の上告人に対する右不動産等引渡請求事件は、種徳寺の住職たる地位にあった上告人がその包括団体である曹洞宗の管長によって右住職たる地位を罷免されたことにより右事件第一審判決別紙物件目録記載の土地、建物及び動産に対する占有権原を喪失したことを理由として、所有権に基づき右各物件の引渡を求めるものであるから、上告人が住職たる地位を有するか否かは、右事件における被上告人種徳寺の請求の当否を判断するについてその前提問題となるところ、住職たる地位それ自体は宗教上の地位にすぎないからその存否自体の確認を求めることが許されないことは前記のとおりであるが、他に具体的な権利又は法律関係をめぐる紛争があり、その当否を判定する前提問題として特定人につき住職たる地位の存否を判断する必要がある場合には、その判断の内容が宗教上の教義の解釈にわたるものであるような場合は格別、そうでない限り、その地位の存否、すなわち選任ないし罷免の適否について、裁判所が審判権を有するものと解すべきであり、このように解することと住職たる地位の存否それ自体について確認の訴を許さないこととの間にはなんらの矛盾もないのである。」と判示しています。

　種徳寺事件判決が示した「判断の内容が宗教上の教義の解釈にわたるもの

であるような場合」以外は民事紛争の前提として懲戒処分の効力を判断できるとの法理（逆に言えば、判断の内容が宗教上の教義の解釈にわたるものである場合は、懲戒処分の効力を判断できない。）は、その後も、最高裁判決に受け継がれました（最高裁平成元年9月8日判決（蓮華寺事件／判タ711号80頁）〔27804829〕、最高裁平成5年7月20日判決（判タ855号58頁）〔27815733〕・最高裁平成5年9月10日判決（判タ855号74頁）〔27816371〕・最高裁平成5年11月25日判決（判タ855号74頁）〔27816822〕、最高裁平成14年2月22日判決（判タ1087号97頁）〔28070377〕、最高裁平成21年9月15日判決（判タ1308号117頁）〔28153142〕等）。この中でも、代表的な最高裁平成元年9月8日判決（蓮華寺事件／判タ711号80頁）〔27804829〕を紹介します。

4 最高裁平成元年9月8日判決
蓮華寺事件／判タ711号80頁〔27804829〕

事案

蓮華寺（上告人）の包括宗教法人である日蓮正宗は、被上告人を僧籍剥奪処分たる擯斥処分に付した。それに伴い、蓮華寺は、被上告人に対し、蓮華寺の住職たる地位ひいては蓮華寺の代表役員及び責任役員たる地位を失ったとして、寺有建物の明渡しを求めた。被上告人は、本件擯斥処分は、日蓮正宗の管長たる地位を有しない者によってされ、かつ、日蓮正宗宗規所定の懲戒事由に該当しない無効な処分であると主張して、蓮華寺の請求を争っている。第2審は、本件紛争が「法律上の争訟」に当たらないとして却下した。

判旨

上告棄却。

「一　本件においては、上告人が被上告人に対し、包括宗教法人日蓮正

宗（以下「日蓮正宗」という。）が被上告人を僧籍剥奪処分たる擯斥処分（以下「本件擯斥処分」という。）に付したことに伴い、被上告人が蓮華寺の住職たる地位ひいては上告人の代表役員及び責任役員たる地位を失い、上告人所有の第一審判決添付の物件目録記載の建物（以下「本件建物」という。）の占有権原を喪失したとして、本件建物の所有権に基づきその明渡を求めるのに対し、被上告人は、本件擯斥処分は日蓮正宗の管長たる地位を有しない者によってされ、かつ、日蓮正宗宗規（以下「宗規」という。）所定の懲戒事由に該当しない無効な処分であると主張して、上告人の右請求を争っている。

　二　裁判所がその固有の権限に基づいて審判することのできる対象は、裁判所法３条にいう『法律上の争訟』、すなわち当事者間の具体的な権利義務ないし法律関係の存否に関する紛争であって、かつ、法令の適用により終局的に解決することができるものに限られ、したがって、具体的な権利義務ないし法律関係に関する紛争であっても、法令の適用により解決するに適しないものは、裁判所の審判の対象となり得ないというべきである（最高裁昭和51年（オ）第749号同56年４月７日第三小法廷判決・民集35巻３号443頁参照）。

　しかるところ、宗教法人法は、宗教団体に法律上の能力すなわち法人格を与えるものであるが、その趣旨は、『宗教の教義をひろめ、儀式行事を行い、及び信者を教化育成すること』（同法２条）を主たる目的とし、固有の組織と活動の主体として存在する宗教団体について、その『礼拝の施設その他の財産を所有し、これを維持運用し、その他その目的達成のための業務及び事業を運営する』（同法１条１項）という、いわば経済的及び市民的生活にかかわる部分のために法人格を認めることにあるのであって、宗教団体は、法人格を取得して宗教法人となった後においても、それに包摂されない宗教活動の主体として存在するものであることはいうまでもない。そして、同法12条１項５号に規定する宗教法人の代表役員及び責任役員の地位はもとより法律上の地位であるが、宗教団体と宗教法人と

が右のような関係にあることから、本件においても、宗教団体内部における宗教活動上の地位としての宗教上の主宰者である法主、管長又は住職たる地位（これらの地位が法律上の地位でないことについては、最高裁昭和51年（オ）第958号同55年1月11日第三小法廷判決・民集34巻1号1頁参照）にある者が、宗教法人の代表役員及び責任役員となるものとされており、したがって、住職たる地位を喪失した場合には、当然代表役員及び責任役員の地位を喪失する関係にある。

　そして、宗教団体における宗教上の教義、信仰に関する事項については、憲法上国の干渉からの自由が保障されているのであるから、これらの事項については、裁判所は、その自由に介入すべきではなく、一切の審判権を有しないとともに、これらの事項にかかわる紛議については厳に中立を保つべきであることは、憲法20条のほか、宗教法人法1条2項、85条の規定の趣旨に鑑み明らかなところである（最高裁昭和52年（オ）第177号同55年4月10日第一小法廷判決・裁判集民事129号439頁、前記昭和56年4月7日第三小法廷判決参照）。かかる見地からすると、特定人についての宗教法人の代表役員等の地位の存否を審理判断する前提として、その者の宗教団体上の地位の存否を審理判断しなければならない場合において、その地位の選任、剥奪に関する手続上の準則で宗教上の教義、信仰に関する事項に何らかかわりを有しないものに従ってその選任、剥奪がなされたかどうかのみを審理判断すれば足りるときには、裁判所は右の地位の存否の審理判断をすることができるが、右の手続上の準則に従って選任、剥奪がなされたかどうかにとどまらず、宗教上の教義、信仰に関する事項をも審理判断しなければならないときには、裁判所は、かかる事項について一切の審判権を有しない以上、右の地位の存否の審理判断をすることができないものといわなければならない（前記昭和55年4月10日第一小法廷判決参照）。したがってまた、当事者間の具体的な権利義務ないし法律関係に関する訴訟であっても、宗教団体内部においてされた懲戒処分の効力が請求の当否を決する前提問題となっており、その効力の有無

が当事者間の紛争の本質的争点をなすとともに、それが宗教上の教義、信仰の内容に深くかかわっているため、右教義、信仰の内容に立ち入ることなくしてその効力の有無を判断することができず、しかも、その判断が訴訟の帰趨を左右する必要不可欠のものである場合には、右訴訟は、その実質において法令の適用による終局的解決に適しないものとして、裁判所法3条にいう『法律上の争訟』に当たらないというべきである（前記昭和56年4月7日第三小法廷判決参照）。

　三　これを本件についてみるに、原審の認定するところによれば、要するに、日蓮正宗の内部において創価学会を巡って教義、信仰ないし宗教活動に関する深刻な対立が生じ、その紛争の過程においてされた被上告人の言説が日蓮正宗の本尊観及び血脈相承に関する教義及び信仰を否定する異説であるとして、日蓮正宗の管長Ａが責任役員会の議決に基づいて被上告人を訓戒したが、被上告人が所説を改める意思のないことを明らかにしたことから、宗規所定の手続を経たうえ、昭和56年2月9日付宣告書をもって、被上告人を宗規249条4号所定の『本宗の法規に違反し、異説を唱え、訓戒を受けても改めない者』に該当するものとして、本件擯斥処分に付した、というのであり、原審の右認定は、原判決挙示の証拠関係に照らして、首肯するに足りる。

　そして、本件においては、被上告人が本件擯斥処分によって日蓮正宗の僧侶たる地位を喪失したのに伴い蓮華寺の住職たる地位ひいては上告人の代表役員及び責任役員たる地位を失ったかどうか、すなわち本件擯斥処分の効力の有無が本件建物の明渡を求める上告人の請求の前提をなし、その効力の有無が帰するところ本件紛争の本質的争点をなすとともに、その効力についての判断が本件訴訟の帰趨を左右する必要不可欠のものであるところ、その判断をするについては、被上告人に対する懲戒事由の存否、すなわち被上告人の前記言説が日蓮正宗の本尊観及び血脈相承に関する教義及び信仰を否定する異説に当たるかどうかの判断が不可欠であるが、右の点は、単なる経済的又は市民的社会事象とは全く異質のものであり、日蓮

第 1 章　宗教と憲法

正宗の教義、信仰と深くかかわっているため、右教義、信仰の内容に立ち入ることなくして判断することのできない性質のものであるから、結局、本件訴訟の本質的争点である本件擯斥処分の効力の有無については裁判所の審理判断が許されないものというべきであり、裁判所が、上告人ないし日蓮正宗の主張、判断に従って被上告人の言説を『異説』であるとして本件擯斥処分を有効なものと判断することも、宗教上の教義、信仰に関する事項について審判権を有せず、これらの事項にかかわる紛議について厳に中立を保つべき裁判所として、到底許されないところである。したがって、本件訴訟は、その実質において法令の適用により終局的に解決することができないものといわざるを得ず、裁判所法3条にいう『法律上の争訟』に該当しないというべきである。」

それでは、「法律上の争訟」に当たるか否かのメルクマールたる「教義、信仰の内容に立ち入ることなくしてその効力の有無を判断」できるか否かについては、どのように判断することができるのでしょうか。この点について参考となるのが下記判決です。主張する懲戒事由、すなわち争い方によって法律上の争訟性が異なってくる可能性を示唆した内容の判旨には注目されます。

5　最高裁平成21年9月15日判決
判タ1308号117頁〔28153142〕

事案

A寺（上告人）の代表役員は、「A寺を包括する宗教法人である臨済宗妙心寺派の宗則の規程によってA寺の住職の職にある者」をもって充てることとされ、包括法人においては、住職は僧侶であることが前提とされている。

臨済宗妙心寺派は、A寺の住職である被上告人が日本カルチャー協会の

Ⅳ　司法権の限界

主催する「在家僧侶養成講座」に講師としてかかわり、同講座を受講した者に法階を授与するなどしたことが、臨済宗妙心寺派の懲戒規程４条１項３号所定の「宗旨又は教義に異議を唱え宗門の秩序を紊した」との擯斥事由に該当するとして、被上告人を擯斥処分とした。

　Ａ寺は、被上告人が擯斥処分を受けたことにより、僧侶の身分を喪失すると同時にＡ寺の住職の地位を失い、その結果、Ａ寺の代表役員の地位も喪失したから、本件土地の占有権原を失ったと主張して、被上告人に対して本件土地の明け渡しを求める訴えを提起した。原審は、本件訴訟は、「法律上の争訟」に当たらないとして、これを却下した。

判旨

　上告棄却。

　「本件は、宗教法人である上告人が、Ａ寺の庫裏及び本堂等（以下「本件各建物」という。）を占有してＡ寺の境内地（以下「本件土地」という。）を占有している被上告人に対し、本件土地の所有権に基づき、本件各建物から退去して本件土地を明け渡すことを求める事案である。上告人は、被上告人が、上告人を包括する宗教法人であるＢ（以下「包括法人」という。）の懲誡規程４条１項３号所定の『宗旨又は教義に異議を唱え宗門の秩序を紊した』との擯斥事由に該当するとして、包括法人から擯斥処分を受けたことにより、Ａ寺の住職の地位を失い、その結果、上告人の代表役員の地位も喪失したから、本件土地の占有権原を失ったと主張している。

　原審は、上記擯斥処分の効力の有無が本件請求の当否を決する前提問題となっており、この点を判断するために上記擯斥事由の存否を審理する必要があるところ、そのためには、包括法人の『宗旨又は教義』の内容について一定の評価をすることを避けることができないから、上告人の訴えは、裁判所法３条にいう『法律上の争訟』に当たらないとして、これを却下した。

　所論は、上記擯斥処分は、包括法人の宗制では管長以外の者が法階を授

85

与することは禁じられているにもかかわらず、被上告人が在家僧侶養成講座の講師として受講者に法階を授与したことを、その理由とするものであって、被上告人の上記行為が上記擯斥事由に該当するか否かについては、宗教上の教義ないし信仰の内容について評価をしなくても判断が可能であるのに、上告人の訴えを『法律上の争訟』に当たらないとした原審の判断には、法令の解釈を誤る違法があるというのである。

　本件記録によれば、上記懲誡規定5条1号は、『宗制に違反して甚だしく本派の秩序を紊した』ことを剥職事由として定めているところ、包括法人において、法階は、管長が叙任することとされているのであるから（管長及び管長代務者規程3条1項6号、法階規程1条2項）、被上告人の上記行為が上記剥職事由に該当するか否かが問題となっているのであれば、必ずしも宗教上の教義ないし信仰の内容に立ち入って審理、判断する必要はなかったものと考えられる。しかし、上告人は、被上告人の上記行為が懲誡規定4条1項3号所定の擯斥事由に該当する旨主張しているのであって、この主張及び上記擯斥事由の内容に照らせば、本件訴訟の争点である上記擯斥処分の効力の有無を判断するには、宗教上の教義ないし信仰の内容に立ち入って審理、判断することを避けることはできないから、上告人の訴えは、裁判所法3条にいう『法律上の争訟』に当たらず、不適法というべきである。これと同旨の原審の判断は、正当として是認することができる。所論引用の判例（最高裁昭和61年（オ）第943号平成元年9月8日第二小法廷判決・民集43巻8号889頁、最高裁昭和61年（オ）第531号平成5年9月7日第三小法廷判決・民集47巻7号4667頁、最高裁平成2年（オ）第508号同5年11月25日第一小法廷判決・裁判集民事170号475頁）は、事案を異にし、本件に適切でない。論旨は採用することができない。」

※「宗旨又は教義に異議を唱え宗門の秩序を紊した」との懲戒事由を判断することが、最高裁が、「法律上の争訟」に該当しないことと判断した

ことについて、同判決の判タの解説では、「包括法人において「宗旨及び教義」とは、「釈尊の正法眼蔵涅槃妙心実相無相微妙の法門を臨済禅師を経て伝承された開山無相大師一流の禅」であるとされているところ（臨済宗妙心寺派宗綱2条）、臨済宗妙心寺派の僧侶において、在家僧侶養成講座に講師としてかかわり、同講座を受講した者に法階を授与するなどしたことが、上記の意味での「宗旨又は教義」に異議を唱えたことになるか否かを決するためには、「釈尊の正法眼蔵涅槃妙心実相無相微妙の法門を臨済禅師を経て伝承された開山無相大師一流の禅」の意味内容を探求し、その内容に立ち入って審理判断することを避けることができないように思われる。本判決が、上告人の主張や上記擯斥事由の内容に照らせば、本件訴訟の争点である本件処分の効力の有無を判断するには、宗教上の教義ないし信仰の内容に立ち入って審理、判断することを避けることはできないと判断したのは、このような理解に基づくものと思われる。」と述べられている。

（4）いまだに混乱する裁判実務

以上みてきたとおり、司法権と宗教団体との自律的決定権との問題について、最高裁は、以下のような判断枠組みを用いていることは明らかです。
 ①具体的な権利義務ないし法律関係についての請求の当否の前提問題として、特定人についての宗教上の地位の存否を判断する必要がある場合には、その判断の内容が宗教上の教義の解釈等にわたるものでない限り、裁判所は、その地位の存否（選任ないし罷免の適否）について審判権を有する（最高裁昭和55年1月11日判決（種徳寺事件／判タ410号94頁）〔27000187〕、最高裁昭和55年4月10日判決（本門寺事件／判タ419号80頁）〔27650912〕等）
 ②具体的な権利義務ないし法律関係に関する訴訟であっても、請求の当否を決するために判断することが必要な前提問題が、宗教上の教義等にかかわっており、その内容に立ち入ることなくして上記前提問題について

判断することができないような場合には、上記訴訟は裁判所法3条1項にいう「法律上の争訟」に当たらず、訴えは却下される（最高裁平成元年9月8日判決（蓮華寺事件／判タ711号80頁）〔27804829〕等）

　これによって、司法権と宗教団体との自律的決定権をめぐる問題（「法律上の争訟」性をめぐる問題）が実務上すでに処理手順が固まったかのように思われますが、以下に紹介するように、代表権限の存否という訴訟要件をめぐって、平成20年代に入っても1審、2審とで判断をまちまちにしている事例があり、「請求の当否を決するために判断することが必要な前提問題」の意義をめぐってさらなる判例の集積が待たれるところです。

6 京都地裁平成21年6月15日判決
判タ1334号249頁〔28163547〕

事案

　日蓮正宗の被包括宗教法人である原告寺院が、その寺院建物等を占有する被告に対し、所有権に基づく明渡等を求めた。訴訟にあたって、原告寺院の代表者（代表役員である住職）は、包括宗教法人である日蓮正宗の代表者（管長）により任命される関係にあるところ、本件訴えは、日蓮正宗管長Bに任命されたとするAが原告寺院の代表者として提起した。原告寺院は、Aの代表権限を証する書面として、BによるAの任命辞令、Aを代表者とする原告寺院の宗教法人登記簿謄本等を提出した。

　被告は、日蓮正宗の法主兼管長とされるBは、その前任者とされるCがその前々任者から適式に任命されていない（血脈相承を受けていない）から管長ではなく、したがってBから任命されたAは原告寺院の住職ではないとして、Aの代表権限を争って本件訴えの却下を求めた。

判旨

　請求却下。

「民事訴訟の当事者が法人である場合、法人の代表者の地位は訴訟要件の一つであって、裁判所はこれを職権で調査しなければならない。したがって、裁判所は、被告の主張がなくても、法人たる原告に対して代表者の代表権限の証明を求め、その証明がない場合には訴えを却下すべきである。そうすると、本件において、被告が原告代表者たるＡの代表権限を争うことは、職権の発動を求める申立てとして位置付けられるのであるから、被告のかかる主張が排斥されるいわれはない。」「日蓮正宗の宗規及び原告寺規則によれば、原告代表者Ａの代表者の地位は、同人の原告寺住職としての任命の時点において、任命者たるＢが日蓮正宗の管長であったことを前提とする。また、Ｂの日蓮正宗の管長としての地位は、先代の法主兼管長であったＣから法主として選定されたことを前提とする。そうすると、結局、原告代表者Ａの代表権限の有無は、Ｃが日蓮正宗の法主兼管長の地位を有していたか否かにかかってくることになる。しかるに、Ｃが日蓮正宗の法主兼管長に就いたか否かについて、裁判所の審判権が及ばないことは、確立された判例である（平１蓮華寺最判及び平５管長訴訟最判）。したがって、本件においても、Ｃが日蓮正宗の法主兼管長の地位を有していたか否かを明らかにすることはできず、結局、Ａが原告代表者の地位を有しているか否かについても、訴訟上確定することはできないといわざるを得ない。」

7 大阪高裁平成22年１月28日判決
判タ1334号245頁〔28163546〕

事案
❻の事件の控訴審。原告寺院が控訴人、被告が被控訴人である。

判旨
原判決取消。京都地裁への差戻し。

第 1 章　宗教と憲法

　「控訴人は、法人格を有する権利主体としてその所有する本件建物等について物権的請求権である所有権に基づく引渡請求権等を有するものであって、その権利の実現のために当然裁判を受ける権利を保障されるべき地位にある（憲法32条）。本件訴訟においては、本件建物等の所有権が控訴人に帰属することについては争いがなく、本件訴訟の争点は、被控訴人が本件建物等について占有権原を有するかどうかであるところ、控訴人は亡甲野一郎が控訴人寺院の住職（代表役員）であったこと（この点が、被控訴人による準委任契約の主張の基礎になっている。）を争っていないから、本件請求の当否の判断においては、前提問題としてであっても宗教上の教義や信仰の内容について一定の評価をすることが必要になるものではない。したがって、本件訴訟が裁判所法3条の法律上の争訟であることが否定される要素はなく、また、控訴人の代表者が誰であるかによって本件請求の当否に違いが生じるものではない。一方、証拠（甲17、21～23、25、26、27、29、40）及び弁論の全趣旨によれば、日蓮正宗は昭和54年にＣが法主兼管長に選定されたとされた後も、今日まで30年以上にわたって多数の被包括宗教法人を抱える宗教団体として活動を続け、外形的・客観的には、ＣないしＢがその管長として被包括宗教法人の代表役員（住職）の任命を繰り返し、現時点においては多数の被包括宗教法人は、Ｃ、次いでＢが管長であることを前提として、宗教団体としてのすべての活動を行っているものと認められる。したがって、日蓮正宗及びその傘下の多数の被包括宗教法人においては、そのような秩序が成立しており、その秩序が宗教団体としての自治的決定内容であるとみることができる。」「本件では、控訴人の本件請求の当否を判断する上で、前提問題としてであっても宗教上の教義や信仰の内容に対し一定の評価をすることが避けられないという関係にはなく、また、控訴人の代表者が誰であるかによって本件請求の当否に違いが生じるものではない。したがって、本件は、一般市民法秩序と直接の関係を有しない自律的法規範を有する宗教団体内部の係争ではないと評価される。これらの諸点からすると、本件訴訟にお

いて、被控訴人と対立する当事者である控訴人の代表者については、特段の事情のない限り、控訴人を被包括宗教法人とする日蓮正宗の宗教団体としての自治的決定内容に従った扱いをするのが相当である。しかるところ、日蓮正宗及び傘下の多数の被包括宗教法人においてはＣ及びＢが管長であることを前提とする秩序が成立し、Ｂ管長によってＡが控訴人寺院の住職に選任され、同人が控訴人の代表役員に就任した旨の登記がされた上で、その登記の履歴事項全部証明書が裁判所に提出されているのであり、上記特段の事情も認められないから、日蓮正宗の宗教団体としての自治的決定に従い、Ａが控訴人代表者であることが書面で証明されたものと認めるのが相当である。」

※東京地裁平成21年12月18日判決（判タ1322号259頁）〔28161723〕は、日蓮正宗が原告となって、被告らの運営する寺院が日蓮正宗の名称を使用することの差止め等を求めた事案であるが、被告らは、原告の代表者の代表権限を争った。同判決は、原告代表者と称するＡが法主の地位にあるか否かは、日蓮正宗における宗教上の教義や信仰の内容に関わる事項であるから、裁判所の審判権が及ばず、その結果、代表役員の地位にあるか否かを審理、判断することができないとし、「この理は、宗教法人が提起する訴訟において、被告が代表役員とされる者の代表権の有無を争う場合においても、原則として、異なるところはなく、当該訴訟の被告が当該宗教法人の代表役員の代表権を争うことが、訴訟上の主張を行う権利を濫用すると認められ、あるいは訴訟上の信義則に反するものと認められるのでない限り、妥当する」と判示した。そして、代表権を争うとの本案前の訴訟上の主張が権利濫用ないし信義則違反にあたるかについて、同判決は、「被告らは、Ｚ会所属僧侶等として、罷免処分や擯斥処分の効力を争い、日蓮正宗を信仰する僧侶等としての地位を主張しているものであり、これらに関する前示各訴訟が法律上の争訟性を欠くものとして不適法とされたものの（最高裁平成元年9月8日第二小

法廷判決・民集43巻8号889頁等）、被告らの本件訴えに対する本案前の主張も、宗教団体外部の者が、宗教団体における教義、信仰の内容等と何らの関わりもないのに、代表役員の地位を争っているものではなく、もともと同一の宗教団体内部における教義、信仰の内容に関する争いの延長上で、主張されているものであって、被告らの本案前の主張が、権利濫用ないし信義則違反にあたると解することはできないし、裁判所の審判権が宗教上の教義、信仰の内容にかかわる事項について及ばないことは、訴訟物そのもの又はその前提問題に関する要件と訴訟要件との間で、別異に解すべき法的根拠はなく、また、宗教団体の自律的決定の名のもとに結果的に宗教上の教義、信仰の内容に対し裁判所の審判権を及ぼす結果を招くことは許されないというべきである。」と判示した。

第2章

宗教とガバナンス

I はじめに

　ガバナンス（governance）とは、統治を意味する英語です。一般企業では、ガバナンスの基本となる法律は、会社法ですが、宗教法人の場合、ガバナンスの基本となる法律は、宗教法人法です。

　宗教法人法は、宗教団体が、礼拝の施設その他の財産を所有し、これを維持運用し、その他その目的達成のための業務及び事業を運営することに資するため、宗教団体に法人格を与えることを目的として作られた法律です（宗教法人法 1 条）。

　文化庁が出しているパンフレット『宗教法人運営のガイドブック』によれば、宗教法人法の基本的理念は、①信教の自由と政教分離の原則（憲法で保障された信教の自由と政教分離の原則が尊重され、行政等は宗教上の事項については調停や干渉を行ってはならないとされています（宗教法人法 85 条）。）、②聖・俗分離の原則（宗教法人は宗教的事項と世俗的事項の二面の機能をあわせもっていますが、宗教法人法は宗教団体の世俗的事項に関してのみ規定しています。）、③自治の尊重と自律性への期待（宗教活動の自由を最大限に保障するため、役員の資格・任免、必要な機関の設置、財産処分の方法等についても、できるだけそれぞれの宗教法人の特性に応じた自主的、自律的運営に委ねています。）、④性善説（宗教は国民の道徳基盤を支えるものです。したがって、宗教法人には非違行為はないという考え方から、財産の処分等について、所轄庁の許可等は必要ありません。）であるとされています。

　そして、宗教法人法は、上記の基本的理念の下、3 つの特徴があるといわれています。すなわち、①認証制度（宗教法人法 26 条）、②責任役員制度（宗教法人法 18 条、19 条）、③公告制度（宗教法人法 23 条等）です。この 3 つの制度は、自治の尊重と自律性への期待・性善説の基本的理念の下で、宗教法人に最低限のコンプライアンスをもたせるために設けられたものと考えられます。すなわち、法は、みんなで話し合って決める（責任役員制度）、重

要なことはみんなに知らせる（公告制度）、規則の変更等宗教法人のあり方の根幹に関わる部分は、所轄庁に確認してもらう（認証制度）ことによって、宗教法人のコンプライアンスを担保しようとしているのです。

　宗教法人のガバナンスを理解するうえで、上記三制度の他に、備付書類や包括被包括関係等といった宗教法人法に特徴的な制度を理解することも重要です。文化庁発行パンフレット『宗教法人運営のガイドブック』や文化庁がぎょうせいより出している『宗教法人の管理運営の手引　第二集　宗教法人の事務〈二訂版〉』（2014年）は、宗教法人法のアウトラインをわかりやすくまとめていますので、ご一読をおすすめいたします。

　それでは、各種裁判例を通じて、宗教法人のガバナンスを理解していきましょう。

II　規則

1　規則とは

　規則とは、宗教法人の目的、組織、管理運営の根本原則を定めたもので、宗教法人にとっての憲法ともいうべき存在です。宗教法人法18条5項は、代表役員及び責任役員は、常に法令、規則等に従い、当該宗教法人の業務及び事業の適切な運営を図るとしています。

　規則には、以下の事項が記載されます（宗教法人法12条1項）。なお、規則記載の各事項について具体的なイメージをもちたい方は、文化庁『宗教法人の管理運営の手引　第一集　宗教法人の規則〈二訂版〉』ぎょうせい（2014年）が、モデル規則をコンメンタール方式で紹介しておりますので、ご一読をおすすめします。

　①目的
　②名称
　③事務所の所在地

④設立しようとする宗教法人を包括する宗教団体がある場合には、その名称及び宗教法人非宗教法人の別
⑤代表役員、責任役員、代務者、仮代表役員及び仮責任役員の呼称、資格及び任免並びに代表役員についてはその任期及び職務権限、責任役員についてはその員数、任期及び職務権限、代務者についてはその職務権限に関する事項
⑥上記⑤に掲げるもののほか、議決、諮問、監査その他の機関がある場合には、その機関に関する事項
⑦宗教法人法6条の規定による事業を行う場合には、その種類及び管理運営(同条2項の規定による事業を行う場合には、収益処分の方法を含みます)に関する事項
⑧基本財産、宝物その他の財産の設定、管理及び処分(法23条ただし書の規定の適用を受ける場合に関する事項を定めた場合には、その事項を含みます)、予算、決算及び会計その他の財務に関する事項
⑨規則の変更に関する事項
⑩解散の事由、清算人の選任及び残余財産の帰属に関する事項を定めた場合には、その事項
⑪公告の方法
⑫上記⑤から⑪までに掲げる事項について、他の宗教団体を制約し、または他の宗教団体によって制約される事項を定めた場合には、その事項
⑬以上に掲げる事項に関連する事項を定めた場合には、その事項

2 規則規定事項に関する裁判例

(1) 目的(1号)

規則には、目的を記載することになっています。そして、宗教法人法10条(宗教法人の能力)は、「宗教法人は、法令の規定に従い、規則で定める目的の範囲内において、権利を有し、義務を負う。」としています。すなわち、

宗教法人は、規則で定める目的の範囲内において権利能力を有するのです。

　会社は、定款に定められた目的の範囲内において権利能力を有します（民法33条2項、34条）。そして、最高裁昭和45年6月24日判決（八幡製鉄政治献金事件／判タ249号116頁）〔27000715〕は、会社の目的の範囲か否かについて、「会社は定款に定められた目的の範囲内において権利能力を有するわけであるが、目的の範囲内の行為とは、定款に明示された目的自体に限局されるものではなく、その目的を遂行するうえに直接または間接に必要な行為であれば、すべてこれに包含されるものと解するのを相当とする。そして必要なりや否やは、当該行為が目的遂行上現実に必要であつたかどうかをもつてこれを決すべきではなく、行為の客観的な性質に即し、抽象的に判断されなければならないのである」と判示しています。

　宗教法人の目的の範囲か否かについて判断した裁判例としては、以下のようなものがあります。

1　東京地裁平成10年4月24日判決
判タ1029号254頁〔28051595〕

事案

　原告である宗教法人A寺は、B公園墓地を経営している。本件はA寺B公園墓地ないしB公園墓地の名義で被告（先物取引会社）を受託者としてされた商品先物取引について、A寺が自らを取引当事者であるとしたうえで、宗教法人であるA寺に営利目的の商品先物取引を行わせた点で被告の担当登録外務員に違法があり、上記取引によってA寺に約7億円余の損害を被らせたとして、被告に対し不法行為（使用者責任）に基づき上記相当額の損害賠償を求めた事案である。

判旨

　請求棄却。

Ａ寺の目的について、「原告は、親鸞聖人を宗祖と仰ぎ浄土真宗の教義をひろめること、法要儀式を行うこと、僧侶、門徒その他の信者を教化育成すること、その他右目的を達成するための業務及び事業を行うこと、礼拝の施設その他の財産の維持管理を行うことを目的とする宗教法人である。」と認定したうえで、「本件原告名義取引に関して原告の代表決議機関である責任役員会の決議が事後的なものを含め存在しないことについては当事者間に争いがなく、前記認定の原告の宗教法人としての目的に照らすと本件原告名義取引がおよそ宗教法人である原告の目的の範囲外の行為であること、したがってＣ（Ａ寺の先代の代表役員）の行った本件行為が原告の代表役員の権限に属する業務執行行為とはいえないことはいずれも明らかというべきであるから、本件行為が原告の機関であるＣによる代表行為として原告に右取引の法的効果の帰属を生じる余地はなく、実際の行為者であるＣに右効果が帰属するものといわなければならない。」とした。

※宗教法人は、目的の範囲外の事業を行っていることが多くみられる（目的に飲食業の記載がないのに、境内地内で茶店を経営する等）。その場合、宗教法人ではなく、代表役員の個人的行為だとみなされることに注意を要する。宗教法人としては、現在行っている事業と規則の目的に齟齬はないか、規則の目的は法人登記に反映されているか一度チェックしておくべきである。

（２）基本財産、宝物その他の財産の設定、管理及び処分、予算、決算及び会計その他の財務に関する事項（８号）

　宗教法人法12条１項各号は、規則記載事項を定めておりますが、各記載事項は、どこまでが必要的記載事項なのでしょうか。この点について、事例判断ではあるものの示唆を与える以下の最高裁判決があります。

2 最高裁平成22年4月20日判決
判タ1325号78頁〔28160977〕

事案

　宗教法人であるＡ神社の役員会は、平成17年9月11日、Ａ神社とＡ神社を包括する宗教法人であるＢとの被包括関係を廃止することを主な内容とする規則の変更をすることを決議した。

　Ａ神社のそれまでの規則は、財務と題する第4章に22条から33条までの規定を置いており、本件規則変更は、第4章については、24条をすべて削除するというものであった。本件規定は下記のとおり定めていた（なお、「統理」とはＢ統理を指す。）。

記

「Ａ神社が左に掲げる行為をしようとするときは、役員会の議決を経て、役員が連署の上統理の承認を受け、更に法律で規定するものについては、法律で規定する手続きをしなければならない。その承認を受けた事項を変更しようとするときもまた同様とする。但し、第3号及び第4号に掲げる模様替が軽微で原型に支障のないものである場合及び第5号に掲げる行為が6月以内の期間に係るものである場合は、この限りでない。
1　基本財産及び財産目録に掲げる宝物を処分し、又は担保に供すること。
2　当該会計年度内の収入で償還する一時の借入以外の借入又は保証をすること。
3　本殿その他主要な境内建物の新築、改築、増築、移築、除却又は著しい模様替をすること。
4　境内地の著しい模様替をすること。
5　本殿その他主要な境内建物若しくは境内地の用途を変更し、又はこれらをＡ神社の宗教目的以外の目的に供すること。」

　石川県知事は、Ａ神社からの申請に基づき、同年11月28日、宗教

法人法28条1項の規定により本件規則変更を認証する旨の決定をした。

文部科学大臣は、B他からの各審査請求に基づき、平成18年5月16日付けで本件認証を取り消す裁決をした。その理由は、本件規定が削除されたため新規則は「基本財産、宝物その他の財産の処分」に関する規定を欠き法12条1項8号に違反するから、本件規則変更は、法28条1項1号に掲げる要件を備えておらず、これを認証すべきでないというものであった。

A神社は、裁決の取消しを求め出訴した。第1審では、勝訴したものの、第2審では敗訴したため、A神社は上告した。

判旨

原判決破棄。被上告人（国）の控訴棄却。

「法12条1項8号によれば、宗教法人の規則には、『基本財産、宝物その他の財産の設定、管理及び処分、予算、決算及び会計その他の財務に関する事項』を記載しなければならない。同号にいう『基本財産、宝物その他の財産の設定、管理及び処分』は、その文理に照らせば、『財務に関する事項』の例示であるから、宗教法人の規則に記載するのが望ましいことはいうまでもないが、これを必ず記載しなければならないとまではいえない。

また、法23条によれば、宗教法人が例えば不動産又は財産目録に掲げる宝物を処分し又は担保に供しようとする場合において、規則に別段の定めがないときは、これを責任役員の定数の過半数で決し（法19条）、かつ、その行為の少なくとも1か月前にその行為の要旨を公告しなければならないとされ、これに違反した行為は法24条の定める限りで無効とされる。したがって、規則中に財産の処分に関する明示的な規定を持たない宗教法人があったとしても、法23条及び24条の定める範囲でその財産の不当な処分が防止され、財産が保全されることとなる。このように、法、財産の処分に関する明示的な規定を持たない規則を有する宗教法人が存在し得

ることをも予定し（なお、法52条2項7号参照）、その財産の保全を図っているものと解される。

　そうすると、宗教法人の規則は、財産の処分に関する事項を明示的に定めた規定が存在しない場合であっても、それだけでは法12条1項8号に違反するものとはいえないと解するのが相当である。

　したがって、財産の処分に関する明示的な規定を欠くことのみを理由に新規則が同号に違反するとし、本件規則変更を認証すべきでないとした本件裁決は、違法である。」

3 規則の認証

　宗教法人を設立するにあたっては、あらかじめ所轄庁の認証を受けなければなりません（宗教法人法12条）。所轄庁は、規則の認証の申請をした宗教団体が、①宗教法人法2条の宗教団体であるか、②規則が宗教法人法その他の法令の規定に適合しているか、③設立の手続きが宗教法人法12条の規定に従ってなされているかを判断して、規則の認証をするか否かを決めます。規則の認証を受けたうえで、設立の登記を完了して初めて宗教法人が成立します。

　宗教法人は、規則を変更しようとするときは、規則で定めるところによりその変更のための手続きをし、その規則の変更について所轄庁の認証を受けなければなりません（宗教法人法26条1項）。規則変更にあたっては、まず、宗教法人内部の手続きを経たうえで、宗教法人外部の手続き（所轄庁との手続き）を行います。

　宗教法人内部の手続きは、宗教法人の自主性に任されており、規則に則って行われます。責任役員会の議決のみならず、総代会や檀信徒総会の議決や包括宗教団体の承認を必要としている例が多いようです。宗教法人内部の手続きが終わったら、宗教法人外部の手続き（所轄庁との手続き）です。規則変更を希望する宗教法人は、所轄庁に対し、①認証申請書、②規則変更をし

ようとする事項を示す書類、③規則変更の決定について規則で定める手続きを経たことを証する書類、④規則の変更が被包括関係の設定にかかる場合には、所定の手続きを経たことを証する書類、⑤規則の変更が被包括関係の廃止にかかる場合には所定の手続きを経たことを証する書類を提出します（宗教法人法27条）。

規則変更の認証の申請を受理した所轄庁は、その変更しようとする事項が宗教法人法その他の法令の規定に適合しているか、その変更の手続きが宗教法人法26条規定の宗教法人法内部の手続きを経たものであるかを審査し、認証の可否を決定します（宗教法人法28条）。宗教法人の規則の変更は、当該規則の変更に関する認証書の交付によってその効力を生じます（宗教法人法29条）。

4 規則の認証に関する裁判例

(1) 認証審査の程度

認証とは、宗教法人法が定める一定の要件を備えていることを公に確認する行為のことをいいます（文化庁『宗教法人の管理運営の手引　宗教法人の事務〈二訂版〉』ぎょうせい（2014年）23頁）。確認行為は、一般的に、行政裁量の余地はないとされていますが、規則認証にあたっての審査はどの程度まで行うことができるのでしょうか。この点について判断したのが以下の最高裁判決です。

> **1　最高裁昭和41年3月31日判決**
> 訟務月報12巻5号669頁〔27621876〕

事案

曹洞宗に属するＡ寺の住職であったＢは曹洞宗との被包括関係を廃止のうえ、新宗教法人になる手続きをとり、宮城県知事に規則認証申請をした

ところ、同知事は不認証とした。そこで、Ｂは文部大臣に対し訴願をし、文部大臣が認証の裁決をしたので、宮城県知事も不認証処分を取り消して認証処分をした。規則認証申請後認証処分前に曹洞宗では檀徒の不信任を理由にＢを罷免し、代わりにＣを住職に任命し、このＣが文部大臣の訴願裁決の取消しを求めて訴えを提起したところ、第１審及び第２審では、Ｃの主張が認められた。そこで、文部大臣が上告した。

判旨

「規則認証のためにする所轄庁の審査は、認証申請書の添附書類の記載によつて申請にかかる事案が宗教法人法14条１項各号にかかげる要件を充しているか否かを審査すべきものではあるが、それにしても、その審査事項を証するために提出を要する添附書類は、証明事実の真実の存在を首肯させるに足りる適切な文書であることを必要とし、単に形式的に証明文言の記載ある文書が調つているだけで足りるものではない。また証明書類は存するにしても、証明事実の虚偽であることが所轄庁に知れているときはもちろん、所轄庁において証明事実の存否に理由ある疑をもつ場合には、その疑を解明するためにその事実の存否につき審査をしたからといつて、これをその権限の逸脱とはなしがたい。このことは、右規則の認証を、宗教団体の実体を具えないものあるいは法令違背の規則をもつもの、その他組織不備のものの宗教法人格取得を抑止するためのものと解する以上、当然といわなければならない。」

※長野地裁平成16年10月29日判決（判例地方自治272号36頁）〔28110248〕の事案において、原告から、「天理教豊文教会」という名称は、原告の人格権を侵害し、または不正競争防止法２条１項１号、２号に違反するため、「その変更しようとする事項がこの法律その他の法令の規定に適合していること」（宗教法人法28条１項１号）の要件に該当せず、違法なものであるとの主張がなされた。同判決では、上記最高裁昭和41年

の規範を引用したうえで、「同一又は類似の名称の使用による人格権侵害又は不正競争防止法違反の問題は、包括宗教団体側がそれを問題にして現実に侵害の差止めや損害賠償の請求権を行使することにより初めて顕在化するものであり、包括宗教団体側の上記請求権の存在が認められる場合にはその行使により解決すべきものであって、規則変更の認証に関する宗教法人法の規定もそれを予定しているものと考えられる。」「原告と天理教豊文分教会の間において、同一又は類似の名称の使用による人格権侵害又は不正競争防止法違反の問題が生じるおそれがあるとしても、本件処分の時点においては、そのおそれがあることのみによって、所轄庁たる被告が規則変更認証申請書の添付書類の証明事実の存在に理由ある疑いを持つ場合であるとは認められないし、被告には人格権侵害又は不正競争防止法違反を基礎づける事実につき審査すべき義務が要求されているともいえないから、本件認証申請に宗教法人法所定のその他の形式的要件が充足されている限り、同申請に係る事項は「その変更しようとする事項がこの法律その他の法令に適合していること」（宗教法人法28条1項1号）の要件を具備しているものと認められる。」として、原告の主張を排斥した。

（2）手続きに瑕疵のある規則変更の効力

規則変更にあたっては、所轄庁に宗教法人法27条規定の書類を提出する必要があります、それでは、偽造された書類が提出されたことによって、規則変更が認証された場合、規則変更の効力はどうなるのでしょうか。この点について判断したのが下記判決です。

2 横浜地裁昭和62年2月18日判決
判タ648号167頁〔27800357〕

事案

　宗教法人A教会の設立当時の責任役員の1人であったBは、A教会の代表役員として神奈川県知事（被告）に対し、主たる事務所の所在地の移転等を事項とする規則の変更の認証を申請し、神奈川県知事は、認証を行った。A教会の責任役員Cは、神奈川県知事に提出された書類は偽造されたものであり、神奈川県知事を相手取り、本件認証には重大かつ明白な瑕疵があり無効であるとし、無効確認訴訟を提起した。

判旨

「1　法は、『宗教法人の規則の変更は、当該規則の変更に関する認証書の交付に因つてその効力を生ずる』（30条）ものとし、更に、所轄庁は、『規則変更の認証の申請を受理した場合においては、当該申請に係る事案が、この法律その他の法令の規定に適合していること及び変更手続が当該宗教法人の規則の変更のための定めに従つてなされていることの要件を備えているかどうかを審査し、14条1項（規則の認証）の規定に準じ当該規則の変更の認証に関する決定をしなければならない。』旨定めている（28条1項）。そして、法14条1項は、『所轄庁は、認証の申請を受理した場合においては、当該申請に係る事案が左に掲げる要件を備えているかどうかを審査し、これらの要件を備えていると認めたときはその規則を認証する旨の決定をし、これらの要件を備えていないと認めたとき又はその受理した規則及びその添付書類の記載によつてはこれらの要件を備えているかどうかを確認することができないときはその規則を認証することができない旨の決定をしなければならない。
　一　当該団体が宗教団体であること。

二　当該規則がこの法律その他の法令の規定に適合していること。
三　当該設立の手続が12条の規定に従つてなされていること。』
なる旨定めている。

　したがつて、法の右定めによれば、所轄庁の行う規則の認証とは、宗教法人の申請に係る規則が法14条1項1ないし3号所定の要件を満たしているという判断を表示する確認行為であるということができるうえ、その審査の範囲については、特に右確認が不能な場合の処理についての定めの趣旨からしても、受理した規則及び添付書類に基づく形式的審査の範囲にとどまるものと解するのが相当である。

　すなわち、宗教法人の設立に関してかかる規定が設けられたのは、宗教団体が財産ないし権利義務の主体たる地位（法人格）を取得することが広くその宗教活動を行ううえで不可欠ともいうべき事柄であるところ、日本国憲法が宗教活動の自由及び宗教上の結社の自由を保障している（20条参照）ことに鑑み、宗教団体の法人格の取得にあたつても、国の許可に係らしめる（民法34条参照）ことは許されないので、特に法が制定されたものであり（1条1項、4条参照）、そして、国が宗教法人設立のための審査に名を藉り、宗教団体の宗教活動又は宗教上の結社の自由にいささかたりとも干渉したり又はこれを侵害するなどのことがあつてはならないことから、法は国の関与を極力制限し、所轄庁の書面審査に基づく規則の認証によつて宗教法人の成立がなされるべきものとしたものと思料される。

　そこで、法は、宗教法人の規則の変更についても、右規則の認証についての手続に倣い、宗教法人から提出された規則及び添付書類に基づいて審査をし、規則の変更を認証するという制度を採つたものということができる。

　そうすると、宗教法人の規則の変更は認証書の交付によつてその効力を生ずるものではあるが、所轄庁の行う認証自体は、当該宗教法人の規則変更行為が所定の要件を満たしているということの判断を表示する確認行為であるにすぎないのであつて、認可とは異なり、第三者の行為を補充して

その法律上の効力を完成せしめる行為ではないというべきである。したがつて、仮に、規則の変更行為が当該宗教法人の規則の変更に関する定めに従つていないために違法無効であつたとしても、所轄庁のした認証自体までが当然に違法となるものではなく、規則の変更に関する前記書類上からは前記要件を備えていると認められる場合には、右認証自体には違法はないものといわざるをえない（このことは、仮に、本件証明規則に誤りがあつたとしても同様である。）。

2　しかし、宗教法人の規則の変更においては、その変更が法その他の法令の規定に適合していること及び当該宗教法人の規則に従つて変更の手続がなされていることの要件を具備していることが必要である（法28条1項）から、この要件を欠いた規則の変更は原則として無効であるといわざるをえないし、この場合には、所轄庁がこれを認証しても、その効力を生ずるものではないというべきである。

ところで、〈証拠略〉によれば、本件宗教法人の本件原始規則及び本件証明規則では、いずれも、同規則の変更には、責任役員会の議決と信者会員名簿登録者3分の2以上の同意が必要である旨定めている（30条）ことが認められるから、本件規則変更申請に係る本件原始規則の変更につき、原告主張のとおり役員会の議決又は会員の同意が存在しないとすれば、本件原始規則の変更の前記法の定める規則の変更の要件を欠き、原則として無効であり、本件認証もまたその効力を生じないことになる。

そうすると、本件原始規則の変更について利害関係を有する者は、本件認証の公定力に妨げられることなく、現在の法律関係に関する訴えとして、本件宗教法人に対し、本件原始規則の変更に係る部分の効力不存在の確認を求める訴えを提起することができ、かつ、これによつて目的を達することができ、また、それが具体的な紛争の解決方法としても適切、妥当な方法であることが明らかである。」

※認証行為が形式的な書面審査であるべき理由について、信教の自由との

関わりで明確に述べている点が特徴的である。また、認証行為は確認行為であるにすぎないのであるから、その無効は行政訴訟ではなく、当該宗教法人に対して、規則の変更の効力を争う訴訟を提起すべきであるとしている点に注目される。ただ、認証行為は確認行為に過ぎず、当該宗教法人に訴訟を提起すべきとの上記判決の論理は、認証に関する決定に審査請求や取消訴訟が認められている（宗教法人法80条の2、87条）こととと矛盾するのではないかと思われる。

(3) 規則変更認証・不認証処分を争う原告適格

規則変更認証・不認証処分（宗教法人法28条）を争う場合、まずは審査請求をします（宗教法人法80条の2、87条）。所轄庁が都道府県知事のときは文部科学大臣に、所轄庁が文部科学大臣のときは文部科学大臣自身に審査請求をします。請求が審査請求で棄却された場合、規則変更認証・不認証処分の取消訴訟を提起することになります。それでは、規則変更認証・不認証処分を争う場合の原告適格はどの範囲まで認められるのでしょうか。この点について判断したのが、下記判決です。

> **3** 名古屋地裁平成28年12月8日判決
> 裁判所ウェブサイト〔28253248〕

事案

本件は、宗教法人P1が宗教法人法27条に基づき規則の変更について認証の申請をし、愛知県知事が同法28条1項に基づきこれを認証する処分をしたところ、P1の前住職かつ前代表役員である原告が、本件認証申請は、P1の住職代務者が権限を濫用しまたはその範囲を逸脱して行ったものであること、P1を包括する宗教団体である宗教法人真宗大谷派が定めた寺院教会条例等に反するものであることなどから違法であり、したがって、これを看過してされた本件処分も違法であると主張して、本件処

分の取消しを求めた事案である。

> 判旨

　訴え却下。
「１　行政事件訴訟法９条は、取消訴訟の原告適格について規定するが、同条１項にいう当該処分の取消しを求めるにつき『法律上の利益を有する者』とは、当該処分により自己の権利若しくは法律上保護された利益を侵害され又は必然的に侵害されるおそれのある者をいうと解すべきである（最高裁昭和49年（行ツ）第99号同53年３月14日第三小法廷判決・民集32巻２号211頁、最高裁平成元年（行ツ）第131号同４年９月22日第三小法廷判決・民集46巻６号1090頁等参照）。そして、処分の名宛人以外の者が処分の法的効果による権利の制限を受ける場合には、その者は、処分の名宛人として権利の制限を受ける者と同様に、当該処分により自己の権利を侵害され又は必然的に侵害されるおそれのある者として、当該処分の取消しを求めるにつき法律上の利益を有する者に当たり、その取消訴訟における原告適格を有するものというべきである（最高裁平成24年（行ヒ）第156号同25年７月12日第二小法廷判決・集民244号43頁参照）。
　２　上記の見地に立って、原告が本件処分の取消しを求めるにつき法律上の利益を有する者に当たるか否かについて判断する。
　(1)　本件規則変更の内容について
　ア　前記前提事実によれば、本件規則６条２項に係る変更は、住職たる資格要件をＰ４姓を名乗る教師（寺院教会条例の平成８年（1996年）６月20日条例公示第１号附則２項により、本件規則６条２項の「男子たる教師」は「教師」と読み替えることとされた。）から単なる教師に拡大するものであるが、原告は、本件処分当時、既にＰ１の住職たる地位を退任していたものであるから、上記変更は、原告の住職たる地位を失わせるような性質のものではなく、原告も教師に該当するから、原告の住職となる

ための資格を失わせるものでもない。

　また、弁論の全趣旨によれば、本件処分当時、本件規則6条2項に基づいてP4姓を名乗る教師として住職に任命される可能性があった者は、原告及び原告妻のみであって、原告が住職に任命されることについて期待を有していたことは認められるが、同項によれば、住職の任命が宗務総長（真宗大谷派の規則が昭和56年に改正され、管長制が廃止され、本件規則に規定されている管長の職務は宗務総長に移行された（証拠（乙1）及び弁論の全趣旨により認められる。）。以下、単に「宗務総長」という。）の権限に属することは明らかであって、実際にも、①原告妻も住職に任命される資格を有する者であること、②本件処分当時、P3が住職代務者に就任しており、本件規則11条4項によれば住職代務者の任期は3年であるものの再任されることができ、実際にP3が再任されていたこと（証拠（甲10、19）及び弁論の全趣旨により認められる。）などに照らすと、原告の上記期待は事実上のものにとどまるものといわざるを得ない。

　したがって、原告が、本件規則6条2項に係る変更について法的に保護されるべき権利又は法的地位を有するということはできない。

　イ　また、前記前提事実によれば、本件規則39条に係る変更については、P1が解散した場合の残余財産の分配について、第1順位として解散当時の住職に、第2順位としてP4姓を名乗る解散直前の住職の遺産継承者に、第3順位として真宗大谷派等に承継させるとされていたものを、上記第1順位及び第2順位の者を削除するなどするものであるが、現時点においては、P1が解散することをうかがわせる事情は全くないから、残余財産の分配について法的な権利を有する者は存在しないと認められ、原告が残余財産の分配を受けることについて期待を有していたとしても、それは事実上の期待にとどまるものといわざるを得ない。

　したがって、本件規則39条に係る変更についても、原告が法的に保護されるべき権利又は法的地位を有するということはできない。

　（2）本件規則変更の手続に関与する利益について

本件規則36条前段は、規則の変更の要件として、責任役員の定数の全員及び総代の同意を得て、宗務総長の承認及び愛知県知事の認証を受けなければならない旨定めている。

　また、本件規則40条は、『宗憲及び真宗大谷派規則中この法人に関係がある事項に関する規定は、この法人についても、その効力を有する。』と定めているところ、宗憲77条は、『寺院及び教会並びに住職、教会主管者及びこれらの代務者に関する事項は、条例でこれを定める』と規定し、これを受けた寺院教会条例9条本文が『住職又は教会主管者は、先代住職又は教会主管者の卑属系統であって、当該寺院又は教会に所属する教師がこれを継承するものとする。』と規定し、寺院教会条例施行条規47条1項において、『条例第9条本文に規定する住職の卑属系統の姓を変更し、又は廃止しようとする規則の変更について、当該寺院の代務者により承認申請を行おうとするときは、住職又は寺族の代表者の同意書を添付しなければならない。』とされていることからすると、本件規則6条2項に係る変更については、住職の卑属系統の姓を廃止しようとする規則の変更であるから、上記各規定が適用されるものと解される。

　そうすると、本件規則変更が認証されるための要件は、責任役員の定数の全員及び総代の同意、宗務総長の承認、本件規則6条2項に係る変更につき住職又は寺族の代表者の同意があることであって、これらの者については、本件規則変更の手続に関与してＰ1の権利義務を定める本件規則の変更の成否を左右することができる地位にあるから、そのような地位にある者は法的に保護されるべき権利又は法的地位を有すると評価し得るが、前住職で、寺族の代表者以外の寺族である原告については、上記のいずれの者にも該当しないから、上記手続に関与することができる地位にはなく、原告に法的に保護されるべき権利又は法的地位があるということはできない（寺院教会条例23条1項1号において、前住職に該当するものは寺族である旨定められているから、前住職である原告は、寺族であり、また、寺院教会条例25条1項において、住職が欠けたときは、その配偶者が寺

族の代表者となる旨定められているから、原告妻が寺族の代表者である。）。
　(3) 小括
　以上によれば、本件規則変更の内容及びその手続に関与する利益のいずれの観点から検討しても、原告は、本件処分の法的効果による権利の制限を受ける者に該当するということはできない。」

4　仙台地裁昭和57年5月31日判決
訟務月報28巻12号2294頁〔27662563〕

事案
　A寺は、真言宗豊山派の寺院であるが、規則変更をして、宗派離脱をしたことから、A寺の檀徒が原告となり、A寺の責任役員代務者の選任が無効であるから、同人らの参加による規則変更の決議も無効であるとして、宮城県知事を相手取り、規則変更認証処分の無効を主張して提訴した。

判旨
　請求認容。
「1　被告宮城県知事が、昭和46年10月23日及び昭和50年12月2日の2回にわたつて、A寺規則の変更に対する認証を行つたことは原告らと被告宮城県知事との間に争いがない。
　〈証拠略〉によれば、次のような事実を認めることができ、この認定に反する証拠はない。すなわち、原告らは、昭和46年以前から現在に至るまでA寺の檀徒である（ただし、原告Bについては檀徒資格除名処分を受けたが間もなく右処分が撤回されたということがある。）。旧々A寺規則（昭和46年10月23日認証にかかる規則変更前のA寺規則）から旧A寺規則（右変更規則によるA寺規則）を経て新A寺規則（昭和50年12月2日認証にかかる変更規則によるA寺規則）に至るまで、A寺の檀徒は、規則上、代表役員により総代に選出され得る資格を有し（15条2項。なお、右の

ような規定が存することは原告らと被告宮城県知事との間に争いがない。）、また総代は代表役員以外の責任役員を代表役員に推せんする権限を有する（7条4項）ものと定められ、檀徒が責任役員の選定に関与できる制度となつている。旧々Ａ寺規則及び旧Ａ寺規則によれば、同規則に定められていない事項については宗派（宗教法人真言宗豊山派）規則によることとされており（29条）、これに従つて、Ａ寺の檀徒は、宗派規則の適用を受けて、宗派及びＡ寺に対し、布教または儀式に参列し、その教化に浴すること、総代となること、葬式、追善その他の儀式を委託することができ、また、外護に任じ永続維持を扶け維持費や営繕費を負担する義務があるとされる（宗派規則176条）。Ａ寺の檀徒らは、実際上も、同寺に対し、月牌、負担金等の名目で金銭、米等を定期的に納め、他方、Ａ寺の住職に儀式、典礼等の執行を依頼していた。檀徒は、その所属する家（檀家）を一の単位として、7戸から10戸が1班として編成され、班より世話人が選出され、世話人は総代といつしよに世話人総代会を構成して、各檀徒が負担すべき月牌の金額の決定等を行つてきた。檀徒全員により構成される檀徒総会が度々開かれ、本堂の建立等の寺にとつて重要な事項について協議が行われてきた。

　右認定の事実を総合すれば、原告らＡ寺の檀徒は同寺における人的な構成要素となつているものと認められる。

　2　本件規則変更（旧Ａ寺規則から新Ａ寺規則への変更）が、Ａ寺と宗派との被包括関係を廃止してＡ寺を単立寺とするための関係諸規定の変更を内容とするものであることは、原告らと被告宮城県知事との間に争いがない。そして、〈証拠略〉によれば、原告ら檀徒は、右規則変更により、旧Ａ寺規則に定めのない事項について適用されていた宗派規則の適用される余地がなくなることの結果、檀徒の地位やその受くべき利益等に関する諸規定（宗派規則174条、176条、182条ないし185条など）の適用を受けられないこととなるばかりでなく、事実上も、宗派によつて従来保障されてきた檀徒の法的地位やその受くべき利益等に関する直接または間接

の救済の機会を失うこととなることが認められる。

　3　以上1、2の事実によれば、被包括関係の廃止を内容とする本件規則変更は、被包括宗教法人Ａ寺の人的構成要素たる原告ら檀徒の法的地位ないし利益に重要な影響を及ぼすものであつて、右規則変更による影響の及ぶ範囲が原告らの宗教上の地位ないし利益の限度に止まるものとは解することができないから、原告ら檀徒は、本件規則変更について、その認証の効力を争う原告適格を有するものと解するのが相当である。」

（4）認証審査の放置と国家賠償

　所轄庁は、認証の申請を受理した場合においては、その申請を受理した日から3月以内に、原始規則ないし規則変更について認証・不認証の決定をし、かつ、認証する旨の決定をしたときは当該申請者に対し認証書及び認証した旨を附記した規則（認証した旨を附記した変更しようとする事項を示す書類）を交付し、認証することができない旨の決定をしたときは当該申請者に対しその理由を附記した書面でその旨を通知しなければなりません（宗教法人法14条4項、28条2項）。

　この3月以内との期間の趣旨について、平成5年3月16日の文部大臣裁決は、「本法が、認証に関する決定について、所轄庁は、申請を受理した日から3月以内にこれを行わなければならないと規定した（法14条4項、28条2項、39条2項、46条2項）のは、所轄庁の事務処理がいたずらに遅延し、申請者が長期にわたって不安定な立場におかれることのないよう、一定期間内に事務処理を終える義務を課したもので、その事務処理が所定期間後に遅れたとしても、所轄庁の行為を無効とする趣旨とは考えられない。所轄庁は、規則等の認証申請がなされた場合において、申請にかかる添付書類等の証明事実の存否に理由がある疑いを抱くときは、その疑義を解明するためのその事実の存否について審査を行う権限を有するのみならず、その義務を負うものと解され、このための事実調査等に十分な時間が必要となることがある。このような場合には、所轄庁の認証に関する決定が所定の3月を超えたとし

ても、やむをえないと考える。」としています。

ただ、そうはいっても認証申請から長期間にわたって、審査を放置することは許されません。この点に関する判決として、以下のものがあります。

5 名古屋高裁金沢支部平成10年6月24日判決
判例地方自治185号69頁〔28040924〕
※第1審：富山地裁平成8年12月18日判決（判例地方自治162号73頁）〔28021283〕

事案

宗教法人Aは、宗教法人真宗大谷派の被包括宗教団体であったが、この被包括関係を廃止し、大谷派からの分離独立を企図し、被包括関係廃止を内容とする寺院規則変更の内部的手続きをし、所轄庁である富山県知事に対して、上記規則変更の認証申請を提出した。これに対して、富山県知事は、本件申請を受けたにもかかわらず、約11年間その受理をしないままであった（本件窓口預かり）。

本件は、原告らが、富山県知事が認証申請を受理しないことは、A寺の門信徒である原告らの分離独立の自由を侵害するものであると主張し、国家賠償法1条、3条に基づき、上記侵害によって原告らの受けた精神的苦痛に対する慰謝料を請求したものである。第1審判決は、一部の門信徒を除き、1名あたり3万円の限度で慰謝料請求を認容したため、富山県が控訴した。また、同様に、原告らも控訴をしている。

判旨

第1審で請求棄却された門信徒1名について、3万円の限度で慰謝料請求を認容した。

「第一審被告は富山県知事が本件窓口預かりを継続した理由について縷々主張するが、結局は、同知事は、本件申請を受理して認証について決定をした場合には、認証した場合でもしない場合でもその決定に不服な当事者から訴訟が提起されるなどしてA寺が大谷派からの分離独立を企図し

たことを巡る紛争や混乱に巻き込まれることになることを恐れて本件申請の受理をせず、解決を先延ばしにしていたにすぎないことは否定できないのであるから、富山県知事は、宗教法人法に定める規則変更の認証申請を受理し、これに関する決定を法定の期間内にするという所轄庁としての本来の任務を怠ったというほかはない。そして、富山県知事が結果的に宗教法人法に定める3月間の審査機関をはるかに超える約11年もの長きにわたって「本件窓口預かり」を継続し、本件申請についての決定をしなかったことは、その任務懈怠の程度及びこれによる影響、結果の重要性を考慮すれば、申請者であるＡ寺に対してのみならず、その信者である第一審原告らの信教の自由を直接侵害するものとして、単なる行政手続上の違法を超えて国家賠償法上の違法性を有する（同知事には少なくとも過失があった）というべきである。なお、本件窓口預かりの係属中の昭和55年11月22日にはＡ寺の代表役員であったＢ（住職）が京都簡易裁判所において大谷派宗務総長らとの間でＡ寺の代表役員の地位を住職から輪番に移すことに同意する旨の即決和解を成立させたことなどにより、その後平成2年3月にＣが特命住職に任命されるまでの間は、富山県知事においてＡ寺の真実の代表者が誰であるかについて明確を欠く状態となり、申請者であるＡ寺が本件規則変更の認証申請の意思を維持しているかについて判断が困難な状態に陥ったこと自体は第一審被告の指摘のとおりであるとしても、もともとは富山県知事において本件申請を適法に受理し、法定期間内に認証に関する決定を行っておれば、そのような異常な事態は発生しなかったのであるから、右の事情は同知事による『本件窓口預かり』が国家賠償法上も違法であるとの判断を左右するものではない。

　そして、前記のとおり宗教法人の被包括関係の廃止は、所轄庁である都道府県知事が被包括関係を廃止する旨の規則変更を認証して初めて効力が生じるものであるところ、本件規則変更の認証申請について、本件窓口預かりがなく、当初から適法に受理されておれば、本件申請が認証され、Ａ寺が大谷派から分離独立することが可能であったというべきである（第一

審被告は、本件申請に関し責任役員及び総代の資格について疑義があった旨主張するものの、昭和54年12月の本件申請時点において申請者であるＡ寺の代表者（代表役員）が申請書の記載どおりＢ（当時の住職）であったこと自体は実質的に争っておらず、本件申請が当初から適法に受理された場合において、所轄庁である富山県知事においてこれを認証できなかったことについての適切な主張・立証はない。）から、富山県知事は、国家賠償法上も違法な本件窓口預かりによって、Ａ寺の大谷派からの分離独立を阻止するという結果をもたらし、これによりその信者である第一審原告らの信教の自由を侵害したものと評価するほかはない。」「富山県知事による本件窓口預かりが宗教法人法の趣旨に反するものとして行政手続き上違法なものであることは前述したとおりであるところ、本件規則変更の認証申請を受理し、審査をしたうえで法定の期間（３月間）内に認証に関する決定をすべき都道府県知事の義務は、本来は申請者である宗教法人（Ａ寺）に対する宗教法人法の所轄庁としての行政手続上の作為義務であって、右知事に申請者である宗教法人に対する行政手続上の義務があることから、宗教法人の信者に対する国家賠償法上の作為義務が直ちに根拠づけられるものではないことは第一審被告の指摘のとおりである。

　しかしながら、本件規則変更の認証は被包括宗教団体が包括宗教団体との被包括関係を廃止して分離独立するために不可欠なものであり、前述した宗教法人法28条２項が準用する同法14条４項の規定の趣旨及び前記（二）で検討した宗教法人とその信者との間の密接不可分な関係並びに被包括宗教団体が包括宗教団体から分離独立することの自由は、その被包括宗教団体の信者個々人の信教の自由の重要な要素をなすもの（分離独立により、例えば、信者個人の信仰の拠所や宗教団体の運営、宗教活動の内容等に直接影響を及ぼす。）とみるべきであることなどを考慮すると、富山県知事は、本件規則変更の申請者（Ａ寺）の信者に対しても、宗教法人法上あるいは条理上、国家賠償法上の違法性判断の前提となる作為義務（必要書類が整っている場合には規則変更の認証申請を受理し、審査をしたう

えで法定の期間内に認証に関する決定をすべき職務上の義務）を負うものと解するのが相当である。」

Ⅲ 備付書類

1 備付書類とは

（1）備付書類の内容

　宗教法人法25条2項は、宗教法人の事務所には、常に以下に掲げる書類及び帳簿を備えなければならないとしています。これらの書類は、備付書類と呼ばれています。
　　①規則及び認証書
　　②役員名簿
　　③財産目録及び収支計算書並びに（作成していたら）貸借対照表
　　④境内建物に関する書類
　　⑤責任役員その他規則で定める機関の議事に関する書類及び事務処理簿
　　⑥公益事業または公益事業以外の事業（収益事業）を行う場合には、その事業に関する書類

（2）信者やその他の利害関係人の閲覧請求権

　宗教法人法25条3項は、信者その他の利害関係人であって前項の規定により当該宗教法人の事務所に備えられた同項各号に掲げる書類または帳簿を閲覧することについて正当な利益があり、かつ、その閲覧の請求が不当な目的によるものでないと認められる者から請求があったときは、これを閲覧させなければならないとしています。以前は、信者たる地位に基づいて宗教法人の書類や帳簿の閲覧請求権が認められるかについて、裁判例は分かれていました（肯定例として、東京高裁平成6年3月23日判決（判タ870号267頁）〔27825945〕、否定例として、東京高裁昭和63年9月28日判決（判タ694号

163頁）〔27802592〕）が、オウム事件を契機としてなされた平成7年の宗教法人法改正によって宗教法人法25条3項の規定が盛り込まれてこの問題は立法的に解決しました。宗教法人法25条3項の趣旨は、宗教法人の適正な管理運営の担保・宗教法人の民主性・透明性を高める点にあります。

平成7年の改正当時の衆議院特別委員会において、文部省（当時）・文化庁は、「信者その他の利害関係人」の具体例として、寺院の檀徒あるいは神社の氏子などのうち、その宗教法人と継続的な関係があってその財産基盤の形成に貢献してきた者、総代といった地位があり法人の管理運営上の地位が規則等で明確になっている者、宗教の教師などで法人との雇用関係にある者、債権者、保証人などでその宗教法人と取引等の契約関係のある者、法人の行為により非常に大きな損害を被って損害賠償請求権をもっている者、包括関係・被包括関係にある宗教法人を挙げています。

「帳簿を閲覧することについて正当な利益」は、宗教法人の適正な運営のための開示（檀信徒が、寺院運営が適正になされているかを事務処理簿や議事録をみて検討する等）、債権の確保（会計帳簿を閲覧することで差押可能な財産を調査する等）の両方が考えられます。「正当な利益」の判断にあたっては、備付書類・帳簿ごとに（書類によってはその一定部分ごとに）、かつ、信者その他利害関係人ごとに、それぞれ閲覧することについての正当な利益を、第一義的には閲覧請求を受けた宗教法人が判断します。

平成7年改正当時の衆議院特別委員会において、「不当な目的」の具体例として、当該宗教法人を買収する目的、閲覧によって得た情報を売却する目的、誹謗中傷をする目的が挙げられています。

宗教法人法25条3項のいずれの要件とも第一義的には閲覧請求を受けた宗教法人が判断しますが、最終的な閲覧請求の可否は裁判所が決めることになります。

(3) 備付書類の写しの所轄庁への提出

宗教法人法25条4項は、宗教法人に対し、毎会計年度終了後4月以内に

備付書類のうち以下の書類を所轄庁に提出することを求めています。
　①役員名簿
　②財産目録及び収支計算書並びに（作成していたら）貸借対照表
　③境内建物に関する書類
　④公益事業または公益事業以外の事業（収益事業）を行う場合には、その事業に関する書類

　この規定は、オウム事件を契機とした平成7年の宗教法人法改正の際に盛り込まれました。宗教法人には、宗教団体としての要件を継続的に備えることが求められています。所轄庁は、認証後1年以内にその団体が宗教団体でないことが判明したときは認証の取消しができ（宗教法人法80条）、1年以上にわたってその団体が宗教団体としての活動をしていないときは、裁判所に解散命令を請求する権限があります（宗教法人法81条）が、所轄庁がこのような権限を適正に行使できるようにするためには、宗教法人の管理運営に関する実態の把握を継続的に可能にする必要があり、本件規定が設けられました。

　なお、所轄庁が宗教法人法に基づく規制権限を霊感商法を行う宗教法人に対して適切に行使しなかったことについて、国家賠償請求が行われた裁判例として、東京地裁平成29年2月6日判決（消費者法ニュース113号293頁）〔28254305〕があります。同判決は、「法は、宗教団体が礼拝の施設その他の財産を所有してこれを維持運用するなどのために、宗教団体に法律上の能力を与えることを目的とし（1条1項）、宗教団体に法人格を付与し得ることとし（4条）、他方、宗教法人が、法人格を付与された趣旨に沿って適切に運営されるように、公益的な観点から、信教の自由に配慮しつつ、宗教法人の世俗的側面に限って必要最小限の規制権限を所轄庁に付与したものである。そうすると、法による規制権限は、究極的には当該宗教法人の信者等の関係者の利益の保護に資するものではあったとしても、前記の目的を超え、当該宗教法人の不正な行為により個々の取引関係者が被る具体的な損害の防止、救済を制度の直接的な目的としたものとはにわかに解し難く、かかる損

害の救済は一般の不法行為規範等に委ねられているというべきであるから、所轄庁が規制権限を行使しないことが、当該宗教法人と個々の関係者に対する関係において直ちに国家賠償法1条1項にいう違法な行為に当たるものではないというべきである。したがって、当該宗教法人の不正な行為により個々の信者等が損害を被った場合であっても、具体的事情の下において、文部科学大臣等に監督処分権限が付与された趣旨、目的に照らし、その不行使が著しく不合理と認められるときでない限り、上記権限の不行使は、当該信者等に対する関係で国家賠償法1条1項の適用上違法の評価を受けるものではないといわなければならない（最高裁昭和61年（オ）第1152号平成元年11月24日第二小法廷判決・民集43巻10号1169頁参照）」と判示し、所轄庁の規制権限不行使が国賠法上違法となる場合を極めて限定的なものとしています。

　改正当時、宗教法人の備付書類を提出させることは、国家による宗教の管理につながりかねず、宗教法人の信教の自由を侵害するのではないかという危惧がありました。そのため、宗教法人法25条5項において、「所轄庁は、前項の規定（備付書類の写しの提出を義務付ける規定）により提出された書類を取り扱う場合においては、宗教法人の宗教上の特性及び慣習を尊重し、信教の自由を妨げることがないよう特に留意しなければならない。」との規定が盛り込まれました。

　備付書類の作成・備付けを怠ったとき、これらの書類・帳簿に虚偽の記載をしたとき、所轄庁に書類の写しの提出を怠ったときは、代表役員は10万円以下の過料に処せられることになります。

2 備付書類に関する裁判例

（１）宗教法人法25条3項の各要件

1　東京地裁平成24年8月28日判決
D1-Law.com 判例体系〔28270207〕

事案

　被告寺院の責任役員としての職務を行う者の地位にある原告が、被告寺院に対し、宗教法人法25条3項に基づき文書閲覧請求を行った。

判旨

　「本件文書閲覧請求のうち、前記第1の2記載の文書（被告寺院の所有する不動産（東京都港区麻布十番の土地を含む）に関する賃貸借契約書、売買契約書、地代の収受を証する書面及び預金通帳、不動産登記簿謄本、明渡交渉の経過に関する書面並びにその他関係書類）閲覧請求の主たる目的は、被告寺院とＡ寺との間の借地関係を速やかに解消することにあると認められるところ、被告寺院がＡ寺との間の借地関係を解消すべきか否かは、原告が被告寺院の責任役員としての議決権を有しない事項（本件規則15条2項「その責任役員と特別の利害関係がある事項」）に該当するというべきであり、このことに照らせば、上記の目的の下で被告の利害関係人（責任役員としての職務を行う者）としてされた前記第1の2記載の文書等閲覧請求をして、直ちに宗教法人法25条3項の『不当な目的によるものではない』と認めることはできず、他にこれを認めるに足りる証拠はない。

　一方、前記第1の1記載の文書（平成19年2月9日から平成24年7月3日までの間に作成された責任役員の議事に関する書類及び事務処理簿）閲覧請求については、それ自体が直ちに被告寺院とＡ寺との間の借地

関係の解消に結びつくものとはいえず、原告が被告寺院の責任役員としての職務を行う者の地位にあること等、前記争いのない事実等各事実に照らせば、前記第1の1記載の文書閲覧請求には、宗教法人法25条3項の『正当な利益』があり、同文書閲覧請求は、同項の『不当な目的によるものでない』と認めることができるというべきである。

2 東京地裁平成25年7月31日判決
D1-Law.com 判例体系〔29029053〕

事案

被告寺院の信徒である原告らが、被告寺院に対し、宗教法人法25条3項に基づき、下記文書の閲覧謄写を求めた。

記

被告の平成15年度以降の次の書類及び帳簿

1　役員名簿
2　財産目録
3　収支計算書
4　貸借対照表
5　責任役員のその他規則で定める機関の議事に関する書類
6　事務処理簿

判旨

・帳簿を閲覧することについての「正当な利益」及び「不当な目的によるものでない」ことの有無

「被告本堂が平成15年ころに老朽化のため取り壊された後、原告らは、A住職に対し、たびたびその再建を求めてきたにもかかわらず、その取り壊しから10年近くが経過した現在に至るまで、これが再建されていないことは前記前提事実に記載のとおりであるところ、被告の信徒である原告

らにとって被告本堂の再建は重大な関心事であり、かつ、その再建について原告らは強い利害関係を有しているといえるから、原告らが被告の財産状況及び責任役員に関する帳簿である本件文書の閲覧を求めることについては、正当な利益があると認められる。また、前記前提事実及び弁論の全趣旨によれば、本件訴訟の目的は、Ａ住職が被告の運営を適正に行っていたか否かをチェックすることにより、最終的には被告本堂の再建を目指すことにあるといえるから、その閲覧の請求が不当な目的によるものではないことが認められる。

これに対し、被告は、原告らがＡ住職を解任するとともに、原告ら１名が被告の代表役員に就任する旨通告してきた経緯等からして、原告らは被告を乗っ取るつもりであり、本件請求には正当な利益がなく、不当な目的が認められる旨主張する。しかしながら、そもそも、原告らにはＡ住職を解任したり、自ら代表役員に就任する法的な権限がないことは当事者間に争いがなく、原告らが被告を乗っ取ることは現実には困難であるから、被告の主張は前提を欠く。その点をおくとしても、被告の信徒である原告らが、Ａ住職は不適任であるとして、その解任を事実上求めることは何ら不当なことではないし、過去にはＡ住職の息子に代表役員を交代するよう求めたことがあることからしても、原告ら自身が代表役員に就任しようとする強い意図があることまでは窺われないから、被告の主張には理由がない。

また、被告は、原告らが被告の承諾もないままに第三者に対して被告境内への墓園造成や被告の売却の話などを行った旨主張するが、これを窺わせるに足りる証拠はない。その他に被告が縷々主張する点を踏まえたとしても、上記認定が左右されるものではない。」

・謄写の可否

「原告らは、帳簿の閲覧のみならず、謄写も認められるべきである旨主張するが、宗教法人法25条３項が定めているのは帳簿の閲覧のみであるから、帳簿を謄写することまでは認められない。

これに対し、原告らは、文部科学省の通達では、請求者が謄写を希望す

る場合には閲覧のみならず謄写を認めることが適当であると指摘されている旨主張するが、それだからといって、法的に謄写請求権までが認められることにはならないから、原告らの主張には理由がない。
　また、原告らは、その主張に沿う証拠として甲6の文献を提出するが、これによっても謄写が法的に認められる根拠は明らかにされていないから、上記認定は左右されない。」

（2）所轄庁提出書類と情報公開

　前述のとおり、宗教法人は、所轄庁に対し、以下の書類を提出しなければなりません（宗教法人法25条4項）。
　①役員名簿
　②財産目録及び収支計算書（公益事業以外の事業を行わない法人で、一会計年度の収入の額が8,000万円以下の場合は作成免除）並びに貸借対照表を作成している場合には貸借対照表
　③境内建物（財産目録に記載されているものを除く）に関する書類
　④公益事業や収益事業を行う場合には、その事業に関する書類

　上記提出書類は、所轄庁という行政機関の職員が職務上取得した文書であり、所轄庁が組織的に用い保有するものですので、情報公開の対象となる行政文書（情報公開法2条2項）となります。

　ただ、提出書類は、財産目録や収支計算書といった「俗」を通じて「聖」の部分が見透かされてしまうおそれがあり、信教の自由との関係で大変センシティブな扱いが要求されるものです。それゆえ、提出書類について、宗教法人法25条5項は、「所轄庁は、前項の規定により提出された書類を取り扱う場合においては、宗教法人の宗教上の特性及び慣習を尊重し、信教の自由を妨げることがないように特に留意しなければならない」と規定しています。また、信者その他の利害関係人は、宗教法人に対し、提出書類について閲覧請求をすることができますが、閲覧をするためには、「閲覧することについて正当な理由があり、かつ、その閲覧の請求が不当な目的によるものでない」

という厳格な要件が必要です（宗教法人法25条3項）。もし、提出書類が情報公開請求に基づいて開示されてしまうならば、提出書類の厳格な取扱いを要求した宗教法人法25条3項・5項の規定が骨抜きになってしまいます。

そこで、所轄庁である文部科学省が保有する宗教法人等に関する書類については、「公にすることにより、当該法人等又は当該個人の権利、競争上の地位その他正当な利益を害するおそれがあるもの」（情報公開法5条2号イ）にあたり、不開示情報として保護されるものであることを前提に、「宗教法人法に基づいて提出される書類のうち非公知の事実にかかるものにつきましては、原則として不開示情報にあたる」とされました（平成10年6月4日衆議院内閣委員会宗務課長答弁）。都道府県知事に宛てた文化庁次長通知「宗教法人法に係る都道府県の法定受託事務に係る処理基準について」（平成16・2・19・15庁文340号）も、「情報公開条例等に基づく法25条第4項の規定により宗教法人から提出された書類の開示請求があった場合の取扱いについては、当該書類が宗教法人の内部情報であり、法25条第3項に規定する閲覧請求権者が、閲覧することについて正当な理由があり、かつ、不当な目的をもたない信者その他の利害関係に限定されている趣旨及び法25条第5項の規定を踏まえると、当該情報の開示により当該宗教法人及びその関係者の信教の自由が害されるおそれがあることから、登記事項等の公知の事項を除き、原則として不開示の取扱いとすること」として、提出書類は公知の事項を除いて不開示情報であるとしています。

ところが、鳥取県が、情報公開条例に基づいて提出書類を情報公開しようとしたことから、提出書類を提出した宗教法人と紛争となりました。

3 広島高裁松江支部平成18年10月11日判決
判時1983号68頁〔28130001〕
※第1審：鳥取地裁平成18年2月7日判決（判時1983号73頁）〔28111925〕

事案

平成17年5月10日、鳥取県知事は、提出書類の一部を鳥取県情報公

開条例に基づいて開示決定処分をした。書類を提出した宗教法人は、鳥取県を被告として開示決定処分の取消を求めて訴訟を提起した。第 1 審は、原告の請求を認容したため、鳥取県が控訴した。

　主な争点は、公文書の管理事務の区分である。鳥取県情報公開条例 9 条 2 項 1 号は、「法令若しくは条例の規定又は実施機関が従わなければならない各大臣の指示その他これに類する行為により公にすることができない情報」を不開示情報としているが、文化庁次長通知は、「従わなければならない各大臣等の指示その他これに類する行為」に該当するのかどうかが争われた。この争点では、提出書類の管理が法定受託事務（法令により都道府県、市町村または特別区が処理することとされる事務のうち、国または都道府県が本来果たすべき役割にかかるものであって、国または都道府県においてその適正な処理を特に確保する必要があるものとして法令で特に定めるもの）なのか、それとも自治事務（地方公共団体が法令の範囲で自主的に責任をもって処理する事務で、法定受託事務以外のもの）なのかが問題となる。提出書類の管理が法定受託事務であれば、文化庁次長通知は、「従わなければならない各大臣等の指示その他これに類する行為」に該当し、提出書類は不開示情報に該当する。

判旨

　請求認容（鳥取県の控訴棄却）。

　「宗教法人法 25 条 4 項は、その文言解釈からも、書類の提出を受ける事務にとどまらず、提出された書類の管理についても規定したものと解釈する余地があるところ、同項の事務が法定受託事務であると規定されていることとの整合性、宗教法人法の上記基本的立場、上記書類の管理については、上記立場を考慮した上で、全国一律の基準に基づいて処理するのが合理的かつ妥当であると考えられることからすれば、書類を管理する事務は、法定受託事務であると解するのが相当である。本件通知は、文部科学大臣から文化庁次長に対して与えられた職務権限に基づいて定められた処

理基準であると認められ、本件条例9条2項1号にいう『実施機関が従わなければならない各大臣等の指示その他これに類する行為』に該当する。本件通知は、登記事項等の公知の事項を除き、原則として不開示の取扱いをするものとしているところ、本件文書は、いずれも一般に公開されていない非公知の事項であり、本件において、本件文書を例外的に開示すべき特段の事情を認めるに足りる証拠はない。したがって、本件文書は、実施機関が従わなければならない各大臣等の指示その他これに類する行為により公にすることができない情報と認められ、これを開示した本件開示決定は、本件条例9条2項1号に違反する。」

Ⅳ 財産処分

1 財産処分に関する基本的ルール

　宗教法人の財産は、特別財産、基本財産、普通財産の3つに分けられます。特別財産とは、本尊などのその宗教法人にとってかけがえのない宝物や、宗教活動に欠くことのできない重要な器具類である什物などのうちから設定されます。基本財産とは、宗教活動を行っていくうえで必要な財産的基礎となるもので、境内地、境内建物などの不動産のうちから、また、確実な有価証券などをこれに設定します。普通財産とは、特別財産、基本財産以外の資産をいいます。

　宗教法人の財産は、信者等の浄財により形成されたものが多く、また礼拝の施設をはじめとして、宗教活動と密接に結びついているものが多いので、宗教法人法は宗教法人の財産の管理及び運用に関して、特別の規定をおいています。すなわち、宗教法人法23条においては、宗教法人が次のような行為をする場合には、一定の手続きを踏む旨が規定されています。なお、財産処分に関する宗教法人の規定は、単位宗教法人について適用されるものとされ、包括宗教法人についてはその適用を除外されています（宗教法人法23

条の冒頭に、「(宗教団体を包括する宗教法人を除く)」とあります。)。
　①不動産または財産目録に掲げる宝物を処分し、または担保に供すること
　②借入(当該会計年度内の収入で償還する一時の借入を除く)または保証
　　すること
　③主要な境内建物の新築、改築、増築、移築、除却または著しい模様替え
　　をすること
　④境内地の著しい模様替えをすること
　⑤主要な境内建物の用途もしくは境内地の用途を変更し、またはこれらを
　　宗教法人法2条に規定する目的以外の目的のために供すること
　それでは、宗教法人法23条の一定の手続きとは、一体どのような手続きなのでしょうか。宗教法人法23条は、同条1号から5号の行為を行うにあたっては、①規則で定める手続きと、②公告が必要となります。

①規則で定める手続き

　財産に関する事項(基本財産、宝物その他の財産の設定、管理および処分に関する事項)は規則記載事項となっています(宗教法人法12条1項8号)。宗教法人23条1号から5号までの行為を行うにあたっては、規則所定の手続きを行わなければなりません。被包括宗教法人である寺院の場合、重要な財産の処分にあたって、責任役員会決議の他に総代会の同意が必要であったり、包括宗教法人(宗派)の同意が必要とされている場合が多いです。

②公告

　公告とは、宗教法人の運営において重要な行為について、適切な方法により、信者その他の利害関係人にその旨を周知することを定めたものです。規則で定めた手続きを経た後、宗教法人は、それぞれの行為の少なくとも1か月前に、信者その他の利害関係人に対し、その行為の要旨を示してその旨を公告しなければなりません。宗教法人法23条1号から5号の行為について公告しなければならないとされたのは、宗教法人の財産の保全を図り、それがみだりにまたは不当に処分されることを防止するためです。

　宗教法人法23条の一定の手続きが行われなかった場合、宗教法人法24条は、

「宗教法人の境内建物若しくは境内地である不動産又は財産目録に掲げる宝物について、前条（宗教法人法23条）の規定に違反した行為は、無効とする。但し、善意の相手方又は第三者に対しては、その無効をもつて対抗することができない。」と規定しています。宗教法人法24条の趣旨は、単位法人においては、境内建物、境内地及び財産目録に掲げる宝物は、宗教団体としての存立上宗教活動のうえで欠くことのできないものであり、その処分にあたっては信者その他の利害関係人に対して事前に、十分行為の趣旨を周知徹底せしめる必要があるため、公告等の手続きを怠った場合にはこれを無効として、みだりに不当な処分が行われることを防止しようという点にあります。

2 財産処分に関する裁判例

（1）宗教法人法24条但書の善意には重過失の場合を含まないこと

　宗教法人法24条但書は、「善意の相手方…に対しては、その無効をもつて対抗することができない」と規定していますが、善意ではあっても重大な過失がある者も保護する必要はあるのでしょうか。この点について判断したのが以下の判決です。

> **1　最高裁昭和47年11月28日判決**
> 判タ286号228頁〔27000527〕

事案

　宗教法人A寺は、昭和39年2月、調停により、宗教法人B寺へ、A寺所有の約500坪の土地を譲渡し、その所有権移転登記を経由した。A寺は、上記土地が境内地であり、A寺の代表役員Cが上記譲渡について宗教法人法23条やA寺の寺院規則所定の手続きを経ていないから、上記譲渡が無効であると主張し、B寺に対し、上記所有権移転登記の抹消登記手続請求訴訟を提起した。第1、2審とも、上記土地のうち103坪について請求

を認容し、その余を棄却した。B寺は、上記認容部分に対して上告を提起した。

判旨

上告棄却。
「原審が適法に確定した事実によれば、当時被上告人の代表役員であったCは、宗教法人法23条および宗教法人A寺規則20条予定の手続を履践することなく、本件調停により原判決添付目録第一記載の境内地を上告人に譲渡したというのである。したがって、右譲渡は、宗教法人法24条本文の規定により、無効であるというべきである。もっとも、同条但書は、『善意の相手方又は第三者に対しては、その無効をもって対抗することができない』と規定するが、同条本文に記載する物件が宗教法人の存続の基礎となるべき重要な財産であり、特殊な利害関係人を多数擁する宗教法人の特性に鑑みるときは、右但書の規定は、善意であっても重大な過失のある相手方又は第三者までも保護する趣旨のものではないと解するのが相当である。」

※最高裁昭和48年11月22日判決（D1-Law.com 判例体系）〔27000464〕も、「同条但書の規定は、宗教法人の重要な財産の保全と取引の安全の保護との調和を図る趣旨で設けられたものであることに鑑みれば、同条本文の規定による法律行為の無効は、善意であつても重大な過失のある相手方または第三者には対抗することができるが（最高裁昭和45年（オ）第1239号同47年11月28日第三小法廷判決・民集26巻9号1686頁参照）、善意の相手方または第3者に過失のない場合はもちろん、たとえ過失があつても、重大な過失のない場合は、これに対し対抗することができないものと解するのが相当である。」と判示し、重過失のある相手方は保護されずに、宗教法人の財産処分行為は無効となるとしている。

（2）相手方の重過失

（1）でみたとおり、善意であっても、重過失のある相手方は、宗教法人法24条但書によって保護されません。それでは、重過失とは、具体的にどの程度の過失なのでしょうか。この点について判断したのが、以下の判決です。

> **2** 京都地裁昭和42年5月20日判決
> 判タ208号130頁〔27201158〕※前記判決❶の第1審

事案

原告寺院は、被告寺院に対し、所有権移転登記の抹消登記手続きを求めた。被告寺院は、調停手続きによって本件土地所有権を得たものであるとして争った。

判旨

請求認容。

「ところで、宗教法人法第23条の規定に違反している事実を知らないことにつき重大な過失がある相手方に対しては、悪意の相手方と同視し、宗教法人法第24条所定の行為の無効を対抗しうるものと解するのが相当である。

《証拠略》によれば、本件調停は、原告より被告に対する京都地方裁判所昭和30年（ワ）第70号土地明渡請求事件が職権で調停に付せられ、成立したものであること、昭和39年1月22日の期日に当該調停委員から原告代表役員Aに対し念のため法所定手続を履践するよう勧告があり、同年2月5日の期日に右Aから右手続を履践した旨の報告があったので本件調停が成立したこと、右期日には、右A、原告代理人弁護士B、被告代理人弁護士Cが出頭したが、被告代表役員は出頭しなかったことが認められ、右事実によれば、被告代理人としては、その気になりさえすれば、原

告代表役員や原告代理人に対し、調停成立前に、法所定手続を履践した旨の証明書の提出を求める等の方法で（原告代表役員や原告代理人の口頭報告では足らない。）、履践の有無を極めて容易に確認しえたことが推認され、他に右認定を動かすに足る証拠はない。

　そうだとすれば、被告代理人としては、本件調停成立に先立ち、前記証明書の提出位は当然要求すべきであり、殊に弁護士として法令および法律事務に精通しなければならない立場にある以上、進んで法類総代や組寺総代および天台宗代表役員に問合わせる等の方法をもって法所定手続履践の有無を調査すべき義務を負うというべきである。

　しかるに、被告代理人は、右証明書の提出要求すらした形跡を窺いえないのであるから、前記事実を知らないことにつき重大な過失があったものというべく、従って原告は、被告に対し、前記法理により、本件土地第一に関する限り、なお本件調停の無効をもって対抗しうることになる。

　最後に、被告は、信義則違反の抗弁を主張するけれども、被告主張の事実だけでは、本件調停の無効を主張することが信義則に違反するとは認められず、被告主張の右抗弁は採用しえない。」

3　東京地裁昭和43年9月18日判決
判時552号60頁〔27441136〕

事案
　原告寺院が、被告に対し、抵当権設定登記の抹消登記手続きを求めた。

判旨
　請求認容。

　「本件土地は境内地であり、本件抵当権設定に関し、宗教法人法23条に定める責任役員の過半数の承認及び公告の手続を欠いていたことが認められる。ところで亡Aがこの点に関し善意であったことも認められるが、

本件土地は原告寺院の本堂直前の参道を含む土地の範囲に属し、一見寺院の運営、信徒の礼拝にとって必須な境内地であることが明かであり、その点を子のBに見分させているのであるから、本件土地の抵当権設定に関し、宗教法人法第23条所定の手続違反の有無についての調査、少くとも原告代表者または訴外Cに対して容易にその点を確かめる機会があったのに、これらを怠っていたことが認められ、善意の亡Aに重大な過失があったというべきであり、原告は宗教法人法第24条により本件抵当権設定の無効を対抗できる。」

4 京都地裁昭和60年4月26日判決
判タ560号181頁〔27803829〕

事案

原告寺院が、被告会社らに対し、宗教法人法23条及び原告寺院の内部規則に定められた手続きを経ていないことから、土地譲渡は無効であるとして、所有権移転登記の抹消登記手続き等を求めた。

判旨

請求認容。

「宗教法人法24条但書によれば、右諸規程違反につき『善意の相手方又は第三者に対しては、その無効をもつて対抗することができない。』と規定しているところ、被告らは、原告の右諸規程違反につき、それぞれ善意であつたと主張する。ところで、同但書の規定は同条本文に記載する物件が宗教法人の存続の基礎となるべき重要な財産であり、特殊な利害関係人を多数擁する宗教法人の特性に鑑みると、善意であつても重大な過失のある相手方又は第三者までも保護する趣旨のものではないと解するのを相当とする（最判昭和45年（オ）第1239号同47年11月28日三小廷・民集26巻9号1686頁）。

そこで、右の見地から本件について以下検討する。
1　被告A及び同Bについて
〈証拠〉によれば、被告A（本件不動産処分当時、被告Bの代表取締役であつた）は、京都に在住し、〈編注・原告寺院の当時の代表役員〉Xに対して本件売買ないし譲渡担保の各契約以前にも融資を行い、X名の振出手形を受領していたこと、大谷派及び原告の内紛については、昭和51年頃から新聞等のマスコミによつて大きく報道されており、殊にXが原告の内部手続を経ずに独断で手形を発行したり、不動産を処分したりしていることは報道等を通じて広く知られていたこと、被告Aは同53年初め頃本願寺の登記簿謄本を見、原告が本件不動産を処分するについては総代の同意や参与会及び常務員会の議決を経る必要があることを了知していたこと、被告AはXが個人的に資金に窮していたことを承知していて、本件処分もその資金を得る目的でなされたことを窺知していたことが認められ、他に右認定を左右するに足りる証拠はない。

右事実と前記二1（六）認定のXが被告Aに対し売買の事実を伏せるべく二重契約を申入れている事実によれば、原告代表者C本人尋問の結果及び弁論の全趣旨によつて認められる大谷派内局とXとが対立関係にあり、原告の寺務その他の事務が大谷派内局によつて行われ、住職（代表役員）自らが原告の事務について直接第三者と交渉に当ることがほとんどなかつたこと、被告Aが立会つたとされる総代会、責任役員会及び加談会が、適法な総代、責任役員によるものではなく、又加談会が本件不動産処分について何らの権限もなかつたこと、本件不動産を処分するについては公告が必要であり、その方法として登記簿上（甲第8号証）事務所の掲示板に10日間掲示し、大谷派の機関紙『真宗』に1回掲載するとされていること等について容易に知りえたというべきである。

そして前記認定のとおり、被告Aは、原告がその普通財産たる本件不動産を処分するについて、総代の同意を得、参与会及び常務委員会の議決を経なければならないことを登記簿謄本等により知つていた事実、被告Aは、

Xが個人的に資金に窮していて、本件処分もその資金を得る目的でなされることを知っていた事実及び前記二1認定のとおり、被告Aが、本件D不動産が名勝に指定されていることを認識しながら（被告兼被告B代表者A本人尋問の結果によれば、名勝指定の担当官庁は文化庁であるが、その解除は不可能であること、それは右文化庁に問い合わせれば容易に知りえたにもかかわらず、被告Aはそれを行つていないことが認められる）。本件取引が30億円でなされ（〈証拠〉によれば、時価100億円ないし200億円とまでいわれていることが認められる）、しかも手付金2億円支払いの時点で登記手続がなされることとされた事実を合わせ考えると、被告AはXに近い筋の者として、内部手続を履践しえないことを百も承知していたのではないかと推認されなくはないが、それはともかくとして、内部手続履践の可能性について少くとも極めて強い疑問を持つべきであつて、取引の直接の交渉相手であるXから単に内部手続履践を待つように言われてそれを待ち、その後同人から内部手続を履践した旨の確認書の交付を受けるだけでなく、更に前記各会議の議事録等を要求し、かつ大谷派宗務所に問い合わせをする等内部手続の履践状況の調査、確認をすべきであつた。そして、右調査は議事録の要求、大谷派宗務所への問い合わせ等であつて極めて容易であり、それらを行つていれば、内部手続が履践されていないことを容易に知りえたのであるから、右調査を行わなかつた被告A及び同Bには、仮に善意であつたとしても重大な過失があつたものというべきである。

なお、被告A及び同Bは、信義則違反の主張をするけれども、右被告らが主張する原告の同被告らへの対応は、本件取引を有効と考えてなしたものではなく、その重要財産である本件不動産を穏便に取戻すための手段としてなされたことが窺えるのであるから、本件取引の無効を主張することが信義則に違反するとはいえず、右被告らの主張は採用しえない。

  2　被告Eについて

〈証拠〉によれば、被告Eは、不動産の取引も行つていたこと、右被告

代表者はＸが本件不動産を処分する以前から個人的に窮していたことを知つていたこと、昭和53年11月9日付の京都、読売、朝日及び毎日の各新聞で、Ｘは本願寺の独立資金の担保として本件不動産を処分したが、これに対し大谷派内局は内部手続を経ていないとして反対し、登記されれば登記無効訴訟を提起すること等法的に対応することを決めたことが報道され、又、同54年1月9日付の京都、毎日の各新聞で、Ｘらが背任罪で告訴され取調べられた事実が報道されまたことが認められ、他に右認定を左右するに足りる証拠はない。

　右事実と前記二2認定の右マスコミ報道の後である昭和54年11月22日に、被告Ｅは被告Ａから本件不動産の同被告の持分を代物弁済によつて取得している事実、被告兼被告Ｂ代表者Ａ及び被告Ｅ代表者各本人尋問の結果によつて認められる同53年8月末頃、Ｘが被告Ａに本件不動産の売買の申込みをした場所に被告Ｅ代表者も同席していることや前記四1認定の大谷派及び原告の内紛が、同51年頃からマスコミで報道され、大谷光暢が原告の内部手続を経ずに独断で手形を発行したり、不動産を処分していることが広く知られていたこと及び右代物弁済価格が15億円と巨額であることを合わせ考えるならば、被告Ｅは、Ｘの本件不動産処分について、前記三認定の内部手続が必要でこれが経られていない可能性が極めて強かつたから、これを調査し、少くとも原告の登記簿謄本にあたつて、総代の同意、参与会及び常務委員会の議決並びに公告が必要であることを知り、しかも単に不動産登記簿謄本によつて、被告Ａに登記があることを確かめ、あるいは被告Ａから同被告に完全な所有権があることを聞くだけでなく、更に仔細に被告Ａに右各会議の議事録等を要求し、かつ大谷派宗務所に問い合わせをする等内部手続の履践状況の調査、確認をすべきであつた。そして、右調査は議事録の要求、大谷派宗務所への問い合わせ等であつて極めて容易であり、それらを行つていれば、内部手続が履践されていないことを容易に知りえたのであるから、右調査を行わなかつた被告Ｅには内部手続違反について善意であつたとしても重大な過失があつたというべきで

ある。」

（3）境外地処分と宗教法人法24条

　宗教法人法24条は、宗教法人法23条違反で無効となる処分の客体として、「宗教法人の境内建物若しくは境内地である不動産又は財産目録に掲げる宝物」としてますが、それ以外の客体を宗教法人法23条に違反して処分することは無効原因とならないのでしょうか。この点について判断したのが下記判決です。

5　広島高裁昭和40年５月19日判決
　判タ178号111頁〔27661111〕

事 案

　先代からＡ寺の境外地にある「はんれい岩」採取権を相続したとする仮処分申請人が、Ａ寺及びＡ寺と「はんれい岩」採取契約を締結した石材組合に対し、「はんれい岩」の採取搬出禁止の仮処分を申請した。山口地裁は、仮処分申請を認容したため、Ａ寺らが、仮処分異議控訴をした。
　境外地に産出する「はんれい岩」のＡ寺石材組合間の採取契約が宗教法人法23条の手続きを履践されていないことから無効であるか否かが争点となった。

判 旨

　原判決取消。
　「ところが、被控訴人は控訴人Ｂ石材企業組合と控訴人Ａ寺との間の右『はんれい岩』採取契約が宗教法人法第19条、第23条、宗教法人Ａ寺規則第10条によつて定められた責任役員による決議を経ていないから無効であると主張するので、この点について考えてみる。右契約は、採石権の設定を目的とし、所有権に対する制限を加えることになるから、前記第

23条にいう不動産の処分行為にあたると解すべきであるが、右第23条によれば、宗教法人が不動産の処分をするには規則で定めるところ（規則に別段の定がないときは、第19条の規定）によるほか、所定の公告をしなければならないことになつており、同法第24条が宗教法人の境内建物若しくは境内地である不動産又は財産目録に掲げる物について第23条の規定に違反してした行為は無効とする旨定め、第23条に違反する行為のうち無効となる場合を限定している趣旨から考えれば、境外地である不動産の処分については、宗教法人の代表役員がたとえ、第23条の規定に違反して、所定の公告を経ず又は前記第19条或は宗教法人の規則所定の責任役員の決議を経ないで処分した場合にも、第24条の規定の適用がなく、その代表役員が過料の制裁を受け或は法人に対し内部的な責任を負う場合があるとしても、その処分行為は無効とはならないと解される。右の場合、民法第53条、第54条を準用する余地はない。そうだとすると、控訴人Ｂ石材企業組合と控訴人Ａ寺との本件『はんれい岩』採取契約について、控訴人Ａ寺の責任役員の決議を経ていないことは前示認定のとおりであり、また右第23条所定の公告のなされていないことは弁論の全趣旨により明白であるけれども、本件不動産が控訴人Ａ寺の境外地であることは当事者間に争いのないところであるから、右契約の有効であることは、前に説示したところから明らかであつて、これと異なる被控訴人の主張は理由がない。」

（４）宗教法人法23条１項１号の「処分」の意義

　宗教法人法23条１項１号の「不動産又は財産目録に掲げる宝物を処分し、又は担保に供すること」に該当するときは、宗教法人法23条規定の財産処分をしなければなりません。それでは、「処分」とは具体的に如何なる場合をいうのでしょうか。この点について判断したのが、以下の判決です。

> ## 6　名古屋高裁昭和52年1月31日判決
> 判タ350号295頁〔27431635〕

事案

　愛知県小牧市（控訴人）は、昭和42年8月1日、A八幡宮（被控訴人）代表者と称するBとの間でA八幡宮所有の本件土地について期間20年とする使用貸借契約を締結し、昭和44年1月31日頃本件土地上に保育園を建築し、これをその後市立保育園として使用してきたものであるが、A八幡宮は小牧市とBとの使用貸借契約は無効であり、小牧市は本件土地を無権限で使用していることを理由として、小牧市に対し、本件土地の明渡と地上建物の収去、損害金の支払いを求めた。

　これに対し、小牧市は、本件土地については、昭和42年8月1日A八幡宮の代理人と使用貸借契約を締結し、次いで昭和45年4月1日、A八幡宮の総代との間で賃貸借契約を締結したこと、仮に上記各契約が無権限の者によって締結されたとしてもその後A八幡宮はこれを追認したこと、A八幡宮の明渡請求は権利の濫用であって許されないことなどを理由として争った。

判旨

　控訴棄却。

　「しかも、宗教法人法23条本文および1号の規定によれば、宗教法人は不動産を処分しようとするときは、規則で定めるところによるほかその行為の少なくとも1月前に信者その他の利害関係人に対しその行為の要旨を示してその旨を公告しなければならない、とあり、規則24条の規定によれば、別紙規則のとおり23条所定の『基本財産』を処分しようとするときは、役員会の議決を経て、役員が連署の上統理の承認を受けなければならない、とあり、前記認定のとおり使用貸借契約ではあるが、貸借期間

が20年にも及ぶものは右に定める不動産たる『基本財産』を処分することに該当すると解すべきであるから、被控訴人が控訴人と前記のような内容の契約を締結しようとするときは、右の諸手続を経なければならないのにその手続が履践された形跡もないものである。そしてむしろ、被控訴人側の対応経緯は後記四の2中に認定するとおりであり、被控訴人代表者Cは終始一貫して本件土地を無償で控訴人に使用せしめる使用貸借契約の締結を拒否し続けてきたものと見るべく、前記Bは被控訴人神社を代表又は代理する権限なく前記契約を締結したものというべきであるから、右契約は無効のものとなさざるをえない。（ちなみに被控訴人代表者がその権限を包括的に総代に委任するとせばこのことは宗教法人法の準用ある民法55条の法意に照らし許されないところであり、事の性質上控訴人はこれにつき善意のものともいい難い。）」

※1 提訴にあたって、A八幡宮の内部手続きを経ておらず、不適法却下を求めるとの小牧市の主張について、「被控訴人の代表役員が本訴を提起するにあたっては、内部関係では、その2、3項にのっとって責任役員会の議決を経ることになるが、しかし他方外部関係ではその1項により代表役員において被控訴人神社を代表し、その事務を総理することになり、また宗教法人法および被控訴人の規則中には、代表役員の代表権限を制限する規定がないので、代表役員が被控訴人の代表者として第三者に対し訴えを提起するについては、訴訟行為の性質からしても、責任役員会の議決を経たことの証明はあながち必要ではなく、それがなくても差支えないものと解するのが相当であるから、被控訴人の代表役員であるC（その資格の点は当事者間に争いがない）が被控訴人の代表者としてなした本訴の提起についてなす控訴人の前記主張は理由のないものといわなければならない。」としていることに注目される。

※2 東京地裁昭和42年9月14日判決（判時500号47頁）〔27403058〕は、

賃借権の設定については、単なる管理行為である短期賃貸借については、宗教法人法23条指定の手続きを踏むことを要しないとしている。

（5）公告をめぐる裁判例

　宗教法人法23条柱書は、宗教法人が財産処分をするにあたっては、その行為の少なくとも1か月前に、信者その他の利害関係人に対し、その行為の要旨を示してその旨を公告しなければならないとしています。「公告」とはどの程度のものをすればいいのでしょうか。この点について判断したのが、以下の判決です。

7　最高裁昭和43年11月19日判決
判タ230号158頁〔27441156〕

事案

　本件はA会社（被上告人）がB寺院（上告人）に対し、A会社B寺院間に締結された本件土地の売買契約に基づいて、残代金の支払いと引き換えに、本件土地の引渡および所有権移転の本登記手続きなどを請求した事案である。B寺院は抗弁として、本件土地はB寺院の境内地であるが、上記売買については、責任役員の承認、門徒総代への諮問がなく、宗教法人法23条所定の公告がされておらず、またB寺院の規則の28条2項に定められた総長の承認がないから、上記売買は無効である（宗教法人法24条本文）旨主張し、これに対し、A会社は、仮に上記のような手続き上の瑕疵があるとしても、A会社は善意の相手方であるから、B寺院は、上記無効をもって原告に対抗できない（宗教法人法24条但書）旨主張した。

判旨

　上告棄却。

Ⅳ　財産処分

「宗教法人が、法24条本文に掲げる財産を処分するに当たつてした法23条の公告が、その時期、期間などの点において、法および規則の定と相違するところがあるからといつて、直ちに当該行為が無効となると解することは、法の趣旨に合致するものといえず、行為が有効か無効かを判断するに当たつては、公告によつて行為の要旨を信者その他の利害関係人に周知させ、不当な処分を防止しようとする法の趣旨が維持されているかどうかを考慮することを要するものというべきである。

　これを本件についてみるに、原判示によれば、上告人は、本件売買契約の締結について責任役員の承認を得、門徒総代に諮問したうえ、本件土地の処分について本堂に法23条所定の公告をし、かつ、その間、責任役員はもとより総代、門徒らからも何らの異議が存しなかつた事実を推認するに難くないというのであるが、その意味は、上告人は右処分の要旨を信者その他の利害関係人に周知させるに足りる公告をした旨認定しているものと解せられ、原判決挙示の証拠によれば、右認定判断は首肯するに足りるのである。そうすれば、公告を規定した前示法の趣旨は、なお維持されているとみられるから、右公告のされた時期について、右23条の規定と若干相違するところがあつたとしても、右処分行為の効力に影響を及ぼすものではないというべきである。」

※１　同判決は、総長の承認が財産処分の後になされたことの有効性について、「法23条本文が、宗教法人は、同条各号に掲げる行為をしようとするときは規則で定めるところによるべき旨を規定していること、上告人が、その規則28条２項において、上告人の境内地および境内建物その他重要な財産を処分しまたは担保に供しようとするときは、総長の承認を受けなければならない旨規定していることは、所論のとおりである。しかし、前示法の趣旨によれば、所論のように、右総長の承認は、必ず当該行為の前にこれを受けなければ、右行為は無効であつて、のちに総長の承認があつても有効とならないと解

143

すべき理由はない。けだし、行為ののちであつても、総長の承認があつた以上、宗教法人のためにこれを無効とすべき何らの理由もなく、右承認のときから有効となると解するのを相当とするからである。」と判示している。

※2 東京地裁昭和38年5月10日判決（判タ151号79頁）〔28233253〕は、宗教法人法23条所定の財産処分に関する公告期間が1日不足した場合の処分契約の効力について、「売買契約の成立が8月10日であるに拘らず公告開始の日時が7月12日である以上、右公告は契約成立の時点においては未だ法定の期間を1日欠くものではあるが、その1月前に公告を要するとの趣旨は、その間信者その他の利害関係人にその行為の要旨を周知徹底させ、異論のあるときにはその行為を取り止め、或は変更することを当局にうながす余地を与えることにあると解すべきところ、本件においては不足した期間が僅か1日であるうえ、全証拠を検討するも右公告後法定の1ヶ月を経過し本件売買契約の成立した翌日である8月11日に至るも結局右の趣旨での本件土地売却に対し信者その他の利害関係人から異論が出るとか、または売却を取り止め、或いは変更するための努力を代表役員たる亀井行俊がなし、または責任役員がその旨の議決をした事実はこれをうかがうことはできないから、右の事実をもつて売買契約の無効事由とはなし難いものというべきである。」と判示し、有効であるとしている。

（6）文化財保護法と財産処分

　文化財保護法46条1項は「重要文化財を有償で譲り渡そうとする者は、譲渡の相手方、予定対価の額（予定対価が金銭以外のものであるときは、これを時価を基準として金銭に見積つた額。以下同じ。）その他文部科学省令で定める事項を記載した書面をもつて、まず文化庁長官に国に対する売渡しの申出をしなければならない。」と規定していますが、かかる手続きを経ず

になされた重要文化財の有償譲渡の効力はどうなるのでしょうか。この点について判断したのが以下の判決です。

8 最高裁昭和50年3月6日判決
判タ322号134頁〔27000383〕

事案
　A（被上告人）は、昭和33年10月25日、B寺（上告人）から重要文化財（国宝）である本件仏像（木造千手観音立像）を買い受けたとして、B寺にその引渡を求めたところ、B寺は、上記売買について、宗教法人法、寺院規則等に定める代表役員の承認がなかったこと及び文化財保護法46条1項の手続きを欠くことを理由にその無効を主張した。

判旨
　「文化財保護法（昭和43年法律第99号による改正前のもの）は、同法四六条一項所定の国に対する売渡の申出をせずになされた重要文化財の有償譲渡の効力についてなんら規定するところがない（現行法も同じである）。

　しかしながら、文化財保護法の施行とともに廃止された国宝保存法13条1項は主務大臣の許可を受けない国宝の処分行為を禁じていたが、文化財保護法にはそのような規定がなく、同法46条1項ないし3項は、所有者の自由な処分権限を前提として重要文化財の保存を目的とする国の先買権を規定したにとどまるものと解すべきであり、また、主務大臣の許可を受けない国宝の処分行為を無効とした国宝保存法13条3項のような明文を欠く文化財保護法のもとにおいて、同法46条1項所定の国に対する売渡の申出をせずになされた重要文化財の有償譲渡を無効とすることは、著しく取引の安全を害し、譲受人に不当な損害を及ぼすことになるのみならず、同条1項の適用を受けない無償譲受人との均衡を失することにもなる

のであつて、以上のような見地に立脚して考えると、重要文化財が同条1項所定の手続を経ずに有償譲渡された場合であつても、その効力には影響がないものと解するのが相当である。」

（7）宗教法人法24条違反の主張が信義則に反する場合

宗教法人が、宗教法人法24条違反の主張をすることが、信義則に反して許されない場合があることを示したのが、下記判決です。

> **9 長崎地裁佐世保支部昭和41年4月18日判決**
> 判タ190号199頁〔27681386〕

事案

原告が、被告寺院に対して、売買契約に基づく土地引渡及び所有権移転登記手続請求訴訟を提起した。

判旨

「以上に認定したとおり、被告は責任役員等の承認のもとに本件土地を売却してその売却代金、門徒からの寄附金及び墓地分譲代金をもつて移転先の土地購入費、移転費用及び本堂再建費用等に充てることとし、宗教法人法第23条所定の公告をなしえたうえ原告に対して本件土地を売却し、原告も被告の右の如き計画を了承して代金の支払い及び右土地の引き渡し時期等について考慮を払つていたにもかかわらず、被告はさしたる支障も存しないのに右土地処分につき宗派の総長に対する承認申請手続をなさず、しかも原告から支払いを受けた本件土地売却代金の一部たる金1,200万円をもつて、移転先の土地を購入してその整地費用に充てながら、他より更に高価で本件土地の買受けを希望する者か出現するや、原告に対して本件契約の解除を迫つたり金300万円の贈与を求め、更に前示整地のため予想外の費用を要し、かつ門徒からの寄附金も困難視されて当初の計画

の実施が危ぶまれても、これを変更することなくそのまま遂行しようとし、これに更する費用の不足分を本件土地売買代金の増額、または右土地を他により高価に売却して賄うべく、宗派の総長に対する承認手続の欠缺等を理由として、本件契約の無効を主張するに至つたというのであるから、被告の右の如き行為は、原告の立場を無視してなすべき手続もとらず、これを理由に原告を困惑させて目的を達せんとするものであつて、本件の売買関係を支配する信義誠実の原則に著しく違反し、到底是認することができないものと断ぜるを得ない。

　それ故、被告の本件契約が無効であると主張することは、権利濫用に該当するかどうかについて判断するまでもなく、許されないものというべきである。」

（8）宗教法人令下の財産処分と宗教法人法

　宗教法人法の前身の宗教法人令11条は、以下のように規定していました。

記

第十一条　神社、寺院又ハ教会左ニ掲グル行為ヲ為サントスルトキハ総代ノ同意ヲ得ルコトヲ要ス当該神社、寺院又ハ教会ガ教派、宗派又ハ教団ニ属スルモノナルトキハ尚所属教派、宗派又ハ教団ノ主管者ノ承認ヲ受クルコトヲ要ス

　一　不動産又ハ前条ノ規定ニ依リ登記ヲ為シタル財産ヲ処分シ又ハ担保ニ供スルコト

　二　借財又ハ保証ヲ為スコト

2　前項ニ規定スル事項ニ付総代ノ同意ヲ得ズ又ハ所属教派、宗派若ハ教団ノ主管者ノ承認ヲ受ケズシテ為シタル行為ハ之ヲ無効トス

3　前項ノ場合ニ於テ相手方ガ善意無過失ナルトキハ其ノ行為ヲ為シタル神社、寺院又ハ教会ノ主管者ハ相手方ノ選択ニ従ヒ之ニ対シテ履行又ハ損害賠償ノ責ニ任ズ

第 2 章　宗教とガバナンス

　財産処分が無効となる不動産には、境内地のみならず、境外地も含まれること、相手方が保護されるのは、相手方が善意無過失の場合に限られることから、現行の宗教法人法よりも厳格な規律となっています。

　それでは、宗教法人令下でなした境外地の処分は、当該処分をした法人が宗教法人法による法人に組織変更された場合、それに伴って当該処分は有効となるのでしょうか、この点について判断したのが下記判決です。

10　最高裁昭和37年7月20日判決
判タ135号64頁〔27002116〕

事案

　上告人は、昭和21年5月訴外A神社から、その所有の本件土地を建物所有を目的とし、賃貸期間20年と定めて賃借した。被上告人は、昭和23年10月以来不法に本件土地に侵入してこれを占有しているから、上告人は賃貸人たる土地所有者B（本件土地は、昭和30年3月A神社からBに売却された。）に代位して、被上告人に対し、本件土地の明渡を求めた。

判旨

　上告棄却。
　「およそ法律行為の効力は、その法律行為が行われた当時施行されている法令がこれを決定する（法律不遡及の原則）。昭和21年5月に締結された賃貸借契約の効力は、昭和21年5月当時に施行されている法令の要求する要件事実を具備するか否かによってその有効無効を決定すべきものである。その後に法令が改廃されても、その改廃規定において過去になされた法律行為の効力に関し何らかの経過措置がなされない限り、法令の改廃自体が過去の法律行為の効力に影響を及ぼすものではない。
　宗教法人令第11条所定の主管者の承認のない不動産処分行為が無効であると同条2項により明らかであるから、本件賃借契約につき今日に至る

まで主管者の承認のない本件においては、たとい後日において主管者の承認が追完され賃貸借契約が効力を生ずる余地があるとしても、現在の状態においては、賃貸借契約としての効力が未だ生じていないものといわなければならない。」

※1 最高裁昭和43年2月27日判決（判時512号41頁）〔27403144〕も、宗教団体法による宗教団体のした同法第10条第1項所定の地方長官の認可を得ない不動産長期賃貸借契約は、その後宗教団体法が廃止され、同法に代わつて施行された宗教法人令およびさらにこれに代わる宗教法人法によれば、不動産長期賃貸借契約について地方長官の認可を要しないこととなつても、そのことにより当然に有効となるものではないとしている。

※2 東京高裁昭和45年10月29日判決（判タ259号248頁）〔27441339〕は、宗教法人令11条違反の境外地の賃貸借契約について、宗教法人法施行後に賃貸借について異議を述べていないこと、賃料増額がなされていることを理由に暗黙の追認がなされたとして契約締結日に遡って賃貸借契約を有効であるとした。

（9）財産処分等に関する無効の訴えと原告適格

信者等に財産処分等に関する無効の訴えにおける原告適格がないとするのが裁判例の趨勢です（東京高裁昭和29年9月9日判決（高裁民集7巻10号767頁）〔27680586〕、津地裁昭和33年1月24日判決（下級民集9巻1号75頁）〔27620937〕等）。その中で、代表的な判決を以下のとおり紹介します。

> **11** 京都地裁昭和48年2月9日判決
> 判タ292号293頁〔27650277〕

事案

原告は、宗教法人である訴外A寺の信徒であるところ、同寺院が宗教法人法23条の手続きに違背してその所有する不動産を売却し、その旨の所有権移転登記手続きをしたと主張して、買主に対し、上記不動産が寺院の所有であることの確認と、寺院に上記所有権移転登記の抹消登記手続きをすることを求めた。

判旨

請求却下。

「(一) 宗教法人法23条は、宗教法人が不動産を処分する場合、規則で定めるところによる外、その行為の少くとも1月前に、信者その他の利害関係人に対し、その行為の要旨を示してその旨を公告しなければならないと規定し、これに違反した行為は、同法24条で無効とされる。しかし、この無効は、絶対的無効ではなく、同条は『善意の相手方又は第三者に対しては無効をもつて対抗することができない。』として、善意者の保護をはかつている。この制度の趣旨は、公益法人である宗教法人の財産の保全をはかり、それが濫りに又は不当に処分されることを防止することにある。

そこで、宗教法人が、不動産の処分をするため、同法23条や規則に従つて公告をしたとき、信者その他の利害関係人は、その処分行為の適正性や妥当性、あるいはその方法の適切性などについて意見を述べる機会が与えられるわけである。

しかし、宗教法人法は、この意見の取扱いについてなんらの規定を設けておらず、宗教法人の自治にまかせ、宗教法人の代表役員らが、この意見にそつて再検討することを期待しているにすぎない。

従つて、宗教法人法は、信者その他の利害関係人に対し、宗教法人の不動産の処分に関し、みぎ以上の保護を与えていないのであるから、信者その他の利害関係人には、宗教法人の不動産とその処分について、直接権利又は法律関係があるわけではない。

　このことから、信者は、ただ信者であるということだけで、同法２３条違反を理由に、本件のような訴を提起する原告適格を欠くという結論がたやすく導き出される。

　原告は、この点について、原告が本件訴を提起できなければ、同条の規定は無用の規定になるというが、これは、同条の趣旨を正解しないものの独断にすぎない。

　(二) 訴外Ａ寺に帰属した本件の不動産が、被告連合会に売却されたのであるから、みぎ不動産の権利又は法律関係は、訴外Ａ寺と被告連合会との間に生じたわけで、原告からみれば、この法律関係の当事者ではないといわなければならない。このような法律関係の当事者でないものが、当事者となつて、本件のような訴を提起し、これを追行するには、法律で特にこれを許容する規定が必要である。そうでないと、第三者が勝手に他人の法律関係に立ち入ることを是認する結果になり、当該法律関係の当事者の利益が損なわれるからである。

　しかし、宗教法人法には、このような第三者の訴訟担当を許容した規定がない。ということは、同法は、同法２３条に違反したため、同法２４条によつて無効になる不動産の処分の帰属を争うには、権利又は法律関係の主体である当該宗教法人に当事者適格を認め、単なる信徒には、これを認めない趣旨である。

　(三) 原告に、本件訴の原告適格があるとしても、宗教法人法には、本件訴の判決の対世効についての規定がないから、本件で、原告が勝訴の判決を得ても、訴外Ａ寺が当事者になつていない限り、訴外Ａ寺に本件判決の効力は及ばないことになり、従つて、訴外Ａ寺と被告連合会との間で、本件の不動産の処分が有効であることを確認することは一向差し支えがな

いから、原告が、被告連合会との間で、本件の不動産の処分が無効であることの確認判決を得ても、無意味に等しい。

　そうして、原告が、被告連合会に対し、訴外Ａ寺に所有権移転登記抹消登記手続をするよう勝訴判決を得ても、これ又その執行は不能であり、これも無意味に終る。すなわち、みぎ抹消登記手続の形式的登記権利者は、訴外寺であつて原告ではない。そこで、原告は、抹消登記手続をするため訴外寺に代位することになる。しかし、原告は、訴外Ａ寺に対し、なんらの債権がないのであるから、不動産登記法46条ノ2によつて、代位原因を証する書面を抹消登記手続申請書に添付することができない。そうして、詐害行為取消の判決や、登記請求権の代位判決の場合などと異なり、信者であるというだけの本件の判決の内容から、代位の原因関係が存在していることが形式的に明らかでない以上、本件の判決正本をもつて、みぎ代位原因を証する書面に代えることはできない筋合である。

　結局、このように、原告が、本件訴で勝訴判決を得ても、紛争解決の手段にならないということは、原告に、本件訴の原告適格がないということの証左である。」

（10）利益相反取引と財産処分

　宗教法人法21条1項は、「代表役員は、宗教法人と利益が相反する事項については、代表権を有しない。この場合においては、規則で定めるところにより、仮代表役員を選ばなければならない。」と規定しています。それでは、代表役員が、宗教法人法21条1項の規定に反して利益相反取引を行った場合、その取引の効力はどうなるのでしょうか。この点について判断したのが、下記判決です。

12 高松高裁平成28年11月25日判決

判時2332号19頁〔28252234〕
※第1審:高松地裁丸亀支部平成28年6月6日判決(判時2332号23頁)〔28252235〕

事案

　A銀行（被告、控訴人）が、Bとの間の銀行取引等に基づきBが負担すべき債務を担保するために、Bが代表者である宗教法人C（原告、被控訴人）が有する不動産について、Cとの間で根抵当権設定契約を締結し、同設定登記を経由したところ、Cが、本件設定契約は利益相反取引であるにもかかわらず宗教法人法及びCの規則に定められた手続きを欠くからその効力を生じないと主張して、A銀行に対し、前記不動産の所有権に基づく妨害排除請求として、前記根抵当権設定登記の抹消登記手続きを求めた。第1審は、宗教法人Cの請求を認容したことから、A銀行が控訴をした。

　本件の争点は、本件設定契約の無効主張が信義に反して権利濫用に該当するか否かという点である（当該取引が、利益相反に該当し、無効となることについては争いはなく、そのうえで当該主張が信義に反して権利濫用になるかが問題となった。）。

判旨

　控訴棄却。

　「(1) 控訴人は、被控訴人においては、代表役員としての任期が終身と定められるなどBの影響力が大きい上、解散時の残余財産についても同人に帰属するものと定められていること、従前の控訴人と被控訴人ら関連団体との取引もBを窓口とするものであって、利益相反態様の取引が長年にわたって継続してきたこと、被控訴人の教会を含む本件不動産は、周囲を塀で囲まれ出入口には『B'〈編注・Bの名字〉』の表札があるのみで、Bの個人資産の外観を呈していることなどの事情を指摘し、被控訴人とBとは同一視でき、被控訴人におけるB以外の信者の保護法益に相当する部分

が極めて小さいとして、このような他の信者の利益保護を理由として本件設定契約の無効を認め、Bに大きな利益を与えることは不当であって、信義則に反することになると主張する。

確かに、Bの被控訴人に対する影響力の大きさや、解散時の財産帰属、従来の取引状況、本件不動産の利用状況については、控訴人が上記のとおり指摘する各事情を認めることができる。

しかし、原判決（ただし、当審における補正後のもの。以下においても同じ。）も指摘するとおり、被控訴人は、Bとは別人格であって、約330人の信者を擁し、毎月宗教行事を行っている活動実態のある宗教法人であって、固有の保護すべき利益を認めざるを得ない。また、被控訴人が宗教法人としての活動実態を有していると認められることからすると、控訴人の主張するように、B以外の信者の保護法益が極めて小さいと認めることもできない。これらによれば、控訴人の上記主張を採用することはできない。

（2）控訴人は、本件設定契約の締結に当たり、被控訴人から被控訴人規則20条所定の神道管長の承認及び信者等への公告の各手続がとられたことを証する各書面を受領したことをもって、被控訴人において、利益相反取引の承認も含めて、その利益を保護する措置がとられたと解することができるし、これについて控訴人が信頼したことからすると、本件設定契約が無効であると認めることは、信義則に反することになると主張する。

しかし、上記各手続のうち少なくとも信者への公告手続がとられたとは認められず、また、被控訴人の財産の処分に関して被控訴人規則20条に定める要件のうち、責任役員会の同意があったと認めることができる証拠がないことや、上記書面取得の経緯の事情等に照らして、控訴人に保護すべき信頼があったと認めることができないことは、それぞれ、原判決が認定、説示するとおりである。そして、仮に被控訴人の規則において財産処分について求められる手続が履践されたとか、同手続が履践されたことについて控訴人が信頼したとしても、これをもって、財産処分に関する手続

とは別の、被控訴人と利益が相反する事項についての代表者の代表権の制限に関して必要な措置がとられたとか、同措置がとられたことを控訴人が信頼したと認めることができないことも明らかである。以上によれば、控訴人の上記主張は採用できない。

（３）控訴人は、本件設定契約は、ＢやＤ（Ｂが支配する会社）の控訴人に対する預金債権が差し押さえられて期限の利益を喪失したことから、担保権の実行等により同人らに対する債権回収が可能であったにもかかわらず、Ｂの懇願によって期限の利益を再付与しＤの経営再建の機会を与えるために、いわば引き換え条件として締結されたものであるから、同契約が無効となれば、ＢやＤに対し当事者が予期していなかった大きな利益を与えることになり不当であると主張する。

　しかし、原判決も指摘するとおり、控訴人は、本件設定契約の締結に当たって、本店審査部の審査も受けながらも、代表者であるＢと被控訴人との間で利益が相反する取引に当たるとは全く認識していなかったのである。控訴人が取引を行うに当たっては、金融機関として関係法令を遵守することが強く要請されるところ、一般に利益相反取引について法人の代表者の代表権が制限され所定の手続が必要となることは、宗教法人法21条の規定や被控訴人規則16条の規定をまたずとも、会社法や一般社団法人法などにも規定されているものであって、法にこうした規定があることは、一般にもよく知られている事項である。控訴人には、本件設定契約の締結に当たって、こうした基本的かつ重要な事項を看過したという重大な落ち度が認められるのであって、上記（１）のとおり被控訴人に保護すべき固有の利益が認められることと対比すると、同契約を無効とすることが信義則に反するとまでいうことはできない。控訴人の上記主張も採用することはできない。」

Ⅴ 組織・機関

1 宗教法人のプレーヤー

（1）代表役員

　代表役員とは、宗教法人の事務執行機関であり、宗教法人における代表権を有する唯一の者です（後述の責任役員には、代表権がありません。）。いうなれば、会社における代表取締役、一般社団法人における代表理事のような存在です。代表役員の任期は、宗教法人法上、特に制限はなく、各宗教法人の実情に合った適切な期間を定めることになります。代表役員は、責任役員会の決定に従って、その名前で法律行為（契約・登記手続き・行政への届出等）を行います。代表役員と宗教法人との法律関係は、民法上の委任等に類する関係と考えられており、代表役員を通して行われた行為は、その権限の範囲内であれば、宗教法人に帰属します。宗教法人には、3人以上の責任役員が置かれ、そのうち1人が代表役員とされています（宗教法人法18条1項）。代表役員の選定方法は、規則によって定められます（宗教法人法12条1項5号）が、規則に定めがなければ、責任役員の互選によって定められます（宗教法人法18条2項）。

（2）責任役員

　責任役員とは、宗教法人の管理運営機関の1つで、必要常置機関であり、宗教法人の事務に関し審議をする意思決定機関です。いうなれば、取締役会設置会社における平取締役のような存在です。

　責任役員の法定数は3人以上となっていますが、被包括宗教法人の大部分が責任役員の定数を3人としているのが実態です。責任役員の選定方法は、規則記載事項とされています。

　責任役員は、宗教法人の事務決定機関であり、その決定方法は規則で定めるところによりますが、規則に別段の定めがなければ、定数の過半数で決す

ることになります（宗教法人法12条1項5号、18条4項、19条）。規則変更、予算・決算、合併、任意解散などの重要事項については、「定数の3分の2以上の議決」、「他の議決・諮問機関（総代会や檀信徒総会等）の議決」、「包括宗教法人の同意」を要することなどを別段の定めとして、規則に盛り込まれることがあります。

　代表役員および責任役員は、常に法令、規則、包括団体の規程等に従いながら事務を適切に運営していかなければなりません。これらに違反したときは、善管注意義務違反（民法644条）の責任を問われる事態になりかねません。しかし、法令等に違反しない限り、宗教上の規約、規律、慣習、伝統を十分に考慮しなければならず、また、その権限は、あくまで世俗的事務に対する権限であり、宗教上の機能に対するいかなる支配権を含むものではないとされています（宗教法人法18条5項・6項）。

（3）代務者

　代務者とは、宗教法人の役員（代表役員・責任役員）が欠けた場合などに置かれる代行機関のことをいいます。

　宗教法人法上、代務者を置かなければならない場合は、次の2つです。

①代表役員または責任役員が死亡その他の事由によって欠けた場合において、速やかにその後任者を選ぶことができないとき。

②代表役員または責任役員が病気その他の事由によって3か月以上その職務を行うことができないとき。

　代務者は、規則で定められた方法で選任されます。代務者の職務権限は、特に規則に制限がない限り、通常の代表役員・責任役員と同様です（宗教法人法20条2項）。

　代務者は、臨時的機関のため、存置理由がなくなれば、当然退任することになります。

（4）仮代表役員・仮責任役員

　仮代表役員とは、代表役員と宗教法人との利益が相反する事項に関する行為がされる場合に、当該代表役員に代わって選任される者のことをいいます。

　仮責任役員とは、宗教法人と責任役員との間で特別の利害関係がある事項の議決について、当該責任役員の議決権行使が制限され、それによって責任役員会の運営に支障を来す場合に、当該責任役員に代わって選任される者をいいます。

　宗教法人の役員は、善管注意義務（民法644条）をもって宗教法人の事務を執行すべき義務を負っています。善管注意義務を完遂するために、代表役員・責任役員を自己の個人的利益のために法人の利益を犠牲にすることになりかねない状況に置かないようにする必要があります。宗教法人法21条1項は、「代表役員は、宗教法人と利益が相反する事項（利益相反事項）については、代表権を有しない」、同条2項は、「責任役員は、その責任役員と特別の利害関係がある事項（特別利害関係事項）については、議決権を有しない」と定め、宗教法人の役員の善管注意義務を担保しています。第1項の利益相反事項の具体的なものとしては、例えば、代表役員が宗教法人から財産を譲り受けること、代表役員が宗教法人からお金を借り入れること、代表役員の個人的な債務について宗教法人が担保を供することが挙げられます。第2項の特別利害関係事項の具体的なものとしては、例えば、責任役員の親族が宗教法人の境内地を借地する、当該責任役員の解任に関する事項などが挙げられます。

　仮代表役員は、利益相反事項について、当該代表役員に代わって宗教法人を代表して事務処理をする権限をもち、仮責任役員は、特別利害関係事項について、当該責任役員に代わってその職務を行う権限を有しています。

　仮代表役員・仮責任役員ともに規則の定めに従って、選任されます。

　仮代表役員を選任せず、代表役員が利益相反行為を行った場合、その行為は無効になります（前述の高松高裁平成28年11月25日判決（判時2332号19頁）〔28252234〕参照）。責任役員会の決議で事後的に追認されれば、利

益相反行為は有効になります（民法116条）が、追認を得られなければ、当該代表役員は損害賠償責任を負わなければなりません（民法117条）。仮責任役員を選任せずに特別利害関係事項について責任役員会の決議がなされたときは、その決議は無効なものとなります。

　仮代表役員・仮責任役員ともに当該権限事項に関する処理が終了すれば、任務も終了し、当然に退任することになります。

（5）議決・諮問・監査等の機関

　宗教法人法上、必置機関は、代表役員・責任役員のみですが、任意設置の機関として、議決・諮問・監査その他の機関を設置することができます（宗教法人法12条1項6号）。

　例えば、総代・檀信徒総会等が議決ないしは諮問の機関にあたります。議決の機関は、その決議に拘束力がある機関をいい、諮問の機関は、寺院の重要問題について意見を聴く機関で、その意思決定に拘束力はありません。総代・檀信徒総会等が議決の機関であったときは、寺院規則の定めるところにより、寺院の重要事項（寺院規則変更・宗派離脱等）について、責任役員会の決議の他にその議決を経なければなりません（宗教法人法19条の「規則に別段の定」があるためです。）。

　監査の機関は、宗教法人の事務執行を監督する機関のことをいいます。宗教法人の場合、監事ということが多いようです。監査の機関の職務権限は、宗教法人の事務執行を監督することです。監査には、大きく分けて、会計監査（宗教法人の財産および収支の状況の監査）と事務監査（事務執行状況の監査）があります。

2 宗教法人の組織・機関に関する裁判例

（1）後任住職選定に関する私的契約の効力

　宗教法人法18条2項は、代表役員の選定について、「代表役員は、規則に

別段の定がなければ、責任役員の互選によつて定める。」と規定しています。それでは、前代表役員（住職）が、「あなたを次の住職にする」旨の約束を取り交わすことは有効でしょうか。この点について判断したのが、下記判決です。

1 東京高裁昭和62年7月30日判決
判時1252号51頁〔27800689〕

事案

　曹洞宗Ａ寺院の住職Ｂ（被告・被控訴人）は住職就任前、Ａ寺院の当時の兼務住職Ｃ（原告・控訴人）の兼務住職としての任期が満了するにあたり、Ｃとの間で協約書を作成した。ＢＣ間の協約の真の意図は、Ｂを一代補住（曹洞宗の宗制上定められた制度ではないが、当該住職の徒弟、法類、寺族などに継承されることを予定しないその者一代限りの住職）とする点にあった。住職は責任役員及び干与者を選定する権限もあるが、本件協約ではＢの後任住職はＣの法系または法類から選定する者をもって充てるということの他に、Ｂの住職在任中はＣが干与者及び責任役員として就任し、Ｃが欠けたときはその法系の者を選定する等も定められていた。

　ところが、Ｂが前言を翻し、永代住職としての権限を有する旨を主張して本件協約の成立を否定したため、Ｃはその有効性を主張して、Ｂが住職を辞任する手続きをとるなど本件協約の履行を求めた。第１審では本件協約は無効であるとしてＣは敗訴したため、控訴した。

判旨

　控訴棄却。

　「憲法が信教の自由を保障していることに鑑み、宗教団体の組織、運営に関する事項は当該団体が規則をもって自主的に定めるべきものであるとともに、その規約の定めは、団体内部においては自治的な規範たる性質の

ものとして、各構成員を拘束し得るものというべきであり、一般に、寺院の住職は、寺院を運営し、寺院の本来の目的たる宗教活動を代表するものであって、その任免は、寺院の組織上最も重要な事項の一つに属し、これについての自治的規約たる寺院規則の定めは厳格に適用されることを要するものというべきであり、右にみた曹洞宗所属寺院の住職の地位、職責についても、右と異なる事情は認められない。また、法は、宗教団体に法人格を付与することを目的とし、法人としての健全な存立を図る見地から、その機関、規則、財産等について一定の規制を加えるとともに、その組織、運営等に関する具体的事項については法人自体の規則をもって決定することを予定しているものであり、責任役員については、法が宗教法人の意思決定機関と定め、その資格、任免、職務権限の具体的定めは当該宗教法人及びその包括宗教法人の規則、規程によってなされるものとし（法12条1項5号、18条4項、5項）、また、干与者は、曹洞宗の規則、規定によって、寺院の重要事項の協議に参与する機関として定められているのであり、これら責任役員、干与者に関する規則、規程は、法人の組織、運営の基本に関わるものであるから、個々の場合によって適用を異にすることを許さず、法人の構成員を一律に拘束すべきものであって、法人自身の内部における法規たる性質のものであり、かつ、強行規定であると解すべきである。すなわち、住職、責任役員、干与者の任免、人事権に関する事項は、任免規程七条のごとき協約を許す明文の定めがある場合を除いて、もっぱら宗制及び宗教法人の規則、規程によって律せられるべきものであって、関係者間の私的契約によって左右することを得ないものであり、住職と後任住職との間にこれに関する合意がなされても、契約上の義務としてその履行を強制し得る筋合のものではないと解される。

　本件契約は、被控訴人の住職としての後任住職選定権限及び責任役員、干与者選定権限を制約する内容のものであることが明らかであるから、寺院の基本的規約の趣旨及び宗教法人の規則の定めに鑑み、本来私法上の契約をもって定め得ない事項を目的としたものであって、更に進んで個々の

第 2 章　宗教とガバナンス

条項の当否を論ずるまでもなく、無効のものというべきである。」

※長野地裁平成23年2月4日判決（D1-Law.com 判例体系）〔28265591〕は、被告が平成19年8月をもって住職の地位を辞任する旨の和解契約について、次のように判示して、直接的に被告を辞任させることはできないとした（ただ、同判決は、「被告が突如として言を翻したことによって、原告の名誉及び信用は著しく毀損されたといえ、その後、原告が今日に至るまで紛争解決に奔走せざるを得なくなり、最終的に本件訴訟において争わなければならなかったこと」を理由に、原告の被告に対する慰謝料請求を認めている。）。
「Ｂ宗においては、『住職の辞任を申請する場合は、第１項に掲げる関係者（住職の推薦に関して連署した者）の連署を要するものとし、宗務総長に申請した者をＢ座主が解任する。』、『住職は、懲戒処分によるほか、その意に反して罷免されない。ただし、宗務総長において住職として職分上信用を失う重大な過失又は怠慢な行為があると認めたときは、旨を諭して住職の辞任を申請させることができる。若し本人がこれに応じないときは、転住職又は解職を上申することができる。』とされ、住職を辞任する場合でも、当該住職の辞任の意思のみでは辞任できず、関係者の連署した書面によって申請を行った上でＢ座主から解任される必要があるとされており、また、当該住職に職分上信用を失う重大な過失又は怠慢な行為がある場合ですら、宗務総長において直ちに住職の地位を解任できず、まずは当該住職に対して辞任の申請をするように説得を行い、当該住職がこれに従わない場合に転住職又は解職の上申ができるとされているにすぎない。これらの規定からすると、住職の地位は極めて高度に保障されているといえる。この住職の地位の高度の保障は、住職の地位が、寺院の主管者でありその辞任や解任が寺院の運営に重大な影響を及ぼすという特殊なものであることなどに根拠があるものと考えられる。このような、住職の地位が極めて高度に保障されたものであること、

当該住職の意に反して罷免される懲戒処分が別に存在すること及び住職の特殊な地位からすると、住職の辞任は、当該住職の自由意思に委ねられていることを前提としており、その当該住職の自由意思もまた極めて高度に保障されているというべきであるから、辞任するか否かは、その時における当該住職の自由意思によるべきであって、たとえ当該住職が辞任するとの契約を行ったとしても、契約の相手方が契約に基づいて当該義務の履行を直接的に法の適用をもって強制することは、上記自由意思の高度な保障に反するものであって許されないというべきである。特に、本件のように、契約の相手方が、B宗の住職の選任等の規定における住職の解任権者あるいは辞任の促しを行うことができる者でない場合は、一層上記保障に反するというべきである。そうすると、本件和解契約によって、原告が、被告に対し、直接的に貫主の地位の辞任又は辞任手続を求めることができるとの効力までは生じないというべきである。」、「被告は、『平成19年8月に辞任する。』との本件和解契約に基づいて、本件和解契約の内容を真摯に実現すべき義務を負うものの、本件和解契約によって、原告が、被告に対して、直接的に貫主の地位を辞任又は辞任手続を求めることができるとの効力が生じるとまでは認められず、原告が、被告に対し、本件和解契約に基づいて直接的に被告が貫主の地位を辞任すること又は辞任手続をすることを求めることはできないというべきであるから、この点についての原告の主張には理由がない。」

（2）代表役員の解任と民法651条

　宗教法人と代表役員・責任役員との法律関係は、委任契約であるとされています。民法651条1項は、「委任は、各当事者がいつでもその解除をすることができる。」と規定し、委任契約の解除の自由を定めています。そこで、宗教法人の役員（特に代表役員）の解任にあたって、民法651条が適用されるのかが問題となります。このような論点が出てくる背景としては、住職、神主、牧師（宗教上の地位）＝代表役員（法律上の地位）という充て職制が

第 2 章　宗教とガバナンス

とられている場合が多い我が国の宗教法人の実情の下では、住職、神主、牧師といった宗教団体の主管者・代表者について、その宗教の体現者でもあるという特殊の地位から、その選任や任命あるいは任期については規則を設けられていても、その解任や罷免については、本来予想されないこととされているためか、規定がないのが一般となっているという点があります。

裁判例の傾向としては、①民法651条が適用され、いつでも解任することができるとするもの（❷の判決）、②民法651条の適用はなく、解任することはできないとするもの（❸の判決）、③民法651条の適用はないものの、住職に犯罪等の著しい非行があり、そのために信頼関係が失われた場合、条理上解任することができるとするもの（❹の判決、❺の判決）があります。

❷ 京都地裁昭和37年4月27日判決
下級民集13巻4号910頁〔27440639〕

判旨

「思うに宗教法人規則中に役員の免に関する事項について明文の定めを欠く場合、同事項については、当該規則中に類推適用ないしは準用しうる規定があればそれによるべきであるが、そのような規定すらないとすれば宗教法人とその役員との法律関係は委任関係と解すべきものであるから民法の委任に関する規定すなわち民法第651条が適用されると解するのを相当とし、従つて宗教法人がその規則に役員の免の事項についての明文の規定を欠くからといつて直ちにその設立が無効になるわけのものではなく、このことは宗教法人が組織体であることに鑑みその成立手続を合理的客観的に解釈できるだけ有効視しようとするのが法の企図するところであると解される点からも首肯されるところである。」

※本件は責任役員解任のケースである。横浜地裁平成5年6月17日判決（判タ840号201頁）〔27818543〕も、責任役員解任においては、民法651条

の適用を肯定している(ただ、結論としては、解任について規定がない場合には選任権者が解任権を有するということを前提に、責任役員の解任について、包括宗教法人である日蓮正宗の代表役員の承認がないとして、被包括宗教法人の代表役員の一方的な意思表示による責任役員の解任は無効であるとしている。)。

3 東京地裁昭和48年1月17日判決
判時695号21頁〔27403983〕

判旨

「たしかに前記の宗教法人とその代表役員との法律関係は準委任の性質をもつものといえよう。しかしそれだからといって、本件の場合に個人間の特別の信頼関係に基づきもっぱら委任者の利益のためにされる一時的な事務を想定して規定された民法651条が当然に適用があるとする被申請人らの主張には、当裁判所は左袒することができない。前記のように被包括教会といえども独立の法人格を有し(一定の手続のもとにおいて被包括関係を離脱する自由を有する)、その代表者として恒常的に存在する機関としての代表役員は宗教法人法第18条5項に定める制約のもとではあるが独自の活動をする権限を有しているのである。そして、《証拠略》によると教会規則第9条には『教会長の任期は3年とし再任を防げない。』と規定されていることが認められること、前記のように被申請人教団の現行規則上被申請人ら主張の懲戒規程をのぞいては、解任の規定は存しないこと、申請人は会長としての月額165,000円の給与を受けていること、これらの事実を考え合わせると上部機関である被申請人教団がいつでも被包括法人である博愛教会の会長を解任できると解することができないからである。」

4 京都地裁昭和61年5月15日決定
判タ599号78頁〔27803956〕

判旨

　「被申請人らの住職解任に関する前記主張は、申請人清水寺とその住職との関係は無償委任の関係であり、したがつて、その解任につき規則中に規定がなくとも、民法651条によりいつでも解任できるとの前提に立つものであるが、申請人清水寺の住職たる地位は、その代表役員たる地位と異なつて、世俗上の地位ではなく宗教上の地位であり、その選任及び解任行為は宗教上の信頼関係に基づく宗教上の地位、権能の付与ないし剥奪であるから、これを世俗上の法律関係たる無償委任とみることはできないし、宗教行為としてまさに当該宗教団体の自治にまかされた事項と解される。したがつて、申請人清水寺の住職を民法651条によつて解任することはもとよりできず、被申請人らの右主張は採用の限りでない。」「さて、前記のとおり申請人清水寺住職の解任は宗規及び規則上予想されておらず、本件全疎明資料によるも右住職解任の慣行の存在が疎明されない以上、被申請人ら主張のとおり、住職に犯罪等の著しい非行があり、その選任の基盤にあつた宗教上の信頼関係が既に失われるに至つていると認められるにかかわらず、当該住職が辞任もせずに住職として居すわり続けるといつた不合理な事態が発生することもあり得ないことではない。しかしながら、その故に本来住職候補者の選定権を有するに過ぎない規則7条2項所定の住職選定会議が住職の選任権更には解任権をも持つとまではもとより解せないし、むしろ右のような事態にまで至つた場合には、条理上、申請人清水寺及びその包括団体である申請人北法相宗の構成員の総意によつて当該住職を解任することができるものと解すべきである。」

5 静岡地裁沼津支部昭和63年2月24日判決
判時1275号26頁〔27801853〕

判旨

「一般に、宗教法人とその代表役員との間の法律関係は民法上の委任ないし準委任に類似する法律関係にあると解されるから、その解任について規則等に明文の定めがない場合は委任の解除に関する民法651条の規定が適用され、いつでも解任することができると解する余地がある。しかしながら、教団の代表役員に関する限り、右規定の適用は排除されるのが相当であると考える。

即ち、総長には任期の定め（規程13条）があり、教団と総長の委任（準委任）関係は委任者（教団）のためだけでなく受任者（総長）のためでもあるから、理由の有無も時期も問わない一方的告知によってその地位を失わしめることはできないと解するのが相当であるからである。元来教主の持っていた役員の任免権が、教主の象徴化により他の機関に委譲された際、代表役員は準教主的な立場にあるものでその解任は到底ありえないこととして明文の規定が一切置かれていないと解すべきことは前記のとおりであり、そのような代表役員たる地位の性格を考慮すると、教団が責任役員会の議決によっていつでも何の理由もなく代表役員の解任ができると解することは相当でない。

さらに、責任役員の解任の場合と対比するとき、代表役員について民法651条の適用を認めることによって生じる結果の不均衡は到底容認しうるものではない。即ち、責任役員は懲戒による罷免の対象者とされているが（懲戒規程2条、3条）、その他にその地位を失わしめられる場合については規則・諸規程に何ら規定がない。これは、責任役員の解任は懲戒による罷免による場合に限る趣旨と解され、このような特別規程がある以上、責任役員でさえも、責任役員会の議決に無理由解除は認められないと解す

るのが相当である。これに対し、代表役員は懲戒の対象者ともなっておらず、その他に解任についての明文の規定もないのである。ところが、民法651条の適用により無理由でいつでも解任されるとすると、責任役員が懲戒による罷免という厳格な手続を経る場合にのみ解任されるのに比べ、より権限の大きい代表役員の方が何らの厳格な手続もなく責任役員会の議決で容易に解任されることになってしまい、その不均衡は極めて著しい。」

「仮に、代表役員の解任を否定する解釈を維持し得ないような事態が発生した場合、代表役員の解任を認める余地はあるであろうか。

代表役員が教主に反発して教義を否定したり、罪を犯したりするなどおよそ規則、規程の立法者らが想定していないような事態が絶対に発生しないとはなんびとも断言し得るものではない。このような場合でも代表役員の解任を否定するとすれば、宗教法人の機能が麻痺し、存在基盤が揺らぎかねない。教団においては、規則のうえで代表役員の解任が明文で否定されているわけではない以上、右のような事態の場合には、条理上代表役員の解任という手段をとることが許容されているものと解さざるを得ない。

その場合の解任の具体的手続、機関等について当裁判所が仮定的な解釈を述べることは、本件の場合不必要、不相当であるが、少なくとも前記のような教団の規則・諸規程において認められた代表役員の地位の重要性、責任役員の解任の場合に要求される慎重、厳格な手続等に鑑みると、代表役員についても、当然現行の責任役員に対する審定、懲戒手続に準じた慎重、厳格な手続が要求されるということはできる。」

（3）代表役員を互選する場合の責任役員と特別利害関係人

宗教法人法21条2項は、「責任役員は、その責任役員と特別の利害関係がある事項については、議決権を有しない。」としています。ここにいう「特別の利害関係」については、法人と役員との間の自己契約のみならず、両者の利益が実質的に相反する場合も含むとされてきましたが、ある特定の責任役員の人事に関する事項が「特別の利害関係がある事項」にあたるかについ

ては、争いがありました。この点について、争いに終止符を打った最高裁判決が以下の判決です。

6 最高裁昭和53年11月30日判決
判タ378号89頁〔27682187〕

事案

　A寺（被告・被控訴人・被上告人）は、浄土宗を包括団体とする宗教法人であるが、A寺の責任役員会において責任役員のBとCが代表役員としてBを選定した。Bの兄で後任代表役員候補者たる地位を有するD（原告・控訴人・上告人）が、Bは上記決議事項について特別の利害関係を有する者であるから、A寺規則16条2項により上記決議に加わることができず、Bが参加し、議決権を行使してされた上記決議の無効確認を求めた。
　A寺規則16条2項は、宗教法人法21条2項と同様、責任役員は、その責任役員と特別の利害関係がある事項については、議決権を有しない旨を定めている。

判旨

　上告棄却。
　「宗教法人法21条2項及び同法18条2項の規定によれば、責任役員が代表役員を互選する場合において、その責任役員が代表役員の候補者に擬せられているときでも、議決事項につき特別の利害関係を有する場合にはあたらないと解するのが相当であり、同法21条2項を模した宗教法人A寺規則16条2項及び代表役員の選定につき責任役員の互選による方法をとらず浄土宗の教師のうちから責任役員がこれを選定すべきものと定める同規則8条の解釈としても、責任役員は、誰を代表役員とするかを決議するにつき、自己がその候補者に擬せられているときでも、同規則16条2項の特別の利害関係を有する者として議決権の行使を否定されるものでは

ないと解するのが相当である。」

(4) 責任役員会議の決議無効確認訴訟

　会社法830条2項、834条16号によると、株主総会決議の内容が法令に違反する場合、会社を被告として、株主総会決議無効確認の訴えを提起し、その無効の確認を求めることができます。しかしながら、宗教法人の場合、事務決定機関たる責任役員会の決議について、かかる会社法のような規定はありません。責任役員会決議を争いたい者は、だれを相手にどのような訴訟を提起すればいいのでしょうか。この点について判断したのが以下の判決です。

> **7　福岡高裁昭和53年3月29日判決**
> 判タ369号213頁〔27650710〕

事案

　A（被告・被控訴人）らは、宗教法人B寺（原告・控訴人）の責任役員であったが、その責任役員会議において、包括宗教法人C宗とB寺との包括関係を廃止する旨の決議をなした。これに対し、B寺は、上記決議が、その動機・目的・内容において実質的に議決権の濫用であり、法的に許容されないもののみならず、上記決議をした会議招集などの手続きについても重大な瑕疵があり、かつその後の新構成による責任役員会議において本件決議を取り消す旨の決議もしているので、これが無効であることの確認を求めて訴えを提起した。

判旨

　「判決の効力が広く第三者に及ぶような、いわゆる処分権主義、弁論主義の例外を認める訴については、法律上その根拠を必要とするところ、宗教法人の責任役員会議の決議については宗教法人法その他に特別の定めもなく、また他の法律を準用する規定もないが、その必要があること前示の

とおりであるから、その性質上、株主総会の決議無効確認の訴に関する商法252条（現会社法830条2項、834条16号）の規定を類推適用して、これを許容すべきものと解するのが相当である。

そして、かかる対世的効力を有すると認められる前記決議の無効確認訴訟の提起については商法252条の類推解釈からして、右宗教法人の代表役員、責任役員等その他右議決につき直接の利害関係を有する者（右決議の効力如何によってその地位が左右される者を含む）が原告となり、右決議による意思決定の帰属主体たる宗教法人（当該法人は自己の機関の決定に当然に従わなければならない）それ自体を被告としてなされることが必要であると解する。

そうだとすれば、宗教法人である控訴人自身は本件訴訟について原告としての当事者適格を有せず、したがって、控訴人が原告として提起した本件決議無効確認の訴は、たまたま決議の当時責任役員であって右決議に参加した被控訴人ら5名を被告とし、そのうち死亡者を除外して現在3名に対し訴訟を追行していることの適否を問題とするまでもなく、その点においてすでに不適法として却下を免れない。」

（5）代表役員（住職等）選任基準

　宗教法人法18条2項は、「代表役員は、規則に別段の定がなければ、責任役員の互選によって定める。」と規定しています。それでは、規則に「代表役員を住職とする。」とあるものの、規則上住職選任方法の規定がなく、確立した慣習もないときは、どのように判断したらいいのでしょうか。この点について条理によるべきと判断したのが、下記判決です。

8 最高裁昭和55年4月10日判決
本門寺事件／判タ419号80頁〔27650912〕

事案
　本門寺の代表役員が、檀信徒総会によって住職に選任されたＡか、前住職の単独の意思によって選任されたＢかが争われた事案である。Ａが、本門寺に対し、代表役員の地位確認訴訟を提起した。

判旨
　「原審は、上告人寺のように寺院規則上住職選任に関する規定を欠く場合には、右の選任はこれに関する従来の慣習に従つてされるべきものであるとしたうえ、右慣習の存否につき審理し、証拠上、上告人寺においては、包括宗派である日蓮宗を離脱して単立寺院となつた以降はもちろん、それ以前においても住職選任に関する確立された慣習が存在していたとは認められない旨を認定し、進んで、このように住職選任に関する規則がなく、確立された慣習の存在も認められない以上は、具体的にされた住職選任の手続、方法が寺院の本質及び上告人寺に固有の特殊性に照らして条理に適合したものということができるかどうかによつてその効力を判断するほかはないとし、結局、本件においては、被上告人を上告人寺の住職に選任するにあたり、上告人寺の檀信徒において、同寺の教義を信仰する僧侶と目した者の中から、沿革的に同寺と密接な関係を有する各末寺（塔中を含む。）の意向をも反映させつつ、その総意をもつてこれを選任するという手続、方法がとられたことをもつて、右条理に適合するものと認定、判断したものであり、右の事実関係に照らせば、原審の右認定、判断をもつて宗教団体としての上告人寺の自治に対する不当な介入、侵犯であるとするにはあたらない。原判決に所論の違法はなく、論旨は、ひつきよう、独自の見解に立つてこれを論難するに帰し、採用することができない。」

※住職資格を有する者が複数おり、そのいずれが選任されるべきかにつき、宗教法人の規則に定めがなく、先例や慣習もない場合において、条理によって決した事例として、他に東京地裁昭和61年8月1日決定（判時1204号128頁）〔27803926〕がある。

（6）役員解任権限

　代表役員の選任については規則に規定があるものの、解任について、明文の規定がない場合があります。そのような場合、役員の解任権者が誰であるかが問題となります。この点について、役員の解任権は選任権者に存すると判断したのが下記判決です。なお、役員を解任するにあたって、民法651条の適用があるか否かという論点があり、現実には解任はなかなか難しいということについては、（2）で述べたとおりです。

9　東京地裁昭和55年6月3日判決
判タ421号133頁〔27682278〕

事案

　A宗教法人（被告）の代表役員B（原告）が責任役員会の決議によって解任されたが、同宗教法人規則には代表役員解任の定めがなかったため、解任されたBがA宗教法人を相手に上記責任役員会決議の無効確認を求めた。

判旨

　「被告は、法人規則に代表役員解任の定めがない場合においても正当な理由があれば代表役員を解任することができ、その場合、慣習ないし条理に基づき責任役員会にその権限がある旨主張する。
　しかし、仮に被告主張の如く、法人規則に代表役員解任の定めがないときに代表役員を解任し得る場合があるとしても、その権限が当然に責任役

員会にあることの慣習ないし条理が存することの証拠はなく、むしろ、かかる場合、代表役員を解任する権限は、代表役員を選任する権限を有する機関にあるものと解すべきところ、被告にあつては、前示のとおり、被告の代表役員は、被告に所属する宣教師の互選により選定されるのであるから、表役員を解任する権限も前記宣教師にあるものと解される。」

※東京地裁昭和63年12月20日判決（判タ707号186頁）〔27804846〕は、「住職の解任については、当該住職の意に反してもその地位を解く罷免の懲戒処分が別に留保されていることを合わせ考察すると、辞任申請やその撤回といった行為は、その性質上当該住職の自由な意思に委ねられているものと解されるから、いったん辞任の申請をしても、解任の意思表示があるまでの間は、合理的な根拠に基づく特約のない以上、関係者に不測の損害あるいは混乱を与えるなど信義に反するような特段の事情がない限り辞任申請の意思表示を自由に撤回できるものと解するのが相当である。とすると、右選任規程には、辞任申請に法類、組寺各総代といった関係者の連署を必要とする旨の特約があり、右特約には、寺院の主管者である住職の辞任が寺院の運営に及ぼす重大な影響をおもんばかり、住職の一存で辞任の申請がされた場合に予測される寺院運営の混乱を回避し、寺院運営の安定的継続を保持するうえで合理性が認められるが、右辞任申請を撤回する場合の方式については特別の定めはないうえ、辞任申請の撤回は、それにより従前どおり住職の地位にとどまるというにすぎず、辞任申請の場合と比べ寺院の運営に及ぼす一般的な影響は小さいものと考えられるから、辞任申請の撤回につき選任規程が辞任申請の場合と同じ方式によることを当然に要求していると解することもできない。そして、本件における被告の辞任申請の撤回について信義に反するものとしてその効力を否定すべき特段の事情があるとも認められない。」として、宗教団体の住職の辞任の意思表示が有効に撤回されたものと認定した。

（7）地位確認の訴えと被告適格

　代表役員等の地位確認の訴えは、役員の地位を争う者個人ではなく、宗教法人を相手方として提起しなければなりません。このことは、民事訴訟法の有名な論点ですが、念のため、以下の最高裁判決を紹介します。

> **10　最高裁昭和44年7月10日判決**
> 　　判タ239号147頁〔27000799〕

事案

　A（上告人）は臨済宗相国寺派に属する宗教法人慈照寺（銀閣寺）の住職であったが、臨済宗相国寺派管長に住職・代表役員・責任役員辞任の意思表示をしたため、宗派から特命住職Bが任命された。Aはその後、上記住職・代表役員・責任役員の辞任の意思表示は真意に出たものでなかったから無効であると主張し、臨済宗相国寺派及びBを被告として、責任役員等確認請求訴訟を提起した。

判旨

　「被上告人は、本訴において、宗教法人慈照寺を相手方とすることなく、上告人らに対し、被上告人が同宗教法人の代表役員および責任役員の地位にあることの確認を求めている。しかし、このように、法人を当事者とすることなく、当該法人の理事者たる地位の確認を求める訴を提起することは、たとえ請求を認容する判決が得られても、その効力が当該法人に及ばず、同法人との間では何人も右判決に反する法律関係を主張することを妨げられないから、右理事者の地位をめぐる関係当事者間の紛争を根本的に解決する手段として有効適切な方法とは認められず、したがつて、このような訴は、即時確定の利益を欠き、不適法な訴として却下を免れないことは、当裁判所の判例の趣旨とするところである（最高裁昭和39年（オ）第554号同42年2月10日第二小法廷判決民集21巻1号112頁、同39

第2章　宗教とガバナンス

年（オ）第1435号同43年12月24日第三小法廷判決裁判集民事93号登載予定参照）。法人の理事者が、当該法人を相手方として、理事者たる地位の確認を訴求する場合にあつては、その請求を認容する確定判決により、その者が当該法人との間においてその執行機関としての組織法上の地位にあることが確定されるのであるから、事柄の性質上、何人も右権利関係の存在を認めるべきものであり、したがつて、右判決は、対世的効力を有するものといわなければならない。それ故に、法人の理事者がこの種の訴を提起する場合には、当該法人を相手方とすることにより、はじめて右理事者の地位をめぐる関係当事者間の紛争を根本的に解決することができることとなる。」

（8）役員の地位を争う原告適格

宗教法人の役員の地位を争う訴訟は、自らが役員であることを主張する者が原告となる場合がほとんどですが、それ以外の者（信者等）も役員の地位を争うことができるのでしょうか。信者の役員の地位を争う原告適格の有無について判断したのが下記決定です。

11　大阪高裁昭和54年8月11日決定
判タ398号144頁〔27650849〕

事案

宗教法人A神社の氏子Bは、同法人の代表役員CがBら氏子の意思を無視してA神社境内の拝殿を取り壊してその再建を強行し、また境内外にある神社所有の土地を処分するなど、その運営に独善性がみられ、善良な管理者としての職務を果たしていないとして、A及びCを相手方としてCのA神社代表役員としての職務執行を停止し、申立外Dを代表役員の職務代行者に選任することを求めて本件仮処分申請を行った。原審が、Bの申請を却下したため、Bが抗告した。

判旨

抗告棄却。

「一般に神社の氏子とは、従来の慣行による氏子区域内に居住して氏神（神社）を崇敬し、神社の維持について義務を負うものと解され、宗教法人法（以下たんに法ともいう）にいう信者にあたると解されるところ、同法は、信者の地位に関し、宗教法人の設立、被包括関係の設定又は廃止にかかる規則の変更、合併、解散等につき信者に対して公告すべき旨及び右の場合における所轄庁への認証申請については公告をしたことを証する書面の添付を要する旨（法12条、13条、26条、27条、34条ないし38条、43条ないし45条）、解散の場合には信者は一定期間内に意見を述べることができる旨（法44条）、並びに特定の主要な財産処分等の場合に行為の要旨の公告をなすべき旨及び右公告をすることなくしてなされた行為は無効とする旨（法23条、24条）の各規定が存するほかは、信者の権利、義務について特段の規定はない。右宗教法人法の規定の趣旨は、公益法人である宗教法人の管理運営に重要な意味を有する一定の事項については、信者にこれを周知させ、その意見を聴くようにすることを定めたものであるから、宗教法人の管理運営に信者の総意、意思が反映されるべきことを要請しているが、それ以上に法は信者に対し、宗教法人の管理運営に関する直接的な権利義務の存在を認めてはいないと解さざるをえない。もとより宗教法人の性質に鑑み、宗教法人の内部規律、慣行上、当該宗教法人の管理運営に関して、とくに信者の権利義務が定められているならば、これに従つて律せられなければならないが、記録中の相手方神社の規則（宗教法人「A神社」規則）によるも、氏子に相手方神社の管理運営に関する権利義務を認める規定は存しない。すなわち、右規則によれば、『本神社を崇敬し、神社の維持について義務を負う者を本神社の氏子又は崇敬者といい、氏子又は崇敬者名簿に登録する。』（38条1項）とあり、さらに『総代は、氏子又は崇敬者で徳望の篤いもののうちから選任する。その選任の方法は役員会で定める。』（16条1項）と規定する以外、氏子について特

段の定めはない。もつとも、『総代は総代会を組識し、本神社の運営について、役員を助け、宮司に協力する』(15条)とされ、『代表役員以外の責任役員又はその代務者は、氏子又は崇敬者の総代その他神社の運営に適当と認められる者のうちから総代会で選考し、代表役員が委嘱する。』(10条1項)とされていることから、氏子は、総代に選任され、あるいは責任役員又はその代務者となりうる地位を潜在させているものの、総代、責任役員等でない一般の氏子は、右規則上、相手方神社に対し、前記の宗教法人法における信者以上の法律上の地位を有するものではないと解さざるをえない。してみると、相手方神社の氏子は、総代を通じ相手方神社の管理運営に間接的に関与しうるにとどまり、氏子独自に相手方神社の管理運営に関与する権利義務は存しないといわざるをえない。

　他に相手方神社の氏子が相手方神社に対し、前記の法及び規則に定める以上の法律上の地位を有し、あるいはその地位を認めなければならないような法律上あるいは財産上の利益の存在については、これを疎明するに足る資料は存在しない。

　してみると、一般の氏子にとどまる抗告人としては、相手方神社及び相手方Cに対し、相手方Cが相手方神社の代表役員として相手方神社の管理運営に関して行つた職務執行行為につき、その責任を追及し、もつて右職務執行の差止めを請求しうる法律上の利益はないものというべきである。結局抗告人に本件仮処分申請の当事者適格を認めるに足る疎明はないことに帰し、そしてこの点は保証をもつて代えうる性質のものではない。」

　世襲制の寺院において、前住職の長男が前住職の五男が代表役員の地位にあることについて争ったのが下記判決です。長男には法律上の利害関係がないとして訴えを却下しています。

V 組織・機関

12 最高裁平成8年6月24日判決
判タ918号114頁〔28010784〕

事案

長男が住職の地位を世襲するのが通例の宗派の寺院において、前住職の五男が住職の地位を世襲したことから、長男が原告となって、住職任命行為の無効を主張して、五男が本件寺院の代表役員及び責任役員の地位にないことの確認を求めた。原審は、本件訴えを適法なものとして認めたうえで、長男の請求を棄却した。

判旨

原判決破棄、訴え却下。

「本件訴えは、上告人が、被上告人においては住職の地位にある者を代表役員（責任役員を兼ねる）に充てることになっているところ、前住職の長男である上告人の同意を得ないでされた前住職の五男であるＡの住職任命は、長男の権利放棄が長男以外の者を住職に任命するための要件であるから無効であるなどと主張して、Ａが被上告人の代表役員及び責任役員の地位にないことの確認を請求するものである。原審は、本件訴えを適法なものと扱い、本件請求は理由がないと判断して、これを棄却した第一審判決を維持して上告人の控訴を棄却した。そこで、職権をもって上告人の原告適格について判断するに、記録によれば、被上告人においては、宗教上の地位である住職の地位にある者を代表役員（責任役員を兼ねる）に充てることになっているが、長男の権利放棄が長男以外の者を住職の地位に任命するための要件になっているとは認められず、これと同旨の原審の認定判断は、原判決挙示の証拠関係に照らし、正当として是認することができる。そして、本件においては、その他に上告人が被上告人の代表役員等の地位について何らかの法律上の利害関係を有する地位にあることを肯認す

179

るに足りる事情は認められないから、前住職Ｂの長男にすぎない上告人は、本件訴えについて原告適格を有しないというべきである（最高裁平成３年（オ）第1503号同７年２月21日第三小法廷判決・民集49巻２号231頁参照）。」

（9）登記関係訴訟

宗教法人の役員の地位争いに絡んで、登記の適法性が争われることがあります。この件について、下記の裁判例があります。

13 最高裁昭和61年９月４日判決
判タ639号125頁〔27100051〕

事案

Ａ（原告・被控訴人・被上告人）は、宗教法人Ｂ教会（被告・控訴人・上告人）に対して、ＡがＢ教会の代表役員に就任し、その登記がされていたのに、その後Ａの解任手続きもなされずにＡの代表役員解任及びＡの後任としてＣ就任の登記がされていることから、代表役員の地位確認及び上記のＡの解任及びＣの就任の各登記の抹消を求める訴えを提起した。

判旨

「宗教法人の代表役員に就任した者（以下「就任者」という。）が、宗教法人に対し、その代表役員の地位にあることの確認を訴求するとともに、右就任後に宗教法人のした就任者についての解任及びその後に代表役員に就任したとしている者（以下「後任者ら」という。）についての就任又は辞任の各登記の抹消登記の申請をすべきことを求めて訴えを提起したときは、右訴えは、その利益を欠き、不適法というべきである。けだし、就任者が当該宗教法人の代表役員の地位にあることを確認する判決は、就任者がその就任後口頭弁論終結の時に至るまで代表役員たる地位を喪失してい

ないことを理由とするものであるところ、宗教法人法18条1項は宗教法人の代表役員を1名に限定しているので、右就任後に右宗教法人が就任者の解任、後任者らの代表役員就任又は辞任の各登記をしているとしても、これらの解任、就任又は辞任はいずれも無効というべきことになるから、右確認判決が確定するときには、就任者は、右宗教法人の代表役員として、右確定判決の謄本を登記事項に無効の原因があることを証する書面として添付し、右各登記が同法65条の準用する商業登記法109条1項2号本文に該当することを理由に、その抹消登記の申請をすることができるからである。」

14 大阪高裁昭和48年9月6日判決
判タ300号236頁〔27603444〕

事案

宗教法人A教会代表役員B牧師と包括団体Cとの間に内紛が生じ、CはBをA教会牧師たる地位から解任し、A教会の格下げとDをその宣教教師とすることを決定し、その趣旨の宗教法人変更登記申請書を法務局に提出したところ、受理されたため、Bは、神戸地方法務局長に対して審査請求をしたうえで上記登記申請受理処分等の取消しを求めて出訴した。原審は、訴えの利益を欠くとして訴え却下の判決をしたことから、Bは控訴した。

判旨

控訴棄却。

・訴えの利益の有無

「本件訴訟は、A教会の役員変更登記申請を受理した登記官の処分を争うものであつて、同教会の設立登記そのものを対象とするものではない。右登記申請前法人の機関として登記されていた個人は、法人登記の主体ではなくても、自己の権利利益につき重大な利害関係を有するのであるから、

右受理処分の適法性を争う法律上の利益を有するものと解すべきである。けだし法人の役員登記は、法人の機関構成員の何人であるかを公示する点に制度上の主たる目的の存することは否定できないけれども、その反面当然に機関構成員たる役員個人の対外的対内的な地位、資格および権能を公示する役割をも果しているのであるからこれをもつて単なる反射的利益とすることはできない。原告は、本件訴訟によつては、Ａ教会との関係において役員の地位を確定することもできず事態の抜本的解決ができないことは、被告ら主張のとおりであり、主張のような地位確認の判決により原告の登記上の地位を容易に是正しうることも、宗教法人法の準用する商業登記法107条109条の規定に照らし明らかである。しかし、このことのゆえに、本件登記申請前Ａ教会の代表役員であつた原告の登記の回復を求める手段としてこれと相容れない後の登記申請受理処分の取消を求めることが否定されなければならない道理はない。元来争訟上の救済方法の選択は、当事者の自由に任ねらるべきものであり、登記制度の有する効用からみて登記申請受理処分の取消を通じて自己の法律上の利益を擁護しようとする原告の本訴は、適法なものと認めるのが相当である。」

・本案審理の範囲

「およそ、法人登記に関する登記官の処分に取消原因となる瑕疵があるというには、登記官はいわゆる形式的審査権を有するに過ぎないことを前提としなければならなく、処分の当否の事後審査である取消訴訟における判断に際しても、処分時における登記官の審査権限のおよぶ範囲を無視することができないのは当然である。宗教法人法の準用する商業登記法24条各号は登記官の申請却下の処分権限を定めたものであるが、同条10号の無効または取消の原因の有無、同法109条1項2号の無効原因の存否の認定についても、登記官の審査権限の及ぶ範囲もしくは及ぶべかりし範囲における審査対象となる証拠に現われた事由に限られるものといわなければならない。」

※大阪高裁平成元年7月14日判決（判タ715号96頁）〔27805369〕は、宗教法人法65条が準用する商業登記法109条1項2号（現134条12項2号）の「登記された事項につき無効の原因あること」の意義について、「『登記された事項に無効の原因があること』とは、右趣旨及び商業登記法上の登記官の審査権限は、登記簿、申請書及びその添付資料のみに基づいてする形式的審査にとどまるものである（最高裁昭和61年11月4日第三小法廷判決・裁判集民事149号89頁参照）ことを考慮するならば、登記によって公示された私法上の実体関係に無効の原因がありさえすれば、いかなる場合においても職権による抹消登記の原因になるのではなく、登記簿、申請書及びその添付資料に基づいて、民事訴訟による実体的確定を待つまでもなく無効であることが明らかな形式的な違法事由が存在することを意味し、かかる違法事由の存在が認められる場合にのみ職権で抹消しうることとしたものであると共に、この場合にのみ右違法事由の存在を看過した形式的審査に基づく登記処分に瑕疵を認め、当該登記処分を抗告訴訟の対象にすることができるものと解するのが相当であり、無効原因を関係当事者間における民事訴訟で実体的に確定するのが相当と判断される場合には、職権による抹消登記をすることはできず、他方、当該登記処分に瑕疵ありとしてその取り消しを求めることもできないものである。」と判示している。

(10) 包括宗教団体におけるガバナンス関係訴訟

役員の地位争いや決議の有効無効等のガバナンス関係訴訟は、ほとんどの場合、単位宗教法人が舞台となりますが、時には、包括宗教団体においても争いが持ち込まれることがあります。そのような包括宗教団体のガバナンスが問題となった裁判例としては以下のものがあります。宗教法人の内部法規上、代表役員、責任役員とは別に代表、執行機関として管長、最高の事務決定機関として宗議会が創設されていても、その権限は宗教的事項に限られ、世俗的組織的事項については権限を有しないか、またはそれぞれ代表役員、

責任役員の補助的下位機関としての権限を有するものとして位置付けられ、その場合、宗議会の招集権限は代表役員に帰属するとの判旨が注目されます。

15 京都地裁昭和54年6月4日決定
判タ392号152頁〔27650828〕

事案

　宗教法人真宗大谷派（包括宗教団体、被申請人）においては、その宗憲上管長が宗派を主管し代表するとされており、規則上法人を代表しその事務を総理する代表役員は管長の職にある者をもって充てる建前になっているが、A（被申請人）は前管長Xが解任され自己が新管長、代表役員に就任したとして管長名で宗議会の開催の通知を発したところ、宗議会議員であり宗派の末寺の住職であるB、C（いずれも申請人）から上記宗議会の開催を違法とし、真宗大谷派に対して宗議会開催の禁止を、Aに対しては上記宗議会の開催行為の差止めを求める仮処分申請がなされた。

判旨

　申請認容。

　「宗教法人の権限行使の方法は、各宗教団体の特殊性に応じ、他の任意機関を設け意思決定に関与させる等任意の制限等規定しうるとしても、代表役員が唯一の代表機関、かつ執行機関であること（そして、責任役員集団が法人事務決定機関（これが補助的執行機関をかねることは差つかえない）であること）は動かしえない宗教法人となるための要件であると解すべきである。叙上のところよりすれば、宗門大谷派は宗教法人法に基く法人格を取得するため、同法の前記の要請により、派規則を制定したものであり、派規則制定以降は、同派の世俗的側面に関してはすべて派規則によることになり、同規則上の法人の管理機関である代表役員がその定められるところに従って大谷派の『事務を総理する』関係になったものというべ

きである。そして、一方派規則制定以前から存在する宗憲は、宗門の信仰的基盤となる教義、儀式、宗教団体としての職能、聖職者の身分、信者の地位等を規定した宗派の根本規範たる基本的性質は変らないものの、派規則が規律すべき同派の宗教団体としての世俗的側面については、その効力を失うか、若くは前記派規則との相補関係より、実質的派規則の内容規定に変質するに至り、と共に従前宗教上、世俗上各種重要な権限を有するとされていた管長は、その権限内容の内、派規則により代表役員の権限と定められた世俗的、組織的側面については、内部面、外部面を問わず、もはやこれを失いすべて、代表役員の権限となったものとみるべきである。」「以上の法理によれば、宗憲上管長の権限として規定されていても、派規則上の宗議会である限り、その召集権限は派規則上の機関である代表役員に帰属するものというべきであるところ、《証拠略》によれば、本件宗議会は、特定の議題審議のため特別に招集されたものではなく、例年どおり一定の時期に開催され、主に翌年度の予算案、補正予算案等の審議を行うための定期宗議会であり、またここ数年来のこの種の定期宗議会で審議された案件に照らせば、純宗教上の問題（これは本来派規則上の宗議会の審議対象ではない）につき審議することを予定して招集されたものではないことが疎明されるので、本件宗議会は性質上派規則上の宗議会と解するほかなく、招集権限は、管長にはなく代表役員の権限に帰属することは明らかである。」

(11) 仮代表役員

　宗教法人法21条は、「代表役員は、宗教法人と利益が相反する事項については、代表権を有しない。この場合においては、規則で定めるところにより、仮代表役員を選ばなければならない。」としていますが、仮代表役員を選ばなければならない場合（利益が相反する事項とは何か）や仮代表役員の権限の範囲をめぐって紛争が生じることがあります。このような紛争の具体例として、下記の判決があります。❶は、利益相反事項の意義について、❶は、

第 2 章　宗教とガバナンス

仮代表役員と特別代理人（平成16年改正前民法57条、一般社団法人及び一般財団法人に関する法律81条・第84条・第197条）の関係について判示しています。

> **16　京都地裁昭和60年4月26日判決**
> 判タ560号181頁〔27803829〕

事案

　東本願寺（原告）の当時の代表役員であったBは、東本願寺所有の国の名勝に指定されている本件土地を譲渡等をした。ただ、本件譲渡等は、東本願寺の内部手続きを踏まえないものであった。
　そこで、東本願寺は、まずBは本件土地を譲渡等するにあたり宗教法人法23条および東本願寺の内部規則に定められた手続きを経ていないので、Bが東本願寺を代表して譲受人である被告らに対して譲渡の効力を争う訴えを提起することは宗教法人法21条1項および東本願寺の内部規則所定の利益相反事項に該当するとして規則の定めに基づき責任役員の合議によりAを仮代表役員に選定し、Aが東本願寺の代表者として本訴を提起した。
　これに対し、被告らは、Bが東本願寺を代表して本訴を提起追行することは東本願寺との間で利益相反せず、東本願寺がAを仮代表役員に選定した行為は無効である等と主張して本訴の適法性を争うとともに、本件土地の譲渡については被告らにおいて同法24条但書所定の善意の者に該当するので、東本願寺は譲渡の無効を対抗できない等と反論した。24条但書に関する判断は、財産処分の項で紹介したので、仮代表役員に関する判断のみを判旨として紹介する。

判旨

　「宗教法人法21条1項前段は、『代表役員は、宗教法人と利益が相反する事項については、代表権を有しない』とし、〈証拠〉によれば、本願寺

規則12条は、『代表役員は、この法人と利益が相反する事項については、代表権を有しない』としている。

　そこで、まず本件訴えの提起追行が代表役員Bと原告との間で利益が相反する事項に該当するか否かについて検討する。

　右宗教法人法21条1項及び本願寺規則12条にいう利益相反事項とは、自己契約を典型的な場合とするが、それに限らず、代表役員の個人的利益と宗教法人の利益が実質的に衝突し、代表役員の善管（忠実）義務の履行を期待しがたいような事項ををも含むと解するのが相当というべきところBの本件処分行為は、後記第2、4認定のとおり、右Bが個人的な資金に窮し、その資金を得る目的でなされたものであつて、それはB役員の個人的利益に帰するものである。従つて、その処分行為の無効を主張し、原告が勝訴した場合に被告らから個人的責任を追及されるおそれのある本件訴えの提起追行は、Bの個人的利益と衝突し、たとえ後に本件不動産を取戻しにかかつたとしてもその衝突が消失するものとはいえず、もはや同人には本件訴えの提起追行について善管（忠実）義務の履行を期待しえず、本件訴えの提起追行は宗教法人法21条1項及び本願寺規則12条の利益相反事項に該当するものというべきである。」

17　高松高裁昭和63年4月27日判決
判タ679号280頁〔27802544〕

事案

　A（原告、被控訴人）は宗教法人（神社）であるが、昭和55年5月、その所有する土地（本件土地）の所有権移転登記をB（被告、控訴人）のために行った。ところが、Aは、上記登記は代表役員Cの印鑑と委任状を冒用してされた無効なものであるとして、Bに対し、上記登記の抹消登記手続等請求訴訟を提起した。ところで、本訴の提起に先立ち、利害関係人Dは、本訴の提起については、AとAの代表役員C個人の利益が相反する

として、徳島地裁に特別代理人の選任を申し立てたところ、徳島地裁は、上記申立てを理由があると認めて、平成16年改正前民法57条（現一般社団法人及び一般財団法人に関する法律81条・84条・197条）に基づき、氏子のEをAの特別代理人として選任したので、EはAの訴訟代理人に本訴の提起を委任し、本訴が提起されるに至った。

　これに対し、Bは、宗教法人法21条1項は、「代表役員は宗教法人と利益が相反する事項については、代表権限を有しない。この場合においては、規則で定めるところにより、仮代表役員を選ばなければならない。」と規定しているところ、上記規定は、民法57条に対する特別規定であって、宗教法人については同法を適用する余地がないから、上記特別代理人の選任は無効であり、EがAの代表者として提起した本件訴えは不適法であると主張した。

　第1審徳島地裁は、特別代理人の選任を有効であるとした上で、B名義でした所有権移転登記の抹消登記請求を認容した。

判旨

　原判決取消。本件訴え却下。

　「当該宗教法人の規則に定めた方法によつては仮代表役員の選出ができないとしても、一般に、そのような場合に、直ちに民法57条に基づき、又はこれを準用して、裁判所に代表役員の選任を申し立てることができると解することも困難である。

　すなわち、宗教法人については、その能力及び設立、管理から解散に至るまでが宗教法人法に詳細に規定されており、これらについて、民法の法人に関する規定を適用する余地は存しないから、民法の法人に関する規定と宗教法人法を一般法・特別法の関係と理解するのは相当でなく、したがつて、民法の法人に関する規定が宗教法人法の一般規定であることを前提として、宗教法人法及びこれを受けて定められた当該宗教法人の規則によつては仮代表役員の選任ができない場合には、当然に民法の法人に関する

規定が適用されると解することはできない。

　また、宗教法人法21条1項が、民法57条に近似する前提状況がある場合において、民法57条、56条による選任方法とは異なり、自主的に仮代表役員を選任する方法を定めている趣旨は、当該宗教法人の自主性を尊重しようとする趣旨に出でたるものである。さらに、過去に遡つてみても、民法制定時においては『民法中法人ニ関スル規定ハ当分ノ内神社、寺院、祠宇及ヒ仏堂ニハ之ヲ適用セス』（民法施行法28条）との規定を設けて、古来の氏神や寺院については、民法の法人に関する規定を適用せず、従来の慣習に委ねることとされ、昭和14年に制定された宗教団体法（昭和14年法律第77号）においても、民法57条の規定は法人たる宗教団体に準用するが、その選任方法は当該宗教団体の規則の定めるところによることと規定され（宗教団体法15条ただし書）、さらに宗教法人令（昭和20年勅令第719号）においても右と同趣旨の規定が設けられており（宗教法人令17条ただし書）、宗教法人の仮代表役員の選任については、一貫して、民法56条に基づき国家機関である裁判所がこれを選任する仕組は採られておらず、当該宗教団体の規則に基づいて選任するものとされてきた。このように、宗教法人の仮代表役員の選任については、各宗教法人の自主性を尊重し、努めて国家機関の関与が抑制されてきた趣旨を考えれば、仮に、当該宗教法人の規則によつて仮代表役員を選任することが困難な事態が生じても、単にその前提たる利益相反の関係が近似しているということだけから、その選定の方法についてまで、民法57条、同56条の規定を適用ないし準用して、裁判所による選任を求めることができると解するのは相当でなく、このような場合には、右規定の趣旨をできる限り忖度しながら、当該宗教団体内部における慣習などにより自主的な解決を図るべきものと解すべきである。」

（12）信者（会員）の地位をめぐる問題

　下記判決は、巨大宗教法人の内部の紛争に絡んで、内紛の一方当事者につ

いた信者（会員）の地位の得喪が問題となった事案です。

18 名古屋地裁平成15年10月29日判決
判タ1189号325頁〔28090443〕

事案

被告霊友会は、宗教法人法に基づく宗教法人であるが（以下、宗教法人法に基づく宗教法人を「被告霊友会」といい、宗教法人と区別される宗教団体を「霊友会」という。）、平成8年に2代目会長であるP及び同人を支持する者とこれに反対する者との間で紛争（以下「本件内紛」という。）が生じた。原告ら及び選定者らは、いずれも、Pを支持している者であり、他方、被告霊友会の役員は、Pを支持する者を除いた者によって構成されている。

本件は、原告らが、①被告らとの間で、原告ら及び選定者らが被告霊友会の会員であること及び被告霊友会と選定者Aとの間で、被告霊友会の選定者Aに対する除名処分が無効であることの確認を求めるとともに、②被告らに対し、被告霊友会の会員たる地位または宗教的人格権に基づき、原告ら及び選定者らが被告霊友会の会員として宗教活動を行うこと等への妨害行為の差止めを求めた事案である。被告らは、みなし退会規定（会員が会費を3か月以上納めない場合、または意図的に会費を納入しない支部、系統支部及び協会に所属する場合には退会したものとみなす規定）に基づいて原告らは、被告霊友会の会員たる地位を喪失したと主張した。

判旨

「（ア）被告霊友会では、その教えの趣旨に賛同し、所定の入会手続を了した者が会員とされる（平成12年規則26条（なお、平成12年規則及び同規範が無効であるとの原告らの主張を採用することができないのは後記のとおりである。）、昭和53年規則24条）。上記入会手続は、所定の入会カー

ド（甲34号証の１ないし３）に氏名、生年月日等の所定事項を記入した上、これを自己に入会を勧めた『導きの親』と呼ばれる者に渡すことにより行われる。

（イ）会員は、被告霊友会に対し、支部、系統支部及び教会を通じて、会費を納入する義務を負う。会費は、通常個々の会員から導きの親に支払われ、その後、当該導きの親から順次上位の導きの親、各支部の支部長に対して支払われ、最終的には、全国に所在する被告霊友会の御旗支部、系統支部に集められ、そこから霊友会本部に納入される。

　このように、個々の会員の会費の納入は、自己の導きの親に対して支払うことにより行われ、この支払先は原則として変更されることはないが、自己の導きの親が死亡した場合や、当該会員が遠方に引っ越しをするなどして所属する支部を変更した場合などには、支払先が変更されることもある。

（ウ）会員の義務について、昭和53年規則及び同規範は、上記会費納入義務のほかに、『会員は、本会の指導に従い、その教えを信じ、実践にはげまなければならない。』（規則24条２項）、『会員はその教えを信じ、それにもとづく指導に従い実践にはげまなければならない。』（規範26条２項）と定めるほか、特に規定しておらず、又、平成12年規則及び同規範も、『会員は、本会の教えに基づく指導に従い、教えの実践と広宣流布に努めなければならない。』（規則26条３項、規範43条３項）と定めるほか、特に規定していない。

　他方、会員の権利について、昭和53年規則及び同規範並びに平成12年規則及び同規範には、会員代表会の構成員たる会員代表を会員の中から任免する旨（昭和53年規範24条）、理事、参事及び監事を会員のうちから任免する旨（平成12年規則18条１項、21条２項、同規範24条２項、25条２項）の規定があるほか、特に規定が置かれていない。

（エ）被告霊友会からの退会の手続については規則等に定めが置かれていない。この点、証人Ｔは、会員が会員でなくなったことは何によって分か

るのかとの質問に対し、『一度その会員さんにやめた訳をお聞きして、会費を払われなくなったときにやめられたっていうことになります。』と証言し、又、会費が未納となっている会員に対し、会費の支払を催促した経験があるかとの質問に対し、『それは、ないです。』と証言する。また、証人Ｖは、会員が会費を納めない場合にどのような対応をするのかとの質問に対し、『わたしは、もう三月遠のいたら、わたしの直接じゃなくて、わたしの導いた先の導きだったら、その導いた人がそこへ行って、どうしますかと。どういうふうで出さないかその理由を聞いて、もうやめるならやめると。わたしは、そういうことをしています。』と証言し、又、それはどうして３か月なのかとの質問に対して、『昔から百日の行という言葉が頭にありまして、３か月過ぎて、会費が未納になったら、そこの人に連絡をして、そうしてやめるなら、もうやめるように向こうから言われるし、続けるなら、ごめんなさいって、また会費を続けさせてくださいって言われるから、わたしは、そのきっかけで、そうしております。』と証言する。

（オ）Ｐは、平成12年５月13日、死亡した。Ｐは、生前、次代の会長を指名していなかった。

　同月18日、教務役員会が開催され、Ｗが霊友会の会長に選任された。
（カ）平成12年７月27日、理事会及び常務理事会が開催され、昭和53年規則を平成12年規則のとおりに変更することがそれぞれ全会一致で議決され、同日、Ｗは、これを承認した。また、被告霊友会は、同変更に伴い、同年９月７日、昭和53年規範を平成12年規範のとおりに変更した。
（キ）被告らは、平成13年11月28日の第２回口頭弁論期日において、原告ら及び選定者らが、平成８年６月ころから現在まで被告霊友会に会費を納入していないこと、みなし退会規定により会員たる地位を喪失したことなどを主張し、同期日において、平成12年規則（乙10号証）及び平成12年規範（乙11号証）を提出した。

イ（ア）前記前提となる事実及び上記認定事実によれば、みなし退会規定は、会員に被告霊友会に対する会費納入義務があることを前提として、会

員が会費を3か月分以上納めないという客観的事実をもって、当該会員から退会の意思表示があったものとみなす旨の規定と解するのが相当であるところ、原告ら及び選定者らは、いずれも、みなし退会規定を知った後である平成14年1月分から同年3月分までの会費を霊友会本部に納入していないから、みなし退会規定により、退会の意思表示がされたものとみなされ、遅くとも平成14年4月1日をもって、被告霊友会の会員たる地位を喪失したものというべきである。」

　下記判決は、住職の檀家総代の任命行為が適法であるかが争われた事案です。この種の事案では、住職の任命行為に広い裁量が認められるのが通常ですが、本件では、裁量権範囲を逸脱したと判断したことに注目されます。

19　東京高裁平成17年7月27日判決
判タ1214号307頁〔28111816〕

事案

　A寺院は、真言宗智山派の宗教法人である。A寺院の代表役員に就任したと主張するBは、本訴として、A寺院の代表役員の立場で、檀家総代と称して寺院の財産を管理しているCらに対し、所有権に基づき寺院本堂の鍵等の引渡しを求めるとともに、A寺院の代表役員住職としての立場で、人格権に基づき寺院の管理・運営の妨害予防を求めた。これに対して、Cらは、反訴として、檀徒または檀徒総代の立場で、Bの代表役員たる地位の不存在確認を求めた。A寺院の規則には、3人の責任役員を置き、そのうち1人を代表役員とすること、代表役員には住職を充てること、住職は真言宗智山派管長が任命すること、住職以外の責任役員は住職が檀徒総代のうちから2人を任命すること、住職の選定は、住職において候補者を定め、責任役員の同意を得て管長に申請し、管長が任命すること、檀徒総代は、檀徒のうちから衆望のある者を住職が選任し、任期は3年とすること

などが定められている。本訴では、Ｂの代表役員選任手続きの適否が争われた。Ａ寺院らは、Ｂの代表役員就任の際、Ａ寺院の前住職ＤがＢの妻Ｅ（前住職の娘）とＢの父Ｆを檀徒と認め、檀徒総代に選任して責任役員に任命し、ＥとＦの同意の下にＢを住職として申請した結果、管長から住職として任命を受けたから、有効に代表役員に就任したと主張した。これに対して、Ｃらは、ＥとＦは檀徒とも檀徒総代ともいえないから、その者を責任役員として、その同意を得て前住職ＤがＢを住職として申請し、管長が任命した手続きは無効であると主張した。反訴では、Ａ寺院らは、Ｃらは檀徒でも檀徒総代でもないから、反訴の原告適格はないと主張した。これに対し、Ｃらは自らが檀徒総代であると主張した。第１審は、ＢのＡ寺院代表役員選任手続きは無効であるから、ＢはＡ寺院の代表役員とは認められないとして本訴を不適法却下し、反訴を認容したため、Ａ寺院らが控訴した。

判旨

「宗教法人法は、檀徒等の信者については、宗教法人の自主性を尊重しつつその最終的な意思決定に信者の意見が反映されるよう、宗教法人の一定の重要な行為につき、信者に対して公告をするものとしている（同法１２条３項、２３条、２６条２項、３４条１項、３５条３項、４４条２項）が、信者の具体的な定義規定を置かず、しかも、同法１条２項には、宗教団体に対する法的規制を最小限度にとどめる趣旨の規定を置くことからすると、信者の一種である檀徒の意義については、それぞれの宗教法人の規律にゆだねる趣旨と解することができる。しかして、宗法４４条２項は、住職が檀徒の入籍又は離籍を行うことができると定め、同法５４条は、檀徒とは本宗の教旨を信奉し、本宗の寺院の檀徒名簿に登録してある者をいい、その寺院に葬祭、追福祈願等を依託し、かつ、その寺院に対し、永世維持の任があるものをいうと定め、本件規則１８条２項は、檀徒総代は、この寺院の檀徒のうちから衆望のある者につき住職が選任すると定める。そこ

で、Ｅ、Ｆが一審原告Ａ寺院の檀徒総代と認められるか否かにつき検討するに、檀徒総代の選任要件は『衆望のある者』であるが、『衆望のある者』とは、文言どおり、多くの人からの信望を受けている者をいうところ、檀徒総代は、責任役員の被選任資格があるほか、本件規則２４条には、不動産等の重要な財産を処分するには、檀徒総代の意見を聞くことを必要とするなどの規定が置かれていることからすると、Ａ寺院の檀徒総代は、Ａ寺院の組織、維持経営にかかる事項についての檀徒の意見を集約し反映せしめる重要な役職であり、他の檀徒と地縁関係等を通じて、よく知られた人物であり、かつ、信望があることを要件としていると解するのが相当である。しかるに、①Ｅ、Ｆについては、前橋市に居住しており、他の大多数の檀徒すなわち××地区及び△△地区の檀徒とは何らの関係も認められず、また、これらの大多数を占める××地区及び△△地区の檀徒には全く知られていない者であったこと、②Ａ寺院の檀徒総代も××地区及び△△地区から行政区長によって選出され、これを住職が追認するという慣行があったこと、③Ａにおいて、他の檀徒ないし檀徒総代に何らの説明をすることなくＥ及びＦを檀徒から直ちに檀徒総代としたことは、檀徒総代の選任について住職に裁量権限が与えられているとはいえ、それでは大多数の檀徒の意思がＡ寺院の組織、維持経営に反映されないこととなることなどにかんがみれば、ＤがＥ、Ｆを檀徒総代に選任したことは住職の裁量権範囲を超えるものといわざるを得ない。

　以上によれば、Ｅ、Ｆを責任役員に任命したのは、檀徒総代足り得ない者を任命したこととなり、本件規則８条１項に違反するというべきであり、一審原告Ｂの住職選定は、その前提を欠き無効であるから、一審原告Ｂは、一審原告Ａ寺院の代表役員とは認められないので、訴訟上一審原告Ａ寺院を代表すべき権限のないことが明らかであるところ、訴訟の経過にかんがみ、これを補正することはできないから、一審原告Ａ寺院の本訴請求は、不適法である。」

※檀徒総代、檀徒が、代表役員たる地位の不存在の確認を求める原告適格があるかについて、本判決は、「宗教法人法及び本件規則等によれば、Ａ寺院の檀徒総代は、檀徒総代会の構成員として責任役員を選考し、ひいては代表役員の地位に影響を及ぼすべき立場にあるということができるから、Ａ寺院の代表役員の地位の存否の確認を求める訴えの原告適格を有するというべきであるのに対し、檀徒は、機関ではなく、代表役員の任免に関与する立場にないのみならず、自らが代表役員によって任免される立場にもないなど代表役員の地位について法律上の利害関係を有しているとは認められないから、代表役員の地位存否の確認を求める訴えの原告適格を有しないというべきである（最高裁平成７年２月21日第三小法廷判決・民集49巻２号231頁参照）。」と判示し、Ｃらは任期満了により檀徒総代の地位を喪失したことを認定し、Ｃらの反訴請求にかかる訴えを却下した。

（13）責任役員会運営をめぐる問題

下記判決は、責任役員会における代表役員の解任及び新代表役員の選任の有効性及び責任役員会の招集権限について争われた事案です。責任役員会の招集について一般社団法人及び一般財団法人に関する法律93条３項を参考にして判断していることに注目されます。

20　大阪地裁平成24年７月27日判決
判タ1386号335頁〔28182588〕

事案

本件は、宗教法人である被告の責任役員である原告らが、被告の平成22年11月25日付け責任役員会（以下「本件25日付け責任役員会」という。）または同月28日付け責任役員会（以下「本件28日付け責任役員会」という。）において、被告補助参加人（共同訴訟的補助参加人）（以下「補

助参加人」という。）が代表役員を解任され、原告甲野太郎（以下「原告甲野」という。）が代表役員に選任されたとして、原告甲野が代表役員の地位にあることの確認を求めた事案である。本件訴訟に先立つ仮処分命令申立事件において、原告甲野が被告の代表役員の地位にあることを仮に定め、補助参加人の代表役員としての職務執行を停止する旨の仮処分決定がされていることから、宗教法人法21条1項に基づき丙川松夫が仮代表役員として本件訴訟における被告代表者となり、補助参加人が被告に共同訴訟的補助参加をした。

判旨

・解任事由の解釈

「ア　代表役員の職務権限について定めた本件規則9条並びに責任役員の職務権限について定めた本件規則10条1項及び2項は、それぞれ、宗教法人法18条3項及び4項並びに同法19条に対応した規定であり、宗教法人の必須機関である代表役員及び責任役員について、代表役員を宗教法人の執行機関とし、責任役員を宗教法人の事務の決定機関として位置付けている。また、宗教法人法は、責任役員の員数を3人以上と定めた上、代表役員の選出方法を規則の定めに委ねているところ（同法18条1項及び2項）、被告の本件規則は、責任役員の員数を13人とし（本件規則5条）、代表役員は責任役員の互選によって定めるものとした上（本件規則7条1項）、解任事由のうちの一つに該当するときは、責任役員の定数の3分の2以上の議決を得て、責任役員会が、代表役員や責任役員を解任することができる旨を定めている（本件規則7条3項）。

一般に、代表役員の選出方法については、世襲制や宗教上の主宰者をもって代表役員に充てるとする規則も多く見られるところであるが、被告においては、上記のとおり、13人という比較的多数の責任役員を置くこととした上、その多数決によって代表役員を選任し、また、解任事由の存在を前提とした3分の2以上の責任役員の多数決によって代表役員や責任役員

を解任することができることとしている。このように、被告においては、事務の決定の場面においても、代表役員の選任・解任の場面においても、責任役員による合議制に重きをおいた規律が設けられている。

　イ　このような本件規則の規律内容に照らすならば、被告の重要な事務は責任役員の定数の過半数によって決せられるべき事柄であり、代表役員といえども、責任役員の総意に反する権限行使は許されないのであって、代表役員がこれに反する権限行使をした場合には、原則として、本件規則七条三項の『規則の規定に違反したとき』、『職務上の義務に違反したとき』又は『役員たるにふさわしくない行為』に該当することになるというべきである。

　ウ　もっとも、重要な事務に関する責任役員の総意が不正行為に加担するようなものである場合には、代表役員がこれに反する行為をしたとしても、それは解任事由にあたらない。

　しかし、被告が責任役員による合議制に重きをおいた組織であること、本件各決議が責任役員12名（1名欠員）のうちの11名の総意に基づく圧倒的多数の者の意思によるものであること、決議の内容が、あくまでも代表役員たる地位のみの解任なのであって、補助参加人の責任役員たる地位をも喪失させるという内容のものではなく、補助参加人は本件各決議後も責任役員の1人として被告の事務の決定に意見することができる立場にあることなどを考慮するならば、本件各決議における本件11名の判断は基本的には尊重されなければならない。

　したがって、責任役員の総意に反する権限行使がありながらもなお解任事由とならない場合があるとしても、本件各決議の場合、それは、当該責任役員の総意が著しく不合理であり、代表役員がこれに反する行動をしたことが適切かつ合理的である場合に限られるというべきである。」

・責任役員会招集権限

「（1）被告の責任役員会の招集権者は代表役員であるとされている（本件規則10条3項）。もっとも、責任役員による責任役員会の招集請求権

について定めた本件規則10条4項は、代表役員による責任役員会の招集（開催）拒否といった事態について、何らの定めも置いていない。

ア　しかし、本来の招集権者でない者に招集請求権を認めつつ、他方において、本来の招集権者による招集（開催）拒否といった事態に際し、招集請求権を行使した者が招集（開催）に向けた実効性ある手立てを取り得ないというのでは意味がない。

イ　また、被告が責任役員による合議制に重きをおいた組織であること、本件規則10条4項の招集請求が、事務決定の要件（本件規則10条2項）と同じ責任役員の定数の過半数による請求を要件としていることに照らすならば、事務決定の前提となる責任役員会の開催は、できる限り確保されることが望ましい。

ウ　そもそも、招集権者でない者によって招集された会議が法律上存在するものと認められないのは、招集権者でない者によって招集された会議には、当該法人の会議体としての正当性がないからである。この点、規則に基づく責任役員会の招集請求とそれに引き続く招集（開催）拒否の事実を前提として、招集請求権を行使した者からの招集通知があった場合、当該招集通知に係る責任役員会が当該法人の会議体としての正当性に欠けるということはできない。

エ　したがって、被告において、本来の招集権者である代表役員が本件規則10条4項に基づく適法な招集請求を受けたにもかかわらず責任役員会の招集（開催）をしない場合、招集請求権を行使した者は、自ら責任役員会の招集をすることができると認めるのが相当である（一般社団法人及び一般財団法人に関する法律93条3項参照）。補助参加人の主張は、採用できない。

（2）これを本件25日付け責任役員会についてみると、本件招集通知②は、招集請求権を行使した原告らが、補助参加人による責任役員会の招集（開催）拒否の事実を前提に、本件11名のうちの他の責任役員の同意を得て行ったものである。

よって、本件25日付け責任役員会は、招集権限を有する者によって招集された責任役員会であるといえ、この点につき瑕疵があるとは認められない。」

※最高裁平成17年11月8日判決（判タ1197号117頁）〔28102300〕は、檀信徒総会（当該訴訟の当事者である宗教法人において、代表役員・責任役員を選定する機関）の招集権者について、「本件檀信徒総会が開催された平成10年当時、上告人は代表役員も責任役員も欠いており、檀信徒総会において責任役員及び代表役員を選定しなければならない状態にあったが、ただ1人責任役員として役員選定のための檀信徒総会を招集することのできたDは、責任役員としての事務を執行することを期待できない状態にあったというべきであるから、責任役員及び代表役員を宗教法人の必要的な機関としている法の趣旨及び上告人の運営に檀信徒の意思を直接反映させようとして責任役員及び代表役員を選定する権限を檀信徒総会に与えた本件規則の趣旨にかんがみ、上告人の檀信徒であり、責任役員又は責任役員代務者と称して上告人の運営にかかわってきたG及びKが役員選定のための檀信徒総会を招集することも許されると解するのが相当であり、Dが責任役員としての権利義務を行使しないことを表明していないからといって、同招集行為の効力が否定されることはないというべきである。」と判示し、責任役員または責任役員代務者と称して宗教法人の運営に関わってきた檀信徒が責任役員及び代表役員を選定するための檀信徒総会を招集することが許されるとした。

　下記判決は、宗教法人内部の権限分配（責任役員会の総代選任権限）について判断した判決です。事例判断ですが、下記判決は、神社規則の文理解釈のみにとらわれることなく、神社における機関相互の関係や各機関の有する権限、総代の選任に関する実情、本件の総代選任に至る経緯等を総合的に検討したうえで、その権限分配構造を判断しており、宗教法人の実情を知るう

えで大変参考になります。

21 名古屋高裁金沢支部平成16年10月13日判決
判タ1209号300頁〔28111547〕

事案

　本件は、宗教法人である控訴人○○神社（以下「控訴人神社」という。）について、控訴人神社と控訴人丙川三郎（以下「控訴人丙川」という。）を除く控訴人ら及び丁木四郎（控訴審で死亡。以下「丁木」という。）が平成11年11月28日開催の総代会で、控訴人丙川が平成12年1月30日開催の総代会で、それぞれ責任役員に選考され、代表役員である甲山太郎（以下「甲山」または「甲山宮司」という。）がその委嘱をしたことに関して、総代の選考手続きには役員会の決定または承認を必要とするにもかかわらず、上記各総代会には役員会の承認等を得ていない者が総代として加わっていたから、上記責任役員の選考も無効であるとして、控訴人神社の責任役員または総代の地位にあった被控訴人ら、丑藤B男（控訴審で死亡。以下「丑藤」という。）、寅沢C男（控訴審で死亡。以下「寅沢」という。）及び卯松D男（控訴審で死亡。以下「卯松」という。）が、控訴人ら及び丁木に対し、上記委嘱にかかる者らが控訴人神社の責任役員の地位にないことの確認を求めた訴訟の控訴審である。

　原審は、控訴人神社においては、総代の選考手続きにつき役員会の承認を得る必要があり、同承認を得ずに選考された総代を構成員に含む総代会で責任役員に選考された控訴人神社を除く控訴人ら及び丁木は控訴人神社の責任役員の地位にないとして、被控訴人らの請求を認容したため、これを不服とする控訴人らが本件控訴を提起した。

判旨

　控訴棄却。

第2章　宗教とガバナンス

　「控訴人神社においては、責任役員を構成員とする役員会が控訴人神社の非宗教的事務に関する最高意思決定機関であるところ、総代会は、控訴人神社の非宗教的事務を管理する一機関として、その設置が控訴人神社規則で定められ、現に同規則が定める権限を行使し、同規則が定める地位のものとして処遇されてきたものであるから、総代会の構成員である総代は、総代会を通じて上記権限を行使するもの等として、控訴人神社の非宗教的事務の管理に関与する者であるといわなければならないのであり、したがって、その選任は、控訴人神社の非宗教的事務に含まれるものというべきである。そうすると、総代の選任に関する事務は、控訴人神社規則においてこれを役員会の決定すべき事項から除外する旨の特別の定めがない以上、控訴人神社の非宗教的事務に関する最高意思決定機関である役員会が決定すべき事項に属するものと解するのが相当である。」

　一般的に言って、役員会の一部メンバーに招集通知がなかった場合、当該役員会の決議には瑕疵があり、無効ないし取消事由があります。ところが、下記判決は、新代表役員を選任する責任役員会の決議について、旧代表役員らに開催の通知がなかった瑕疵があったとしてもこれを有効とする特段の事情（通知を受け取った役員が出席しても結論が変わらない）があるとしたものです。

22　京都地裁平成5年11月19日判決
判タ861号269頁〔27826149〕

事案

　Aは、教王護国寺（東寺）の代表役員として任期（5年）を長年にわたって更新していたが、平成4年1月17日、責任役員会において解任され、同年3月8日、新たにBが教王護国寺の代表役員に選出された。Aは、Aの解任決議をした責任役員会は、招集権限を有しない者が集まった私的会

合にすぎないこと、代表役員の解任は責任役員だけではできないこと、新たな代表役員を選任した責任役員会も招集権限を有しない責任役員がＡ及びその任命にかかる責任役員Ｃに対し通知をしないでした私的会合にすぎないから、Ａは、なお、教王護国寺の代表役員たる地位を有すると主張して、代表役員地位確認の訴えを提起した。

> 判旨

　請求棄却。
「右責任役員会については、召集手続が採られた形跡はないうえ、少なくとも、原告が先に責任役員に任命したと主張するＣ及び原告には開催が通知されず、出席の機会を与えないまま開催されたものであるところ、責任役員の合議の方法については、宗教法人法を受けた東寺規則は、被告法人の事務は責任役員の定数（６条２項により７人）の過半数で決し、その議決権は各々平等とし（11条）、代表役員は真言宗の教師の中から責任役員が合議の上選任する（８条１項）と規定するだけで、同法及び同規則中には責任役員会という会議体の機関及びその召集を含めた責任役員会に関する定めは何もなく、責任役員会の存在が当然に予定されているものとはいい難いから、慣例上責任役員の合議に対して与えられた名称や合議運営上の妥当性や望ましさの点はともかくとして、法的には、株式会社の取締役会などとは異なり、責任役員が右合議をする際に代表役員その他の召集権者による召集行為は必要ではないものと解すべきである。しかしながら、一部の責任役員の議決権を無視することは許されないから、右合議に際しては責任役員の全員に対して意見を述べ合議に加わる機会が保障されねばならず、一部の責任役員に右機会を与えることなく行われた決議には瑕疵があるというべきであるが、その場合においても、その者を加えて合議をしても合議の結果に影響を及ぼさないと認めるべき特段の事情があるときは、その決議は有効であると解すべきである。」「右に認定の事実によれば、原告らと５名の責任役員との間では、双方の辞職を強く求めるなどして厳

しく対立してきたものであり、原告やCの他の責任役員らに対する影響力や予想される意見、決議内容などに照らすと、仮に平成4年3月8日の代表役員選任の合議に原告及びCが加わり意見を述べ議決権を行使する機会が与えられたとしても、実際になされたBの代表役員選任の結論を動かすには至らなかったのは明らかであると認められる。したがって、本件では、右決議は、その瑕疵にもかかわらず有効とする特段の事情があるものというべきである。」

VI 包括・被包括関係

1 包括・被包括関係とは

　宗教法人には、神社、寺院、教会などのように礼拝の施設を備える「単位宗教法人」と、宗派、教派、教団のように神社、寺院、教会などを傘下にもつ「包括宗教法人」があります。単位宗教法人のうち包括宗教法人の傘下にある宗教法人を「被包括宗教法人」、傘下にないものを「単立宗教法人」といいます。なお、単位宗教法人を包括するものは、宗教法人のみならず、(法人格を有しない) 宗教団体でも構いません。

　「包括する」とは、単位宗教団体を構成要素として、ある共通の宗教上の目的の下に1つの統一的組織（包括宗教団体）があるとき、構成要素としての単位宗教団体（被包括宗教団体）との関係を表す言葉です。包括という**概念自体には統制・支配・制約といった意味合いはなく、包括宗教法人・被包括宗教法人との関係は対等平等であって、上下の関係ではないと解されています**（宗教法人法12条1項12号、26条1項後段参照）。

　包括・被包括関係を設定するときは、宗教法人設立の場合は、包括宗教団体の名称および宗教法人・非宗教法人の別を規則に盛り込む必要があります（宗教法人法12条1項4号）。すでに設立されている宗教法人の場合、包括・被包括関係を設定しようとする宗教団体の承認を受けたうえで規則変更の認

証申請をする必要があります（宗教法人法26条3項）。

　宗教法人法12条1項12号は、「前5号から前号までに掲げる事項について、他の宗教団体を制約し、又は他の宗教団体によって制約される事項を定めた場合には、その事項」を規則規定事項としています。この規定のことを相互規定といいます。相互規定の具体例として、代表役員が包括宗教団体（法人）の代表役員によって任命され、またその認証を受けるとか、財産処分や規則の変更にあたって包括宗教団体（法人）の代表役員の承認を必要とすることなどが挙げられます。相互規定は、包括宗教団体（法人）・被包括宗教法人の両方の規則に盛り込まれて初めて効力が発生します。すなわち、包括宗教団体（法人）の規則中にのみ、被包括宗教法人を制約する旨の規定があったとしても、包括宗教団体（法人）は被包括宗教法人にかかる制約を主張することができません。一般的に、被包括の単位宗教法人は、規則に、「●●宗の規則及び規程のうち、この法人に関係のある事項に関する規定は、この規則に定めるもののほか、この法人についても、その効力を有する」との規定を盛り込んでいる場合が多いです。そうした場合、包括宗教団体（法人）の宗制などで被包括宗教法人を制約している規定は、すべて当該単位宗教法人に効力を及ぼすことになります。

　いったん包括宗教団体（法人）と包括・被包括関係を結んだとしても、単位宗教法人としては信仰に対する考え方の相違から包括・被包括関係を解消したいと考えることも出てくるでしょう。そのような場合、いつまでも包括・被包括関係に拘泥させてしまうと単位宗教法人の信教の自由を侵害しかねません。

　そこで、宗教法人法26条は、規則の変更によって包括・被包括関係を解消できることを定めています。なお、包括・被包括関係解消にあたって、宗務総長や教区長の承認を必要とするなどの包括宗教団体（法人）の介入を認めている規定があった場合、その規定は無効とされています。すなわち、宗教法人法26条1項後段は、「宗教法人が当該宗教法人を包括する宗教団体との関係（以下「被包括関係」という。）を廃止しようとするときは、当該関

係の廃止に係る規則の変更に関し当該宗教法人の規則中に当該宗教法人を包括する宗教団体が一定の権限を有する旨の定めがある場合でも、その権限に関する規則の規定によることを要しないものとする」と規定しています。「一定の権限」について、平成16年4月27日文部科学大臣裁決は、「26条第1項後段の規定は、被包括関係の廃止が信教の自由の原則に内在する宗教団体結成の自由及びその活動に関連する事柄であることから、当該宗教法人の被包括関係の廃止に関する意思を包括する宗教団体が拘束することがないようにする趣旨にでたものである。この趣旨からすると、法第26条後段にいう「…一定の権限」の主体については、包括宗教団体のみならず、包括宗教団体の意思によって影響されるなど包括宗教団体と同視しうる機関、団体等も含まれるものと解すべきである。そのように解さなければ、上記のような機関、団体等が包括宗教法人に代わって当該宗教法人の被包括関係の廃止に関する意思を拘束することになり、法第26条第1項後段を設けた趣旨を没却することになるからである。」としています。それゆえ、宗務総長や教区長の承認は、まさしく、「当該宗教法人を包括する宗教団体が一定の権限を有する旨の定め」にあたります。これは、憲法20条が保障する信教の自由の趣旨を徹底しようとしたもので、包括宗教団体（法人）が宗祖の教えと異なってしまったような場合に、被包括宗教法人がいつでも自由に包括宗教団体（法人）から脱することができるようにするためです。

　包括・被包括関係解消の規則変更の内部手続き（責任役員会決議等）を行った後、当該宗教法人は、所轄庁に対する規則変更承認申請の少なくとも2か月前に信者その他の利害関係人に対し規則の変更の案の要旨を示して、被包括関係を廃止しようとする旨の公告をします（宗教法人法26条2項）。それと同時に、包括宗教団体（法人）に対して被包括関係の廃止の通知を行います（宗教法人法26条3項）。

　被包括宗教法人が包括・被包括関係を離脱しようとするとき、それを察知した包括宗教団体（法人）は、相互規定に基づいて被包括宗教法人の代表役員を罷免したり懲戒により除名したりすることがあります。しかしながら、

宗教法人法78条1項は、「宗教団体は、その包括する宗教法人と当該宗教団体との被包括関係の廃止を防ぐことを目的として、又はこれを企てたことを理由として、第26条第3項（第36条において準用する場合をも含む。）の規定による通知前に又はその通知後2年間においては、当該宗教法人の代表役員、責任役員その他の役員又は規則で定めるその他の機関の地位にある者を解任し、これらの者の権限に制限を加え、その他これらの者に対し不利益の取扱をしてはならない」と被包括関係の廃止にかかる不利益処分の禁止等について規定しています。この規定の趣旨は、一般に包括宗教団体（法人）が被包括宗教法人の代表役員の任命権、あるいは、代表役員就任の前提としての宗教上の地位についての任命権などを有している実情に鑑み、包括宗教団体（法人）によるその権限の濫用によって被包括関係の廃止が阻害されることのないようにするところにあります。前述の宗教法人法26条1項後段の規定とともに、被包括宗教法人の信教の自由を保障しています。なお、包括・被包括関係の廃止にかかる規則変更認証申請中に、離脱以外の事由（私生活上の非行等）で包括宗教団体（法人）が、被包括宗教法人の代表役員を解任したときは、宗教法人法78条1項の適用はあるのでしょうか。この点について、平成16年9月24日の文部科学大臣裁決は、「被包括関係の廃止を防ぐことを目的とした処分であるかどうかについては、専ら被包括関係の廃止を防ぐことを目的として処分を行った場合はもちろん、仮に、他に理由がある場合であっても、被包括関係の廃止の企てがなかったのであれば当該処分がされなかったような場合についても、被包括関係の廃止を防ぐことを目的として処分がされたものと解するのが相当である。」との解釈を示して「被包括関係の廃止の企てがなかったのであれば当該処分がされ」たか否かで宗教法人法78条1項の適用の有無が決まるとしています。そのうえで、同裁決は、「Aが公正証書原本不実記載罪等で逮捕・起訴され、有罪判決を受けたこと及び当該事案が新聞・テレビ等に報道されたことは、公知の事実であって、懲戒審査手続を開始する理由として不自然な点はなく、懲戒手続きはAが被包括関係の廃止を審査請求人に通知する以前から開始されている。懲戒審査

手続に宗制及び賞罰委員会規程に違反する事実は特段見られず、防御権行使の機会の付与についても不十分であるとはいえない。懲戒審査手続の結果、罷免処分になったことについても、上記非違事実及びＡの懲戒審査手続きへの対応をみると、明らかに不相応なものとはいえず、被包括関係の廃止の企てがなかったのであれば当該処分がされなかったととも認められない」として、宗教法人法78条１項の適用は認めず包括宗教団体（法人）による罷免を有効であるとしました。

2 包括・被包括関係に関する裁判例

(1) 包括宗教団体による被包括宗教法人役員罷免事例

「第１章　宗教と憲法」の章でも紹介しましたが、宗教団体内部における懲戒処分の適否（有効性）等が問題となる訴訟における最高裁の判断枠組みは、①具体的な権利義務ないし法律関係についての請求の当否の判断の前提問題として、特定人についての宗教上の地位の存否を判断する必要がある場合には、その判断の内容が宗教上の教義の解釈等にわたるものでない限り、裁判所は、その地位の存否（選任ないし罷免の適否）について審判権を有するが（最高裁昭和55年１月11日判決（種徳寺事件／判タ410号94頁）〔27000187〕、最高裁昭和55年４月10日判決（本門寺事件／判タ419号80頁）〔27650912〕等）、②他方、具体的な権利義務ないし法律関係に関する訴訟であっても、請求の当否を決するために判断することが必要な前提問題が、宗教上の教義等に関わっており、その内容に立ち入ることなくして上記前提問題について判断することができないような場合に、上記訴訟は、裁判所法３条１項にいう「法律上の争訟」に当たらず訴えは却下される（最高裁平成元年９月８日判決（蓮華寺事件／判タ711号80頁）〔27804829〕等）というものでした。

なお、宗教法人法85条は、「この法律のいかなる規定も、文部科学大臣、都道府県知事及び裁判所に対し、宗教団体における信仰、規律、慣習等宗

上の事項についていかなる形においても調停し、若しくは干渉する権限を与え、又は宗教上の役職員の任免その他の進退を勧告し、誘導し、若しくはこれに干渉する権限を与えるものと解釈してはならない。」と規定しますが、この規定は、信教の自由を保障する観点から、調停、和解等の裁量的余地のある方法で宗教団体における信仰、規律、慣習等宗教上の事項ないし宗教上の役職員の任免その他に干渉することを禁止するものにすぎず、宗教団体内部の紛争が法的紛争である限りこれについて法的判断を加えることは、裁判所が当然その権限となすべきものです（大阪高裁昭和40年7月12日判決（判タ183号112頁）〔27621800〕）。

それでは、包括宗教団体による被宗教法人の役員罷免関係訴訟（代表役員地位確認訴訟等）が、「法律上の争訟」に該当するとき、本案について裁判所はどのような判断基準を用いるのでしょうか。この点について参考となるのが以下の判決です。

1 東京地裁平成18年10月12日判決
判タ1249号294頁〔28131498〕

事案

本件は、原告が、被告甲山乙寺大僧伽に対し、①被告甲山乙寺大僧伽が原告に対してした、被告甲山乙寺横須賀小僧伽、被告甲山乙寺川奈小僧伽及び被告甲山乙寺伊勢小僧伽の各代表役員並びに甲山乙寺田子浦小僧伽の責任役員の解任処分が無効であることの確認と②上記解任処分について不法行為に基づく慰謝料を求めるとともに、被告甲山乙寺横須賀小僧伽、被告甲山乙寺川奈小僧伽及び被告甲山乙寺伊勢小僧伽に対し、③原告がそれぞれの代表役員の地位にあることの確認を求めた事案である。

判旨

請求一部却下、請求一部棄却。

・本件下山処分及び本件解任処分の違法性の判断の範囲
「具体的な権利又は法律関係の判断の前提問題として自律的な団体内部の構成員たる地位が判断の対象である場合、当該構成員たる地位をめぐる紛争は、本来、その団体の自律的な解決に委ねられるべき事柄であり、とりわけ宗教法人については、信教の自由が保障されていること（憲法20条、宗教法人法1条2項、85条）に鑑みると、裁判所としては宗教団体の自治を尊重すべきであり、宗教団体における構成員たる地位にかかる懲戒処分については、①当該処分が全く事実上の根拠に基づかない場合、②当該処分の手続が著しく正義に反する場合、③処分内容が社会通念上著しく妥当性を欠き、裁量権の範囲を逸脱したと認められる場合にのみ、これを無効と判断すべきと解するのが相当である。」

※1 役員罷免関係訴訟について、本判決と同様に、「法律上の争訟」に該当するとしても、団体の自律性の尊重に加え、信教の自由の保障を考慮して、裁判所の審理の対象を限定的に解するものとして、東京高裁平成5年6月29日判決（判タ857号257頁）〔27825472〕、高松高裁平成6年3月17日判決（判タ873号264頁）〔27827039〕、名古屋地裁平成8年1月19日判決（判時1570号87頁）〔28011012〕がある。

※2 東京地裁平成28年10月27日判決（D1-Law.com 判例体系）〔29021207〕は、宗教法人の信者の除名事案であるが、除名事由の存否の判断基準について、「被告による原告の除名処分が有効であるか否かを判断するに際し、その処分の基礎となった事実の存否や当該事実を基礎とした処分内容の適否を判断するに当たっても、処分権者の裁量に基づく判断がすでに存在していることを前提として、その判断要素の取捨選択、その要素の分析・検討、こうした検討結果を前提とした処分内容の選択といった各判断過程に著しく不合理な点がないかどうかといった観点から検討すべきであって、裁判所が自ら処分権者と同一の立場に立って処分の基礎となる事実の有無を認定し、そ

の認定判断を前提としていかなる処分を選択することが相当であるかを判断した上で、その結果と実際にされた処分を比較する方法により処分の有効性を判断することは相当ではないというべきである。つまり、被告による処分の基礎となる事実の認定については、事実を捏造したり、著しく不合理な判断方法に依拠したりするなど、およそ経験則や論理則に照らして、到底是認することができない程度に達している場合にはじめて、当該処分が無効となるものというべきである。」などとかなり厳格な判断基準を設定している。このような厳格な判断基準を設定した理由について、同判決は、「私的団体の構成員に対する処分は自律権行使の現れであってその判断を尊重すべきことに加え、上記処分が宗教団体内部の対立などを背景とする場合、その対立等に対する対応をどのようにするかといったことは、当該団体の運営において基本的な問題に関わる事項であるから、当該団体内部で最終的に解決されることが望ましく、司法権の行使による解決が図られる場合であっても、団体内部の自治を尊重する観点から権限を行使するのが相当である」として、団体内部の自治の尊重を挙げている。

(2) 宗教法人法78条1項の適用

宗教法人法78条1項の規定については、信教の自由を保障する趣旨で設けられたことから、それ以外の離脱事由には適用されないのではないかとの疑問が湧いてきます。この点について判断したのが、下記判決です。

2　札幌地裁平成9年9月19日判決
判タ982号290頁〔28033262〕

事案
被告の代表役員兼住職の地位にあった原告が、被告の包括団体たる宗教

法人真宗三門徒派からなされた住職罷免処分（同時に代表役員たる地位を喪失する処分）は無効であるから現在も被告の代表役員であると主張し、この処分を有効と主張する被告に対し、その地位の確認を求めた事件である。なお、現在の登記簿上の代表役員であるAが共同訴訟的補助参加人として、本件訴訟に参加している。

判旨

請求認容。

「以上から、本件罷免処分は、被包括関係廃止議以前の原告の疑わしい行動もその理由としつつ、被包括関係廃止の決議が決定的な理由となって行われたものであることは明らかである。そして、宗教法人法78条1項で禁止される不利益処分は、被包括関係廃止を企てたことが唯一の理由である場合に限らず、他にも理由がある場合であっても、およそ被包括関係廃止の企てがなければ罷免しなかったであろうほどに、被包括関係廃止が主たる理由となっている場合も含むと解されるところ、本件罷免処分はまさにそのような場合に該当するから、同項に反し、同条2項により無効である。」「A側は、宗教法人法78条にいう被包括関係の廃止とは、真摯で切実な宗教上の信念に基づくもののみに限定されるべきであると主張する。しかし、そのような場合に限られないものと解する。その理由としては、まず、法律の文言上、何らそのような限定が付されていないことが挙げられる。また、宗教法人法上、被包括関係の廃止は、26条、27条の規則の変更に関しても規定されているが、これらの条項における被包括関係の廃止に比して、78条の被包括関係の廃止を限定的に解釈する条文上の根拠もなく、両者は同義であると考えられるところ、およそ被包括関係の廃止は信仰上の理由に基づく場合にしかできないとなると、現実には宗教団体の活動上信仰上の理由のみならず種々の理由から離脱を欲する場合が考えられるが、信仰上の理由とそれ以外の理由を峻別することは困難であることに鑑みれば、運用次第では規則変更の認証を通じて所轄庁が宗教上

Ⅵ　包括・被包括関係

の教義にまで介入する余地を与え、あるいは裁判所が教義の解釈に立ち入った判断を求められることにもなりかねず（同法85条参照）、ひいては、本来包括宗教団体にとっては統制上もっとも危険な行為というべき被包括関係からの離脱を、信教の自由の一態様である宗教団体の活動の自由を保障する見地から容易ならしめている宗教法人法の趣旨を没却することにもなることから、そのような限定的な解釈は相当ではなく、被包括関係廃止を企てたことを理由とする不利益処分は、法定期間内は一律に禁じたものと解すべきである。」

※1　本判決と同様に、宗教法人法78条で保護される被包括関係廃止の企ては、信仰上の理由による場合に限られないと判示した判決として、京都地裁平成元年3月20日判決（判タ707号252頁）〔27804854〕、大阪高裁昭和57年7月27日判決（判タ479号105頁）〔27651172〕がある。

※2　宗教法人法78条1項と同趣旨の宗教法人法26条1項後段の適用について、被包括関係廃止の理由をいわゆる信教の自由に関することに限定されないとし、県知事が宗教法人法28条に基づいてした規則変更認証処分に違法・取消事由がないとしたものにさいたま地裁平成14年1月23日判決（判例地方自治236号83頁）〔28080774〕がある。

宗教法人法78条1項について、最高裁の判断を示した判決として、以下のものがあります。

3　最高裁平成12年9月7日判決
判タ1045号123頁〔28051939〕

事案

A寺院は、日蓮正宗の被包括宗教法人である。A寺院規則及び日蓮正宗

の宗制には、Ａ寺院の代表役員以外の責任役員の選任について、Ａ寺院に所属する信者のうちからＡ寺院の代表役員が選定し、これについて日蓮正宗の代表役員の承認を受けるべき旨の規定が置かれていたが、責任役員の任期中における解任についての規定は存在しなかった。Ａ寺院の信者のほとんどは、日蓮正宗内の信者団体である創価学会の会員であったが、平成２年以降日蓮正宗と創価学会との間に対立が生じた。当時のＡ寺院の代表役員（主管）Ｂは、平成４年１１月、創価学会員以外の信者から選任された当時の責任役員３名を、日蓮正宗の代表役員の承認を受けることなく解任した。そして、新たに創価学会の会員である信者から３名を責任役員に選定したとして、規則変更は全役員の議決によるとの規則に従い、右３名とともに日蓮正宗との被包括関係を廃止する旨の規則変更の議決をし、日蓮正宗に対して宗教法人法２６条３項に基づく通知をするなどした。日蓮正宗の総監は、平成５年４月１１日、Ｂに対し、本件解任行為は無効であるから速やかに撤回するよう是正措置をとるべき旨の訓戒をしたが、Ｂはこれに従わなかった。そこで、日蓮正宗の管長は、宗制等に違反し訓戒を受けても改めない者は罷免等に処する旨の宗規の規定に基づき、平成５年４月２２日、ＢをＡ寺院の主管から罷免した（本件罷免処分）。

　その後、Ａ寺院は、本堂及び庫裡を占有するＢに対して所有権に基づく明渡請求訴訟を提起した。Ｂは、Ａ寺院の代表役員として本件建物を占有する権限を有するとして争った。本件の主要な争点は、Ｂの代表役員としての地位の前提をなす宗教上の地位を失わせる罷免処分の有効性である。

　第１審は、Ａ寺院の請求を認容したものの、控訴審は、本件罷免処分は、宗教法人法７８条１項に違反し、同条２項により無効であるから、ＢはＡ寺院の代表役員の地位にあるとして、Ａ寺院の請求を棄却したため、Ａ寺院が上告をした。

判旨

　原判決破棄。Ｂの控訴棄却。

「宗教法人法78条1項は、他の宗教法人を包括する宗教団体（以下「包括宗教団体」という。）は、その包括する宗教法人（以下「被包括宗教法人」という。）と当該包括宗教団体との『被包括関係の廃止を防ぐことを目的として、又はこれを企てたことを理由として』、被包括宗教法人の代表役員等に対し、解任等の不利益の取扱いをしてはならない旨を定め、同条2項は、同条1項の規定に違反してされた行為は無効とすると定めている。右各規定の趣旨は、被包括宗教法人の代表役員等が被包括関係を廃止すべく所定の手続に従って各種の行為をしている場合に、右の者を解任するなどの権限を有する包括宗教団体が、その権限を利用し、右手続の進行に干渉することを禁止するものと解される。

　包括宗教団体及び被包括宗教法人の各規則により、被包括関係の内容の一つとして、被包括宗教法人の責任役員の選任等につき包括宗教団体の代表者の承認を受けるべきものとすることは、妨げられるものではなく（宗教法人法12条1項5号、12号）、また、このような場合に、包括宗教団体の代表者がその権限を行使するに当たり、いかなる信仰上の考え等を有する者をもって被包括宗教法人の責任役員にふさわしいものとするかは、当該規則等に特別の定めがあるときなどを除き、包括宗教団体の自治的な決定にゆだねられていると解するのが相当である。そうすると、包括宗教団体の代表者が被包括関係を維持することを相当と考え、右権限を行使したために、結果的に、被包括宗教法人において所定の手続に従い被包括関係を廃止することが困難となったとしても、このことから、被包括関係の廃止を望んだ被包括宗教法人の代表役員がその責任役員の解任に必要な承認を受けずにこれを解任すること等が許されると解すべき根拠は、見いだし難い。本件においては、被包括宗教法人の代表役員が責任役員を所定の承認を受けることなく解任しその是正に応じなかったということを懲戒事由として本件罷免処分がされたのであって、同処分に違法はなかったものというべきである。そして、本件罷免処分の際に、日蓮正宗が、被包括関係は維持されるのが望ましいと考え、同処分に伴って被包括関係の廃止の

実現に支障が生ずるであろうことを予見していたとしても、そのことをもって、同処分が、宗教法人法78条1項にいう『被包括関係の廃止を防ぐことを目的として』された不利益の取扱いに当たるということはできず、また、これが、被包括関係の廃止を『企てたことを理由として』される不利益の取扱いを禁止する同項の規定を潜脱するものに当たるということもできない。

　右のとおり、本件罷免処分を無効とした原審の前記判断には、宗教法人法78条1、2項の解釈適用を誤った違法があるというべきであり、右違法は原判決の結論に影響を及ぼすことが明らかである。この点をいう論旨は理由があり、その余の論旨について判断するまでもなく、原判決は破棄を免れない。そして、本件の事実関係の下においては、本件罷免処分は、宗教法人法78条1項の規定に違反するものとは解し難く、同条2項によってこれを無効とすることはできないのであって、被上告人は、同処分により上告人の主管の職を失い、これに伴って上告人の代表役員としての地位を喪失したのであるから、本件建物に対する被上告人の占有権原は消滅したものというべきである。上告人の本件請求は理由があり、これを認容した第一審判決の結論は正当であって、同判決に対する被上告人の控訴は、これを棄却すべきである。」

※下級審判決で、宗教法人法78条に反する処分を無効とした事案として、大阪地裁昭和33年5月9日判決（行裁例集9巻5号1047頁・宗教判例百選（第二版）（別冊ジュリスト109号）（1991年）150頁）〔27601876〕、大阪高裁昭和57年7月27日判決（判タ479号105頁）〔27651172〕があり、宗教法人法78条の適用を否定した事案として、京都地裁昭和60年8月20日判決（判タ592号109頁）〔27802758〕、京都地裁平成元年3月20日判決（判タ707号252頁）〔27804854〕、仙台地裁平成7年11月13日決定（判タ910号218頁）〔28010910〕がある。

(3) 包括宗教法人の被包括宗教法人役員任命をめぐる問題

　包括宗教法人は、被包括宗教法人の役員が欠員であったときなど、相互規定により、当該被包括宗教法人の役員を任命することができることが多いです。下記判決は、包括宗教法人の新住職（代表役員）の任命によって、当該被包括宗教法人の代表役員代務者の地位は失われたとしています。事例判断ですが、包括宗教法人と被包括宗教法人との関係を考えるうえで参考となりますので、紹介します。

> **4　東京高裁平成7年1月30日判決**
> 判タ891号236頁〔27828489〕

事案

　A寺の代表役員代務者であったBは、A寺に対してその地位の確認を求めて出訴し、勝訴判決が確定した。その後再びBの地位について争いが生じたため、Bは再度、A寺に対して同地位の確認を求めるとともに、包括宗教法人である日蓮宗に対して解任の差止め及び不法行為に基づく損害賠償を求めて出訴した。第1審は、Bの請求を認容したため、日蓮宗らが控訴をした。

判旨

　原判決取消。Bの請求棄却。

　「控訴人日蓮宗は、昭和59年3月6日、日蓮宗規則53条2項、住職選定規程10条によりCを控訴人A寺の住職に任命したのであるから、同人は、日蓮宗規則51条1項、A寺規則7条1項により控訴人A寺の代表役員に就任したものであり、他方、被控訴人は、同日、日蓮宗規則58条1項、A寺規則14条により住職代務者、したがって代表役員代務者の地位を失ったものであって、控訴人日蓮宗が被控訴人に対して同日付けでした本件処分（住職代務者解任）は、被控訴人が控訴人A寺の住職代務者たる地位を

失ったことを確認したにすぎないものと解するのが相当である。したがって、控訴人日蓮宗がCを住職に任命したことが、その宗制に違反するものということはできない。なお、住職選定規程（甲七三、乙九、丙四）20条１項は、『代務者に就任した事由が止んだときは、その事由を具し、住職、干与人及び総代連署の上その退職の手続をしなければならない。』と定めているが、これは住職代務者がその地位を失ったことを確認するための手続であり、これがなされない限り、被控訴人がなお住職代務者の地位に止まっているものと解することはできない。」

※大阪地裁平成29年７月26日判決（D1-Law.com 判例体系）〔28265598〕は、包括宗教法人である被告教団が、被包括宗教法人の教会担当教師に任命されていた原告を巡回教師に任命し、教会担当教師の地位から除外したという事案で、原告は、教会担当教師の地位を喪失させる被告教団の行為は不存在または無効であると主張して、被告教団らに対して教会担当教師であることの確認を求めていた。教会担当教師と巡回教師の地位が併存し得ることを前提として、教会担当教師の解任行為がなければその地位を喪失しない旨の原告の主張に対して、同判決は、「①そもそも教会担当教師は、被告教団に係る特定の教会を任地として与えられ、当該教会に専従して活動することとされているのに対し、巡回教師は、特定の認知をもたずに巡回伝道をするとされていること、②被告教団において、教会担当教師を兼任する者が存在するのに対して、教会担当教師と巡回教師を兼任している者はおらず、過去にもこれを兼任した者がいた事実はうかがえないこと、以上の点が認められ、これらの点に鑑みると、教会担当教師と巡回教師は、それ自体両立する関係にあるとは認められず、このほかに両者を兼任することができることを認めるに足りる証拠も認められない。そうすると、教会担当教師の地位と巡回教師の地位は併存し得ないと解するのが相当であって、原告の上記主張は、その前提を欠き、理由がないといわざるを得ない。」と判示した。

（4）包括宗教団体による懲戒処分をめぐる問題

　包括宗教団体は、そこに所属する聖職者に対して、懲戒権を行使することができます。そして、包括宗教団体による懲戒処分に対して司法権を及ぼせるかについて、最高裁平成4年1月23日判決（民集46巻1号1頁）〔27810691〕は、「宗教団体内部においてされた懲戒処分が被処分者の宗教活動を制限し、あるいは当該宗教団体内部における宗教上の地位に関する不利益を与えるものにとどまる場合においては、当該処分の効力に関する紛争をもって具体的な権利又は法律関係に関する紛争ということはできないから、裁判所に対して右処分の効力の有無の確認を求めることはできないと解すべきである。」としています。

　下記裁判例は、包括宗教団体がなした懲戒処分をめぐって、①懲戒処分に関してどのような不利益があったことを主張すれば具体的な権利または法律関係に関する紛争といえるのか、②懲戒処分の有効性の判断基準が問題となったものです。通常、懲戒権者には、懲戒にあたって広汎な裁量権が与えられていますが、下記裁判例では、懲戒処分が、「裁量権の範囲を逸脱又はこれを濫用したものとして無効」とされていることに注目されます。

5　東京地裁平成29年11月16日判決
D1-Law.com 判例体系〔29046181〕

事案

　本件は、原告らが、被告に対し、〈1〉主位的に、被告が原告らに対してなした各懲戒処分が無効であることの確認を求め、予備的に、原告らが被告宗議会の宗議会議員の地位にあることの確認を求めるとともに、〈2〉各懲戒処分をはじめとする被告の行為により人格的利益が侵害され、精神的苦痛を被ったと主張して、不法行為に基づき、慰謝料及び弁護士費用合計各550万円及びこれに対する遅延損害金の支払を求めた事案である。

第 2 章　宗教とガバナンス

> 判旨

・懲戒処分無効確認について

「（1）宗教団体内部においてされた懲戒処分が被処分者の宗教活動を制限し、あるいは当該宗教団体内部における宗教上の地位に関する不利益を与えるものにとどまる場合においては、当該処分の効力に関する紛争をもって具体的な権利又は法律関係に関する紛争ということはできないから、裁判所に対して当該処分の効力の有無の確認を求めることはできず、また、当該処分の結果として経済的及び市民的生活に関する不利益を受け、これが具体的な権利又は法律関係に関する紛争に該当することがあるとしても、その故に当該処分の効力の有無をもって具体的な権利又は法律関係に関する紛争ということはできないものと解すべきである（最高裁昭和51年（オ）第958号同55年1月11日第三小法廷判決・民集34巻1号1頁、同昭和63年（オ）第1730号平成4年1月23日第一小法廷判決・民集46巻1号1頁参照）。

（2）原告X1に対してなされた本件懲戒処分1は、僧侶に対し、2年以内の期間を定めて、Y宗の選挙権及び被選挙権を停止し、謹慎させる『謹慎』であり、また、原告X2に対してなされた本件懲戒処分2及び原告X3に対してなされた本件懲戒処分3は、3年以内の期間を定めて、教師、僧侶の分限を停止する『分限停止』であるところ（前記前提事実（2）イ、（3）フ〜ホ）、被告において、『僧侶』とは『得度を受け僧籍に編入された者』、『教師』とは『僧侶で更に一定の資格を具備する者』（宗憲28条）とされていることが認められ、このことからすると、本件各懲戒処分の内容である『謹慎』や『分限停止』は、被告の宗教団体内部における宗教上の地位に制限を加えるものにとどまるというべきである。そして、原告らが、本件各懲戒処分の結果として宗議会議員の地位（これが法律的な地位に該当することについては後記2のとおり）の喪失といった法律上の地位に関する不利益を受け、これが具体的な権利又は法律関係に関する紛争に該当することがあるとしても、その故に本件各懲戒処分の効力の有無を

もって具体的な権利又は法律関係に関する紛争ということはできない。
　(3)　そうすると、本件無効確認の訴えは、具体的な権利又は法律関係に関する紛争ということはできないから、裁判所法3条1項にいう『法律上の争訟』に当たらず、不適法として却下すべきである。」
・宗議会議員地位確認について
　「被告は、宗教法人法12条1項に基づく宗規則において、法人組織上の議決機関として宗議会を置くことを規定し（宗規則26条）、宗議会の権限について、予算及び決算に関する事項、基本財産の設定及び変更に関する事項、財産の処分及び担保の提供に関する事項、借入れ又は保証に関する事項、合併及び解散に関する事項等、法人の維持経営に係る諸般の事項について議決すべきことを定めており（同9条1項、36条1項）、宗議会の構成員である宗議会議員（同27条）の意見は、議案の提出又は内局から提出された議案に対する議決等を通じて（同32条、宗議会規程〔甲4の5〕18条、19条）、法人の維持経営に反映される体制となっている。また、宗議会議員には、宗議会規程203条1項により、歳費が支給されることとなっている。
　以上のことからすると、被告における宗議会議員の地位は、具体的な権利義務ないし法律関係を含む法律上の地位ということができ（最高裁平成4年（オ）第1260号同7年7月18日第三小法廷判決・民集49巻7号2717頁参照）、同地位が、一般市民法秩序と直接の関係を有しない被告の内部的な地位にすぎないとの被告の主張は採用することができない。」
・懲戒処分の有効性について
　「宗教団体の宗教活動の自由が憲法20条による保障の下にあることを踏まえると、宗教団体が組織内の自律的運営として僧侶等に対してした懲戒処分の当否については、原則として自律的な解決に委ねるのが相当であり、裁判所がその当否を審査するに当たっては、当該処分が裁量権の行使としてされたことを前提として、当該宗教団体の自律的に定めた準則に照らし、処分に至る手続が著しく正義に悖る場合や、処分の根拠となった重

大な事実に誤認があること等により重大な事実の基礎を欠くこととなる場合、又は、判断の過程において自律的に定めた準則の解釈が恣意的に行われ、およそ当該準則に従って処分が行われたとは認められないこと等により当該処分が社会通念上著しく妥当性を欠くと認められる場合に限り、裁量権の範囲を逸脱し又はこれを濫用したものとして無効となると解すべきである。」「　ア（ア）　本件審決書１によれば、本件懲戒処分１は、新寄附行為に定める理事の任期によらず、責任役員会の推薦により選任された理事は、内局の任期満了によって同一に退任するべきであり、原告Ｘ１もこれを了知して４号理事に就任したこと、それにかかわらず、同原告が、理事就任期限であるＫ宗務総長の組織する内局の任期が満了し、責任役員会の決定に基づく４号理事辞任の勧告をも受けながら、Ｅ学院に対し辞表を提出せず、理事にとどまった行為について、宗務執行機関の命令に違反し、かつ、Ｙ宗の秩序を乱したという懲戒事由に該当すると認めたものと解される。

（イ）ａ　本件審決書１が、責任役員会の推薦により選任された理事に関し、内局の任期満了によって同一に退任するべきとした理由については、同審決書上必ずしも明らかではないが、同審決書（甲18の３）６頁の記載からすると、〈１〉平成26年10月の内局交替後にＳが辞任届を提出しているところ、これは、２年の内局任期の定めに従い、前内局退員であった同人が４号理事を退任することによる辞任の手続であること、〈２〉原告Ｘ１は、平成27年２月23日に辞任届を提出しており、その中で、責任役員会の決定により理事交替の連絡を受けたためであるとし、審判期日において、『一つここは考え時かなというようなことで、あの辞任届は出させていただきました。』等の発言をしたことから、同原告も４号理事の就任期限がＫ宗務総長の組織する内局在任期間中であることを了知していたと認められること、〈３〉被告とＥ学院との申合せ上、現内局員を含むことを条件として内局経験者及び宗議会議員を理事に選任するものとされていることは、Ｅ学院が宗門関係学校であることの強い明示であることを

理由とするものであるものと解される。

　b　しかし、〈1〉に関し、Sは、平成26年11月12日、同年10月に新たに発足した責任役員会に対し、辞任届を提出すべきか否かに関する進退伺を提出しているところ（前記前提事実（4）セ）、内局交替と同一に4号理事も退任するべきこととされていたのであれば、上記進退伺は不要であると考えられるから、同人による辞任届の提出が、内局の任期満了によって同一に退任するべきことの根拠となるとはいえない。また、〈2〉に関し、原告X1は、本人尋問等において、責任役員会から、任期を4年として4号理事の推薦を受けたものであり、内局交替と同時に退任するべきとは考えていなかったと述べているところ（甲77・9頁、原告X1本人・12〜14頁）、自身の4号理事の任期がK宗務総長の組織する内局在任期間中であることを了知していたのであれば、平成26年10月、Kが宗務総長の任を終え、被告代表者が宗務総長に就任した後速やかに辞任届を提出等することが自然であるから、同原告が上記を了知していたとはいえない。さらに、〈3〉に関しては、被告とE学院との申合せは、『現内局、内局経験者又は宗議会議員である有識者』からの候補者の推薦を条件としているのであって（甲7）、現内局員を含むことを必要条件とするものではなく、このことを重要視すべきものではない。

　c　そうすると、本件審決書1記載中、責任役員会の推薦により選任された理事は内局の任期満了によって同一に退任するべきとした根拠及び原告X1がこれを了知して4号理事に就任したとの点については、重大な事実の誤認があったといわざるを得ない。」

　「(ア)　a　本件審決書2は本件懲戒処分2の、本件審決書3は本件懲戒処分3の理由をそれぞれ明らかにしているところ、各審決書は、いずれも、原告X2及び原告X3の懲戒事由の一つとして、旧寄附行為から新寄附行為へ改正する際、E学院の理事長、理事及び監事の任期を2年から4年に伸長するには、教育規程39条1項との整合性を図る必要があり、Y宗と協議をして、同学院の運営の基本について定めたE学院寄附行為3条から

『Y宗宗制に規定するもの』との文言を削除するか、又は、Y宗（宗議会）が教育規程39条にその旨の条文を新設する必要があったにもかかわらず、宗門推薦理事である上記原告らがこれらの手続を経なかったことが、宗制、宗憲7条及びE学院寄附行為3条に反することを挙げている。

　b　しかし、理事等の役員任期に関する事項を含む旧寄附行為の改正に当たっては、平成23年10月頃以降、Oの意見を踏まえた上で、被告（宗務庁）とE学院との間で改正案に関する調整、協議が複数回行われていたこと、役員任期の伸長は、被告側からE学院への提案であったこと及び責任役員会も、平成26年3月14日に初めて原告らを新寄附行為に基づく4号理事に推薦するに当たって、何らの異議も述べなかったことが認められ（前記前提事実（4）イ、ウ、オ～コ、前記（2）ア（ウ）b）、このような経緯に照らすと、E学院寄附行為における理事等の任期改正に前記各審決書記載の手続を要するものであったとはいえない。

　c　なお、被告は、本件懲戒処分2及び3においては、4号理事の任期を2年から4年に伸長したことそれ自体を問題にしているものではなく、原告X2及び原告X3が、任期伸長を盾にとって理事辞任を拒否したことを問題としたものであると主張するが、本件審決書2及び3の記載上、上記任期の伸長の際に正規の手続をとらなかったこと自体をもって『本宗の秩序を乱した』等と評価されていることは明らかであり、被告の上記主張は採用することができない。

　（イ）　また、本件審決書2及び3は、原告X2及び原告X3の懲戒事由として、同原告らが責任役員会により推薦された理事であるにもかかわらず、後に責任役員会が推薦した新たな理事の受入れを拒否し、責任役員会が推薦した理事をE学院の理事に選任しなかったことが、管長が責任役員会の決定に基づいて教育機関の役職員の任免の権限を有する旨が規定されている宗憲21条1項4号に違反するものであることを挙げている。

　しかし、ajは、教育規程に定めのない、責任役員会による宗門関係学校への理事の推薦については、各学校から寄附行為による推薦要請があっ

た場合に行うものであると述べ、教育規程39条2項において内局の推薦により管長が任命することと定められている学校長、副学長及び学監や、同条1項において責任役員会で決定した者が就任すると定められている理事長についても、管長による任命等は儀礼的、形式的に行われているにすぎないと述べていること（前記（2）ア（ウ）、甲73・54～55頁、80）、平成27年2月19日付け通知書においても、宗憲21条1項4号は推薦を受け入れなかったことが懲戒事由に該当することの根拠として挙げられていないこと（前記前提事実（4）ツ）、また、本件記録上、責任役員会の推薦により選任されたE学院の理事について、管長による任免がなされている事実はうかがわれないことからすれば、被告において、責任役員会の推薦するE学院の理事の任免が宗憲21条1項4号を根拠になされているものとは認めることができない。

ウ　以上のことからすると、本件懲戒処分2及び3は、判断の過程において宗憲21条1項4号等の宗制の解釈が恣意的に行われ、およそ当該準則に従って処分が行われたとは認められないものということができ、裁量権の範囲を逸脱し又はこれを濫用したものとして無効というべきである。」

・包括宗教団体の不法行為責任について

「前記4のとおり、本件懲戒処分1は、処分の根拠となった重大な事実に誤認があること等により重大な事実の基礎を欠き、又は、判断の過程において自律的に定めた準則の解釈が恣意的に行われ、およそ当該準則に従って処分が行われたとは認められない無効なものというべきであり、また、本件懲戒処分2及び3についても、いずれも、判断の過程において自律的に定めた準則の解釈が恣意的に行われ、およそ当該準則に従って処分が行われたとは認められない無効なものというべきであるところ、本件各懲戒処分後、原告らは、宗議会議員の資格を失ったことを公にされ、支援者となっているY宗の有権者等に対する不本意な報告等を余儀なくされたものであるから（原告X1本人）、本件各懲戒処分は、原告らの人格的利益を侵害するものとして、不法行為に該当するものと認められる。」

Ⅶ 合併・解散

1 合併とは

　合併とは、2つ以上の宗教法人が1つの宗教法人となることをいいます（宗教法人法32条）。合併には、吸収合併と新設合併があります。吸収合併とは、合併する宗教法人の一方が存続し、他方がこれに併合される場合をいいます。新設合併とは、合併を行う両宗教法人が消滅して新たに別の宗教法人を創設する場合をいいます。合併が成立すると、合併によって消滅した宗教法人がそれまで有していた権利や義務（所有権・地上権などの物権、貸金の返還を請求する権利などの債権や賃貸借契約の賃貸人などの契約上の地位、借金を返す義務などの債務、所轄庁の認可を受けて設置している幼稚園を引き続き運営するなど、宗教法人法6条の規定により行う事業に関して行政庁の許可、認可その他の処分に基づいて有する権利義務等）は、合併後存続する宗教法人に全て引き継がれることになります（宗教法人法42条）。

　吸収合併、新設合併ともに合併を行うには、大まかにいって以下の手続きを実施しなければなりません。細かい手続きについては、文化庁『宗教法人の管理運営の手引　第二集　宗教法人の事務〈二訂版〉』ぎょうせい（2014年）94頁以下をご参照ください。

記

①規則で定める合併手続の実施
②合併しようとする旨の公告
③財産目録および貸借対照表の作成
④債権者に対する公告と催告
⑤合併により被包括関係の設定または廃止をする場合の手続の実施

　上記の手続きが終了すると、所轄庁に対して認証の申請をすることになります。所轄庁は、認証の申請がなされると、必要な書類の添付があるかなど

形式的な審査を行い、これを受理した場合は、その旨申請した宗教法人に通知します。そのうえで、下記の事項について審査を行い、認証または不認証の決定をすることになります（宗教法人法39条1項）。

　①合併の手続が宗教法人法や規則に従ってなされたか
　②吸収合併により存続する宗教法人が規則を変更しようとする場合の事項や新設宗教法人の規則が宗教法人法などの法令に適合しているか
　③新設合併により成立する団体が、宗教法人法2条に定める宗教団体であるか

　所轄庁が認証の決定をしたときは、認証申請を行った宗教法人に認証書を交付します。合併の認証申請について、所轄庁の受理した旨の登記や認証書等の交付は、合併の効果をなるべく早く生じさせるために、認証を申請した宗教法人のうちの1つにすれば足ります（宗教法人法39条3項）。

　合併に関する認証書が交付されたときは、その受領日から主たる事務所の所在地においては2週間以内、従たる事務所においては3週間以内に登記を行わなければなりません（宗教法人法56条、59条、61条）。この登記をした後に、登記事項証明書を添えてその旨を所轄庁に届け出ることになります（宗教法人法9条）。宗教法人の合併は登記完了によってその効力が生じます（宗教法人法41条）ので、所轄庁から認証書の交付を受けたときは、速やかに登記をしなければなりません。

　合併に関する裁判例としては、札幌地裁小樽支部昭和35年9月20日判決（下級民集11巻9号1953頁・宗教判例百選（第二版）（別冊ジュリスト109号）（1991年）152頁）〔27440507〕があります。同判決は、「（権利能力なき社団である）X教会が消滅を結果する合併をする場合には、民法第69条を類推適用して信徒総会の解散決議を経ることを要するものと解するのが相当である。」としています。しかし、本判決は、合併ないし解散の手続きについて何ら規定を置いていない宗教法人令下の判決であり、合併について32条以下に詳細な規定を設けている宗教法人法下では、権利能力なき宗教団体の合併処理については、宗教法人法の合併ないし解散に関する規定の類推規定を通じて行

われるものと思われます。

2 解散とは

　宗教法人の解散とは、その目的である宗教活動を停止し、財産関係の整理段階に入ることをいいます。そして財産関係の整理事務を清算といいます。
　宗教法人は、解散したとしても、清算の目的の範囲内において、その清算が完了するまではなおも存続します（宗教法人法48条の２）。宗教法人は、清算の完了をもってその法人格を失います。
　宗教法人の解散には、宗教法人の意思で解散する任意解散と宗教法人法に定められた一定の事由に該当することによって解散することとなる法定解散の２つがあります。
　法定解散については、以下の６つの事由が法定解散事由となります。
①規則で定める解散事由の発生
②合併（合併後存続する宗教法人における当該合併は除く）
③破産手続開始の決定
④所轄庁の認証取消し
⑤裁判所の解散命令
　　裁判所は、宗教法人について、以下に該当する事由があると認めたときは、所轄庁、利害関係人もしくは検察官の請求によりまたは職権で解散を命ずることができます。
　ⅰ 法令に違反し、著しく公共の福祉を害すると明らかに認められる行為をしたこと
　ⅱ 宗教法人法２条に規定する宗教団体の目的を著しく逸脱した行為をしたこと、または１年以上にわたってその目的のための行為をしないこと
　ⅲ 当該宗教法人が宗教法人法２条１号に掲げる礼拝施設を備えることを要件とされている宗教団体である場合に、礼拝の施設が滅失し、やむ

を得ない事由がないのにその滅失後２年以上にわたってその施設を備
　　　えないこと
　　ⅳ １年以上にわたって代表役員およびその代務者を欠いていること
　　ⅴ 設立や合併に係る認証に関する認証書交付日から１年を経過している
　　　場合において、宗教法人法２条に規定する宗教団体でないことが判明
　　　したこと
　⑥包括宗教法人にあっては、その包括する宗教団体の欠乏

　法定解散事由について問題となりやすいのが、⑤裁判所の解散命令です。解散命令が憲法20条１項に違反しないことは、「第１章　宗教と憲法」で紹介した最高裁平成８年１月30日決定（判タ900号160頁）〔27828991〕のとおりです。

　宗教法人法81条１項柱書は、利害関係人が裁判所に解散命令を請求できるとしていますが、「利害関係人」の範囲について判断したのが、下記決定です。

1　大阪高裁昭和38年６月10日決定
　下級民集14巻６号1127頁〔27681219〕

事案

　Ａ教の信者らは、①宗教法人Ａ教の教祖であるＢは、Ｃその他の多数の婦人信者に対し施教にかこつけてわいせつならびに強姦行為をなした、②同法人は右霊現の下知の下に、全教師が詐欺的言辞を弄して申立人等を含む同法人の信者から寄附を募っている事実がある、③同法人は病人の信者に対して「寒行」という苦業を強い、その結果Ｄ他数名のものが死亡した事実があり、それ以外にも多数の患者に対し加持祈祷を行って医療妨害為をなしている、との理由で大阪地裁に解散命令を請求した。
　大阪地裁昭和36年９月27日決定（判時277号27頁）〔27681131〕は、申立人が単に宗教法人の信者であるだけでは、利害関係があるということ

はできないとして申立てを却下したため、信者らが即時抗告をした。

判旨

大阪地裁に差戻し。

「宗教法人法第81条第1項は、裁判所が、宗教法人に同法所定の事由があると認めたときは、所轄庁、利害関係人若しくは検察官の請求により又は職権で、その解散を命ずることができる旨規定するが、右利害関係人とはいかなる範囲の者をいうか、さらに、信者を含むかいなかについては右法条自体何んら明定していない。

しかしながら、宗教法人法中他所で『利害関係人』に関して規定するところをみると、同法は宗教法人の設立、財産処分、被包括関係の設立又は廃止、合併、解散等の場合に公告制度を設け、右公告は『信者その他の利害関係人』に対しなすべき旨を規定している（同法第12条第2、3項、第23条、第26条第2項、第35条第3項、第44条第2項）。そして、右各規定は、宗教法人の公明適正な運営と自主性を確保するために設けられたもので、右立法趣旨ならびに前記『信者その他の利害関係人』なる文言からも、宗教法人法は『利害関係人』とは宗教法人の存続に利害関係を有する者を指し、かつ、信者をもつてその利害関係人中の一つとして取扱うことを自明の理としていることが十分に窺いうるのである。

ところで、前記第81条は、宗教法人法が宗教団体に法人格を与え宗教法人が自由かつ自主的な活動をするための物的基礎を獲得させることを目的としているため、一方、宗教法人に前記法条所定のような公益侵害ないし法令違反等右目的に背反するがごとき事態を生じた場合には、公益保護の目的から裁判所の関与のもとに、その解散を命ずることによつて、法人格を消滅せしめる趣旨の規定であることはいうまでもなく、同条が所轄庁ならびに公益の代表者たる検察官の請求によるほか、裁判所の職権による解散をも認めているところに徴すれば、右『利害関係人』の請求は結局裁判権の発動を促す以上に出でないものであるから、右立法趣旨にかんがみ

れば、同条にいわゆる『利害関係人』もまた、前記公告に関する諸規定中の『利害関係人』の意義と同様、宗教法人の存続に利害関係を有するものと解すべく、当該宗教法人の包括宗教法人あるいは債権者、債務者はもちろん、宗教法人の存続に直接かつ最大の利害関係をもつ信者をも当然に含むものと解するのが相当である。同条の利害関係人に信者を含む旨明文の規定がないからといつて、信者を前記解散請求権者たる利害関係人より特に排除したものと解する理由はないというべきである。」

　解散命令に関して、問題となるのは、「法令に違反して、著しく公共の福祉を害すると明らかに認められる行為をしたこと」「第2条に規定する宗教団体の目的を著しく逸脱した行為をしたこと」という要件です。この点について判断したのが、下記決定です。

2　東京地裁平成7年10月30日決定
判タ890号38頁〔27828351〕

事案

　オウム真理教解散事件の第1審。

判旨

「1　本件申立は、殺人予備が、宗教法人法81条1項1号及び2号前段の『法令に違反して、著しく公共の福祉を害すると明らかに認められる行為』及び『第2条に規定する宗教団体の目的を著しく逸脱した行為』に該当するとしてなされたものである。本件殺人予備のような重大な犯罪が、著しく公共の福祉を害すると明らかに認められる法令違反行為であり、宗教団体の目的を著しく逸脱した行為であることに異論はないであろうが、刑法上の犯罪は、自然人を主体とするものであって、宗教法人自体がこれを犯すことはできない。しかし、宗教法人自体が主体になり得ないという

だけの理由で、刑法上の犯罪はおよそ宗教法人に対する解散命令事由になり得ないと考えるのは、宗教法人法が宗教団体に法人格取得の道を開いてその保護を図った趣旨に反する事態を招く恐れがあり、相当ではない。81条1項の規定上も、『宗教法人について』、同項各号に該当する事由があると認めたときとなっていて、宗教法人と法令違反行為・目的逸脱行為の主体との厳密な一致を必ずしも要求していないと解される。

　そこで、刑法上の犯罪は、どのような場合に宗教法人の解散命令事由を構成し得るのかを問題としなければならないが、宗教団体の構成員が、その組織や活動と無関係に何らかの犯罪を犯したとしても、解散命令によりその宗教団体から法人格を奪うことはできないのが当然と考えられる反面、宗教団体構成員の大部分あるいは中枢部分が、宗教団体の組織的行為として犯行に関与するなど、重大な犯罪の実行行為と宗教団体の組織や活動との間に、社会通念上、切り離すことのできない密接な関係があると認められる場合は、宗教法人法81条1項1号又は2号前段に基づき、宗教法人の解散を命じることができると解すべきである。右のような場合は、『宗教法人について』右各号に該当する事由があると評価することが可能であるし、その宗教団体に法人格を与えておくことは、前記宗教法人法の趣旨に反することになるからである。なお、犯罪行為というものの性質上、責任役員会等の宗教法人の正式機関で承認されたかどうかを基準とするのは相当でなく、あくまでも実質的にみて、宗教団体の組織的行為と認められるかどうかを基準とすべきである。

　2　相手方は、本件サリン生成プラントを建設した可能性があるのはBら一部の幹部信者であって、Aは無関係であると主張している。

　本件プラントの建設・稼働に、具体的に誰がどのように関与したかを証明する証拠は、本件申立の理由と同一の殺人予備の事実により信者12名が起訴されていることを明らかにした証拠（甲18）を除き、本件においては提出されていない。しかし、本件プラントは、オウム真理教団の関連施設が集まる地域に所在する相手方所有の建物内に建設された、複雑、大

規模な化学プラントである。建設には相当数の信者らが従事したであろうと推認される。費用等の点でも、本件プラントへ据え付けるなどされた各種の機器材は、Ａや信者が代表取締役を務める教団の関連会社を通じて購入されているが、その代金総額は２億２４９０万円余であり（甲１１、１２）、三塩化リン約１８０トンを始めとして、調達された前述のサリン生成原料等も極めて大量であって、その代金額は合計１億１９１０万円余に上る（甲１３、２０）。このようなプラントの建設・稼働が、一部の幹部、信者だけの独断によって行い得るとは考えられない。既に述べたように、オウム真理教団において教祖であるＡの存在は絶対的なものであり、信者らに対しては、教祖の意思の実現がすべてであるとして、絶対的な帰依が求められているのである。そして、相手方は、本件で提出した陳述書においてサリンの開発研究を行っていたこと自体は認めており、甲４によっても、大学院で有機物理化学を専攻した教団幹部が、Ａの指示の下に、サリンについて調査研究していたことが認められるうえ、前記のとおり、教団内部において、結果のためには手段を選ばないという考え方の指導が行われていた事実も認められる。

　３　右のような事実を総合すると、本件サリン生成プラントの建設・稼働、すなわち本件殺人予備行為は、オウム真理教の教祖であり相手方の代表役員であるＡの指示あるいは少なくともその承認の下に、オウム真理教団の組織的行為として実行されたものと認めるのが相当であり、重大な犯罪の実行行為と宗教団体の組織・活動との間に、社会通念上、切り離すことのできない密接な関係があると認められる場合に当たるから、宗教法人法８１条１項１号及び２号前段に定める解散命令事由が存在するというべきである。」

3 和歌山地裁平成14年1月24日決定
訟務月報48巻9号2154頁〔28070703〕

事案

組織的に霊感商法を行っていた宗教法人に対する解散命令申立て事件。

判旨

「(1) 本件申立ては、相手方代表者らが行った詐欺が、宗教法人法81条1項1号、2号前段に該当することを理由とするものであるところ、同各号所定の『法令に違反して、著しく公共の福祉を害すると明らかに認められる行為』(1号) 及び『第2条に規定する宗教団体の目的を著しく逸脱した行為』(2号) とは、宗教法人の代表役員等が法人の名の下において取得・集積した財産及びこれを基礎に築いた人的・物的組織等を利用してした行為であって、社会通念に照らして、当該宗教法人の行為であるといえる上、刑法等の実定法規の定める禁止規範又は命令規範に違反するものであって、しかもそれが著しく公共の福祉を害すると明らかに認められる行為、または宗教法人法第2条に規定する宗教団体の目的を著しく逸脱したと認められる行為をいうものと解するのが相当である。

(2) 以下、本件において上記解散命令事由が認められるか検討する。

前記2に認定した詐欺はいずれも相手方に属する満願寺もしくは龍智院を舞台として行われたものであるところ、その実行行為者及び件数が多数に及んでいることだけからみても、上記各詐欺が組織的に行われていたことが強く窺えるところである。

さらに、一件記録によれば、

(1) 前記各詐欺行為は、被害者が満願寺のチラシを見るなどして相談に訪れたことがその端緒になっているところ、そのチラシは、満願寺が独自に作成したものではなく、相手方代表者たるAの指示ないし決裁を経て、

相手方の本部において関連会社に発注して作成したものであること、

　（2）満願寺または龍智院へ相談に訪れた者の中には、金員を騙し取られたにとどまらず、行と称して、新たな詐欺の端緒となるビラ配り等をさせられた者もいること、

　（3）相手方では、教師特別錬成命令書が作成され、教師の目標数値が（編取）金額をもって設定されていたこと、

　（4）各僧侶の給料額算定の基準となる僧侶の階級（時期によって多少の変動があるものの、20段階程度に分けられていた。）があるところ、この階級の昇降は、入信教師や導師の場合、どれだけの金額の金員を相談者から騙し取ったかにかかっており、各寺院を総括する住職の場合、当該寺院全体においてどれだけの金額の金員を相談者から騙し取ったかにかかっていたこと、

　（5）相手方代表者Ａが自ら、金員騙取に向けた欺罔文言を羅列したトーク集なるものを作成した上、これを全体会議に集まった教師や住職らに配付していたこと、

　（6）前記のとおり、満願寺において騙取にかかる金員の振込送金を受ける場合には、『満願寺Ｂ』名義の口座が用いられていたばかりか、相手方においてＡに次ぐ地位にあったＢが現に同口座を管理し、予定されていた金員の送金がない場合には、担当僧侶らに問い合わせるなどしていたこと、

　（7）前記2に認定した詐欺の実行行為者は、いずれも明覚寺の系列寺院において話術訓練等を受けていること、が認められる。

　これらの事実を総合すれば、前記2に認定した詐欺行為は、もはや相手方に属する僧侶等による個人的犯罪ということは到底できず、宗教法人たる相手方が主体となって行ったものというべきである。

　そして、その被害件数及び被害額が極めて多数・多額に及んでいることからして、著しく公共の福祉を害するものであることは明らかであるし、組織的に詐欺行為を行うことが宗教団体の目的を著しく逸脱したと認められる行為であることは多言を要しない。

(3) 以上によれば、相手方は、宗教法人法81条1項1号、2号前段にいう『法令に違反して、著しく公共の福祉を害すると明らかに認められる行為』及び『第2条に規定する宗教団体の目的を著しく逸脱した行為』を行ったといわなければならない。」

　宗教法人が解散したときは、合併および破産手続き開始の決定による解散を除いて清算人が置かれ、清算人は、清算手続きを行っていきます。清算人は、現務を結了したり、債権の取立てや債務の弁済などの清算手続きを行います。宗教法人が解散して清算手続きの終了後、なおも積極財産(残余財産といいます。)が残っている場合、清算人は残余財産の引渡しを以下の順序に従って行います(宗教法人法50条)。
　①規則に残余財産の処分について規定がある場合は、その定めに従う。
　②規則に残余財産の処分についての規定がない場合は、他の宗教団体または公益事業のために処分することができる。
　③上記①、②で処分されなかった財産は、国庫に帰属する。
　なお、宗教法人令下の裁判例ですが、宗教法人令14条は、「解散シタル宗教法人ノ残余財産ノ処分ハ規則ノ定ムル所ニ依ル其ノ定ナキトキハ清算人ハ命令ノ定ムル所ニ依リ裁判所ノ許可ヲ受ケ他ノ宗教法人又ハ公益事業ノ為ニ之ヲ処分スルコトヲ得」としているところ、名古屋高裁昭和36年12月15日判決(判時292号19頁)〔27660825〕は、浄土真宗大谷派の場合、寺院規則がなくとも寺有財産の処分について、「総代の同意を得て住職の後継者と目すべきものに残余財産を帰属せしめることがむしろ慣行となっていることが認められる。」「宗教法人令の全規定を通覧しても寺院規則の内容について国家的規制を加えている様な規定が見当たらないから、前記宗教法人令第14条の規定は必ずしも右の如き慣習をも容れないという程の強行法規と認めねばならないこともないからA(先代住職の子)は前記清算人の残余財産処分により本件土地の所有権を有効に取得したものというべきである。」としました。

第3章

宗教と墓地葬祭法

I はじめに

本章においては、宗教と墓地及び葬祭に関する判例について紹介していきます。

墓地に関しては、「墓地、埋葬等に関する法律」（墓埋法）及び全国各地の墓地に関する条例（東京都の「墓地等の構造設備及び管理の基準等に関する条例」、横浜市の「横浜市墓地等の経営の許可等に関する条例」等）が法律関係を規律しています。墓地の経営許可、異教徒による寺院墓地への埋葬依頼をめぐって紛争が多発し、それらに関連する判例が多数出されていますが、統一的な判例法理というものが中々定まっていないのが現状です。本章では、墓埋法プロパーに関する判例のみならず、墓地経営者（管理者）と使用者間の紛争、墓地開発をめぐる地域住民との紛争や宗教法人と墓地開発業者との紛争等に関する判例についても紹介していきます。

葬祭に関しては、葬儀費用の負担や、祭祀承継者や特別縁故者の指定をめぐって判例が多数出されておりますので、これらを紹介していきます。

II 墓地に関する判例

1 墓地使用権の性質

墓地使用権の法的性質をめぐっては、裁判例上、慣習法上の物権（山形地裁昭和39年2月26日判決（判タ159号175頁）〔27430739〕）、民法599条の適用を排除する特約付きの使用貸借契約（仙台高裁昭和39年11月16日判決（下級民集15巻11号2725頁）〔27402569〕）、地上権（東京高裁昭和46年9月21日判決（判タ270号245頁）〔27431291〕）などと判断されています。ここでは、墓地使用権の性質について言及した代表的な裁判例について紹介します。

Ⅱ 墓地に関する判例

1 仙台高裁昭和39年11月16日判決
下級民集15巻11号2725頁・宗教判例百選〈第2版〉186頁〔27402569〕

事案

被告（Y）らは、原告寺院（X）から無償で墓地を使用してきたが、住職の代替わりによって、原告寺院は、被告らに対して新たに墳墓地賃貸借契約の締結や墓地売買契約の締結を求めた。被告らが応じなかったため、墓石の収去及び墓地の収去を求めて訴訟を提起した。

判旨

「Yらまたはその先代らがもとX寺院代表者であった甲との間に、本件係争墓地を目的として、これにYらまたはその先代らの祖先の墳墓を設置する墓所として使用するため存続期間の定めのない使用貸借契約を結んで、これに基き右係争土地部分を使用してきたことを推認することができる。そしてこのような土地を墓所として使用するための使用貸借においては、墳墓の永久性からいって、特段の事実がないかぎり、一般に民法599条の適用を排除する特約が存するものと解すべきであるから、たとい右使用貸借がYらの先代らが借主となって締結したものであっても祖先の祭祀を主宰するYらにおいて右使用貸借に基く本件係争墓地の使用権を承継したものと解すべきである。そうすると、Yらは使用貸借契約に基き無償で本件係争墓地上に墓石を建設所有し墓所として占有使用する権原を有するものと言わなければならない。」「墳墓の存置を目的とする墓地の使用貸借は、特に返還時期の定めがあったことを認められない本件においては、墳墓が存置されてある限り契約に定めた目的による使用収益を終わらないものと解すべきは当然であるから、民法594条3項等一定の解除事由がない限り貸主は一方的に使用貸借契約を解除することができないこともちろんであり、本件においてかかる解除の事由が存在することについて

は、なんらの主張立証もないから、右主張もまた採用のかぎりではない。」

2 津地裁昭和38年6月21日判決
判時341号19頁〔27681221〕

事案

真宗高田派に属する被告寺院の寺院墓地に日蓮正宗に改檀改宗した原告である元檀家が埋葬を求めてきたが、被告寺院がそれを拒否したため、原告が埋蔵に対する妨害排除請求の訴えを提起してきた。後述のとおり、典礼施行権に関する有名な判決であるが、墓地使用権の性質に関しても、重要な判断を行っているため、ここに紹介する。

判旨

「墓地使用権は墳墓が有する容易に他に移動できないという性質（官庁の許可を得た墓地内にのみ設定されねばならない。）すなわち固定性の要求からして、また我が国においては墳墓が先祖代々の墳墓と観念されていること（民法897条は墳墓について相続人の承継を一応おさえ、その所有権は慣習に従って祖先の祭祀を主宰すべきものが承継する旨規定している。）また国民の宗教生活上墳墓は尊厳性を持つべきことを要請されていること（刑法にこれを保障する規定がある。）などの諸点からして墳墓は必然的に固定的且つ永久的性質を有すべきものとして観念されているのである。さればこのような固定性、永久性を有すべき墳墓を所有することにより、墓地を使用することを内容とする墓地使用権も、たとえその設定契約が前記のように檀家加入契約という契約に由来するとしても、右墳墓と同様に永久性を持つべきものと考える。そして当初の設定契約にかかる性質を有するものとして設定されておるものと言えよう。」

なお、福岡高裁昭和59年6月18日判決（判タ535号218頁）〔27490047〕は、

「墓地使用権とは、祖先の霊を安置するという宗教的意識を基礎としつつ、神聖かつ宗教的礼拝の用に供するための祭祀財産である墳墓を所有するという特定された目的のため、官庁の許可によつて特設された共葬墓地内においてのみ設定され、右墳墓そのものが容易に他に移動できない施設であり、しかもその施設が右墓地と一体となつて墓石など特殊の標示物によつて公示されるため固定性を具え、さらに墳墓の所有権は、旧法下では家督相続人に、現行法下では祭祀主宰者に受け継がれ、右承継者が断絶して無縁とならない限り、原則として永久的に承継されていくものであるところ、これと一体不可分の関係に立つため永久性を有し、民法施行前より慣習上生成した権利であつて、民法施行後も民法施行法37条所定の登記を経由することなく、同一内容をもつて依然社会の慣行上認められてきている対世的支配的権利というべきものであるから、通常、共葬墓地においては目的土地を複数の使用者毎に区分して共同使用し、各使用者は割り当てられた使用区域に墳墓の施設を所有して当該区域を専用するが、墓地使用権自体は、当該区域のみならず目的土地全部につき成立し、その各権利者間の関係は準共有であるものと解されるので、右各使用区域の侵害に対してはもとよりのこと、右の目的土地全体を右のごとく特設された共葬墓地として墳墓所有のため使用する権利に対する侵害状態が現に存する場合には、いわゆる物権的妨害排除請求権が認められ、右の各権利者がそれぞれ侵害者に対し右侵害の排除を請求し得るものと解するのが相当である。」と判示し、墓地使用権を墳墓の施設を所有するために専有する墳墓地区域を越えて共葬墓地全体について成立するものとしてその保護を図っています（裁判例の事案は、被告である寺院が、共葬墓地に飲食店用建物の建築を強行し、原告の墳墓の美観を著しく損ない参拝の妨害をし、その周囲をゴミ捨て場や放尿の場とするような事態を招いたというものです。）。同様に、墓地使用権に物権的妨害排除請求権を認めた裁判例として、東京地裁平成2年7月18日判決（判タ756号217頁）〔27808827〕があります。

2 墓地等の経営許可をめぐる問題

　墓埋法10条は、墓地、納骨堂または火葬場の経営の開始、変更または廃止について都道府県知事の許可が必要であることを定めています。墓地等の経営は、高度の公益性を有するとともに国民の風俗習慣、宗教活動、各地方の地理的条件等を踏まえるべきことから、都道府県知事の許可を得なければならないことになっています。なお、平成23年に成立した「地域の自主性及び自立性を高めるための改革の推進を図るための関係法律の整備に関する法律」により、市または特別区にあっては、市長または区長が許可権限を有することになりました。また、実際には、地方自治法に基づき都道府県知事から市町村長にこれらの権限が委任されている場合があります。もし、無許可で墓地等の経営の開始、変更または廃止をしてしまうと、6月以下の懲役または2万円以下の罰金に処せられてしまいます（墓埋法20条）。それでは、どのような場合に墓地等の経営許可が必要となるのでしょうか。この点について判断したのが、以下の裁判例です。

1　大阪高裁昭和52年1月19日判決
判時860号163頁〔27682068〕

事案

　被告人は、宗教法人の代表役員であった。墓埋法10条1項に基づく経営許可を受けて墓地を造成していたが、造成工事を許可区域外のところにも行うようになり、許可区域外の区画の墓券を数人に対して発行交付し、墓地使用権の設定かとまぎらわしい行為をしていた。検察官は被告人の行為が墓埋法10条1項の禁ずる無許可墓地経営に該当すると主張し、仮にそうではないとしても同条2項の禁ずる無許可墓地区域変更にあたると主張して被告人を起訴した。1審の神戸地裁は無許可墓地区域変更罪の成立を認めて被告人を有罪にした。これを被告人が不服として控訴した。

II　墓地に関する判例

> **判旨**

「10条1項にいう『墓地』とは、ある者が自らその区域内で墳墓の設置に着手することにより、あるいは他人に墳墓を設けさせる目的でその区域内の土地の分譲もしくは使用権の設定に着手することにより、墳墓を設けることに利用されることが確定された土地の区域を意味するのであり、『墓地の経営』とは、右のごとき意味での墓地を設けること、および、右のごとき意味での墓地を墓地として管理、運営することを指し、2項にいう『墓地の区域の変更』とは、区域を縮小（一部廃止）して変更することは別として、許可ずみの墓地の区域と一体となるような関係のもとに許可区域外の土地をも右のごとき意味での墓地にすることを指すと解するのが相当である。」「墓地法10条に違反し無許可で墓地を経営または無許可で区域を拡張して墓地の区域を変更した罪は、許可区域でない土地を右のごとき意味での墓地にした事実があるときにはじめて成立するのであって、墓地として許可を受けた区域外の土地にたとえ主観的、外観的に墳墓を設けるための墓地用地と言い得るものを造成作出した場合であっても、げんに同土地に墳墓を設置することなく、第三者に対する墳墓用地としての分譲、使用権の設定をすることもなく、同土地をいぜんとして自己が支配し、同土地に墳墓が設けられるに至ることを避けている間は、同土地につき墓地を経営し、あるいは墓地の区域を同土地にまで拡張して墓地の区域を変更したことにはならないのであり、将来自ら墳墓の設置に着手し、または墳墓用地として第三者に対する分譲、使用権の設定に着手するまでのいずれかの段階で所定の許可を得さえすれば、10条違反として問擬される余地はないと解するのを相当とする。」「被告人らはこのように許可区域外の図面上の霊地につき表面上相手方に墓地使用権を認める趣旨の契約書を取交わしたり墓券を発行交付したりした事実はあるけれども、いずれも当事者間では当該土地に墳墓を設けたり、これを他の第三者に譲渡したりする前に円満解決することが期待されており、その行為は、現実の問題として当該土地につき墳墓を設けさせるに至る性質のものではなかったと言えるの

であり、このような事実がある故に被告人らが本件許可外の土地を墓地にしたとみるには至らない」「被告人らは、本件許可外の区域を許可を受けた区域と一体をなす墓地用地に造成したと言い得るにとどまり、げんにこれを墓地にした事実はないのであるから、右許可外の区域につき墓地を経営したとか、許可を受けて設けた墓地の区域を右許可外の区域にまで拡張して墓地の区域を変更したとはいえず、したがって、本件公訴事実については犯罪の証明がなく、被告人らはいずれも無罪である。」

都道府県知事等がなした経営の開始、変更、廃止の許可・不許可に不服をもつ者がいれば、許可処分・不許可処分の取り消しを求めて、取消訴訟（行政事件訴訟法3条2項）を提起することになります。経営等許可申請者が、不許可処分の取り消しを求めることは、「当該処分又は裁決の取消しを求めるにつき法律上の利益を有する」といえ、原告適格が当然にあります（行政事件訴訟法9条1項）。それでは、墓地造成予定地の周辺住民が、墓地経営許可処分に不満で墓地経営許可処分の取消訴訟を提起する場合、原告適格は認められるのでしょうか。この点について、②の最高裁平成12年判決は周辺住民の原告適格を否定し、③の東京地裁平成22年判決は周辺住民の原告適格を肯定しております。結論が正反対になったのは、平成16年に原告適格が実質的に拡大される方向で行政事件訴訟法の改正がなされたこと、東京都の「墓地等の構造設備及び管理の基準等に関する条例」には、距離制限規定・墓地構造設備基準・標識の設置、説明会の開催等、事前協議の指導等周辺住民の利益を一定程度考慮した規定が存在していることによるものと思われます。

2 最高裁平成12年3月17日判決
判タ1029号159頁〔28050542〕

判旨

「墓地、埋葬等に関する法律（以下「法」という。）10条1項は、墓地、納骨堂又は火葬場（以下「墓地等」という。）を経営しようとする者は、都道府県知事の許可を受けなければならない旨規定するのみで、右許可の要件について特に規定していない。これは、墓地等の経営が、高度の公益性を有するとともに、国民の風俗習慣、宗教活動、各地方の地理的条件等に依存する面を有し、一律的な基準による規制になじみ難いことにかんがみ、墓地等の経営に関する許否の判断を都道府県知事の広範な裁量にゆだねる趣旨に出たものであって、法は、墓地等の管理及び埋葬等が国民の宗教的感情に適合し、かつ、公衆衛生その他公共の福祉の見地から支障なく行われることを目的とする法の趣旨に従い、都道府県知事が、公益的見地から、墓地等の経営の許可に関する許否の判断を行うことを予定しているものと解される。法10条1項自体が当該墓地等の周辺に居住する者個々人の個別的利益をも保護することを目的としているものとは解し難い。また、大阪府墓地等の経営の許可等に関する条例（昭和60年大阪府条例第3号）7条1号は、墓地及び火葬場の設置場所の基準として、『住宅、学校、病院、事務所、店舗その他これらに類する施設の敷地から300メートル以上離れていること。ただし、知事が公衆衛生その他公共の福祉の見地から支障がないと認めるときは、この限りでない。』と規定している。しかし、同号は、その周辺に墓地及び火葬場を設置することが制限されるべき施設を住宅、事務所、店舗を含めて広く規定しており、その制限の解除は専ら公益的見地から行われるものとされていることにかんがみれば、同号がある特定の施設に着目して当該施設の設置者の個別的利益を特に保護しようとする趣旨を含むものとは解し難い。したがって、墓地から300メート

ルに満たない地域に敷地がある住宅等に居住する者が法10条1項に基づいて大阪府知事のした墓地の経営許可の取消しを求める原告適格を有するものということはできない。」

3 東京地裁平成22年4月16日判決
判時2079号25頁〔28162057〕

判旨

「(1) 行政事件訴訟法9条1項にいう『法律上の利益を有する者』とは、当該処分により自己の権利若しくは法律上保護された利益を侵害され、又は必然的に侵害されるおそれのある者をいうのであり、当該処分を定めた行政法規が、不特定多数者の具体的利益を専ら一般的公益の中に吸収解消させるにとどめず、それが帰属する個々人の個別的利益としてもこれを保護すべきものとする趣旨を含むと解される場合には、このような利益もここにいう法律上保護された利益に当たり、当該処分によりこれを侵害され、又は必然的に侵害されるおそれのある者は、当該処分の取消訴訟における原告適格を有するものというべきである。そして、処分の相手方以外の者について上記の法律上保護された利益の有無を判断するに当たっては、当該処分の根拠となる法令の規定の文言のみによることなく、当該法令の趣旨及び目的並びに当該処分において考慮されるべき利益の内容及び性質を考慮すべきであり、この場合において、当該法令の趣旨及び目的を考慮するに当たっては、当該法令と目的を共通にする関係法令があるときはその趣旨及び目的をも参酌し、当該利益の内容及び性質を考慮するに当たっては、当該処分がその根拠となる法令に違反してされた場合に害されることとなる利益の内容及び性質並びにこれが害される態様及び程度をも勘案すべきものである（同条2項参照）（以上につき、平成17年最高裁大法廷判決参照）。

上記の見地に立って、原告らが本件処分の取消しを求める訴えの原告適

格を有するか否かについて検討する。

（2）　墓埋法10条1項は、墓地等を経営しようとする者は、都道府県知事の許可を受けなければならない旨規定するのみで、その許可の要件について特に規定していない。これは、墓地等の経営が、高度の公益性を有するとともに、国民の風俗習慣、宗教活動、各地方の地理的条件等に依存する面を有し、一律的な基準による規制になじみ難いことを考慮して、墓地等の経営に関する許否の判断を都道府県知事の広範な裁量にゆだねる趣旨に出たものであって、墓埋法は、墓地等の管理及び埋葬等が国民の宗教的感情に適合し、かつ、公衆衛生その他公共の福祉の見地から支障なく行われることを目的とする法の趣旨に従い、都道府県知事が、第1次的には公益的見地から、墓地等の経営の許可に関する許否の判断を行うことを予定しているものと解される。

ところで、本件条例は、墓埋法10条の規定による経営の許可等に係る墓地等の構造設備及び管理の基準並びに事前手続その他必要な事項を定めることを趣旨とするものであり（本件条例1条）、墓埋法と目的を共通にする関係法令ということができる。

本件条例は、墓地等の設置場所の基準として、6条1項2号において、河川、海又は湖沼から墓地までの距離は、おおむね20メートル以上であること、同項3号において、住宅等から墓地までの距離は、おおむね100メートル以上であること、同項4号において、高燥で、かつ、飲料水を汚染するおそれのない土地であることを定めている。そして、同条2項において、専ら焼骨のみを埋蔵する墓地に限り、公衆衛生その他公共の福祉の見地から支障がないと認めるものについて、同項2号及び3号の規定は適用しないものと定められており、土葬が行われる墓地については、住宅等から墓地までの距離は、おおむね100メートル以上であることが必須とされている。また、同項4号については、公共の福祉の見地からの適用除外は認められていない。そして、本件条例7条1項3号は、墓地の構造設備基準として、雨水又は汚水が滞留しないように適当な排水路を設

け、下水道又は河川等に適切に排水することを、同項４号はごみ集積設備等の設置を定め、さらに、本件条例12条３号は、墓地等の管理者の講じなければならない措置として、墓地等を常に清潔に保つことを規定している。これらの規定は、いずれも墓地等の周辺地域の飲料水の汚染等の衛生環境の悪化を防止することを目的としているということができる。

　加えて、本件条例16条１項及び17条１項は、墓地経営の許可の申請予定者は、申請に先立って、隣接住民等に対し、標識の設置や説明会の開催等によって墓地等の建設計画を周知して説明しなければならない旨規定し、本件条例18条１項は、隣接住民等は、公衆衛生その他公共の福祉の観点から考慮すべき意見、墓地等の構造設備と周辺環境との調和に対する意見及び墓地等の建設工事の方法等についての意見の申出ができ、知事は、正当な理由があると認めるときは、申請予定者に対し隣接住民等との協議を行うよう指導することができるとされ、本件条例は、隣接住民等に対して、墓地経営許可に係る手続への関与を認めている。

　そして、墓埋法10条１項及び本件条例に基づく墓地経営の許可は、本件条例６条以下の基準に適合することを要件としてされるものであると解されるところ、上記墓埋法の規定に加えて、本件条例の規定の趣旨及び目的をも参酌し、併せて本件条例において、上記のように墓地等の周辺地域の飲料水の汚染等の衛生環境の悪化を防止することを目的とした規定があり、隣接住民等に対して墓地経営許可に係る手続への関与を認めた規定があることをも考慮すれば、墓地経営許可に関する墓埋法及び本件条例の規定は、墓地の経営に伴う衛生環境の悪化等によって、墓地の周辺地域に居住する住民に健康又は生活環境の被害が発生することを防止し、もって良好な衛生環境を確保し、良好な生活環境を保全することをも、その趣旨及び目的とするものと解される。

　（３）　本件条例の規定に違反した違法な墓地の経営が許可された場合には、そのような墓地の経営に起因して、周辺地域の飲料水ともなる地下水の汚染、土壌の汚染、雨水や汚水の滞留、供物等の放置による悪臭又は烏、

鼠及び蚊の発生及び増加、排水設備の不備による周辺への浸水などが生じるおそれがある。そして、周辺住民等、すなわち、墓地の周辺の一定範囲の地域に居住し、又は住宅を有する者は、上記のような衛生環境の悪化による被害を直接受けるおそれがあり、その被害の程度は、住宅の場所が墓地に接近するにつれて増大するものと考えられる。また、周辺住民等がそのような被害を反復、継続して受けた場合には、それは、周辺住民等の健康や生活環境に係る著しい被害にも至りかねないものである。そして、墓埋法10条1項の許可をする際に考慮すべき基準等を定める本件条例の各規定は、周辺住民等に対し、条例違反の墓地の経営による墓地周辺の衛生環境の悪化により健康又は生活環境に係る著しい被害を受けないという具体的利益を保護しようとするものと解されるところ、そのような被害の内容や性質、程度等に照らせば、この具体的利益は、一般的公益の中に吸収解消させることが困難なものといわざるを得ない。

　そして、墓埋法は、前記のとおり、墓地等の管理や埋葬が公衆衛生の見地からも支障なく行われることも目的としており、また、墓地等の経営が国民の風俗習慣、宗教活動、各地方の地理的条件等に依存する面を有し、一律的な基準による規制になじみ難いことから、墓地等の経営の許否について都道府県知事に広い裁量を与えており、各地方の実情に応じた判断の基準を各都道府県の条例によって定めることを予定しているということができる。そうすると、墓埋法は、各地方の実情に応じて、条例において違法な墓地の経営による墓地周辺の衛生環境の悪化による健康又は生活環境に係る著しい被害を受けないという具体的利益を墓地の周辺住民等の個別的利益として保護することも予定しているというべきであり、墓埋法10条1項は、第1次的には公益的見地からの規制を予定しているものの、それとともに周辺住民等の健康又は生活環境に係る著しい被害を受けないという利益を個々人の個別的利益としても保護すべきものとする趣旨を有すると解するのが相当である。

　したがって、周辺住民等のうち、違法な墓地経営に起因する墓地周辺の

衛生環境の悪化により健康又は生活環境の著しい被害を直接的に受けるおそれのある者は、墓地経営許可の処分の取消しを求めるにつき法律上の利益を有する者として、その取消しの訴えにおける原告適格を有するというべきである。

（4）ところで、本件条例6条1項3号は、原則として住宅等から墓地までの距離はおおむね100メートル以上であることとしており、おおむねその範囲内の地域に居住し、又は住宅を有する周辺住民等については前記のような被害が直接及び得ることを想定していると考えられるところ、証拠（甲41の1、42から53まで）及び弁論の全趣旨によれば、原告X1については、本件墓地からその居住地までの距離が約127.5メートルであって、おおむね100メートルの範囲内とは認め難いが、それ以外の原告らについては、本件墓地からおおむね100メートルの距離の範囲内の地域に居住し、又は住宅を有する者と認められ、本件墓地周辺の衛生環境の悪化による健康又は生活環境の著しい被害を直接受けるおそれがある者ということができるから、本件処分の取消しを求める法律上の利益を有する者であると認めることができる。

したがって、原告X1を除く原告らは、いずれも本件処分の取消しの訴えの原告適格を有するというべきである。」

厚生省生活衛生局（当時）は、各自治体向けに「墓地経営・管理の指針等について」を発しています（平成12・12・6生衛発第1764号）。その中で、墓地経営の許可に関する指針として、以下の事項に言及しています。

記

第1　基本的事項
1　墓地経営者には、利用者を尊重した高い倫理性が求められること。
2　経営・管理を行う組織・責任体制が明確にされていること。
3　計画段階で許可権者との協議を開始すること。
4　許可を受けてから募集を開始すること。

第2　墓地経営主体
1　墓地経営主体は、市町村等の地方公共団体が原則であり、これによりがたい事情があっても宗教法人又は公益法人等に限られること。
2　いわゆる「名義貸し」が行われていないこと。
3　墓地経営主体が宗教法人又は公益法人である場合には、墓地経営が可能な規則、寄附行為となっていること。
4　経営許可申請者が墓地経営を行うことを意思決定したことを証する書類が存すること。

第3　墓地の設置場所及び構造設備
1　墓地の設置場所について、周辺の生活環境との調和に配慮されていること。
2　墓地の構造設備について、一定以上の水準を満たしていること。

第4　他法令との関係
1　当該墓地経営を行うに当たり、他制度の許可も要する場合には、当該許可を得たことを証する書類が存すること。

第5　安定的な経営管理計画
1　安定的な経営を行うに足りる十分な基本財産を有していること。
2　自ら土地を所有していること。
3　土地に抵当権等が設定されていないこと。
4　当初から過度な負債を抱えていないこと。
5　中長期的需要見込みが十分行われていること。
6　中長期的収支見込みは適切であること。将来にわたって経営管理が可能な計画を立てていること。
7　墓地以外の事業を行っている場合には経理・会計を区分するようにすること。

第6　墓地使用契約
1　基本的に標準契約約款に沿った内容であること。
2　契約内容が明確であること。

3　契約に際し十分利用者に契約内容が説明されるようにすること。その前提として、契約書及び重要事項の説明書が作成されていること。
4　料金に関する規定が明確であり、利用者に十分説明が行われるものであること。
5　使用期限に関する規定が明確であり、利用者に十分説明が行われるものであること。
6　契約解除の場合にも使用者の保護が図られていること。

第7　許可の際の条件
1　許可の際に以下のような条件が付されることが望ましいこと。
　・使用料等を原資とする管理基金の造成
　・監査法人による財務監査の受検
　・財務関係書類の作成、公開　等

第8　現地調査
1　申請内容と実態が合致しているか確認するため、現地調査を行うこと。

　上記指針を受けて、各自治体では、墓地等の経営の許可等に関する条例や審査基準が作成されています。墓地経営許可にあたっては、名義貸し（墓地経営主体が、地方公共団体・宗教法人・公益法人に限られているため、営利企業等が宗教法人から名義だけ借りて墓地経営を行うこと。）が一番問題となり得るところです。墓埋法10条の許可は、許可権限者である都道府県知事等に幅広い裁量があり（生活衛生法規研究会監修『新訂逐条解説墓地、埋葬等に関する法律〈第3版〉』第一法規（2017年）48頁）、墓地経営許可等をめぐる取消訴訟においては、行政側の判断が尊重される結論となるのが大半です。ただ、許可権限者の裁量が幅広いといっても墓地経営の許可にあたって、法人の形態等を形式的に審査し（墓地経営主体が、地方公共団体・公益法人・宗教法人か否か等）、実質的事由（墓地の経営事業についての公共性、非営利性、必要性の有無・財政的基礎の確実性、責任を明確にした組織体制の有無・資金計画の確実性、墓地の造成、管理計画の適正等）を何ら審査・

判断しないような審査態度は、違法のそしりを免れないでしょう（水戸地裁平成14年12月27日判決（裁判所ウェブサイト）〔28151717〕参照）。

墓地（納骨堂）経営許可をめぐる取消訴訟において、本案の判断が示された代表的な裁判例について3つほど紹介します。

4 さいたま地裁平成17年6月22日判決
裁判所ウェブサイト〔28101672〕

事案

原告が、墓埋法10条1項に基づき墓地の経営許可を受けていたところ、被告であるさいたま市長は、原告が墓地用地等の所有権を取得していないこと及び墓地の実質的な経営をしていないことを理由として、墓地埋葬法19条に基づき、原告に対してした墓地の経営許可を取り消したため、原告が、経営許可取消処分の取り消しを求めた。

判旨

「（1）墓地埋葬法10条1項は、墓地等を経営しようとする者は、都道府県知事の許可を受けなければならないとし、同法19条は、都道府県知事は、公衆衛生その他公共の福祉の見地から必要があると認めるときは、墓地等の施設の整備改善、又はその全部若しくは一部の制限若しくは禁止を命じ、又は10条の許可を取り消すことができると定めている。

同法は、許可・取消の各要件を具体的に定めてはいないが、これは、墓地等の経営が高度の公共性を有するとともに、国民の風俗感情、宗教活動、各地方の地理的条件等に依存する面を有し、一律的な基準による規則になじみ難いことに鑑み、都道府県知事の広範な裁量に委ねる趣旨に出たものと解される。そして、墓地埋葬法は、墓地等の管理及び埋葬等が、国民の宗教的感情に適合し、かつ公衆衛生その他の公共の福祉の見地から、支障なく行われることを目的とするものであるから（同法1条）、同法19条

にいう『公衆衛生その他公共の福祉の見地から必要があると認めるとき』は、墓地の永続性及び健全な経営の確保、利用者の利益の保護、周辺の生活環境及び地理的条件との調和等を総合的な観点から判断すべきものである。

　ところで、墓地埋葬法10条1項の墓地の経営許可の申請は、当然、墓地を経営しようとする者の申請に限定されるが、さらに墓地埋葬条例2条は、墓地埋葬法10条1項の経営許可を受けようとする者は、原則として地方公共団体又は自己所有地に設置した墓地等を経営しようとする宗教法人又は公益法人に限定しているところ、原告が墓地経営の許可を埼玉県中央保健所長から受けた平成7年当時においても、行政実務上同様の運用が行われていたと推認される。このように、許可申請の主体を限定している趣旨は、墓地の永続的管理の必要性とともに、墓地の健全な形成を確保するため過度に営利を追求しない運営が求められることにあると考えられる。

　そして、墓地の経営許可における名義貸し行為は、名義を貸した者が形式上経営の許可を受けることによって、名義を借り受けた者が何ら行政上の手続を経ることなく実質的に墓地を経営することになるのであるから、無許可で墓地経営を行うことを助長し、隠ぺいする行為であって、上記のような法の趣旨を潜脱するものというべきである。また、実質的にみても、名義貸し行為が行われると、名義を借りた者が実質的な経営者として墓地の永代使用権の販売等により利益を得ることになる一方、墓地利用者とのトラブル等の最終的な責任は何ら資金力のない名義を貸した者が負うことにもなり、最終的には墓地利用者の利益を害するおそれもある。

　とすれば、そのような名義貸し行為によって何ら法的手続を経ないで墓地の経営を行うことは、特段の事情がない限り、それ自体墓地の永続性及び健全な経営の確保を著しく害するおそれのあるものというべきである。

　（2）これを、本件についてみると、原告は、明星学園やDらとともに墓地埋葬法の経営許可取得のために名義を貸し、その対価として2000万

円を受け取る旨約し、実際に、墓地用地を原告が取得する意思もないのに明星学園との間で虚偽の売買契約書を作成し、それを墓地の経営許可の申請書に添付して墓地の経営許可を取得している。そして、本件霊園の管理運営についてもＤ若しくはＤの地位を譲り受けた明星学園又はＡに一切を委託していたものであり、原告自らが本件霊園の管理運営を行っていたものではない。また、本件霊園の建設費用についてもＡや指定石材店からの出費によるもので原告自らは全く出捐することがなかったにもかかわらず、名義貸料の一部を原告は現に受け取った。さらに、その後も原告は墓地用地の大部分を取得することができず、上記墓地用地は最終的に妙照界の所有地となっている。このような事実に鑑みると、原告は目録１各土地における墓地経営をする意思はなかったのみならず、このような名義貸し行為を利用して原告自らの利益を得ることを図り、本件霊園の管理運営については一切をＤや明星学園らに任せ、目録１各土地所有権の確保も全く図れなかったのであるから、原告の名義貸しに関する一連の行為が、墓地の永続性及び健全な経営の確保を害するおそれのある行為であることは明らかである。

　とすれば、このような原告の行為は、墓地埋葬法及び墓地埋葬条例の趣旨を没却するものであり、墓地の永続性及び健全な経営の確保を著しく害するものであって、墓地の永続性の確保、利用者の利益保護の観点からみて公共の福祉を害するものというべきである。

　したがって、墓地埋葬法19条の『公衆衛生その他公共の福祉の見地から必要があると認めるとき』という墓地の経営許可の取消要件に該当するといえる。」

5 松山地裁平成25年9月25日判決
判例地方自治390号77頁〔28213204〕

事案

納骨堂の経営を愛媛県内の市が不許可にしたのは不当であるとして、同市の寺院が不許可処分の取消しを求めた。

判旨

原告は、納骨堂は堂宇を備えた建物でなければならない、地域住民等の同意がないとの不許可理由は著しく不合理なものであるとしたが、裁判所はゆうパックを使って遺骨を送付させ、低価格で納骨供養を行うという原告の方針について、「①本件不許可処分の当時、インターネットを通じて全国から利用者を募集し、郵送により焼骨を受け取るという方法による納骨堂の運営形態が広く一般的に利用されていたとは言い難い状況下にあったことに加えて、②宗旨・宗派を問わないとする点や、③ことさらに安価な価格であることや、遺骨を持参して住職と面談することなく郵送により受け入れるなどと簡便であることを強調していることなどを総合的に勘案すると、前記のような利用者の募集方法が、商業主義的との印象を与えるものであることは否定し難い。また、原告は、利用者を募集する際に、その受入可能数を明示しておらず、原告が、当該地域はもとより原告とすら何ら縁のない遺骨を無制限に募っているとみられかねない事情もあった。そうすると、被告地域における風俗習慣等に照らし、前記のような本件施設の運営方法が、地域住民の宗教感情に適合しないものであるとした被告の判断が、合理性を欠くということはできない。」と判示し、原告の請求を棄却した。

6 熊本地裁昭和55年3月27日判決
判時972号18頁〔27603821〕

事案

原告は、被告である熊本県知事に対し、墓地経営許可を申請したが、熊本県知事は、地元熊本市長および熊本県議会が自然環境の保護及び災害発生の危惧を理由に墓地建設に反対していることを理由に不許可とした。原告は、不許可処分の取消しを求めて出訴した。

判旨

裁判所は、「右熊本市長の意見、熊本市議会の決議及び関係住民の陳情等は、いずれも、自然環境破壊と災害をもたらす危ぐの見地のみから表明された。…そして、墓地埋葬法10条1項の趣旨、目的は、…墓地経営が公共の福祉の見地から支障なく行われるべきことにあるとされるのであるが、右公共の福祉の見地とは、国民の宗教的感情に適合することとか、公衆衛生の見地とかの同法1条に規定されている内容から推し量られるものに限られるべく、これから大きくかけ離れる事情までも右公共の福祉の見地に含まれるものと解することはできない。この点において、自然環境破壊と災害の危険性の防止の見地は、右例示するところとは、全く異質のものであり、これらが右公共の福祉の見地に含まれるものと解することはできないというべきである。したがって、これらについては、他の行政法規からの規制がなされることは格別、墓地埋葬法の右規定による被告の許否の処分に当たって考慮されるべき事情とは解し難い。してみると、被告が本件墓地経営不許可処分をするに際しては、右自然環境の破壊と災害防止の見地を考慮の対象とすることはできず、右見地からの事情を理由とする本件墓地経営不許可処分は裁量権行使の範囲を逸脱したものといわざるを得ない。」と判示し、原告の請求を認容した。

3 墓埋法13条の「正当の理由」をめぐる問題～典礼施行権を中心として～

　墓埋法13条は、「墓地、納骨堂又は火葬場の管理者は、埋葬、埋蔵、収蔵又は火葬の求めを受けたときは、正当の理由がなければこれを拒んではならない。」としています。本条は、墓地、納骨堂及び火葬場の管理者に対し、埋火葬等の施行が円滑に行われ、死者に対する遺族等関係者の感情を損なうことを防止するとともに、公衆衛生その他公共の福祉に反する事態を招くことのないよう埋火葬等について「正当の理由」がない限り、これを拒んではならないとの趣旨から設けられました。生活衛生法規研究会監修『新訂逐条解説墓地、埋葬等に関する法律〈第3版〉』第一法規（2017年）64頁は、「正当の理由」とは、本法の立法精神に照らし社会通念により個別事案ごとに判定する他はないとし、正当の理由にあたる例示として、「新たな埋葬等を行う余地がないこと、依頼者が墓地等の正常な管理に明らかに支障を及ぼすおそれがあること」等を挙げております。「正当の理由」なく埋葬依頼を拒絶した場合、2万円以下の罰金または拘留もしくは科料に処せられることになります（墓埋法21条1号）。

　「正当の理由」を具体的に判断した裁判例として、神戸地裁平成5年7月19日判決があります。

1 神戸地裁平成5年7月19日判決
判タ848号296頁〔27825631〕

事案

　原告は、神戸市の墓地を管理運営する権利能力なき社団であるが、被告は、何らの権原なく墓地区画を占有しているとして、本件墓地使用権のないことの確認及び本件墓地区画の明け渡しを求めて提訴をした。これに対し、被告は、原告に対し、本件墓地使用について申込みをして、管理者である原告は、正当な理由がない限りその申込みを拒むことはできないため、

正当な墓地使用権原があることから、明け渡しを求めることはできないとして争った。

判旨

「墓地埋葬法13条によれば、墓地等の管理者は、正当の理由がなければ、墓地等の使用の申込みを拒絶できないとされているが、これは埋葬等の施行が円滑に行われ、死者に対する遺族等関係者の感情を損なうことを防止するとともに、公衆衛生その他公共の福祉に反する事態を招くことのないよう、埋葬等について墓地等の管理者は『正当の理由』がない限り、これを拒んではならない旨を規定したものと解される。

『正当の理由』があるか否かは、右の趣旨に照らし社会通念により判断すべきであるが、具体的には新たな埋葬等を行う余地がないこと、申込者が墓地等の正当な管理に支障を及ぼすおそれがあること等の場合は、右の『正当の理由』に該当するものと解することができる。」「本件につき、右の『正当の理由』の存否について検討する。（1）原告代表者尋問の結果によれば、Ａ墓地使用の申込者が多く、原告は、その申込みを断っている状態であることが認められる。（2）さらに、原告代表者尋問の結果及び弁論の全趣旨…によれば、以下の事実が認められる。ア　被告は、原告から初めて本件墓地の撤去を求められた昭和59年当時、本件墓地の管理権はＢ寺にあると信じていたため、原告に対して原告とＢ寺間の墓地管理権をめぐる訴訟の決着が付くまで本件墓地の使用の継続を求め、原告はこの求めに応じた。イ　そして、被告は、原告とＢ寺間において原告が墓地管理権を有するとの判決が確定した後において、前述のようにＢ寺から墓地使用料として支払った25万円の返還を受けた。ところが、被告は原告から『通知書』を送付されて、本件墓地の撤去を求められたにもかかわらず、これに応じなかったため、本件訴訟が提起されるに至った。ウ　被告は、当初の言を翻し、原告の墓地管理権について、原告とＢ寺間の訴訟の決着が付いた後においてもこれを争っており、原告の墓地の正当な管理に支障

を及ぼすおそれがある。（3）以上の点からすると、原告には被告の本件墓地使用を拒む『正当の理由』があるものと認められ、原告は、被告の本件墓地使用を拒絶することができるものと解するのが相当である。」

　寺院墓地において、檀家が異宗に改宗して埋葬を依頼してきた場合、寺院は、異教徒からの埋葬依頼であることをもって、「正当の理由」があるとして、埋葬を拒むことができるのでしょうか。このことについて判断したリーディングケースが、津地裁昭和38年6月21日判決です。

2　津地裁昭和38年6月21日判決
判時341号19頁〔27681221〕

事案
　原告は、真宗高田派の寺院（被告）の檀家であったが、日蓮正宗に入信するとともに離檀した。ところが、その2か月後に原告の長男の妻が死産したので、原告は、被告寺院に対し、被告寺院墓地内の原告所有の墳墓に埋葬を求め、しかも、日蓮正宗による埋葬、埋蔵の方法（無典礼）で行うことを要求した。
　被告寺院は、原告が改宗による異教徒であることを理由に原告の埋葬、埋蔵の求めを拒否し、また、仮に、それを求めるとしても、真宗高田派による埋葬、埋蔵の方法をとるべきことを主張した。

判旨
　裁判所は、以下の理由を述べて原告の請求を棄却した。
　「すなわち従来から寺院墓地に先祖の墳墓を所有するものからの埋葬蔵の依頼に対しては寺院墓地管理者は、その者が改宗離檀したことを理由としては原則としてこれを拒むことができない。但し右埋葬蔵が宗教的典礼を伴うことにかんがみ、右埋葬蔵に際しては寺院墓地管理者は自派の典礼

を施行する権利を有し、その権利を差し止める権限を依頼者は有しない。従って（1）異宗の典礼の施行を条件とする依頼（2）無典礼で埋葬蔵を行うことを条件とする依頼（異宗の典礼は施行しないが、当該寺院の典礼の施行も容認しない趣旨の依頼）このような依頼に対しては、寺院墓地管理者は自派の典礼施行の権利が害されると言うことを理由にしてこれを拒むことができるし、右のような理由による拒絶は墓地法13条にいう拒絶できる正当な理由にあたる。」「もし寺院墓地管理者が自派の典礼を当該寺院墓地において行われる埋葬蔵に際し施行できないとすれば、寺院墓地はその限りにおいて共同墓地と全く同じになるわけであつて、これは寺院墓地の特殊性、永年に亘つて行われて来た自宗派の典礼施行という慣行を全く否定することになる点において全国の寺院及びその教義の信奉者（その中には原告の信ずる日蓮正宗の寺院も含まれる。）という多数の国民の宗教的感情を著しく害することは明らかである。」

津地裁昭和38年判決は、寺院の典礼施行権を正面から認めた初めての裁判例だと思われます。その後も、寺院の典礼施行権について判断した裁判例が相次いで出されています。代表的な裁判例を紹介します。

3　東京高裁平成8年10月30日判決
判時1586号76頁〔28020206〕

判旨

日蓮正宗の寺院に対し創価学会員が墓地への遺骨の埋蔵を拒絶してはならないとした判決である。「寺院墓地は宗教法人である仏教各派宗教の寺院の経営する墓地であるから、その使用において、当該寺院の宗教的感情を著しく損なうことは許されない。したがって、たとえば離檀改宗した者が、その墓地を使用するに当たっては、少なくともその典礼に従うべきことを要求できるものと解するのが相当」としつつも、「（霊園）使用規則の

第３章　宗教と墓地葬祭法

文言上は信徒であること、冥加料の支払があること、霊園として使用することのみが要件とされており、控訴人主張のように典礼を受けることが同規則により墓地使用上の負担となっているものとは認定できず、典礼が行われることは事実上の慣行にすぎない」「被控訴人（創価学会員）が信徒であることは、当事者間に争いがない」「日蓮正宗において、もともと信徒に対し、僧侶による儀式の執行を依頼することを要請すべき根拠となるものが存在しないものと推認できる」ことから、「控訴人が埋葬を拒否するに足りるほどその宗教的感情を害するものということはできない。」ので、墓埋法13条の埋葬を拒否すべき正当の理由はないとした。

4　京都地裁平成８年12月24日判決
判タ937号170頁〔28021046〕

事案

塔頭（寺院の中にある個別の坊）であった寺院の檀徒らが、旧本寺の墓地を使用してきたが、旧本寺の新住職が檀徒の納骨を拒否するなどしたために紛争となった事案（両寺院とも浄土宗西山深草派に属している。）である。争点は多岐にわたるが、旧本寺は、典礼施行権が旧本寺にあることの確認を求めていた。

判旨

裁判所は、「寺院は、その属する宗派の宗教的活動のために存在し、寺院墓地の設置管理もまたその宗教的活動の一環であるから、埋葬蔵に関して墓地において行われる典礼を自己の宗派の法式に則って執行することも、当該寺院の宗教的活動として尊重されなければならない。そして、寺院墓地は、当該寺院の檀徒のために設けられたものであり、檀徒を中心とした宗教的活動によってその寺院が支えられている側面も無視することは相当ではない。したがって、本件墓地においても、これを所有し、墓地の

管理を行っている被告（旧本寺）が自ら典礼を行う権限を有することは明らかである。」としつつも、本件の場合は、原告（旧塔頭）が塔頭時代から一貫して自己の檀徒の典礼を行っていた実績があり、旧塔頭の合併（同一宗派の別寺院と合併した。）にあたり、宗派が旧本寺である被告ではなく別の寺院との合併を承認しながら墓地の利用関係を明確化しなかったことに原因があるとして、檀徒らが原告の典礼を望む以上これを拒絶できないとして、被告の典礼権を否定した。

5 前橋地裁平成11年12月22日判決
D1-Law.com 判例体系〔28263164〕

事案

被告は、平成10年10月24日、事前の連絡なく原告の寺を訪れ、住職が他家の法要で留守であるため対応した住職の妻に対して、「母親が死亡したので納骨をしたい、他で葬式は済ませている」と伝え、原告の典礼を経ず、住職の帰宅しない間に、本件墓地に被告の母親の遺骨の納骨をした。

判旨

被告の、原告の承諾を得ずに本件墓地に納骨した行為は、原告の典礼権、すなわち宗教法人として、自己の宗派であるA宗のやり方に則って儀式典礼を営む地位を侵害し、その名誉、信用を損なうことは明らかであるところ、右原告の名誉、信用の侵害についての損害額は50万円が相当である。

6 最高裁平成14年1月22日判決
判タ1084号139頁〔28070184〕

事案

被上告人は、創価学会員であるが、上告人である日蓮正宗の末寺の寺院

墓地の一区画に永代使用権を有している。被上告人が新しく墓石を設置しようとしたところ、墓石に刻する題目が日蓮正宗の定める法式とは異なるとして、上告人がその設置を拒絶したので、被上告人が上告人に対し、被上告人の希望する題目を刻した墓石を設置する権利の確認と妨害の禁止を求めた事案。

判旨

「寺院が檀信徒のために経営するいわゆる寺院墓地においては、寺院は、その宗派に応じた典礼の方式を決定し、決定された典礼を施行する自由を有する。したがって、寺院は、墓地使用権を設定する契約に際し、使用権者が当該寺院の宗派の典礼の方式に従って墓石を設置する旨の合意をすることができるものと解され、その合意がされた場合には、たとい、使用権者がその後当該宗派を離脱したとしても、寺院は、当該使用権者からする当該宗派の典礼の方式による墓石の設置の求めを、上記合意に反するものとして拒むことができるものと解するのが相当である。」「これを本件についてみると、前記の事実関係によれば、本件墓地は、日蓮正宗に属する寺院である上告人が、信徒及びその親族ら有縁者のために経営する寺院墓地であり、被上告人は、本件墓地区画の永代使用権を取得するに当たり、日蓮正宗の定める典礼の方式に従って墓石を設置することに合意したものであるところ、日蓮正宗が定める典礼の方式によると、墓石に刻する題目は当該墓地が属する寺院の住職が書写したものであることを要するとされている。そして、被上告人が設置を求める本件墓石の題目は上告人の住職が書写したものではなく、また、本件墓石は宗教的方式によらないものとはいえないから、題目が外形上は上告人の住職の書写したものと類似していたとしても、本件墓石は日蓮正宗の定める典礼の方式とは異なる宗教的方式によるものであることが明らかである。」「そうすると、本件においては、上告人は、上記合意に反するものとして、被上告人が本件墓地区画に本件墓石を設置することを拒むことができるというべきである。」

このように、寺院墓地には、典礼施行権がアプリオリに存在することを前提に判断を行うのが従前の裁判実務の流れでした。ところが、近時、そのような流れとは異なる方向の判決が下されました。それが宇都宮地裁平成24年2月15日判決です。なお、宇都宮地裁平成24年判決以前にも、寺院がその典礼に従わない遺骨埋蔵の依頼を拒否したことについて墓埋法13条の正当な理由がないとして、寺院に対して、遺骨の埋蔵を妨害してはならないこと及び慰謝料10万円の支払いを命じた判決（前橋地裁桐生支部平成7年3月3日判決（判時1543号155頁）〔27828340〕）がありますが、寺院の行為になぜ正当な理由がないのかについて理由らしい理由が言及されておらず、先例的価値は乏しいものと思われます。

7 宇都宮地裁平成24年2月15日判決
判タ1369号208頁〔28181257〕

事案

訴外Aは、大正14年頃、浄土真宗本願寺派に属する被告との間で、寺院墓地内の墓地区画（本件墓地）の墓地使用権の設定契約を締結し、Aの子やその妻などが本件墓地に埋葬されたが、創価学会員である原告は、昭和46年3月、本件墓地の使用権をAより承継取得した。原告は、原告の妻が死亡したため、被告に対して妻の遺骨の埋蔵を求めたが、被告は、浄土真宗本願寺派の典礼に従わない限り、遺骨の埋蔵を拒絶するとしたため、原告は埋蔵の妨害禁止を求めた。

判旨

「上記認定事実によれば、本件墓地は寺院墓地であり、その墓のほとんどは被告の宗派である浄土真宗本願寺派の典礼に従い使用されてきたことが認められ、原告の妻の祖先であるAが被告との間で本件墓地使用権の設定を合意するに当たっても、被告の定める典礼の方式に従い墓地を使用す

るとの黙示の合意が成立したものと認めるのが相当である。」「しかしながら、本件墓地使用権を承継した者が異なる宗派となった場合にまで上記の黙示の合意の拘束力が及ぶかどうかについて、これを定めた墓地使用規則はなく、また、その場合にも被告の典礼の方式に従うとの慣行があったことを認めることもできない。かえって、乙山住職が被告の住職となる前は、いくつかの異宗派の者が、その宗派の定める典礼の方式により本件墓地内に墓石を設置し、遺骨を埋蔵していても、被告が寺として異議を述べた事情は認められない。そして、原告も、浄土真宗本願寺派とは異なる題目の墓石を設置し、法名の授与を受けずに遺骨を埋蔵していたものである。」「以上によれば、上記の黙示の合意の解釈として、本件墓地使用権を承継した者が異なる宗派となった場合に、その者に対し被告の属する浄土真宗本願寺派の典礼の方式に従うことを求める効力があるとするのは困難であり、その者が浄土真宗本願寺派とは異なる宗派の典礼を行うことを被告が拒絶できるにすぎないと解するのが相当である。」

　前述の最高裁平成14年判決は、「寺院が檀信徒のために経営するいわゆる寺院墓地においては、寺院は、その宗派に応じた典礼の方式を決定し、決定された典礼を施行する自由を有する。」と判示しており、寺院の典礼施行権は、寺院墓地にアプリオリに伴うものだとしていますが、宇都宮地裁平成24年判決は、あくまで「合意」によって成立しています。

　そして、宇都宮地裁平成24年判決は、寺院の典礼方式に従うとの黙示の合意が成立していると認定しつつも、その合意は墓地使用権を承継した者に及ばないとしています。しかしながら、最高裁平成8年10月29日判決（判タ926号159頁）〔28020289〕は、自己の属する宗派の法式によって典礼を行うことを内容とする墓地使用権の設定を受けた者は墓地の管理者が別の宗派に属する者に交代しても従前どおり右の方式によって典礼を行うことを妨げられないとしていますが、その理由として、「墓地使用権設定契約上の地位を承継」したことを掲げています。本件も原告は、墓地使用権設定契約上の

地位を承継して寺院の典礼方式に従うとの合意を引き継いだのではないかという疑問が湧いてきます。

　宇都宮地裁平成24年判決は、従前の典礼施行権に関する判断の潮流とは異なっており、控訴審・上告審で結論が変更される可能性があります（ただ、原告は、控訴せず判決が確定しました。）が、寺院墓地を今後運営していくうえでは、典礼施行権は、合意によって発生することを前提に、典礼施行権について明記した墓地使用規則を整備しておくことが重要となってくるでしょう。筆者が共著者となっている横浜関内法律事務所編『寺院法務の実務と書式－基礎知識から運営・管理・税務まで－』民事法研究会（2018年）113頁以下では、典礼施行権を盛り込んだ墓地使用規則の具体例が掲載されていますので、ご参照ください。

4 墓地管理をめぐる問題

　本項では、墓地を経営管理していくうえで問題となる点について判断した裁判例を紹介していきます。

（1）墓地所有権

　墓地には、永続性という特質があり、明治政府が成立する以前から存在する墓地が多くあります。近代的所有権の観念が成立する前から存在するがゆえに、果たして、現在では誰が墓地に所有権を有しているのかが問題となることがあります。墓地の所有権の帰属という問題について判断したのが、前項でも紹介した京都地裁平成8年12月24日判決（判タ937号170頁）〔28021046〕です。また、大阪高裁昭和63年12月22日判決（判タ695号184頁）〔27804404〕も、墓地所有権の帰属について判断しています。いずれもあくまでも事例判断ですが、その判断手法は、他の墓地所有権をめぐる紛争事案でも参考になるものと思われます。

1 京都地裁平成8年12月24日判決
判タ937号170頁〔28021046〕

事案

　浄土宗西山深草派の総本山であった円福寺は、明治16年に愛知県にあった同派の妙心寺と転地・寺号交換を行い、移動可能な本尊等は相互に移転し、境内地、伽藍、墓地等は移動ができないため交換し、円福寺が被告寺院（妙心寺）となった。寺号交換前の円福寺（旧円福寺）の塔頭であった玉泉院は、旧円福寺の墓地に歴代住職の墳墓を建立してきており、玉泉院の檀徒も古くは300年以上前から同墓地に墳墓を所有してきている。総本山が寺号交換して愛知県に転地した機会に玉泉院は独立寺院となり、昭和41年には同宗派の原告寺院（極楽寺）に吸収合併された。本件墓地は、昭和23年に被告妙心寺に所有権保存登記がされているが、玉泉院の檀徒らは、従前と同様に本件墓地を使用し、原告極楽寺に合併されるまでは、玉泉院の、合併後は原告極楽寺による典礼を受けてきた。ところが、被告妙心寺の新住職が原告極楽寺らの檀徒らの納骨を拒否するなどの行動に出たため、紛争が発生した。原告極楽寺は、本件墓地は原告極楽寺被告妙心寺の共有であると主張したが、被告妙心寺は単独所有であると主張した。

判旨

　「本件墳墓地がもと旧円福寺の所有であったことは当事者間に争いがないところ、原告らは、旧玉泉院が旧円福寺から独立したことにより、旧玉泉院と被告妙心寺の共有になったと主張する。そして、右主張は、塔頭関係においては、塔頭は本寺の構成要素であるから、その関係を継続する限り、所有区分は存在しないが、同等の権利を有しているのであって、独立時には、当然に共有関係が生じるとする見解によるもののようである。しかし、原告らも指摘するとおり、塔頭は、寺院の一構成要素に過ぎないの

であって、特段の事由がない限り、寺院の所有する財産に対し、独立した権利主体とはならないと解するのが相当であり、原告らの主張はその前提において容認しえない。」「加えて、（1）旧円福寺は、社寺境内外区画取調規則（…）に基づく旧境内855坪5号1勺の区分として、現境内（…）、墓地（…）、人民居住地（…）、荒蕪地（…）の区分を届け出ていること、（2）被告妙心寺の寺院明細帳の図面には右墓地の記載があるのに対し、旧玉泉院が独立した後とみられる明治17年9月の記載がある旧玉泉院の寺院明細帳の図面には本堂と庫裏を中心とした境内（…）部分しか表示されていないこと、（3）明治19年4月14日、被告妙心寺は、右墓地につき地券の交付を申し出ていること、（4）同年11月8日、京都府知事は、（1）の届出どおり、右墓地を含めて旧円福寺の現境内を定めていること、（5）土地台帳にも、右墓地の所有主氏名として、当初、共有墓地とされていたが、妙心寺共有墓地から妙心寺に改められていることが認められる。これらの事実は、いずれも本件墳墓地が被告妙心寺の所有であることを示している。」「原告らは、種々の理由をあげて、本件墳墓地は、旧玉泉院が独立した後は被告妙心寺と旧玉泉院の共有となったと主張するが、土地台帳に「共有墓地」の記載があるのは、檀家による外形的な共同利用の事実を基礎として表示されたものと解する余地があり、必ずしも檀家との共同所有の意味で用いられているとは認められず、旧玉泉院ないし原告極楽寺が本件墳墓地の維持管理の経費を負担したことがあること（…）は認められるが、これらの事実から直ちに共有関係の存在を認めることはできず、その他の指摘事実も共有関係を根拠づけるものではなく、他に共有関係を認めるに足りる的確な証拠はない。」「右のような諸事情を勘案すれば、本件墳墓地は、旧円福寺の所有であり、寺号交換の結果、移転されなかった境内地や伽藍等とともに被告妙心寺に所有権が移転されたものと解するのが相当である。」

※被告妙心寺は、原告極楽寺の檀家に対して墓地の明渡請求を行っていた

が、裁判所は、同一宗派であり、しかも墓地使用者が宗派を離脱したのではなく、本寺が寺号交換により転地したのであって、塔頭関係が解消されても、元の塔頭寺院及びその檀徒の墓地使用権には影響がなく、被告妙心寺は、本件墓地の取得にあたり、本寺が負っていた墓地を使用させる義務も承継しており、玉泉院の原告極楽寺への合併によっても原告極楽寺の檀家の墓地使用権は消滅しないとして明渡請求を退けている。

2 大阪高裁昭和63年12月22日判決
判タ695号184頁〔27804404〕

事案

被控訴人（原告）らは、兵庫県三田市の墳墓地について古くより「墓くご」という利用組織を作り互いに協力して上記墓地及び祖先の祭祀を維持管理してきた者であるところ、本件墓地について平等の共有持分を有するとして、本件墓地の登記簿上の所有名義人である控訴人（被告）らに対して本件墓地の共有持分権の確認を求める訴えを提起した。

判旨

墓くごは伝統的・慣習的人的組織集団であるが、その団体性・結合性は弱く権利能力なき社団とまでは認められず組合に近い組織であると認定した。そのうえで、明治初年の所有権発生の経緯、特に地券制度及び登記制度との関係、公文書の記載等を詳細に検討し、「本件墓地の墓くご構成員である被控訴人らが民法施行前から本件墓地につき慣習上適法な墓地使用権を有することは明らかであり、…右にとどまり、被控訴人らないし被控訴人らの構成する組合が本件墓地の所有者であるとは未だ証拠上認め難いといわざるを得ない。」として、登記簿上の所有名義人が墓地の所有者であるとした。

（2）永代使用料

　墓地使用者は、墓地使用権を取得するにあたって、主として永代使用料などと呼ばれる一時金を墓地経営者に対して支払います。それでは、墓地使用者が、墓地使用契約を中途で解約する場合、墓地経営者は、永代使用料を返還する必要があるのでしょうか。「永代」という響きからは、中途で解約する場合、ある程度の返金をしなければならないように思われます。この点について正面から判断したのが、京都地裁平成19年6月29日判決です。

3　京都地裁平成19年6月29日判決
裁判所ウェブサイト〔28131790〕

事案

　被控訴人が、父である訴外Aが墓地を経営する宗教法人である控訴人との間で墓地使用契約を締結し、墓地使用料（永代使用料）として65万円を支払っていたところ、Aの相続人として、控訴人に対し、同契約を解約するとの申入れをしたうえで、不当利得返還請求権に基づき、上記墓地使用料及びこれに対する訴状送達日の翌日である平成18年7月14日以降の遅延損害金の支払いを求めた事案である。原審は、控訴人が墓地使用料を不当利得しているとしたうえで、その利得額は、控訴人が14年間上記墓地使用契約に拘束されていたこと等を考慮して65万円の4割相当額であるとし、26万円及びこれに対する平成18年7月14日以後の遅延損害金の支払いを求める範囲で被控訴人の請求を一部認容し、その余を棄却したところ、控訴人が敗訴部分を不服として控訴した。

判旨

　1　本件墓地使用契約及び本件墓地使用料の性質について
　「（1）前記前提となる事実（2）イの本件墓地使用規則の内容によれば、本件墓地使用契約は、墓地の使用期間の定めはなく、使用者の死亡にかか

わらず、相続人又は控訴人から認められた祭祀承継者に引き続き墓地の使用を許諾するものであるから、賃借権又は使用借権のように一定期間の使用権を設定するものではなく、永続的ないし永代的な使用権を設定するものということができる。

（２）本件墓地使用契約の上記性質に加えて、本件墓地使用料は使用開始時に一括払いが予定されていること（…）及び本件墓地使用規則には本件墓地使用料の返還についての規定はないことを考慮すれば、本件墓地使用料は使用期間に対応した使用の対価とはいえず、墓地使用権の設定に対する対価と解するのが相当である。」

２　本件墓地使用契約の解約申入れによる控訴人の不当利得の有無について

「（１）本件墓地使用契約の本質は墓地使用権設定契約であり、本件墓地使用料の支払いによって契約当事者の双方の債務は履行済みである。

したがって、被控訴人が本件墓地使用契約の解約を申し入れ、爾後墓地を使用しないこととなっても、それは墓地使用権の放棄であって、支払済みの本件墓地使用料の全部又は一部について不当利得返還請求権が発生するとはいえない。

以上によれば、解約後の期間に対応する本件墓地使用料が不当利得となるとの被控訴人の主張は採用できない。

（２）もっとも、被控訴人の解約申入れによって、控訴人は、外の檀徒に対して新たに墓地使用権を設定し、その対価として本件墓地使用料を収受することができるから、この点において、解約申入れによって控訴人に利得が生じるといえる。

しかし、控訴人の新たな墓地使用権の設定は、墓地の土地所有権に基づくものであるから、上記利得が法律上の原因を欠くということはできず、このような利得を生じるからといって、本件墓地使用料の全部又は一部を返還しないことが不当利得になるとはいえない。

（３）また、被控訴人の主張ウの諸事情（①Ａや被控訴人が墓地を使用

していなかったこと、②本件墓地使用契約の解約の理由が不当ではないこと、③同契約締結後、毎月維持管理料が支払われてきたこと、④本件墓地使用規則に途中解約の場合に使用料を返還しない旨の定めがないこと）は、いずれも控訴人に不当な利得を生じさせるものではない。

（４）したがって、控訴人は本件墓地使用料の全部又は一部を返還する義務を負わない。」

※納骨堂（納骨壇）使用料返還が争われた事案として、東京地裁平成26年5月27日判決（D1-Law.com 判例体系）〔28251527〕がある。同判決は、納骨壇使用契約の法的性質について、「建物賃貸借契約の性質を中心としつつ、準委任契約の性質を併せ有する混合契約」であるとしたうえで、納骨壇申込金の返金の範囲について、規約に精算関係の記載がないことを前提に、「経過期間、原告らの得た便益、被告の行った事務等に着目して、契約上の債務の履行が既にされた部分と未履行の部分とを合理的に区分して、納骨壇申込金中の返還すべき範囲を決するほかない。」とした。具体的な返還額について、「本件納骨壇使用契約の締結から上記解約まで、5年7か月～7年7か月程度の期間が経過しており、その間はいずれの納骨壇においても実際に遺骨は収蔵されていないものの、被告において、原告らのために各納骨壇を割り当て、碑銘をいれた金属製プレートを納骨壇の扉に取り付けるなどして、原告らによる使用に委ねていたのであり、これに見合う対価相当部分は返還義務の対象とならないというべきである。他方、現実に遺骨を収蔵するという納骨壇としての本来的な意味での使用はいまだ開始していないこと、半永久的とされる期間を合理的に画して仮に100年だとしても、経過期間は5～7％程度にすぎないこと、碑銘をいれた金属製プレートの取付料の実費はさほど大きなものとは考えられないこと、被告は納骨壇のシフトアップに係る納骨壇の変更（旧納骨壇に着目すれば解約にほかならない。）を認めており、単独での解約についてのみ不利益取扱いをすべき実質的な理由

を見いだせないこと等を総合すると、納骨壇申込金の1割に相当する金額を控除してこれを返還させるのが相当である。」との判断を示した。墓地使用料と納骨堂使用料とで結論が分かれた理由は、墓地使用権は、裁判実務上、地上権類似の準物権的権利などと強固な権利性が認められてきたことによるものと思われる。なお、上記東京地裁平成26年判決は、永代供養の法的性質について、「永代供養とは、一般に、故人の供養のために毎年の忌日や彼岸などに寺院で永久に行う読経をいうものであり、自己又は配偶者の死後に事実行為たる読経を依頼し、これに対する対価として金員を支払うことを内容とする本件永代供養契約の法的性格は、事実行為を委託する準委任であると解するのが相当である。」と言及していることに注目される。

(3) 墓地管理料

墓地経営者（管理者）は、墓地使用者からその管理費用（人件費・清掃費・修繕費・保険料等）にあてるため、墓地管理料を徴収しています。ただ、墓地（特に寺院墓地）は、戦前から経営が行われているところが多く、特段の合意や規則がなく、慣例として墓地管理料の徴収が行われている場合があります。そのような場合でも、墓地経営者は、墓地使用者に対して、墓地管理料を支払わせるための法的な根拠があるのでしょうか（墓地経営者は、墓地使用者に対して、債務名義を取得して強制執行ができるのでしょうか。）。この点について判断したのが、神戸地裁平成15年1月8日判決です。

4　神戸地裁平成15年1月8日判決
裁判所ウェブサイト〔28081043〕

事案

神戸市が所有し、a財産区が管理する墓地上に永代使用権を有する原告らが、被告A寺及びその檀家総代の地位にある被告B、同Cに対し、墓地

管理規則に基づき被告Ａ寺に対する墓地管理費の支払義務が存在しないことの確認を求めた。

判旨

「被告Ａ寺」に関する事実と「墓地管理費の請求」の事実と「地上権の取得」の判断を総合すると、次のとおり認めることができるとした。

「（１）被告Ａ寺は、本件墓地の地上権の内容である本件墓地に対する管理運営収益権能に基づく、本件墓地管理規則を制定し、平成10年6月以降、本件墓地の永代使用権者に対し、墓地管理費の支払を請求するようになった。（２）原告らは、いずれも、本件墓地上に永代使用権を有するものであるから、被告Ａ寺に対し、本件墓地管理規則に基づき墓地管理費を支払う義務がある。」

「被告Ａ寺」に関する事実とは、以下の事実である。

「被告Ａ寺は、1598年（慶長3年）開基の浄土宗に属する寺院であり、代表役員は住職のＤである。被告Ａ寺は、日常的な用務については、檀家総代3名により構成される『総代会』と住職が相談して運営に当たっており、重要案件については、檀家総代3名と世話人10名に住職を加えた14名で『役員会』を構成し、役員会の議決を経て決定している。」

「墓地管理費の請求」の事実とは、以下の事実である。

「被告Ａ寺役員会では、平成4年9月頃から、ａ東・西墓地管理規則（本件管理規則）を制定し、墓地永代使用権者から墓地管理料を徴収できないかと検討を始め、約4年間にわたり継続審議を重ねた上、平成10年6月、ａ東・西墓地管理台帳を作成し、墓地永代使用権者全員に対し、墓地管理費（年間5000円ないし6000円を基本とする）の納入を依頼した。

その結果、墓地永代使用権者の大多数から賛同を得て、被告Ａ寺に対し、異議なく墓地管理費が納入されるようになった。その金額は、ａ地区居住者が年間5000円、ｊ地区居住者が年間6000円を基本とし、被告Ａ寺の檀家は非檀家よりも1000円安い金額である。現在では、本件墓地永代使

用権者のうち、墓地管理費の支払を拒否している者は、原告ら５名を除くと、わずか１名にすぎない。

そして、被告Ａ寺の役員会は、平成11年２月、別紙記載のａ東・西墓地管理規則（本件墓地管理規則）を改定し、被告Ａ寺は、現在、本件墓地管理規則に基づき、本件墓地に永代使用権を有する者（原告ら５名を含む。）に対し、墓地管理費の支払を請求している。

「地上権の取得」の判断とは、以下の判断である。

「ア　本件墓地は、江戸時代からａ村の村民のための共同墓地として使用されてきたが、その管理運営収益等の一切は、江戸時代から現在に至るまで、被告Ａ寺だけが営々と執り行ってきた。そして、被告Ａ寺は、大正時代以降、本件墓地の新規使用者から永代使用料を徴収するようになった。

イ　この被告Ａ寺の本件墓地に対する管理運営収益権能はかなり強大なものであり、その永続性、直接支配性といった実体的な性格に照らすと、所有者たるａ村（ａ財産区）に対する利用請求権などといった債権的なものにとどまらず、物権たる地上権（無償かつ期限の定めのない地上権、民法265条、266条、268条参照）というべきである。」そして、Ａ寺は、ａ村との明示もしくは黙示の合意または時効取得によって上記地上権を取得している。

※なお、高松高裁平成５年１月28日判決（判タ849号217頁）〔27825124〕は、寺院に権原がない墓地について墓地使用料を徴収していた事案であるが、住職の私利私欲に基づくものまたは相手方に損害を与える目的をもって行われたものではないとして、相手方に対する債務不履行ないし不法行為を構成するものと断ずることはできないとしている。

上記神戸地裁平成15年１月８日判決のロジックに従えば、墓地の敷地の所有権もしくは地上権を宗教法人がもっている場合、責任役員会などの宗教法人のしかるべき機関において、宗教法人規則に則った議決方法で、墓地管

理料支払いの根拠となる墓地管理規則などを制定し、大多数の墓地使用者が墓地管理料の支払いに応じていれば、墓地管理料の支払いは、墓地使用者から個別の合意を取り付けなくても法的な義務となります。それでは、墓地管理料の支払いが法的な義務であるとして、墓地使用者が、墓地管理料を滞納した場合、墓地経営者は、墓地使用契約を解除できるのでしょうか。この点について判断したのが、東京地裁平成28年9月21日判決（D1-Law.com 判例体系）〔29019922〕です。なお、本件判決は、護持会費の未納が問題となっておりますが、この点について説明をしておきます。護持会（護寺会ともいいます。）とは、主に伝統仏教の寺院において、当該寺院の檀信徒全員で作る、当該寺院を護持するための組織です。例えて言えば、学校でいうＰＴＡや子供会の育成会のようなものです。東京地裁平成28年9月21日判決の事案では、本訴被告寺院の護持会の概要について、以下のとおり認定されています。

「護寺会は、その会則を昭和53年4月1日に制定して発足しているが、護寺会は、被告寺院に事務所を置き、被告寺院の運営に協力参加することを目的として、被告寺院の法要行事への協力、被告寺院を維持するための営繕事業への協力などをその事業としている（…）。すなわち、護寺会は、当初、被告寺院の維持運営費や本堂などの修理費用といったいわば財源の確保という観点から、檀家全員を会員とした会費制による団体を発足させ、その会費から営繕費などを別個に積み立てて備蓄するなどの目的で設立されたものである（…）。

また、護寺会の構成員は、檀家及び信徒であるが、役員として、会長、副会長、運営委員、代議員及び監事を置き、会長は、被告寺院の責任役員が推薦する会員から代議員会において選出される（…）。護寺会の資産は、檀家信徒が納入する年会費（1口1万5000円とし、2口以上を原則とする。…）などから構成され、護寺会を代表するとされる会長が、同資産を管理するものとされる（…）。」

それでは、同判決をみていきましょう。

5 東京地裁平成28年9月21日判決
D1-Law.com 判例体系〔29019922〕

事案

本件本訴は、原告が、被告寺院及びその住職である被告Y1に対し、原告と被告寺院との別紙物件目録記載の土地（以下、「本件土地」という。）にかかる永代使用権の設定契約に基づき、墓参り等の妨害禁止を求めるとともに、被告Y1が浄土真宗の僧籍にないことの確認を求める事案である。

本件反訴は、被告寺院が、原告に対し、本件設定契約の不存在または解除を主張し、本件土地の所有権に基づき、同土地上の墓石等を撤去して同土地の明渡しと同明渡しまでの賃料相当損害金として、1年当たり3万円の支払いを求めるとともに、同墓石に収蔵されている原告の子の遺骨の改葬許可申請にかかる承諾を求めている事案である。

判旨

「前記（1）ア（本件判決紹介時に引用した被告寺院護寺会の概要）のとおり、昭和53年の護寺会の発足以降、被告寺院の檀家（檀徒）らは護寺会費として年額3万円を同会に納入するよう定められ、同イ（昭和58年に、被告寺院の墓地の永代使用の許可を受けた者は、被告寺院から、護寺会費を支払わなければならず、3年以上支払を怠ると、上記永代使用契約が被告寺院から解除されるとの説明を受けた）のとおり、それ以降、護寺会費を支払うことが被告寺院の墓地使用の条件とされていた。すなわち、護寺会費の支払は、被告寺院との墓地使用契約に付随する債務であったと考えられ、同エのとおり、遅くとも平成3年当時の使用規約第7条は、『使用者が三年以上にわたり護寺会費の納入を怠り当山への連絡がないとき』に被告寺院が、墓地の使用契約を解除できる旨定めている。

そして、原告が本件設定契約を締結した平成元年より前に護寺会が発足

しており、上記のとおり、平成3年には、被告寺院の墓地使用の条件として護寺会費の納入が定められるとともに、それ以前の昭和58年には、同様の条件が合意されていた可能性がある上、前記（1）ウのとおり、原告も、平成6年まで、現に3万円の護寺会費を納入していたから、本件設定契約にも同様の条件すなわち『使用者が三年以上にわたり護寺会費の納入を怠り当山への連絡がないとき』には被告寺院が、原告による本件墓地の使用契約を解除できる旨合意されていた（すなわち、護寺会費の納入は本件設定契約上の債務となっており、その履行をしない場合には債務不履行となって解除される。）ものと推認できる。」「そうすると、前記（1）オのとおり、原告は護寺会費の納入を既に約20年怠っていること、同（1）アのとおり、護寺会費が護寺会のみならず被告寺院にとっても重要な財源とされていること、原告が被告寺院との信頼関係はすでに破たんし、上記条件のとおり、被告寺院は、原告との間の本件設定契約を解除できる状態にあったものというべきである。そして、前記前提事実（2）のとおり、被告寺院が、護寺会費の支払を催告したのに対し、原告はこれに応ずる意思がない旨回答し、被告寺院が再度その旨の催告をしたにもかかわらず、原告がこれに応じていない以上、被告寺院が平成27年10月16日に原告に対してした本件設定契約の解除の意思表示は有効なものというべきである【なお、護寺会費については、檀家が護寺会に納入すべきものであって、前記（1）アのとおり、その徴収事務は、護寺会すなわち同会の代表者たる会長が行うべきであるから、被告寺院には徴収権限があるとはいえないが、他方、解除のための催告という観点（民法541条）に照らせば、護寺会費の納入が本件設定契約上の債務となっている以上、解除のための催告としては、有効なものと解される。】」「以上のとおり、原告は本件設定契約上の債務である護寺会費の納入を3年以上怠り、その点について連絡していたと認められない以上、被告寺院は、催告の上、本件設定契約を解除でき、現にその旨の意思表示がされている以上、本件設定契約は消滅している。」

※1 従前、2、3年程度の管理料の不払いを解除事由とした墓地管理規則は、墓地使用権の永久性、固定性、檀信徒関係による寺院との結びつきなどの観点から無効と解されてきた（茨城県弁護士会編『墓地の法律と実務』ぎょうせい（1997年）128頁）が、本件判決は、3年の護寺会費（墓地管理料）未納を解除事由とする墓地管理規則の規定を有効として判断している点に注目される。

※2 本訴原告がなした僧籍不存在確認について、本件判決は、宗教上の地位の確認であり、法律上の権利義務関係とは無関係であり、確認の訴えの対象となるべき適格を欠くものとして不適法却下している。

※3 本訴被告がなした本件墓地の賃料相当額の請求について、本件判決は、「本件墓地の賃料相当額についてはその点の立証がなく、また、既に述べたとおり、被告寺院が護寺会費を直接支払うよう求めることはできないから、護寺会費をもって本件墓地の賃料相当額とみることもできない。」として棄却した。

※4 本訴被告がなした原告に対する改葬の承諾請求について、本件判決は、「被告寺院が本件遺骨を直接に改葬することを予定していると理解できるものの、本件遺骨が祭祀財産として原告の所有に属しており、かつ、本件設定契約において改葬に係る合意事項があるとは認められない以上、被告寺院が、原告の意思に反し、改葬の承諾を求めることができると解する根拠がなく、改葬の承諾請求は認められない。」として棄却した。

（4）墓地の区画整理

　寺院墓地の場合、明治時代以前より存在しているケースが多く、墓地全体が雑然としており、美感上、衛生上、防犯上の見地から墓地の区画整理を行う必要性が多々見受けられます。墓地使用者が墓地の区画整理に同意してくれればよいのですが、同意しない場合、それを法的に強制することができるのでしょうか。大多数の墓地使用者が区画整理に賛成しているにもかかわら

ず、一部の墓地使用者の反対で区画整理が頓挫してしまうのは、不合理なような気がします。この点、仙台地裁昭和43年3月4日判決（下級民集19巻3＝4号119頁）〔27403149〕は、寺院は、墳墓地の整備改善、公衆衛生上の必要、その他公共の利益のために、正規の機関決定があれば、整備区域内の墳墓地使用者である檀徒らに対し、使用区域の変更を求めることができると判示しましたが、如何せん古い判決で、新たな裁判事例の出現が待たれていたところでした。そうしたところ、東京地裁平成21年10月20日判決（判タ1328号139頁）〔28160928〕は、久々に寺院の区画整理に関して判断を下しました。墓埋法上、改葬には市町村長の許可を要し、この許可を得るためには、墓地使用者等の改葬についての承諾書またはこれに対抗することができる裁判の謄本を申請書に添付する必要があること（墓埋法施行規則2条参照）から、本件訴訟において原告は改葬の承諾を請求していることに注目すべきです。本件判決は、寺院の請求を認容していますが、主文は以下のとおりとなっています。同種訴訟を提起するときの参考としてみてください。

（1）被告は、原告に対し、別紙物件目録記載1の土地に存する焼骨を同目録記載2の土地に改葬することを承諾せよ。

（2）被告は、原告に対し、同目録記載1の土地に設置してある墳墓、外柵等の工作物を収去して、同土地を明け渡せ。

なお、同判決において、原告は、主位的請求として、墓地使用契約解除を主張しておりますが、それについては、後に紹介いたします。

6　東京地裁平成21年10月20日判決
判タ1328号139頁〔28160928〕

事案

原告は、浄土宗に属する宗教法人であり、被告は、原告の寺院墓地に墳墓を所有している者である。

原告は、別の場所にあった本堂、客殿と庫裡を本件墓地のある土地に移

転するため、本件墓地の区画整理を行うことを計画し、総代会等の所定の手続きを経て、全信徒に墳墓を移転することを求めたが、被告のみがこれに応じず、長期間が経過した。そこで、原告は、主位的に、本件契約を解除したとして、原状回復として、焼骨を上記墓地から改葬することの承諾及び墳墓等の工作物を収去して本件区画を明け渡すことを求め、予備的に、本件契約または別途の合意に基づき、焼骨を本件墓地の別の区画に改葬することの承諾及び上記工作物を収去して本件区画を明け渡すことを求めた。

判旨

「（１）本件区画整理事業は、宗教法人である原告が、自らの所有する不動産に変更を加えようとするものであるから、原告は、本件区画整理事業を遂行するために、宗教法人の財産の所有及び維持運用に関して定める法律である宗教法人法の規定に従った手続きを執る必要がある。

他方で、本件墓地は寺院墓地であって、その性質上、すべての墓地使用者が原告の檀徒であることが予定されているから、墓地使用者は、宗教法人法所定の手続に則って本件区画整理事業を行うことが決定された場合、この決定に従って本件区画整理事業に協力する義務を負うのであって、原告との間で締結された墓地使用契約に基づく墓地使用権もこのような制約を伴うと考えるのが相当である。

被告は、本件契約に基づいて本件区画の使用権を有するから、原告の指示に従って、本件墳墓の移転及び改葬の承諾をする義務はないと主張するが、本件墓地の使用者の有する権利は、上記のような制約を伴うというべきであるから、被告の主張は採用できない。

（２）ア　宗教法人法は、宗教法人の事務の決定を責任役員にゆだね（18条４項）、規則に別段の定めがなければ、宗教法人の事務を責任役員の定数の過半数で決めると定めるほか（19条）、一定の重要な財産に関する行為については、信者その他の利害関係人に対する公告をしなければならな

いものとしている（23条）。

　また、証拠によると、本件規則には、宗教法人法の上記各規定と同趣旨の規定が置かれているほか（9条、18条）、公告の方法として、事務所の掲示場に15日間掲示し、その他適当な方法をもって行うこと（4条）と3人の責任役員を置くこと（5条）が規定されている。

　イ　そこで、本件区画整理事業について、宗教法人法及び本件規則所定の手続に従った意思決定がされたかどうかを見ると、上記1（1）アのとおり、平成3年当時の責任役員3名の全員で、本件区画整理事業を行い、墓地使用者が墳墓を移転し改葬することを決めたのであるから、本件区画整理事業は、原告の責任役員の定数の過半数で決められたということができる。

　また、上記1（1）イ（ア）及び（イ）のとおり、原告は、本件区画整理事業について、本件墓地の入口に予告看板を設置し、かつ、毎日新聞と産経新聞に3回ずつ改葬公告をしたから、宗教法人法23条及び本件規則4条所定の公告をしたものというべきである。したがって、本件区画整理事業が宗教法人法23条各号所定の行為に該当するとしても、必要な要件を満たしたものと考えることができる。

　よって、原告は、宗教法人法及び本件規則に定められた手続に則って本件区画整理事業を行うことを決定したと認めることができるから、被告は、本件区画整理事業に協力し、原告が指定する本件移転先区画への本件墳墓の移転及び改葬の承諾をした上、本件区画を原告に明け渡す義務を負うというべきである。」

（5）墓地使用契約の解除・解消

　墓地使用契約は、固定性・継続性・永久性という特色があります。基本的には、先祖代々使用していくことが予定されているものと言えるでしょう。そのため、裁判実務上、土地賃貸借契約のような継続的契約に一般的に適用される信頼関係破壊の法理が、墓地使用契約においても適用されています。

したがって、墓地使用契約・墓地使用規則等に解除事由が規定されていなくても、当事者間の信頼関係が破壊されたと評価できれば、信頼関係を破壊された一方当事者は、墓地使用契約を解除することが可能となります。ただ、墓地使用権は、物権的権利に準じた強力な権利であり、墓地使用者にとって重要な財産であるといえます。そのため、墓地使用者からの解除はわりと容易に認められるものと思われますが、墓地経営者からの解除はよほどのことがなければ中々認められないものと思われます。

7 東京地裁平成5年11月30日判決
判時1512号41頁〔27826255〕

判旨

「被告宗教法人Ａは、「Ｂ霊園」内の本件区画について原告と墓地永代使用契約を結んだのであるから、本件区画を管理する義務を原告に対して負担していたものというべきところ、その履行補助者たる被告Ｃの本件墓石移動行為によって右管理義務に違反し、また、その後の誠意を欠く対応によって原告をして被告宗教法人Ａに対する信頼を失わせるに至らしめたのであるから、原告は、継続的契約における信頼関係の破壊を理由として、被告宗教法人Ａとの本件墓地永代使用契約を解除することができるものというべきである。」

8 東京地裁平成21年10月20日判決
判タ1328号139頁〔28160928〕※（4）の判決❻

判旨

「本件契約は、寺院と檀徒という特別な関係にある当事者間で締結され、墓地という永続する物を目的とする継続的な契約であって、その性質上、当事者間の信頼関係を基礎とするものであるから、債務不履行によって信

頼関係が破壊され、本件契約を継続することが困難であると認められる場合には、本件契約を解除することができると考えられる。」としつつも、寺院の提案を全て拒んだこと、移転の見返りに5,000万円の支払いを求めたことは本件契約継続を困難とするに足りる事情でないし、原告の宗派である浄土宗ではない金光教の典礼に則って実父の葬儀を行い、実父の焼骨を本件墓地ではない霊園に埋蔵したことのみを根拠として、被告が原告の檀徒でなくなったということはできないとして信頼関係破壊に基づく契約解除を認めなかった。

ただ、寺院墓地の場合、使用者がその寺院の檀信徒であることが当然に予定されており、檀信徒が異宗徒となった場合、墓地使用契約を解除できるかという問題が生じてきます。前述の墓埋法13条の「正当な理由」や典礼施行権の問題と絡んできて難しい問題ですが、この点について判断したのが、仙台高裁平成7年11月27日判決です。

9　仙台高裁平成7年11月27日判決
判タ905号183頁〔28010561〕

事案

　曹洞宗の寺院である原告が、檀家であった被告らに対し、被告らの墳墓が建立されている墓地について、墓地使用契約が民法上の使用貸借契約であることを前提に、被告らが離檀し、他宗派の典礼で葬儀を行ったことを理由にその墳墓の収去と墓地明渡を求め（主位的請求）、あるいは、被告らが原告の典礼を受けないで原告寺院墓地に焼骨入骨壺を埋蔵したことが原告の有する墓地管理権の侵害に当たるとしてその焼骨壺の収去を求めた（予備的請求）事案。

> **判旨**

・主位的請求

「寺院墓地についての永代使用権は、当該寺院所属の宗派の定めに則った典礼の施行と密接に結びついているものであり、その墓地に埋葬されるのは、原則として、その寺院の檀信徒であることが予定されているというべきであるし、墓地管理者たる当該寺院は、その墓地への埋葬を認めるに当っては、当該宗派の定めに基づく典礼を施行する慣例になっているというべきである。しかし、他方、永代使用権は、祭祀承継者によって代々受け継がれる墳墓の所有権と密接な関係を有するものとして、一代限りや限時的なものではないという意味での永久性を持つものであり、また、墓地埋葬法が、墓地外への埋葬を禁ずるとともに、墓地の経営主体を都道府県知事の許可を受けた特定の者に限定し、墓地管理者には、正当な理由なく埋葬を拒んではならない旨を定め、公衆衛生その他公共の福祉に合致するように墓地の運営が行われるべきことを定めていること等からすれば、寺院墓地の管理者は、従来から寺院墓地に先祖の墳墓を有する者が改宗離檀の意思表示をしたり、自派の定めによる典礼を受けないで埋葬したからと言って、直ちに、そのことのみを理由として、永代使用権の消滅を主張し、その墳墓の収去を求めることはできず、檀信徒側で改宗離檀を表明したことや、他宗派ないし他宗教からの典礼を受けたことが、真に信仰上、宗教上の考え方とか立場が変わってしまって、当該寺院との関係を断ち切ろうとする意思の徴憑であることが明確になった段階で初めてなしうることと解するのが相当である。

本件についていうと、被控訴人らが控訴人の檀家を離れる意思表示をしたのは、前記１認定のような経緯のもとで、新たに控訴人代表者となったＡ住職との間に、布施や戒名料の金額、恩金の徴収等をめぐって紛議が生じ、Ｂの挑発的言辞も加わってそれがこじれ、同住職の罷免を求めるまでになっていたという理由に基づくものであるし、被控訴人らが控訴人宗派の定めに則った典礼を受けることなく、本件墓地に焼骨入骨壺を埋蔵する

に至ったのも、その紛争が未解決の間に、身内の葬儀をとり行う必要が生じ、宗制上、同地域のほかの曹洞宗の寺院に典礼を依頼することもできなかったという事情に基づくものであって、被控訴人らが真に曹洞宗から他宗派に改宗する意思があったとは認めがたく小俵料を差し出したことからしても控訴人との関係を断ち切る意思もなかったことが読み取れるのであるから、このような被控訴人らの行為を理由に、控訴人が永代使用権の消滅を主張することができないことは明らかである。」

・予備的請求

「寺院墓地についての永代使用権は、当該寺院の宗派、典礼と密接に結び付いているものであり、墓地管理者たる当該寺院は、その墓地に埋葬することを認めるに当たっては、当該宗派の定めに基づく典礼を施行する慣例になっているのであるから、離檀等をした者が、右典礼の施行を受けずに墓地への焼骨の埋蔵を求めてきた場合には、それが寺院の宗教的感情と慣行を損ない、且つ前述の如き檀信徒側の意思が明確になっている限り、原則として、これを拒絶できると解される。しかし、そのことと、すでに埋蔵された焼骨の収去を寺院側が求めることができるか否かは別個の問題であり、前記のように、墓地埋葬法が、墓地管理者に埋葬等を原則的に受け入れるべき義務を課し、公衆衛生その他公共の福祉に合致するように墓地の運営がされるよう規定していること等からすれば、相手方においてほかに墓地や納骨所等を確保ないし準備しているような場合は別として、右の如く埋蔵を拒絶できる場合であっても、墓地管理者が、すでに埋蔵された焼骨の収去を求めることは、墓地管理者に課された公益的義務に反するものであり、正当な墓地管理権の行使の範囲に含まれるとは解し難い。

また、仮に、墓地管理件に基づき、埋蔵焼骨の収去請求をなしうる場合があるとしても、本件で、被控訴人らが控訴人の典礼によらずして焼骨入骨壺の埋蔵を行ったのは、控訴人と宗教的信条を異にするに至ってその檀家であることから離れたとか、控訴人の寺院慣行を無視したりこれに背いたとかいうものではなく、A住職との寺院経営の確執の過程において、や

むを得ずとられた措置であることが明らかであり、このような場合に、控訴人が、被控訴人らの埋蔵した焼骨入骨壺の収去を求めることは権利の濫用に該当するというべきである。もっとも、右紛争の過程においては、被控訴人らの側にも行き過ぎた言動や硬直した姿勢のあったことは否定しえないが、前記三1認定の諸事実からすれば、右紛争の発端とその主たる原因は、A住職の側にあったことが明らかであり、この点も右判断を左右するものではない。」

※前出の前橋地裁平成11年12月22日判決（D1-Law.com 判例体系）〔28263164〕は、寺院に無断で納骨した者に対する寺院の損害賠償請求を認めている。

（6）墓地経営者・管理者の注意義務

　墓地経営者とは、墓地を設置し、管理し、運営する者をいいます（墓埋法10条）。墓地の永続的管理の必要性とともに、墓地の健全な経営を確保するために墓地経営は営利を追求しない公益的事業として運営されるべきことから、墓地等の経営主体については、原則として地方公共団体とし、これによりがたい事情のある場合にあっても公益法人、宗教法人等であることとされています（各都道府県知事・各指定都市市長・各中核市市長あて厚生省生活衛生局長通知「墓地経営・管理の指針等について」（平成12.12.6生衛発第1764号）等）。そのため、墓地経営者は、ほとんどの場合、法人です。

　墓地管理者とは、自然人であり、墓地の運営及び管理についての事務取扱責任者のことをいいます（墓埋法12条）。墓埋法は、13条から18条に管理者が行うべき事務に関する規定を設けています。

　墓地経営者は、墓地使用者との間の墓地使用契約に基づき、墓地を適正妥当に使用させるべき注意義務を負っております。そして、墓地の運営及び管理について責任ある立場にある墓地管理者も同様の注意義務を負っています。もし、かかる注意義務に違反して墓地使用者に損害を与えた場合、墓地

経営者は債務不履行責任もしくは不法行為責任を、墓地管理者は、不法行為責任を負うことになります。

本項では、墓地経営者・管理者の注意義務が問題となった裁判例について紹介していきます。

ア 注意義務違反肯定
（ア）墓石無断撤去事例
　墓地経営者・管理者が、墓石を使用者に無断で撤去してはならないことは、だれがみても当たり前のことです。ただ、墓地の区画整理などの際に、墓地経営者が無縁墓だと思っていた墳墓を撤去し、その後、墓地使用者が現れ、墓地経営者との間でトラブルが起きるケースは、しばしば見受けられることです。実務上、無縁墳墓の整理は、墓埋法５条・墓埋法施行規則２条同３条に則った改葬手続きを履践したうえで行われております。無縁墳墓の改葬許可申請にあたっては、下記の書類を申請書に添付して行われます（墓埋法施行規則３条）。

　①墓地等の管理者の作成した埋葬若しくは埋蔵又は収蔵の事実を証する書面（これにより難い特別の事情のある場合にあっては、市町村長が必要と認めるこれに準ずる書面）

　②無縁墳墓等の写真及び位置図

　③死亡者の本籍及び指名並びに墓地使用者等、死亡者の縁故者及び無縁墳墓等に関する権利を有する者に対し１年以内に申し出るべき旨を、官報に掲載し、かつ、無縁墳墓等の見やすい場所に設置された立札に１年間掲示して、公告し、その期間中にその申し出がなかった旨を記載した書面

　④前号に規定する官報の写し及び立札の写真

　⑤その他市町村長が特に必要と認める書類

　かかる手続きを行えば、違法性が阻却されるないしは墓地経営者・管理者としての注意義務が果たされたと考えられているようです。東京地裁平成

19年2月8日判決も、墓埋法所定の改葬手続きが行われていなかったことを不法行為成立のメルクマールとしています。

> **10** 東京地裁平成19年2月8日判決
> D1-Law.com 判例体系〔28265592〕

事案

　原告の祖父Bの遺骨を納め●●家の墓地として使用してきた墓所を、被告が無縁墓と取り扱って墓石を撤去し第三者に対して新たな墓地として使用させたことが不法行為に該当するとして、原告が被告に対し、墓地使用権相当額350万円、墓石復元費用244万6,500円、慰謝料200万円の合計794万6,500円及びその遅延損害金の支払いを求めた事案。

判旨

　「前記前提となる事実及び上記一で認定した事実によれば、訴外C寺に対して平成14年以降も本件墓地の管理費が支払われており、本件墓地が無縁墓であったとは認められない。そして、本件墓石の撤去は遺骨の場所的移動を伴うので改葬に該当するところ、墓埋法5条により改葬には港区長の許可が必要であるが、被告は、許可を受けたことを主張立証しないから許可を受けていないものと認められる。さらに、墓埋法施行規則3条によれば、改葬の際には、墓地の使用権が消滅したことが公的に確認されなければならず、縁故者の有無を市町村長に対して照会し墓地使用者の申出を催告する公告を3回以上しなければならないにもかかわらず、被告は、かかる手続を履践していない。被告は、江戸時代から別紙物件目録記載1の土地を墓地として利用し管理しており、長年にわたり埋葬や改葬に携わってきた以上、墓埋法や墓埋法施行規則の規定については熟知していたものと認められる。

　従って、本件墓地が無縁墓となっていたとは認められないし、仮に万一

被告が本件墓地を無縁墓と認識していたとしても、被告は無縁墓として墓石を撤去し新たな永代使用権を設定するために必要な手続を全く履践していないから、被告は、本件墓石を撤去する権限を有していない。墓石の撤去は他人の財産を毀損することになるから、墓埋法が定めた手続を履践した場合に限り違法性が阻却されるものである。

よって、被告による本件墓石の撤去は違法であり、被告の行為が不法行為を構成することは明白である。」

原告の損害として、ⅰ：137万0250円（残存耐用年数に照らして2分の1を減価した石材費102万5,000円及び工事費用28万円に消費税を加算した額）、ⅱ：300万円（永代使用権相当額）、ⅲ：慰謝料100万円の合計537万0250円が認容された。

上記東京地裁平成19年判決は、墓埋法所定の改葬手続きが履践されたか否かをメルクマールとしていますが、墓埋法の手続きは、あくまで行政手続きであり、民事上の権利関係とは別個のものです。このことについて、生活衛生法規研究会監修『逐条解説墓地、埋葬等に関する法律〈第3版〉』第一法規（2017年）31頁は、「なお、本法は、行政規制に関する法律であり、私人間の権利義務関係について定めるものではない。本法及び施行規則による改葬の許可や改葬公告が直接に墓地使用権を始めとする民事上の権利義務関係に変動を及ぼすものではない。」としています。

そして、墓地経営者が、墓石の撤去にあたって墓埋法の改葬手続きを履践していても、必要な調査を尽くしていないとして、墓地経営者に不法行為責任を認めた裁判例が出現しました。それが、高松高裁平成26年2月27日判決です。

11 高松高裁平成26年２月27日判決

D1-Law.com 判例体系〔28265593〕

判旨

「上記認定事実によれば、Ｂは、昭和46年８月頃、被控訴人から本件墓地の永代使用権を取得し、その上に墓を建立して、Ａの遺骨の入った骨壺を埋葬し、Ｂ死亡後は、Ｃが祭祀承継者の地位を承継し、本件墓地にＢの遺骨の入った骨壺を埋葬しており、Ａ及びＢの葬儀、一周忌法要、三周忌法要等は被控訴人の前住職によって執り行われ、同住職は、平成11年春の彼岸まで、Ｃ宅に赴いて棚経を行っていたのであるから、●●家は被控訴人の檀家であったもので、被控訴人の前住職は本件墓地の使用者であるＣの住所氏名及び連絡先を把握していたと認められる。しかし、被控訴人は、被控訴人墓地について、法15条１項、規則７条が定める墓地使用者等の住所氏名を記載した帳簿を備えておらず、ほかに本件墓地の使用者を記載した過去帳等の帳簿を有していなかったため、その後、前住職が病気になり、死亡したこともあって、後任の住職である被控訴人の現代表者は、前住職から、本件墓地について適切な引継ぎを受けることができず、本件改葬行為当時、本件墓地の墓地使用者等を把握していなかったが、被控訴人が墓地使用者等に連絡できない状況にあったことについては、被控訴人に責任があるというべきである。そして、本件墓地の墓石はそれほど古い時期とはいえない昭和46年８月に建立されたものであり、現代表者も、平成13年か14年頃に本件墓地の墓参者を見たことがあり、その際に前住職の妻から同人が●●であることを知らされていたもので、さらに、本件墓地には本件改葬行為直前にも複数回にわたって墓参の形跡があったのであるから、本件改葬行為当時、本件墓地には依然として使用者又は縁故者が存在することが強く疑われたというべきであり、このような墓地を無縁墓地として改葬を行い、墓石を撤去処分し、骨壺や遺骨を搬出するに

は、さらに相当期間をかけて使用者の有無について調査を尽くす義務があると解される。したがって、被控訴人が本件墓地を無縁墓地であると判断して調査義務を尽くさないで本件改葬行為を行ったことには過失があるというほかなく、本件改葬行為は本件墓地の使用者であったＣに対する不法行為を構成するというべきである。

これに対し、被控訴人は、法や規則の手続に従ったなどと主張するが、改葬を行おうとする場合には、法や規則の定める手続を実施しなければならないというにすぎず、これらの手続を履践したからというだけで、永代使用権を消滅させることができるものではない。また、被控訴人は、本件プレートを本件墓石に取り付けるなどして改葬を予告したこと、担当者が年６回１日常駐して改葬の対象となっている墳墓について聞き取り調査を行ったことや、数年間にわたりＣから墓地管理料の支払がなされなかったことを指摘するが、墓地使用者が１年半程度の期間墓参せず、本件プレート等に気づかなかったり被控訴人から請求を受けないまま数年間管理料の支払をしなかったりしたことをもって、本件墓石の破壊・撤去という重大な結果を受忍すべきであるとはいえないし、これを過失相殺の事由とすることも相当ではない。被控訴人の上記主張はいずれも理由がない。」

原告の損害として、ⅰ：慰謝料200万円、ⅱ：原状回復費用139万6,500円、ⅲ：弁護士費用35万円、合計374万6,500円が認容された。

これらの裁判例からは、無縁墓を整理するにあたっては、戸籍調査等の必要な墓地使用者探索調査を遺漏なく行うとともに、墓埋法所定の改葬手続きをしっかりと履践していくことが重要であることがわかります。

（イ）墓石無断移動事例

墓地管理者が、墓地使用者の墓石を無断で移動すると、墓地使用者に対する不法行為となるとともに、信頼関係破壊を理由とする解除事由となります。この点について判断したのが、東京地裁平成５年11月30日判決です。この

12 東京地裁平成5年11月30日判決
判時1512号41頁〔27826255〕

事案

　原告は、被告寺院との間で墓地永代使用契約を締結し、永代使用料15万円及び3年分の管理費6,000円を支払って、契約区画に墓石を建立した（墓石建立費用は、消費税込みで108万1,500円であった。）。本件墓石は本件区画から少し参道にはみ出していたものの、被告墓地管理者は、当初は黙認していた。その後、被告墓地管理者は、本件墓石の基礎ベースが参道に少しはみ出しており、向きも他の墓石とは違っていたことから、本件基礎ベースを本件墓石がのったままの状態で少し奥に押し込むように移動させて正規の位置に直し（本件墓石移動行為）、これによって、本件墓石の向きも南西向きから西向きに変わってしまった。本件墓石移動行為は、墓地使用者である原告の承諾を得ていなかったため、原告は、本件墓石移動行為によって祖先に対する崇敬心を著しく傷つけられ、しかも被告らから謝罪もないことから、墓地永代使用契約を解除するとともに、永代使用料の返還や慰謝料等を請求した。

判旨

　本件墓石移動行為は、墓地永代使用契約に基づく本件区画を管理する義務に違反するとした。そのうえ、その後の被告らの誠意を欠く対応は、原告をして被告寺院に対する信頼を失わせるものであることから、信頼関係破壊を理由に墓地永代使用契約の解除を認めた。また、本件墓石移動行為は、不法行為を構成することは明らかだとした。原状回復義務として被告寺院は、永代使用料15万円と管理費6,000円を返還する義務があるとした。不法行為によって、原告は、本件墓石移設費用56万5,000円及び慰

謝料10万円の損害が生じているとした。

（ウ）遺骨無断処分事例

　寺院墓地を経営する寺院は、檀信徒より、一時的に遺骨を預かったり、墓地とともに経営する納骨堂に遺骨の納骨を受けることがあります。このような場合、遺骨を紛失したり、無断で分骨・合葬するなどしてしまうと、債務不履行責任ないし不法行為責任に問われることになります。

13　横浜地裁平成7年4月3日判決
判タ887号223頁〔27827925〕

事案

　原告1の妻であり、原告2の母であるAは昭和51年5月に死亡したが、原告1は、平成2年6月Aの遺骨を骨壺に入れた状態で被告寺院に保管料1年当たり2,000円で寄託した。被告は、Aの遺骨を小さな骨壺に移し替え、入りきらなかったAの遺骨を合葬処分した。原告Aが平成3年10月、Aの遺骨の返還を求めた際、新骨壺に移し替えられたものしか返還を受けられなかった。そこで原告1は有償寄託契約の債務不履行に基づき、原告2は不法行為に基づき、それぞれ被告寺院に対して100万円の損害賠償を求める訴えを提起した。

判旨

　「1　請求原因（二）（遺骨の寄託）は当事者間に争いがない。この事実によれば、原告1と被告との間に、本件遺骨について、被告が同原告のためにこれを保管することを約する有償寄託契約が成立したことは明らかであるから、被告は、本件遺骨を善良な管理者としての注意義務をもって保管し、原告1から求められたときはこれを返還すべき義務を負ったことになるところ、請求原因（三）（1）（遺骨の一部の合葬処分）のとおり、被

告が本件遺骨について本件処分を行い、そのため、原告１は寄託した本件遺骨の一部の返還を受けられなかったことは、当事者間に争いがない。

　２　したがって、特段の事情の存しない限り、被告の本件処分は原告１との間の寄託契約に違反する債務不履行となる。また、人の遺骨は、一般社会通念上、遺族等の個人に対する敬愛・追慕の情に基づく宗教的感情と密接に結び付いたものであり、このような心情は一種の人格的法益として保護されるべきものであるから、これを扱う者に、宗教的慣習ないしは社会通念に照らして適切とはいえない面があった場合には、それは右の人格的法益に対する侵害として遺族等に対する不法行為をも構成するものと解されるところ、本件処分は、特段の事情のない限り、遺骨の扱いとして適切とはいい難く、右の不法行為を構成するものと解するのが相当である。」
「原告１が本件遺骨に係る亡Ａの夫であることが認められ、原告２が亡Ａの子であることは前記認定のとおりである。このような原告らと本件遺骨との関わりを考えると、原告らが、被告の本件処分によって精神的苦痛を被ったであろうことは推認に難くない。これに対する慰謝料は、原告ら各自についてそれぞれ20万円とするのが相当である。」とした。

※同種の事案（納骨した寺が、遺骨を無断で分骨・合葬したとして、遺族からの慰謝料請求が認容された事例）として、大阪地裁堺支部平成７年12月１日判決（判時1581号110頁）〔28020003〕がある。同判決は、「被告らは、納骨業務を行う寺院あるいはその納骨堂の管理者として、預かった遺骨については、その所有者ら遺族の宗教的感情を思いやりそれらを害することのないよう、宗教的慣習や社会通念に従って適切かつ丁重に保管し、返還の際にはできる限り現状のまま返還しなければならないのは当然のことである。…以上によれば、被告らは、原告らが所有権を有する本件各遺骨（乙山一郎の遺骨を除く。）を原告らに無断で分骨、合葬し、遺骨の一部を返還不能にしてその所有権を侵害し、かつ、遺族として原告らが故人に対して抱いている敬愛追慕の情という人格的法益を

侵害した。したがって、被告らは、右不法行為（民法44条、709条。被告寺院は一部原告に対しては債務不履行でもある。）に基づき、原告らに生じた精神的損害を賠償する義務がある。」とし、原告各々について5万円から40万円の慰謝料を認容した。慰謝料の斟酌事由として、同判決は、「原告らと故人との関係を子細にみれば、あるいは父母であり、夫であり、子であるなどの違いがあり、死去してからの時間経過や遺骨の数などもそれぞれである。さらに、供養に通う頻度も違ったであろうし、被告らが指摘しているように遺骨保管料（納骨冥加料）を長期にわたり滞納していた原告もいる（もっとも、Aの分を除きいずれもいずれも遺骨の返還を求める以前に完納している。）。被告らに処分された遺骨の量も精神的損害の大きさに全く無関係とはいえないだろう。」という点に言及している。

（エ）不用意発言事例

　墓地管理者である寺院住職の不用意な発言により、墓地使用者の祭祀主宰者としての権利が侵害されたとして、寺院に不法行為責任が認められた珍しい裁判例があります。墓地管理者は、墓地を管理する者として、祭祀承継者の紛争時などの場合に、裁判所から祭祀実施状況について照会を受けるなど中立・公正な立場が求められます。墓地管理者は、墓地使用者の心情を害するような不用意な発言を慎まなければなりません。

14　神戸地裁昭和61年4月9日判決
　　判タ691号215頁〔27804095〕

事案

　寺院の住職が、墳墓について真実に反する説明を他にしたことにより、その所有者の祭祀承継者としての権利が侵害されたとして、慰謝料の請求がされた事案。

> **判旨**

　昭和46年4月、生長の家の教祖Aの亡実父の50回忌法要が被告寺院で営まれた際、住職が、A及びその妻並びに生長の家幹部らに対し、本件墳墓について、「今から600年前に、後醍醐天皇を護ろうとして足利尊氏と戦った武将の一人に、谷口泰重という人がありました。その人がA先生の祖先なのです。後醍醐天皇は、谷口泰重の忠臣を喜ばれて、菊の御紋章を用いることを許されたのです。その証拠がこの寺にあります。」と言って、本件墓碑を指し示し、その石扉を開いて前記の菊の紋様を見せたうえ、更に、「楠正成には菊の御紋章の上半分だけ許されたのに、谷口泰重には全部許されたのです。大した武将だったのですね。新田義貞より上位の武将なんです。」と付け加えた。その際、本件墓碑の現在の所有者ないし祭祀承継者が原告であることに関しては全く言及しなかった。なお、住職の上記発言は事実に反するものであった。その結果、成長の家の機関誌にAの祖先は天皇から「菊の御紋章を下賜された」という点を強調しつつ、本件墓碑がAの祖先の墓である旨の記事が掲載されたほか、Aの祖先の墓であるということで生長の家の信者が多数本件墓碑に参詣するとともに、生長の家を基盤にして国会議員に立候補した政治家の選挙運動の旗揚式が本件墓碑前で行われるなどした。原告はまさに「自分の家の墓をAに取られた」という思いを抱くのも至極当然のことであり、祭祀主宰者としての権利が侵害されたということができるとし、「右権利侵害により原告が精神的苦痛を受けたであろうことは容易に推察でき、原告本人尋問の結果を併せると、原告としては、本件墓碑をいわば雅春に取られてしまったかのような思いさえするなど、右苦痛は多大なものと認められる。…右苦痛を慰謝するに足りる金額は、本件に現れた諸般の事情を総合考慮すると、70万円をもって相当とする。」

イ 注意義務違反否定

（ア）墓地・納骨堂無許可経営事例

　日蓮正宗が、平成3年11月に創価学会を破門し、平成4年8月に創価学会名誉会長を信徒から除名して以降、日蓮正宗・創価学会間では、激しい対立が起こり、その過程で、創価学会員より、日蓮正宗の寺院に対し、墓地・納骨堂の墓埋法10条の経営許可を受けていないとして、不法行為責任等を追及する訴訟が多数提起されました。しかしながら、裁判所は、いずれも原告である創価学会員の請求を棄却しました。その主な理由は、「本件墓園は、その造成当時から、墓埋法上の墓地としての適格性を有し、同法10条による経営許可を受けるについて格別の障害はなかったと認められるから、これを墓地として使用するについて、事実上何ら支障がなく、また、法律上も実質的違法性があったとはいえず、原告らが引き続き使用することは当然可能であったというべきである。」（高松地裁平成9年3月13日判決（判タ955号190頁）〔28030121〕）という点にあります。

　この点に関する高裁判決を紹介します。

15　広島高裁岡山支部平成10年9月29日判決
判タ997号231頁〔28040998〕

事案

　被控訴人寺院が、境内地内の客殿に設置した納骨室の経営について、墓埋法10条所定の許可を要するにもかかわらず、右許可を受けずに、信徒である控訴人らとの間で右納骨室内の納骨ロッカーに関して永代使用権設定契約を締結したことについて、控訴人らが被控訴人寺院に対し、不法行為が成立するとして損害賠償請求を行った。

判旨

　「墓埋法の目的・趣旨は国民の宗教的感情及び公衆衛生その他公共の福

祉の保護にあると解されるところ、前記認定のとおり、本件納骨室は被控訴人寺院の境内地内の客殿の一区画であり、外部の者の目に直接触れるとは認め難いこと、本件納骨室内の納骨ロッカーは施錠可能な金属製ロッカーであり、同ロッカーに収蔵された遺骨は同被控訴人において納骨原簿に記載して管理していたこと、本件納骨ロッカーに収蔵された遺骨は被控訴人寺院の信徒の近親者の遺骨であり、同被控訴人において追善供養を営んでいたこと、本件納骨室について、その構造・設備について不備ないし欠陥を指摘されることなく、平成８年には墓埋法１０条所定の許可を受けたことが認められる。

　右各事実を鑑みると、本件納骨室の経営が国民の宗教的感情及び公衆衛生その他公共の福祉を侵害したとは認め難い。そして、控訴人らの宗教的感情等についてみても、前記認定のとおり、控訴人らは近親者の遺骨を被控訴人寺院に追善供養してもらう目的で本件契約を締結したこと、控訴人らの多くは実際に近親者の遺骨を本件納骨ロッカーに納骨して同控訴人に追善供養をしてもらっていたこと、被控訴人日蓮正宗が平成４年８月に池田大作を除名するまでの間、控訴人らが本件納骨室の経営に何ら苦情を述べた形跡はないことに照らせば、控訴人らの宗教的感情等が侵害されたとは認めがたい。…

　以上によれば、本件契約の締結により、控訴人らについて、権利ないし法的に保護されるべき利益が侵害されたと認めることはできない。よって、控訴人ら主張の過失による不法行為を認めることはできない。」

（イ）改葬・分骨拒否事例

　墓地管理者が、墓地使用者からの改葬・分骨依頼を拒否することが、墓地使用者に対する不法行為になるかが争われた事案があります。墓地使用者が、改葬・分骨をするためには、従前の墓地の管理者より、埋蔵証明書ないし分骨証明書の交付を受ける必要があります。墓地使用者がこれらの書類を墓地管理者より受けられない場合、改葬・分骨を行うことは、困難なものとな

ります。当該事案においては、「未だ法律上の不法行為といえるほどの違法性は認め難い」との理由で原告らの請求を棄却していますが、それは、当時の日蓮正宗・創価学会を巡る対立状況を勘案してなされたものであり、「未だ法律上の不法行為といえるほどの違法性は認め難い」との表現は、墓地管理者が改葬・分骨拒否をすることが、場合によっては不法行為が成立する余地があることを示すものです。例えば、墓じまいに関連して、高額な離檀料を請求して支払わなければ改葬に応じないとの態度は、不法行為責任を問われる可能性が十分にあると思われます。

16 仙台高裁平成7年12月14日判決
判タ911号137頁〔28010978〕

事案

創価学会員である原告らから日蓮正宗に所属する被告寺院に対して遺骨改葬・分骨等の申し出があったのに対し、被告寺院の住職がとった対応（墓地を原状に復するか、その費用4万円を負担するように求め、それに応じない限り改葬には応じられないと返答したこと）が不法行為となるかが争われた事案

判旨

「そこで前記認定の事実に基づき、A住職に控訴人ら主張の不法行為があったかどうか判断するに、控訴人らは、改宗したのではないのはもとより、明示の離檀通告もしていないが、弁論の全趣旨からして学会系列の墓地であると認めうる東北池田記念墓地公園内に、本件の墓地とは別に入手していた墓地に改葬ないし分骨しようとしたのであり、宗門と学会との間の前認定のような対立抗争のさなか、学会のB県長を後見役にして本件の申入れをしたのであるから、A住職において、控訴人らの墓地は今後不要になるものと判断し、控訴人らに対し墓地使用規則による原状回復の措置

を求め、この点の意思確認が先決であると考えて、墓地は買ったものであるから原状に復したり返還したりする必要はないとの硬直した態度で押し通そうとした控訴人らに対し、その申入れを拒否したのはやむをえないことであると考える。同住職の対応にも、殊に９月２日の場合など感情的であり、冷静さに欠けるところがあるのは否定できないが、当日は前記Ｂが同道していたので、Ａ住職としては交渉につく前にまずＢの関与を排除し、同人の退席後に話合いをするつもりであったと受け取れないこともないので、前項３の経緯等もあることを勘案すれば、このような対応をするのも無理からぬことというべきである。このほか、本件訴訟の提起された後のことであるが、被控訴人らが控訴人らに対し、慰藉料請求の点を除き、本件１、２の遺骨の引渡しと証明書等の交付に応じることを表明したにもかかわらず、控訴人らにおいてこれを拒否し、約２年６か月後にこれを供託されてようやく受領したにすぎず、この点から見る限り、控訴人らも遺骨等を引取るにつき、それ程緊急性があるわけではなかったことなどを総合考慮すると、Ａ住職の前記行為については、未だ法律上の不法行為といえるほどの違法性は認め難いものと言わなければならない。なお、控訴人らは、予備的に、Ａ住職が法規や寺院規則を誤解して本件行為に及んだという過失に基づく不法行為責任を求めているが、そもそも右の誤解があったとしてもそれは右の如き行為の縁由にすぎないものであるから、その行為自体に違法性が認められない以上、過失による不法行為なるものを考える余地はないことは明らかである。」

（７）墓地開発・運営に伴うトラブル
７ 墓地開発者と近隣住民とのトラブル

　一般的に、墓地は嫌悪施設とされていますので、墓地開発を行おうとする場合、どうしても近隣住民とのトラブルが発生してきます。近隣住民が墓地開発を争うとする場合、①行政訴訟の提起（墓地経営許可差止訴訟、墓地経営許可取消訴訟等）、②民事訴訟の提起（差止訴訟、墓地撤去訴訟、損害賠

償請求訴訟、等）、③住民運動（デモ、幟旗、ビラ、署名活動等）を行うことになります。①行政訴訟については、前に説明したように、原告適格の問題や行政には広範な裁量があることから、訴訟追行においては、困難な問題を伴います。それでは、②民事訴訟については、どうでしょうか。この点の一事例として、広島地裁昭和55年7月31日判決を紹介します。受忍限度論を適用して判断を行っています。

17 広島地裁昭和55年7月31日判決
判時999号104頁〔27423530〕

事案

被告は、原告の自宅の西隣に墓地を構築した（原告自宅から最短距離にして約1メートルしか離れていない）。そうしたところ、原告は、墓埋法10条の経営許可を得ていない、所有権・環境権・人格権が侵害されたとして、被告に対して、本件墓石等の撤去を求め、精神的苦痛に対する損害賠償として金50万円の支払いを求めた。

判旨

「墓埋法10条の墓地経営の許可対象となるのは、『事業として墓地を営む』場合に限られ、個人墓地はその対象に含まれない。したがって、被告のなした本件墓地設置行為はなんら法に触れないものであり、自己所有地内における適法な権利行使である。

原告の自宅の住環境が多少悪くなったことは肯認できないことではないが、本件墓地設置行為は、墓埋法に違反せず違法とは言えないこと、原告所在の市町村は人家に隣接して墓地が存在する例があることに鑑みると原告の受けている被害はきわめて軽微であって、受忍限度を超えているものとは到底認められないから、本件墓地の撤去は認められない。」

※墓地と同様に墓埋法の規制対象となる火葬場の建設差止訴訟（水戸地裁平成2年7月31日判決（判タ746号173頁）〔27807699〕）においても、受忍限度論の枠組みが用いられている（「原告らの被侵害利益、火葬場設置の必要性、緊急性、公共性、本件火葬場設置に至る経緯、代替地の不存在、本件火葬場の構造及びその付近の環境整備対策等の諸点を考慮すると、火葬場が本件予定地に建設されることによって、原告らが精神的、心理的不快感を覚えることがあるとしても、それは、原告らにおいて受忍すべき限度内のものというべきである。」）。

東京地裁平成18年9月14日判決は、墓地反対住民運動が、以前にした和解契約に反するのではないか、墓地経営者に対する名誉毀損に当たらないか等が問題となった事案です。表現の自由との兼ね合いなのか、近隣住民の反対運動の活動の自由は、広範に認められているような印象を受けます。

18 東京地裁平成18年9月14日判決
判タ1247号231頁〔28132055〕

事案

　本訴原告教会は、近隣住民らである本訴被告らとの間で墓地開発紛争をめぐって和解契約（訴訟上の和解）を締結したが、本訴被告らは、和解契約成立後も引き続き反対運動に関する看板を立て続けたため、本訴被告らが和解で定められた義務（有効な関係に基づく共生）を守らないとして、和解契約を債務不履行を理由に解除し、和解契約で定められた本訴原告教会の義務が存在しないことの確認及び和解金300万円の返還を求めた。また、本訴原告教会は、本訴被告らが掲示した看板が本訴原告教会の名誉を毀損したとして、看板の撤去及び200万円の損害賠償を求めた。本訴被告らは、本訴原告教会が和解契約において定められた義務に違反したとして、債務不履行または不法行為に基づき、各20万円の損害賠償を求めた。

問題となった和解契約は、次のようなものであった。
・本訴原告の義務
①墓参者等が利用する本件墓地の出入口を制限し、本件墓地の南側私道を使用させないこと（道路制限条項）
②道路制限条項を墓参者及び出入り業者に通知し、霊園内出入口付近に案内板を設けること（道路制限の通知・掲示条項）
③本件墓地の近傍に54台以上の駐車場を確保し、お彼岸、お盆等には、臨時駐車場の確保に努力すること（駐車場条項）
④本件墓地の南側黄道上に墓参者が駐停車しないよう配慮し、特に、日曜日、お彼岸、お盆等には監視員を配置すること（監視員配置条項）
⑤本件墓地で使用する線香の種類や量を制限すること（線香制限条項）
・本訴被告の義務
①本件墓地に反対する旨を表示したのぼり、看板等を撤去すること（看板等撤去条項）

判旨

・本訴被告らの債務不履行について
「（１）原告は、本件和解の本旨は、原告と甲事件被告らとの間の『友好関係に基づく共生』にあるところ、甲事件被告らが、本件各看板を掲示し、原告に対して複数のクレームをつけるなどした行為は、本件和解の本旨を拒否するものであり、本件和解上の債務不履行に当たる旨主張する。

（２）確かに、証拠（甲１の１）によれば、本件取消訴訟を担当した裁判所（以下「和解裁判所」という。）は、和解を勧告するに当たり、『本件墓地の存在を前提とし、かつ、現在の運営形態を考慮した上で、近隣住民との利害調整を図り、両者の共生を実現する手段が講じられるのが相当であると考え、和解を勧告する』旨述べたことが認められる。

ところで、和解調書は確定判決と同一の効力を有するものであり（民事訴訟法267条）、その効力がきわめて大きいことにかんがみれば、訴訟上

の和解における和解条項の内容及び効力についての解釈に当たっては、その文言自体相互に矛盾し、又は文言自体によってその内容を了解し難いなどの特別の事情のない限り、その和解の成立に至った経緯や、和解成立以後の諸般の事情を考慮に入れるべきではなく、和解調書に記載されたところからこれを判断すべきであって、和解調書に記載されなかった債権債務を和解条項中の債務と関連させてその効力を論ずることは許されないものというべきである（最高裁判所昭和44年7月10日第一小法廷判決・民集3巻8号1450頁、最高裁判所昭和46年12月10日第二小法廷判決・判例時報655号31頁参照）。

　これを本件についてみると、和解裁判所の上記和解勧告は、同裁判所が本件和解の締結を原告及び被告らに対して促した動機を示すものであり、これは本件和解成立に至る経緯の一つということができるが、現に紛争が生じている中で締結された本件和解においては、本件紛争を解決するために各当事者の負担すべき義務の内容を具体的に定め、本件和解条項に定められた具体的な義務の履行を通じて、かつ、その限度で、原告と被告らとの間の共生を実現することが本件和解の本旨となっていたものというべきであるから、本件和解条項の内容及び効力についての解釈に当たっては、本件和解調書に記載された具体的な義務を離れて、本件和解上の債務不履行の有無を論じることは相当ではないというべきである。したがって、原告が縷々主張している甲事件被告らの行為は、その行為が、本件和解条項において具体的に定められた甲事件被告らの義務に違反するものでない限り、甲事件被告らの本件和解上の債務不履行を構成しないものというべきである。」として、本件和解条項中、本訴被告らの具体的な義務とされた看板等撤去条項（本件墓地につき反対する旨を表示したのぼり、看板等（以下「墓地反対看板」という。）を平成15年12月25日限り撤去する）については、履行されており、本訴被告らに債務不履行はないとした。

・本訴原告の名誉毀損の成否

　本訴被告らの看板には、以下の文言が記載されていた。

①本件看板1
　「この墓地の不当性」「名義貸し営利事業の実態」
②本件看板2
　「昨年、12月11日、原告住民とＡ教会は東京地裁にて和解し、Ｂメモリアルの運営についての『合意書』を確認した。しかし、和解成立後3か月以上経ているが『合意書』の内容が履行されず、むしろ和解以前より後退した運営がされる事態となっている。原告団、住民はＢメモリアルの約束違反に対し、誠実な態度が見られない場合は、和解違反に伴う損害賠償を求めて再度裁判をも辞さない覚悟であり、看板やのぼり等を掲げ、墓地反対運動を再開せざるを得ない覚悟であることを申し添えておく。」（本件注意書き）

　裁判所は、上記文言の名誉毀損該当性について以下のとおり判示した。
①本件看板1
　「まず、本件看板1には、本件和解条項の概要、本件取消訴訟提起に至るまでの経緯及び同訴訟が和解により終結するまでの経緯等が記載されているところ、このうちの『この墓地の不当性』との記載部分は、『マスコミ報道で全国が注目』との小見出しの下に、本件墓地の建設が不当であるとして、本件取消訴訟を提起していた甲事件被告らの当時の主張と反対運動の経緯を記載した部分に続いて記載されたものであって、前後の文脈をみれば、本件和解の成立に至る経緯の中で、甲事件被告らの反対運動およびその主張がマスコミに取り上げられたことを述べたものであることは明らかであり、ことさら原告に向けられたものではないから、『この墓地の不当性』との記載部分をもって、原告の社会的評価を低下させるものであるとは認められない。

　次に、本件看板1の『名義貸し営利事業の実態』との記載部分は、当該記載部分のみを読んだ場合、日蓮宗の寺院である原告が、本件墓地において行う宗教活動が、実際は見せ掛けだけの営利事業であると理解される余地がないとはいえない。しかしながら、一般人の普通の注意と読み方をもっ

て、『名義貸し営利事業の実態』と記載された前後の文脈等をみれば、同記載部分は、Ｃ保健所が『ずさんな審査』を行った旨の甲事件被告らの主張の内容を述べるために記載されたものであって、原告に対して向けられた表現内容でないものと理解されること、また、『名義貸し営利事業の実態』との記載部分は、看板に記載された記事のごく一部分にすぎず、文字の字体や大きさもその前後の文書に用いられたものと同一のものであって、本件看板１のうち、特にこの記載部分が人目を引くものではないこと、本件看板１の設置場所は、本件墓地の入り口からは相当程度離れており、本件墓地の永代使用権者や墓参者等、本件墓地の関係者が本件看板１を目にするおそれはそれほど大きくなく、本件墓地の関係者及び近隣住民以外の者の強い関心を引くものとは考えられないこと等、諸般の事情にかんがみれば、本件看板１の『名義貸し営利事業の実態』との記載をもって、原告の社会的評価を低下させるものであるとは認められない。」

②本件看板２

「一般人の普通の注意と読み方を基準としてみれば、本件注意書きは、本件和解条項に基づく義務を原告が履行していないとの本件墓地周辺の住民らの認識を記載し、再度裁判をも辞さない旨の決意等を表明しているものであって、本件看板２が本件看板１の横に掲示されたものであることを考慮するならば、本件注意書きの記載は、本件和解条項に基づく原告の義務の履行状況についての紛争当事者の一方の主張を記載したものにすぎないことが明らかであるから、これにより原告の人格的価値についての社会的評価を低下させるものであるとまでは認められない。」

・本訴原告の債務不履行について

「本件和解成立後も、道路制限条項により使用が禁止された南側私道を通って本件墓地に出入りする墓参者があり、これらの墓参者が路上駐車し、又は停車した車によって、南側公道が混雑する状況が生じていたことが認められる。したがって、原告としては、道路制限条項及び監視員配置条項に基づき、墓参者らが南側私道の通行や南側公道への駐停車をしないよう

に周知徹底したり、日曜日、お彼岸等には、監視員を配置するなどして、上記各条項の達成に努力すべきであったのに、これを怠り、平成16年3月21日の彼岸時を除けば、南側公道に本件墓地の来園者による路上駐車を防止するための監視員を配置することすらしなかったのである。しかも、証拠（甲34、原告代表者）及び弁論の全趣旨によれば、原告代表者は、本件南側公道の状況を実際に自ら確認したことはなく、日曜日、お彼岸等の南側公道への監視員の配置については、南側公道に混雑が生じておらず、人件費がかかるなどとして、監視員を配置しなかったことが認められる。さらに、原告は、平成16年3月21日ころ、本件墓地の南側公道に来た複数の来園者を、原告が配置した監視員の指導・案内により、本件墓地の南側の通用口から墓参させたが、これは、本件墓地への出入りを西側準用道路の北口からに限定している道路制限条項に違反する行為である。…

そうすると、原告は、本件和解条項のうち、道路制限条項及び監視員配置条項については、その債務の本旨に従った履行をしておらず、この点において債務不履行責任を免れない。」としたうえで、本訴被告らに生活上の不都合が解消されるとの期待が裏切られ、精神的苦痛を被ったことを認め、各1万円の慰謝料を認めた。

イ 墓地事業者間のトラブル

墓地の開発・管理運営は、多額の金銭が動くことから、事業者間のトラブルがしばしば見受けられるところです。ここでは、裁判例に現れた墓地事業者間のトラブルについて紹介していきます。

19 東京地裁平成27年2月26日判決
判時2270号56頁〔28234068〕

事案

原告寺院は、被告に対し、墓地に関する管理運営業務委託契約（本件管

理委託契約）を締結していた。本件管理委託契約には、原告が被告に委託する業務として、永代使用権の販売、墓石工事の施行業務、企画、開発、設計、施行に関する業務、開発申請、墓地許可取得に関する業務、本件墓地の管理及び運営業務、本件墓地開発協賛者の選定に関する業務、指定石材店各社の選定に関する業務、本件墓地利用希望者の選定に関する業務、本件墓地に関する全ての金銭収受に関する業務、管理棟一式の管理業務、その他本件墓地に関する管理運営に関する業務が定められている。また、本件管理委託契約には、被告は墓地利用者名簿、墓地図面、管理台帳等を確実に記載し、原告に報告できるようにする旨が定められている。原告寺院は、被告に対し、被告が本件墓地の管理業務により得られた入金状況の報告をしないこと等を理由に本件管理委託契約を解除する旨の通知を行った。

判旨

「一般に、委任契約において、受任者は、委任者の請求があるときは、いつでも委任事務の処理の状況を報告すべき義務がある（民法645条）ところ、このことは、本件管理委託契約についても同様であり、上記認定事実（6）のとおり、本件管理委託契約の委任事務として本件墓地に関する全ての金銭収受に関する業務が定められていることからすれば、被告は、本件管理委託に基づき、原告に対し、原告の請求に応じて、本件墓地の管理運営に係る収支の状況や本件墓地口座の入出金の状況等を報告すべき義務を負っているべきである。」としたうえで、被告の報告義務違反を認め、その程度は重く、信頼関係が破壊されていることから原告が無催告で行った解除の意思表示も有効であるとした。

※東京地裁平成29年1月13日判決（D1-Law.com 判例体系）〔29038506〕は、宗教法人である被告から墓埋法10条に基づく経営許可申請をする業務を受任したと主張する原告が、準委任契約に基づき、被告に対して報酬

残金を請求した事案である。同判決は、①見積書の記載が原告が業務を中断した場合に原被告が項目ごとの出来高で清算することを想定したものであること、②経営許可は最終的には関係官庁の裁量によって決定されるものであり、原告の努力によって左右することのできない要素によって許可が下りないこともあり得るのであるから、本件契約に基づく報酬を経営許可を条件とした成功報酬とすることは不条理であることから、同業務の法的性質を請負契約ではなく準委任契約であるとしたうえで、原告の報酬請求全額を容認している。

20 東京地裁平成28年3月10日判決
D1-Law.com 判例体系〔29018305〕

事案

原告は、倉庫業、不動産の賃貸業を目的とする会社であるが、原告所有の土地上に存在する霊園における墓地区画の永代使用権を権限なく販売した被告Y1（墓地の企画・造成・分譲及びその使用権の斡旋・売買・賃貸業務等を目的とする会社）及び同Y2（被告Y1の代表者）に対し、土地所有権に基づき、上記販売行為の差止めを求めた事案である。争点は、①原告が本件土地を所有しているか、②被告Y1が本件霊園の墓地永代使用権の販売権を有するか、③権利濫用の有無であった。

判旨

原告の請求認容。
①原告の本件土地所有権の有無
「A寺は、経営許可を得た本件霊園について、H又はGに対して名義貸しをし、本件霊園の経営をH又はGに委ね、A寺は名義使用料のみの支払を受け、本件霊園の経営については何ら権利義務を負わないこととしていたところ、H又はGの権利義務を承継した原告及びBにおいて、昭和62

年3月16日頃、本件土地を含む本件霊園の敷地につき、同敷地が農地以外に転用されることを条件として、その所有権を取得し、原告は、Bから、平成2年11月21日頃、同会社において取得していた敷地についてもその所有権を取得したものであり、平成7年12月頃、本件霊園の敷地の現況が農地でなくなり、地目が変更されたことにより、本件土地を含む本件霊園の敷地の所有権を確定的に取得したものと認められる。」

②被告Ｙ１の本件霊園墓地永代使用権販売権の有無

「前判示のとおり、本件土地の所有者はＡ寺ではなく、原告であるｋら、Ａ寺が所有者であることを前提とする主張、平成9年1月契約により墓地永代使用権の販売権を取得した旨の被告らの主張はその前提を欠く。」

③権利濫用の有無

「被告らは、原告による本件差止請求が権利濫用である旨主張するが、前判示のとおり、原告において本件墓地の敷地を所有することが墓埋法又は行政上の通達等に反するとしても、本件霊園の経営許可の適否が問題となり得ることは別として、本件霊園の敷地の私法上の効力が失われるとは考え難い以上、原告の請求が権利濫用に当たるとは直ちには考え難い。」

21 東京地裁平成19年8月23日判決
D1-Law.com 判例体系〔28265594〕

事案

原告が被告に対し、原告と訴外Ａ寺との業務委託契約における訴外Ａ寺の地位を引き継いだ被告との間の合意に基づいて、原告が墓地を販売する等の権利を有していたのに、被告がこれを妨害し履行不能にしたとして、不法行為または債務不履行に基づき、原告の逸失利益を請求した事案である。

Ⅱ　墓地に関する判例

判旨

①原告に本件霊園の墓地区画を販売する権利の有無

「原告と被告との間では、本件承継契約によって、被告が、原告とＡ寺との間の協定書等におけるＡ寺の地位を承継することなどが合意され、さらに、本件最終確認合意によって、原告は、被告に対し、本件霊園の未販売墓地区画の永代使用権を販売し、その販売代金たる永代使用料を取得する権利を有することが合意されたと認められる。」

②本件承継契約及び本件最終確認合意の公序良俗違反の有無

「被告は、本件承継契約及び本件最終確認合意の前提となった、原告とＡ寺との間の協定書等は、昭和43年環衛8058号環境衛生課長通知、平成11年3月29日生衛発505号厚生省生活衛生局長通知、東京都の墓地等の構造設備及び管理の基準等に関する条例及び平成12年12月6日生衛発1764号厚生省生活衛生局長通知によって禁じられている実質的な営利法人による墓地経営（いわゆる名義貸し）を認めるものであり、公序良俗に反し、無効であり、これを引き継ぐ内容である本件承継契約及び本件最終確認合意も無効である旨主張する。

確かに、被告の指摘するように、上記の通知や条例が、営利法人の墓地経営や、営利法人への名義貸しを禁じていること及び原告とＡ寺との協定書等による契約においては、原告が本件土地の取得費用や造成工事費用及び本件建物の建築費用を立て替え、原告が本件霊園の管理業務を行っていたこと、本件霊園の永代使用料等についても、原告が代理受領し報酬等に充当していたこと等は認められるが、原告がＡ寺の承諾を得ることなくその裁量で行っていたとは認められず、Ａ寺名義の本件霊園の経営が実質的な名義貸しにあたるとまでは解されない。また、仮にこれが名義貸しにあたるとしても、それによって、名義貸人と名義借人との間の契約が公序良俗に反して直ちに無効になるとはいえないうえ、本件承継契約及び本件最終確認合意は、被告において、原告とＡ寺との間の契約について承知した上、被告がＡ寺の地位を承継しているものであり、しかも、平成16年4

月からは、被告が自ら本件霊園の管理業務を行うことにしたものであるから、本件承継契約や本件最終確認合意が公序良俗に反して、無効であるということはできない。」

③不法行為または債務不履行の有無

「原告は、本件最終確認合意に基づいて、本件霊園について、永代使用権を販売する権利を有していたところ、被告は、原告に対し、遅くとも平成17年11月1日以降、原告、原告関係者及び参加石材店の本件霊園への立ち入りを禁止し、原告の上記権利を妨害したのであり、これは、原告に対する不法行為にあたる。

証拠（甲46の1及び2、原告代表者）及び弁論の全趣旨によれば、平成17年11月1日時点における本件霊園の未販売墓地は、別紙損害額計算書のとおり、26区画、15.512平方メートルであり、その永代使用料額は、合計4852万円となることが認められる。そして、前記の被告の妨害がなければ、原告がこれを全部販売することが可能であったと認められる。

よって、原告の損害額は4852万円と認められる。」

※名義貸しの有無の具体的判断及び名義貸しがあったとしても、それが直ちに公序良俗違反とならないと判断しているところに注目される。

Ⅲ 葬祭に関する判例

1 葬儀費用の負担

葬儀費用を誰が負担するのかについては、以下のように、裁判所によって判断が異なり、その議論は百花繚乱の様相を呈しております。

①相続人負担説

東京高裁昭和30年9月5日判決（家裁月報7巻11号57頁）〔27450221〕

等

②相続財産負担説

東京地裁昭和59年7月12日判決（判時1150号205頁）〔27453037〕等

③慣習ないし条理説

宇都宮家裁栃木支部昭和43年8月1日審判（判タ238号283頁）〔27451497〕等

④葬儀挙行者負担説

神戸家裁平成11年4月30日審判（家裁月報51巻10号135頁）〔28042620〕等

　葬儀費用の負担についての最高裁判決はいまだなく、この点についての最高裁の判断が待たれるところですが、近時、名古屋高裁が、葬儀に要する費用については葬儀を主宰した者が負担し、そのうち埋葬等の行為に要する費用は祭祀主催者が負担すべきとの判断をしたことに注目されます。

1　名古屋高裁平成24年3月29日判決
裁判所ウェブサイト〔28180997〕

判旨

　「葬儀費用とは、死者の追悼儀式に要する費用及び埋葬等の行為に要する費用（死体の検案に要する費用、死亡届に要する費用、死体の運搬に要する費用及び火葬に要する費用等）と解されるが、亡くなった者が予め自らの葬儀に関する契約を締結するなどしておらず、かつ、亡くなった者の相続人や関係者の間で葬儀費用の負担についての合意がない場合においては、追悼儀式に要する費用については同儀式を主宰した者、すなわち、自己の責任と計算において、同儀式を準備し、手配等して挙行した者が負担し、埋葬等の行為に要する費用については亡くなった者の祭祀承継者が負担するものと解するのが相当である。なぜならば、亡くなった者が予め自

らの葬儀に関する契約を締結するなどしておらず、かつ、亡くなった者の相続人や関係者の間で葬儀費用の負担についての合意がない場合においては、追悼儀式を行うか否か、同儀式を行うにしても、同儀式の規模をどの程度にし、どれだけの費用をかけるかについては、もっぱら同儀式の主宰者がその責任において決定し、実施するものであるから、同儀式を主宰する者が同費用を負担するのが相当であり、他方、遺骸又は遺骨の所有権は、民法897条に従って慣習上、死者の祭祀を主宰すべき者に帰属するものと解される（最高裁平成元年7月18日第三小法廷判決・家裁月報41巻10号128頁参照）ので、その管理、処分に要する費用も祭祀を主宰すべき者が負担すべきものと解するのが相当であるからである。」

2 祭祀承継者及び特別縁故者をめぐる問題

(1) 祭祀承継（主宰）者の権利

　民法897条1項は、「系譜、祭具及び墳墓の所有権は、前条の規定にかかわらず、慣習に従って祖先の祭祀を主宰すべき者が承継する。ただし、被相続人の指定に従って祖先の祭祀を主宰すべき者があるときは、その者が承継する。」としており、いわゆる祭祀財産については、通常の遺産相続とは別立てで承継が行われる旨を明らかにしています。

　民法897条1項は、祭祀財産として、系譜、祭具及び墳墓のみを掲げておりますが、その他に、墓地使用権（大阪家裁昭和52年1月19日審判（家裁月報30巻9号108頁）〔27452204〕、広島高裁平成12年8月25日判決（家裁月報53巻10号106頁）〔28061243〕等）や遺体遺骨の所有権（東京高裁昭和62年10月8日判決（家裁月報40巻3号45頁）〔27800735〕、最高裁平成元年7月18日判決（家裁月報41巻10号128頁）〔27809714〕等）も含まれるとされています。

　事案としてはやや特殊ですが、いわゆる真宗大谷派紛争に関連して出された裁判例において、祭祀主宰者には、宗祖の祖廟地において焼香・合掌・礼

拝という状態で参拝する慣習上の権利があるとしたものがあります。

1 京都地裁平成13年11月1日判決
裁判所ウェブサイト〔28071400〕

事案

本願寺24世の四男である原告が、被告に対し、慣習上、祭祀を主宰実行する権利があると主張して、被告に対し、原告が求めた日の日中の30分間、大谷祖廟の祖廟地の門扉の錠を開け、原告及び原告の家族に同祖廟地において大谷家墳墓に参詣させることを請求した事案。

判旨

「我が国において、少なくとも仏教徒の間においては、その教義上の位置づけは別として、先祖の遺骨が継続的に埋葬されている墳墓の前における焼香・合掌・礼拝という形態における墓参を行い、死者を祀り祖先をしのぶといった素朴な宗教心に基づく慣行があるといえる。したがって、祖先の墳墓があり、これに対する子孫の参拝の実体が認められる場合、当該子孫には慣習上、上記のような墓参をする権利が認められるべきであり、これに基づき、墳墓地を管理する者に対し、参拝を要求することができるというべきである。」としたうえで、被告の典礼施行権との兼ね合いから、原告及びその家族の本件墳墓への参拝は、1年に3回、日中の30分間とし、その日時の選択は、被告が年間30日以内で指定した範囲内で、原告に委ねるのが相当であるとした。

死者が生前、菩提寺等に葬儀や供養等を依頼することがありますが、死者の祭祀承継者が、かかる依頼を取りやめることはできるのでしょうか。この点について判断したのが、東京高裁平成21年12月21日判決です。

2 東京高裁平成21年12月21日判決
判タ1328号134頁〔28161603〕

事案

　亡Aは、生存中、宗教法人B寺が管理する墓地に墓を建立した。その後、亡Aは、B寺の僧侶である被控訴人に対し、自分の葬儀及び一切の供養を依頼し、供養料300万円（本件交付金）を交付した（第1準委任契約）。また、亡Aは、さらにその後、被控訴人に対し、自分の写真を本件墓に納め永代供養してほしいと依頼した（第2準委任契約）。亡Aはその後亡くなり、その甥で僧侶である控訴人が、亡Aの遺言により葬儀及び祭祀の主宰者と指定された。そして、控訴人は、被控訴人に対し、①主位的に、第1準委任契約は、原始的又は後発的不能であるから、その事務処理費用として前払いされた300万円は、被控訴人の不当利得になるとして、その返還を、②予備的に、第2準委任契約は解除されたとして、本件交付金の返還を求めた。

判旨

　「また、控訴人は、委任者の地位の承継人として、民法656条、同法651条1項に基づき、本件第2準委任契約を解除した旨主張する。
　そこで、この点について検討する。
　本来、委任契約は特段の合意がない限り、委任者の死亡により終了する（民法653条1号）のであるが、委任者が、受任者に対し、入院中の諸費用の病院への支払、自己の死後の葬式を含む法要の施行とその費用の支払、入院中に世話になった家政婦や友人に対する応分の謝礼金の支払を依頼するなど、委任者の死亡後における事務処理を依頼する旨の委任契約においては、委任者の死亡によっても当然に同契約を終了させない旨の合意を包含する趣旨と解される（最高裁平成4年（オ）第67号同年9月22日第

三小法廷判決・金融法務事情1358号55頁参照）。さらに、委任者の死亡後における事務処理を依頼する旨の委任契約においては、委任者は、自己の死亡後に契約に従って事務が履行されることを想定して契約を締結しているのであるから、その契約内容が不明確又は実現困難であったり、委任者の地位を承継した者にとって履行負担が加重であるなど契約を履行させることが不合理と認められる特段の事情がない限り、委任者の地位の承継者が委任契約を解除して終了させることを許さない合意をも包含する趣旨と解することが相当である。

　これを本件についてみるに、原判決が認定するとおり、亡Ａは、控訴人及び控訴人の母であり亡Ａの妹である桃子から、亡Ａが甲院の檀家でありながらＢ寺に本件墓を建てたことについて責められ、亡Ａは、控訴人から被控訴人に対して、本件交付金の返還を求める内容の下書きのメモを送られて、葉子に対し、知り合いの弁護士から手紙を出してほしいと依頼し、甲弁護士を介して平成15年12月8日付け通知書を被控訴人に送付してもらったのであるが、その後、被控訴人と面会し、本件墓は、お墓の別荘として考えればよいとの説明を受けて納得し、平成16年1月11日に被控訴人を自宅に招いて、本件第2準委任契約に基づく事務を依頼したものであり、亡Ａとしては、控訴人に対する祭祀の承継者の指定とは別に、あえて被控訴人に対し、本件墓をいわばお墓の別荘として亡Ａ自身のために永代供養してもらうことを企図していたものと解される。そして、本件第2準委任契約の事務の内容は、亡Ａの写真を本件墓に納め、永代供養をするというもので、内容は明確であり、かつ実現可能なものであり、また極めて宗教的で委任者の内心の自由にかかわる事務であり、その対価も供養としてお経を上げるなどの宗教的行為をしてもらうことの謝礼としての意味を有し、依頼する者の宗教心に基づくものと解されるところ、本件において供養料は、亡Ａにおいて既に支払済みであり、亡Ａの地位を承継した控訴人には特に履行すべき義務はないのである。さらに、上記に判断したとおり、被控訴人は、平成19年の春の彼岸会（3月20日ころ）までに

亡Ａの写真を本件墓に納め、亡Ａの死後継続してお経を上げ、卒塔婆を立てるなど永代供養を続けてきており、本件墓は本件口頭弁論終結の時点においてもＢ寺の墓地に亡Ａが建立した当時のままに存在し、周囲の墓と同程度に管理され、被控訴人は『永代供養である以上、今後も、供養を続けます』と述べている。

　以上のような本件にあらわれた諸事情を総合すると、本件第２準委任契約においては、委任者である亡Ａが死亡し、祭祀承継者として控訴人が委任者の地位を承継することとなったとしても、控訴人に同契約を解除することを許さない合意を包含する趣旨と解するのが相当である。

　したがって、控訴人が委任者の地位の承継人として、民法656条、同法651条１項に基づき、本件第２準委任契約を解除したとして本件交付金の返還を請求するのは、その前提を欠くものである。」

（２）祭祀承継者の指定基準

　民法897条２項は、「前項本文の場合において慣習が明らかでないときは、同項の権利を承継すべき者は、家庭裁判所が定める。」と指定しています。すなわち、民法897条１項２項を総合すれば、祭祀承継者の決定順位は、①被相続人の指定、②慣習、③家庭裁判所の審判のとおりとなります。それでは、家庭裁判所は、どのような判断基準で祭祀承継者を決めているのでしょうか。この点について、近時の裁判実務では、家督相続的な発想（長男であることや氏が同じであること等）を採用せず、被相続人との緊密な生活関係、親和関係を基準として祭祀承継者を指定している例が大半です。

3　東京高裁平成18年４月19日決定
判タ1239号289頁〔28131463〕

判旨

「承継候補者と被相続人との間の身分関係や事実上の生活関係、承継候

補者と祭具等の場所的関係、祭具等の取得の目的や管理等の経緯、承継候補者の祭祀主宰の意思や能力、その他一切の事情（例えば利害関係人全員の生活状況及び意見等）を総合して判断すべきであるが、祖先の祭祀は今日はもはや義務ではなく、死者に対する慕情、愛情、感謝の気持ちといった心情により行われるものであるから、被相続人と緊密な生活関係・親和関係にあって被相続人に対し上記のような心情を最も強く持ち、他方、被相続人から見れば、同人が生存していたのであれば、おそらく指定したであろう者をその承継者と定めるのが相当である。」

※被相続人との緊密な生活関係、親和関係を基準に祭祀承継者を指定した近時の審判例として、さいたま家裁平成26年6月30日審判（判タ1416号391頁）〔28233359〕がある。同審判において、「相手方は、申立人との関係が悪化していたとはいえ、被相続人の子である申立人をはじめ、被相続人の実妹らに対し、被相続人が危篤状態となった際にも、その後死亡した事実も伝えず、密葬を済ませたことは、親族など関係者らの意思を踏まえ末永くその祭祀を主宰していくに相応しい行為ではなかったことなどが認められる。」と判示され、他の近親者らの追慕の念を尊重できる者の方が祭祀の主宰能力が高いとされている点に注目される。

（3）特別縁故者

相続人の存否が不明の場合に家庭裁判所により選任された相続財産管理人が被相続人の債務を支払うなどして清算を行った後、家庭裁判所の相続人を捜索するための公告で定められた期間内に相続人である権利を主張する者がなかった場合、家庭裁判所は、相当と認めるときは、被相続人と特別の縁故のあった者の申立てによって、その者に、清算後残った相続財産の全部または一部を与えることができます（民法958条の3）。申立期間は、相続人を捜索するための公告で定められた期間の満了後3か月以内です。

特別縁故者の申立人となるべき者は、①被相続人と生計を同じくしていた

者、②被相続人の療養看護に努めた者、③その他被相続人と特別の縁故があった者です。宗教法人が特別の縁故者に当たるとされた裁判例として以下のようなものがあります。前者は、被相続人が申立人である宗教法人の住職であった事例、後者は、被相続人の菩提寺が申立人である宗教法人である事例です。

4 福島家裁郡山支部昭和46年8月25日審判
判タ279号381頁〔27451750〕

判旨

「そこで申立人が民法第958条の3第1項に定める特別縁故者にあたるかどうかの点につき考えるに、同条が新設された由来に徴するときは、宗教法人たる申立人を被相続人亡Aの特別縁故者とするには疑いをはさむ余地が全然ないわけではない。しかしながら上記認定の諸事実を総合すると、申立人住職はもし亡Aに子孫があればその者が世襲したであろう特別な関係にあり、本件遺産の所有権移転の経緯よりみてもその前主と申立人との間にも前同様の特殊な関係があること、本件各不動産の位置が申立人境内地に隣接する位置を占め、その利用関係も、申立人所有の他の不動産と外観上ほとんど区別できない状態にあること、過去において、申立人の前住職Bが類似の隣接地を申立人に寄付した例があること、ならびに本件不動産につき唯一つの血縁者である件外Cをはじめ申立人の檀徒らもこれを申立人に分与されることは何ら異議をはさんでいないこと、以上の実情にあることを彼此考察するときは、本件遺産を相続人なきものとして国庫へ帰属せしめるよりは、むしろ前記のような特別な関係にある申立人に分与することを被相続人Aもまた望んでいるものと推測することは、常識に合うと言えるから、結局同条の特別縁故者にあたると解するを相当とする。」

5 東京家裁昭和40年8月12日審判
判タ194号191頁〔27451171〕

判旨

「認定事実に照らし、申立人が果して被相続人の特別縁故者に該当するかどうかについては若干の疑問なしとしないが、少くも被相続人が生前に遺言をしたとすれば、申立人に対して遺贈の配慮をしたであろうと期待できることは間違いないであろう。仏法信奉者にとつては、誰しも来世の冥福を願わぬ者はないであろうし、特に被相続人は信仰の念が篤かつたものと思われるからである。他方、被相続人は1200万乃至1500万円の財産を遺し、これを国庫に帰属せしめて国に貢献するものであるから、国としてもその霊位安堵のため供養等につき配慮するのは極めて当然であり、かりそめにもその墓が無縁墓となつて取り片付けられることのないようにすることが必要である。したがつて、民法第958条の3の規定の解釈上、被相続人の菩提寺をもつて特別縁故者とすることには若干の疑義がないでもないが、他に被相続人の供養をする適当な者がいない以上、菩提寺たる申立人をもつて被相続人の特別縁故者とし、これに相続財産の一部を分与するのが相当である。」

※分与すべき財産は、今後の供養に必要な金額との観点から、33万5,000円と仏壇1個とされた。

なお、相続人でない祭祀承継者が、祭祀主宰を理由に特別縁故者として相続財産の分与が認められるか否かについては、裁判実務は、肯定例（福島家裁昭和46年3月18日審判（家裁月報24巻4号210頁）〔27451713〕、岡山家裁備前出張所昭和55年1月29日審判（家裁月報32巻8号103頁）〔27452434〕等）と否定例（松山家裁昭和41年5月30日審判（家裁月報19巻1号59頁）

〔27451268〕、東京高裁昭和51年7月8日決定（判時832号58頁）〔27452166〕等）に分かれています。

第4章

宗教と民事法

Ⅰ はじめに

本章では、宗教や宗教法人にまつわる民事上のトラブル事案を取り扱った裁判例を紹介していきます。

宗教法人といえども、普通の株式会社と同様に、多数のトラブルが日々発生しております。宗教法人は、一般会社と比較して、歴史的に多くの資産（主として不動産）を有していたり、コンプライアンス（法令遵守）に対する意識が不十分であったり、信者等の多数の利害関係人を抱えているなどの事情から、一旦トラブルが発生すると、その紛争は燎原の火のごとく燃え広がり、事態がますます悪化してしまいます。

これから紹介する多数の宗教・宗教法人にまつわる民事トラブルに関する裁判例を反面教師として、宗教法人の法的トラブル予防・早期解決に役立てていただければと思います。

Ⅱ 所有権

1 所有権の帰属

寺社・仏閣等の宗教団体は、近代土地所有権が確立する明治時代以前から存在している場合が多いため、所有権の帰属がはっきりしない場合がしばしば見受けられます。例えば、塔頭寺院（大きな寺院の山内にある寺院）の土地の所有権が、本寺なのか塔頭寺院なのかが問題となったり、堂宇の帰属が明治初期の神仏分離によって分かれた寺院なのか、神社なのかが問題となったりします。

また、宗教法人の境内地の登記名義が公有地（国・都道府県・市町村等）となっている場合があります。このような事情が生じているのは、明治政府が、明治4年の社寺領上知令によって、境内地を国有化したことが主要な原因となっています。昭和23年に「社寺等に無償で貸付けてある国有財産の

処分に関する法律（社寺処分法）」によって、国有地である寺院等の境内地その他の附属地を無償貸付中の寺院等に譲与または時価の半額で払い下げがなされましたが、譲与や払い下げの申請は、同法施行後1年以内に限られていた（同法1条）ため、申請が認められなかった、あるいは法律の施行を知らずに自己の所有と信じて申請を行わなかった寺院等の境内地の登記名義が現在も公有地となっています。社寺処分法は、明治初期に寺院等から無償で取り上げ、国有財産とした財産を、その寺院等に返還する処置を講じたものと解されています（最高裁昭和33年12月24日判決（民集12巻16号3352頁）〔27002603〕。なお、神戸地裁姫路支部平成25年2月6日判決（判タ1411号344頁）〔28231966〕は、社寺処分法2条に基づく売払の相手方が、登記上の名義人である宗教法人代表者個人ではなく、宗教法人であると判断しています。）。なお、社寺処分法の申請期限後の譲与や払い下げの申請について、京都地裁昭和54年3月23日判決（判タ395号131頁）〔27682204〕は、「社寺処分法は、旧国有財産法24条1項により社寺等に無償貸付されていた国有財産について、これが従前社寺等の所有であったのに国有財産とされた経緯に鑑み、「その社寺等の宗教活動を行うのに必要なもの」に限り、かつ法定期限内に申請のあった場合に限り、特に無償譲与ないし時価の半額による売払によりその返還を求めたものにすぎず、右の要件を欠く場合にまで国に売払義務があると定めたものと解するのは相当ではない。」としています（同判決の原告は、社寺処分法所定の要件を欠く場合であっても社寺等に無償貸付のなされていた国有財産については、従前社寺等の所有であったものを国有財産に編入した経緯に照らし、国有財産法20条1項による一般的売払の場合にも国に応諾義務があると主張していました。）。

　以上述べた歴史的経緯については、竹内康博愛媛大学教授の「公有境内地と時効取得」（宗教法31号211頁以下、宗教法学会のホームページからダウンロードすることができます。）に詳しく解説されておりますので、ご一読をおすすめいたします。

　以下に紹介する裁判例は、寺社仏閣の所有権の帰属の判断について個別具

第 4 章　宗教と民事法

体性が強いかもしれませんが、寺社仏閣の所有権の帰属をめぐる紛争が生じたときに、どのように調査をして、どのような資料を用意すればいいのかについて考えるのに大きなヒントになるものです。

　なお、登記名義が公有地となっている境内地を宗教法人の名義に変えるための解決方法としては、当該宗教法人が取得時効を主張することが主な方法ですが、宗教法人の所有地をめぐる取得時効に関する裁判例は、項を改めて次項で取り扱います。

1　京都地裁昭和57年9月20日判決
判タ489号106頁〔27431995〕

事案

　真言宗の大本山である教王護国寺（東寺）が、塔頭寺院たる被告に対し、被告の使用する堂宇及びその敷地の所有権が原告に属しており、堂宇の使用貸借契約も解除により終了したとして上記堂宇、敷地への立入禁止を求め、これに対して被告が反訴を提起して、上記堂宇、敷地の所有権を主張し、その移転登記、明渡等を求めた。

　本件係争地は、社寺領上知令等により国有地となったが、「社寺等に無償で貸付けてある国有財産の処分に関する法律」に基づき教王護国寺に譲与がなされ、その旨の登記がなされている。

判旨

　請求認容。

　「昭和22年法律第53号による譲与は、明治初年に寺院等から無償で取り上げて国有とした財産を、その寺院等に返還する処置を講じたものと解されるのであって（最高裁昭和33年12月24日大法廷判決民集第12巻第16号3352頁参照）、譲与を受けた当該寺院と上地により所有権を失った寺院との間に同一性が認められるか否かは、所有権の帰属に重大な影響

を及ぼすものと考えられる。

したがつて、本件土地が国有となる前後の事実関係について検討する必要がある。

3 〈証拠〉によれば、次の事実を認めることができる。

(一) 古代律令制のもとにおける官寺としての東寺が、大師信仰を中心とした中世寺院へ転化するのに貢献した宣陽門院は、多くの庄園を東寺に寄進したほか、東寺の法会のうちで基本となるものを確立し、それを担当する供僧（のち「十八口洪僧」となる。）の組織を整備したが、そのあとを受けた後宇多法皇は、東寺の教学の中心的な行事を担当する学衆の組織を確立するとともに、供僧を最終的に『二十一口』とし、僧侶止住の僧坊を東寺に建立することを立願し、これが東寺の各塔頭（たつちゆう）の建設として具体化した。

中世東寺の寺僧組織（法会組織）は、十八口供僧方・二十一口供僧方（その構成員はそれぞれの塔頭の住職）のほか多くの組織が形成されたが、それらを維持するため、それぞれいくつかの庄園が割り当てられ、上納される年貢や公事（雑税）が組織の運営費に使われ、残る分は寺僧に支給された。そして、その費用で塔頭の建物が順次建設されていつた。

庄園はそれぞれの組織に寄進されるが、中世の東寺は法会組織の集合体（惣寺）であるから、庄園そのものは全体としての東寺の所領ということになり、塔頭が独自に荘園を持ち独立した経済活動を行うようなことはなく、個々の寺僧は組織の決定に基づいて行動しなければならず、勝手な行動をとる余地はなかつた。

金勝院は嘉吉元年（西暦1441年）以前の普光院を改称したもので、中世東寺の塔頭の最後のものである。

(二) 東寺の塔頭が建設された土地は、『東寺領』といわれ、東寺の権限が特殊に及んだ『東寺境内』といわれる土地で、古文書の寺領目録の中にも『大宮以西朱雀以東八条以南九条以北』なる記載があつて、東寺境内とみられ、本件土地もこの中に含まれる。

他の多くの寺院にあつては、特定の個人が施主となり、その援助によつて塔頭が建立されたものが多いが、東寺の塔頭に個人的な関係を思わせる史料はない。
　（三）　その後、近世、近代を経て現在に至るまで、東寺の塔頭の存在形態にかなりの変容が見られるが、中世の塔頭の性格及び存在形態は現在まで継承されてきている。
　（四）　明治の初めごろ、金勝院には常住の僧侶もなく、中古の堂宇も転倒して建築物もなくなつたところ、明治６年12月の一般上地の際、京都府の指示で、元塔頭仏乗院の跡地に移転し、明治12年６月新たに堂宇が建築されたが、それもその後取りこわされ、本件堂宇は明治26年９月以降に建築されたものである。
　昭和17年ごろの教王護国寺（東寺）全建物目録には、金勝院の本堂、庫裡その他の建物が記載されている。
　（五）　原告が宗教法人法による法人として登記された昭和27年以降においても、本件堂宇に関する維持費その他の経費は主として原告が負担し、被告の住職も慣例により原告の役職（事務長又は執事）が任命されていたし、昭和48年になつて原被告の対立が激化するまでは、本件土地建物の所有権は原告に属するものとして関係者の間で認識され、所有権の帰属に関し何らの紛争も発生することがなかつた。
　現在、原告の塔頭寺院としては、被告のほかに、観智院と宝菩提院が残存するが、原告の長者（住職）、事務長らの役職がその住職を兼ね、その境内地、堂宇の所有権が原告に属することについて紛争を生じたこともない。
　4　証人Ａの証言中には、塔頭が所領を有し、寺院明細帳に記載されたものは当該寺院の所有であるとする部分があるが、〈証拠〉により認められる明治年間の金勝院の寺院明細帳には、当時国有地であつたことにつき当事者間に争いのない境内地の記載もあるので、明細帳に記載があるからといつて必ずしも当該寺院の所有物件とは限らないのであるし、前記認定

事実に照らして右証言部分は採用できない。

　又、〈証拠〉中には、室町期の金勝院が一応惣寺たる東寺とは区分され、一個の法人として自立し、独自の寺領荘園を有し、経済的にもある程度独立していたとする部分があるが、〈証拠〉に照らして採用し難いし、よしんば東寺の塔頭にある程度所領が存在したことが認められるとしても、金勝院の境内ないし本件土地が明治以前に金勝院の所領であつたことを認めるに足りないし、本件全証拠によつてもその事実を認めることができない。

　なお、金勝院の寺院明細帳に『境内四百五拾三坪九合　官有地第四種』なる記載のあることが、国から無償で貸与を受けていた主体が法律的な意味で金勝院すなわち被告であることを示すか否かは、本件全証拠によつても明らかでない。むしろ、さきに認定したとおり、明治の初期の一般上地の際に金勝院は仏乗院の敷地に移転したのであるから、その土地部分は金勝院が上地した土地ではあり得ないといわねばならない。

　5　してみると、原告が国から譲与を受けた本件土地がもともと被告の前身たる金勝院の所領であつたことを認めるに足る証拠はないこととなく、かえつて、前記当事者間に争いのない事実及び認定事実によれば、宗教団体法（昭和14年法律第77号）施行の際（昭和15年4月1日）、現に寺院明細帳（乙第3号証）に登録されていた教王護国寺と原告とは、その本質及び存在形態において変りなく、実質的に同一性を認めることができ、本件土地は、(1)の土地中のその余の部分とともに明治初期の上地以前において、教王護国寺の所領であったと認められるのであり、本件堂宇は教王護国寺によって建築されてその所有に帰し、原告が権利を承継したものと認められる。

　6　したがつて、本件土地は、原告が昭和26年11月27日国から譲与を受けたことによつてその所有権を回復したものであり、被告が本件土地の譲与を受ける地位を有していたとする点は認められず、結局、被告の抗弁（一）は理由がないことに帰するし、本件堂宇も原告がその所有権を有するものと認められる。」

第 4 章　宗教と民事法

※ 1　『宗教判例百選〈第二版〉』有斐閣（1991 年）176 頁の本判決の解説（伊藤英樹愛知学院大学教授）において、本判決の意義について、「京都地裁の判決理由は単に近代立法に基いた諸制度、とりわけ公示制度や法人制度等による判断にとどまらず民法施行前の原告被告の関係に深く立ち入り、その前後の関係を十分に考慮したうえで原告の主張を認容する。宗教界の問題は永年の歴史と伝統、そして慣行に支配される分野であること、この種の問題が既成仏教教団の古刹、なかでも塔頭寺院形態をとっている宗教団体の土地その他施設の関係は単に近代法的立法上の制度によってのみ判断できないこと、加えてその当否はある意味で仏教史的判断のまたれるものであることを示す。」としている。

※ 2　使用貸借契約解除の有効性について、本判決は、「昭和 48 年 1 月 27 日ごろの時点において、被告の本堂は荒廃し、被告が本件土地建物で原告の塔頭寺院としての宗教活動を行うことがなくなつてから十数年になるし、将来に向つては、被告は、原告の塔頭寺院本来の目的どころか、本件建物を原告と相対立する宗派の事務所として使用することを計画しているのであるから、被告は、使用貸借に定めた目的に従つた使用収益をすでに終了しているものといわざるを得ない。」としている。

※ 3　大阪高裁昭和 49 年 6 月 27 日判決（判タ 315 号 234 頁）〔27431451〕も本判決と同様に塔頭寺院（子院）の所有権とその帰属が争われた事案であるが、園城寺の子院の本堂、庫裡等の所有権が、子院になく、本山たる園城寺にあると認定した。

2 東京高裁昭和49年12月19日判決
判タ323号169頁〔27441649〕

事案

栃木県日光市の東照宮と輪王寺との間で七つの堂宇等の所有権の帰属が争われた事案である。

東照宮と輪王寺は、もともと1つの神仏混淆の霊場（日光山）であったが、明治初年の神仏分離の政策によって、別々の団体となった。

本件訴訟の争点は、大別すると、以下の3点であった。

①明治初年に至るまでの東照宮と輪王寺の法主体性と本件七堂塔に対する支配関係
②明治初年における神仏分離政策の推進にともなう行政命令のこれらの物件に対する支配関係への効果
③民法施行以後における取得時効の成否

判旨

①元和3年（1617年）創建以来日光山座主の管理下にあった神仏混淆の東照宮は、独立の法主体性を有する神社であって、神社内にある仏式の七堂塔は、その建造の当初から東照宮の所有に属していたものと解すべきである。

②明治政府は、明治4年、いわゆる神仏分離に基いて、満願寺（現輪王寺）僧侶に対し東照宮神地内にある仏式の堂塔を寺地に移遷すべきことを命じたが、この命令によっては上記堂塔の所有権が満願寺に移転したものと解することはできないのみならず、上記移遷の命令も後に撤回されたので、上記堂塔は、その所有権の帰属に何等の変更を生じなかったものと解すべきである。

※本判決の原文は、事実認定と評価、裁判所の意見などを順次説示し、章節の区切りに（説明）と題する注を付し、証拠の比較検討、取捨の判断、推論などを記載し、あたかも法制史的論説のような観を呈するものである。本判決の説示は詳細を極めてあまりに長文であるため、判旨は、『宗教判例百選〈第二版〉』有斐閣（1991年）178頁の要約によった。なお、本判決が掲載されている判例タイムズに、本判決の担当部からの概要を説明した文書が掲載されており、本判決の大要を把握するのに資するものである。

3 東京地裁平成2年3月20日判決
判タ734号239頁〔27807134〕

事案

原告神社（氷川神社）が、被告神社（赤塚神社）は大正元年9月9日に許可された原告神社の境内末社である八幡神社への合祀によって、原告神社に合併されたとして、被告神社と国を被告として、被告神社及び国に対し、本件土地が原告の所有であることの確認を求めるとともに、被告神社に対し本件土地について上記合併を原因とする所有権移転登記手続きを求めた。

争点は、被告神社の祭神が原告神社の境内末社である八幡神社に合祀されたことに伴い、被告神社が原告神社に合併されたかどうかという点にある。

判旨

請求認容。

「2　ところで、神社の『合祀』につき直接明文をもって定めた法令は存在しない。これについて、丙8（内務省神社局編纂・神社法令輯覧）によれば、赤塚神社が八幡神社へ合祀された当時の行政解釈は、神社は原則

として法人格を有すると解したうえで、合祀を神社の合併として扱い、甲神社を乙神社に合祀する場合、甲神社の神社名は残し、甲神社の祭神も乙神社の祭神と合わせて乙神社に祀るが、甲神社の法人格は乙神社に吸収され消滅するものと解していたことが認められる（明治44年3月4日43社第1047号内務省神社局長依命通牒「神社ヲ他ノ神社境内ニ移轉シ又ハ境内神社ニ合併シタル場合ニ於ケル不動産登記ニ關スル件」）。

また、丙7及び8（いずれも前出神社法令輯覽）によれば、当時の行政解釈は、境内神社（境内末社もこれに含まれる。）について、甲神社が乙神社の境内に移転したときは、甲神社は乙神社に合併されて法人格を失い、甲神社の財産は乙神社に帰属すると解し、さらに甲神社を乙神社の境内神社である丙神社に合祀する場合には、甲神社の祭神を丙神社の祭神と合わせて祀る（合祀する）が、法人格については、甲神社が乙神社に合併されるものと解していたことが認められる（前出明治44年3月4日43社第1047号内務省神社局長依命通牒、明治41年2月4日社甲第2号内務省神社局長通牒「他ノ神社境内ニ移轉スル神社ハ獨立ノ資格ヲ失ヒ神饌幣帛料供進ノ神社ト指定シ得サルノ件」）。

3　合祀及び境内神社の法的性格についての右の行政解釈は、祭祀の維持や財産の管理が困難になった神社（前出甲10参照。）について、これを単に消滅させるのではなく、その財産は祭祀の維持や財産の管理が可能な神社（境内を提供する神社または合祀を受ける神社）に一元的に帰属させるとともに、この神社の下で将来もそれぞれの神社の祭神を祀り崇敬することを可能にしようとするものであり、この解釈は、当時の合祀及び境内神社の実体に即した合理的な判断であったと解される。

そして、本件の赤塚神社の関係者も、そのような行政解釈を前提として合祀を申請したものと推認できる（前出甲10、丙8参照。）。

以上によれば、甲神社が乙神社の境内神社である丙神社に合祀された場合には、甲神社は乙神社に合併されるものと解するのが妥当である。そうであれば、赤塚神社は氷川神社の境内神社である八幡神社に合祀されたこ

とにより氷川神社に合併されたというべきであるから、赤塚神社の所有していた本件土地は、合併により氷川神社の所有に帰したといわねばならない。

4　よって、原告氷川神社と被告赤塚神社及び被告国との間で、本件土地が原告氷川神社の所有であることを確認するとともに、被告赤塚神社に対し右合併を原因とする本件土地の原告氷川神社への所有権移転登記手続を命ずることとする。」

以下の判決は、無縁仏の霊をとむらうため一般市民の寄付を仰いで建立した供養塔および守堂を発起人に信託された財産と認められたという大変珍しい事例です。

4　松山地裁昭和41年10月20日判決
下級民集17巻9＝10号983頁〔28224414〕

事案

訴外Aは敬虔且つ熱心な日蓮宗の信徒であり国正松山婦人会という名称の元に宗教的活動をする傍ら社会事業にも力を尽くしていた。

大正12、3年頃、松山市が石手川堤防上にあった多数の無縁墓を整理して同所附近を公園にするという計画のあることを訴外Aが聞き、上記無縁墓を合葬供養することを発起念願し、善男善女の寄進を仰ぎ上記無縁仏の供養塔を建立してその祭祀を永続しようとして、諸官庁をはじめ一般市民の篤志家を歴訪してその趣意を説明し賛同を得たうえで寄付を仰ぎ建設資金等の調達を図るとともに、大正14年4月、日蓮宗国正松山婦人会代表者訴外A名義をもって松山市長に対し、上記供養塔の祭祀を、仏式日蓮宗の式具をもって春秋両彼岸と盂蘭盆の3回位国正松山婦人会及び同会協賛会基金の利子並びに篤志家の寄附金を資金として建設予定の供養堂において執行し、なお供養堂には常時堂守を置き祭祀を断やさないようにする

から、日蓮宗国正松山婦人会の手において行うことを許可されたい旨の申請をなし、供養塔建立のための土地使用の許可を得て上記寄附による建設資金をもって供養塔を建立し、大正14年10月18日前記無縁仏を合葬するとともに供養塔の落成を記念し盛大な法会を営んだ。

　ところが、昭和23年7月、訴外Aが死亡したため、相続人である原告は、相続により本件建物に対する所有権を承継取得した旨を主張し、本件建物を堂守として占有している被告らに対し、所有権に基づき、本件建物の明渡しを求めるとともに本件建物の使用収益を妨げられたことによって生じた賃料相当額の損害の支払いを求めて本件訴訟に及んだ。

判旨

　請求棄却。

　「右供養塔並びにその守堂としての本件建物は、訴外Aが石手川堤防上に存在していた数多の無縁墓を合葬し無縁仏の霊を永久にとむろうことを発起念願して一般市民の篤志家を勧説して得た寄附により建立ないし建築されたものであるから、（Aが前認定したようにその私財の一部をその建築に投じたとしても、それはA自身として無縁仏を永久に祭祀するため寄進したものと認むべきであるから）これらの建立ないし建築の衝にA自らが当つたことの一事をもつてこれらを同人の固有財産に属するものと断定するのは早計である。そして、以上認定したようなAが無縁仏の祭祀を永続的に行うことを目的とし篤志家の寄附を仰いで供養塔や守堂としての本件建物を建立ないし建築してその祭祀を実施してきた事実関係の実体は信託法における公益信託に符合するものであるが、本件では受託者たるべきAがその信託引受につき主務官庁の許可を受けている事実を証明する証拠がないので直ちに信託法上の公益信託であるとは解し難いけれども、結局該事実関係が法的には信託法上の公益信託に類似するものとして、公益信託に関する信託法上の規定を類推適用すべきものと解する。してみると、右供養塔は勿論その守堂である本件建物は無縁仏の祭祀のためAに信託さ

れたものであつて、同人の固有財産とは異別のものと解するのが相当である。（信託法第1条、第66条参照）従つて、Ａの死亡により相続が開始したとしても、その相続人である原告が信託的財産たる本件建物の所有権を承継取得すべき筋合はなく、また受託者としての地位を当然に承継するものでもないといわなければならない。ただＡの死亡した後は、暫定的に、受託者である同人の相続人として、原告は新受託者が信託事務を処理することができるまで、右の信託財産である無縁塔、守堂を保管し、且つ信託事務の引継に必要な行為を為すべき管理権を有するに止まるものと解するのが相当であるというべきである（信託法第42条第2項参照）。」

2 取得時効

　1項でも触れましたが、明治政府は、明治4年の「社寺領上知令」とそれに続く「地租改正」によって、多くの社寺の境内地を官有地としました。戦後、「社寺等に無償で貸付けてある国有財産の処分に関する法律」が制定され、社寺境内地処分審査会等によって官有地となった境内地の無償譲与が行われるようになりましたが、審査会等による審査は昭和27年に終了しました。この結果、明治初期の上知処分によって官有地となった寺院境内地の中には、無償譲与されないまま、公有地となっている社寺境内地が残ることとなりました。

　また、先代住職個人や檀信徒の土地が寄進されて寺院の境内地となった場合が多いのですが、登記名義が書き換えられずに、そのままとなっているケースが見受けられます。

　このような、宗教法人の土地に国や地方公共団体、一般私人名義の土地が含まれている状態を解消するための手段が、取得時効なのです。具体的には、宗教法人が、国や地方公共団体、一般私人に対して、取得時効を理由として所有権移転登記手続請求訴訟を提起して登記名義の書き換えを実現します。なお、宮崎地裁昭和47年1月24日判決（判タ275号231頁）〔27441445〕は、

宗教法人としての法人格取得以前の神社を権利能力なき財団として、これとその後に宗教法人となった神社との間に同一性を認めて、神社の敷地について取得時効の完成を認めております（ちなみに、名古屋高裁昭和50年11月6日判決（判タ335号239頁）〔27441715〕は、法人格取得以前の神社の実体を社団と財団との両性質を備えた権利主体であると判示しました。）。

それでは、宗教法人が取得時効によって所有権を取得することを認めた裁判例を以下のとおり紹介していきます。

1 東京高裁昭和55年4月15日判決
訟務月報26巻9号1491頁〔27431837〕

事案

本件係争地の所有者欄には、「官有地第四種唯園坊境内」と記載されている。本件係争地は、控訴人（国）が妙法華寺の塔頭であった唯円坊に寺院敷地として無償で貸付けていたものであった。その後、唯円坊が青森県に移転したことに伴い、その檀信徒は法人格取得前の旧覚林院に帰依するに至った。Aが旧覚林院の住職に就任すると同時に、妙法華寺の承認を得て、本件係争地及び本件係争地上の建物を従前どおり旧覚林院のために使用するようになった。宗教法人法の施行に伴い、宗教法人覚林院（被控訴人）が昭和27年に設立され、Aが代表役員に就任し、旧覚林院が有していた権利義務を承継した。

宗教法人覚林院は、国に対し、本件係争地の取得時効を主張して土地所有権移転登記手続請求訴訟を提起した。第1審では、宗教法人覚林院が勝訴したため、国が控訴した。

判旨

控訴棄却。

「被控訴人は、昭和27年9月16日の設立以来、遅くとも妙法華寺の宝

第4章　宗教と民事法

物館完成時の同年11月3日以降、本件土地の所有権を取得したものと認識し、所有の意思をもって本件土地の占有を始めたものであり、被控訴人は、その後本件土地を本件建物の敷地及び庭園灯として占有使用し、平穏にこれを利用してきた。（…）

　被控訴人は、昭和27年11月ころから、新権原により所有の意思をもって本件土地の占有を始め、20年間平穏かつ公然にこれを占有し続けたのであるから、その20年を経過した昭和47年12月1日には時効により本件土地の所有権を取得したものと認めることができる。」

2　東京高裁平成20年12月18日判決
判タ1306号266頁〔28150596〕

事案

　宗教法人白旗神社（控訴人）は、1302年に創建されたとされる神社であり、昭和21年に宗教法人令に基づき神社の届出をし、昭和26年に宗教法人法が施行されたことを受けて、昭和28年に同法による宗教法人となった。

　本件係争地は、古くから旧白旗神社の境内地として使用されてきたが、公図上無番地の脱落地であった。このため、国（被控訴人）は財務省所管財産として把握していなかったが、外部からの照会が発端となって本件土地の存在を認識するに至り、平成13年の国土調査による成果を原因として地番が付され、所有者を大蔵省とする表示登記がなされた。

　このような状況の中で、平成18年に宗教法人白旗神社が国を相手に、取得時効を主張して土地所有権移転登記手続請求訴訟を提起した。原審は、「原告が宗教法人法による宗教法人として成立した時点における占有権限が使用貸借である」ことを理由として、宗教法人白旗神社の本件係争地の占有が所有の意思に基づくことを否定した。このため、宗教法人白旗神社が控訴した。

Ⅱ 所有権

> **判旨**
>
> 原判決取消。請求認容。
>
> 「社寺領についての無償貸付制度の沿革についてみると、社寺領については、明治四年のいわゆる社寺領上地令により境内地を除き上地の対象とされたが、右境内地の範囲は数次の令達により次第に狭められ、また、明治6年の地租改正による官民有区分に当たっては、境内地といえども、民有地の証のないものはすべて官有地に編入された。上記社寺領上地における境内地の決定が社寺等にとって少なからず酷であったこと、また、官民有区分の査定にあたり、民有の証があっても、その事実を主張せずして官有地に編入された疑いのあるものが少なくなかったことなどから、明治32年の国有土地森林原野下戻法により、一定の場合に申請による下戻の方法が認められ、また、大正10年の旧国有財産法24条による国有境内地の無償貸付は、このような事情を考慮して、寺院等にその下戻と同様の効果を与えるものであった。当時、神社は、国政上特殊法人たる営造物法人としての地位におかれ、その境内地も、行政上公用財産として扱われていた（旧国有財産法2条2号）が、ポツダム宣言受諾に伴い昭和21年に法改正がされ、神社境内地も、寺院境内地と同様に雑種財産として無償貸付したものとみなされることとなった。この社寺等に対する無償貸付関係は、宗教団体に対する特別の利益供与を禁止する日本国憲法の下においては、これを持続することは不可能であり、社寺処分法により廃止されることとなったが、廃止に際し、社寺処分法は、上記の沿革にかんがみ、旧国有財産法に基づき社寺等に無償貸付してある境内地等のうち、社寺上地等により国有となった土地等については、それ以前に社寺等の有していた権利が民法施行後は所有権の効力を有するに至る実質を有するものであることを承認したうえ、これを元来所有権者であるべき社寺等に無償で返還（譲与）することとして制定されたものである。（最高裁判所昭和49年4月9日第三小法廷判決参照）
>
> 被控訴人は、旧国有財産法24条の無償貸付は、民法上の使用貸借に該

当し、その占有は使用貸借権に基づく他主占有であるから、その後の占有も他主占有であると主張する。

　しかし、形式的にみても、旧国有財産法24条は、個々の社寺の意思を問うことなく、一律に社寺に無償で貸し付けたものとみなしたのであって、個々の社寺と使用貸借契約を締結したものではない。そして、この無償貸付の性質についてみると、上記のとおり、社寺境内地の上地の沿革を考慮して下戻と同様の効果を与えるもので、永久に無償で使用しうるものと考えられていた（上記最高裁判決参照）というのであるから、旧国有財産法24条により無償で貸し付けられたものとみなされている境内地の占有を、民法の使用貸借契約を締結し、これに基づいて占有をしている場合と単純に同視することは相当でない。無償貸付を受けている土地の占有であるから自主占有ということはできないが、所有権を与える下戻と同様の効果を与えるため無償貸付されてきたということは、無償貸付廃止後の占有の性質を判断する際にも考慮されるべき事情というべきである。また、無償貸付当時の占有が他主占有と判断されるのは、旧国有財産法が無償で貸し付けたものとみなしているという客観的な法律関係からその占有の性質も決定されていたものであるから、無償貸付という制度自体が憲法に反する疑いがあるとして廃止された後の占有について、制度存続当時の無償貸付関係に基づく占有と同一であるとはいいがたい。したがって、旧国有財産法24条廃止後の占有の性質を判断するに当たっては、上記のような社寺領上地の経緯、無償貸付の性質、廃止に至る沿革、廃止前後の当事者の占有の態様を考慮して判断する必要がある。…

　本件土地は、社寺領上地令または地租改正により国有地とされたものであって、旧白旗神社は旧国有財産法による無償貸付を受けていたが、この無償貸付は、実質的に下戻であり、無償で永久に利用しうるものと考えられていたこと、旧白旗神社は国有地とされる以前から本件土地を境内地として利用し続けていたから、社寺処分法による譲与申請をすれば、旧白旗神社に譲与されていたと思われること、本件土地についての無償貸付が廃

止された後も、旧白旗神社は、譲与を受け所有権を取得した境内地三筆とともに境内地として一体として利用し、宗教活動を行ってきたこと、宗教法人法による規則認証の申請には、本件土地も境内地として明示されていること、社寺処分法により無償貸付の制度自体が廃止されているのであるから、例外的な場合を除き、それ以後無償貸付に基づく占有は存在しなくなっており、本件土地はその例外的な場合に該当しないこと、このような事情は被控訴人としては十分認識しえたはずであること、等の上記の事情の下では、控訴人が宗教法人として成立した昭和28年10月16日までに、旧白旗神社は本件土地の所有者である被控訴人に対し、本件土地について所有の意思があることを表示したものと認められ（宗教法人法による規則認証の申請行為は神奈川県に対して行われたが、それは国の機関委任事務として神奈川県が主務官庁となっていたからで、委任された事務自体は国の事務としての性格を有し、地方公共団体の長は国の機関となるだけであるから、神奈川県知事に対する意思表示は国に対する意思表示と同視することができる。）、上記意思表示により、控訴人による本件土地の占有の性質が他主占有から自主占有に変更（民法185条）となったものと認められる。」

3 東京地裁平成28年6月3日判決
D1-Law.com 判例体系〔29018797〕

事案

　原告である東京都港区内の寺院が、国に対し、原告の境内地先に位置し、参道として用いられている土地を時効取得したとして所有権確認を求めた。国は、原告寺院の主張に対し、①本件土地は、都道として東京都が管理している土地であるし、原告の檀家、訪問者、原告の保有する施設の利用者等の通行の用に供されており、原告のみが排他的に占有しているとはいえない、②本件土地は、寺院敷地につながる道路として不特定多数の人

の一般交通の用に供されている行政財産であって、黙示の公用廃止があったとはいえないから、取得時効の対象とならないと争った。

> 判旨

　請求認容。

「1　前提事実のとおり、本件土地は、明治初年に官有地に編入された里道であり、現在も都道の道路区域に含められている土地であるが、公共用財産であっても、長年の間事実上公の目的に供用されることなく放置され、公共用財産としての形態、機能を全く喪失し、その物の上に他人の平穏かつ公然の占有が継続したが、そのために実際上公の目的が害されるようなこともなく、もはやその物を公共用財産として維持すべき理由がなくなった場合には、その公共用財産については、黙示的に公用が廃止されたものとして、取得時効の成立を妨げないと解するのが相当である（最高裁判所昭和51年12月24日第二小法廷判決・民集30巻11号1104頁）。

　2　前提事実に加えて、証拠（甲4〜7、15〜17、乙3、4）及び弁論の全趣旨によれば、①本件土地は、特例都道高輪麻布線の道路区域に含められているが、帯状に続く道路敷から原告の境内地に向かって突出した長方形状をしており、人や車の往来の流れからは外れていること、②旧道路法（大正8年4月11日法律第58号）に基づき調整された道路臺帳平面図（乙3。作製時期不詳）においても、本件土地は道路区域に含められているものの、本件土地上の現在塀があるのと概ね同様の位置に、塀のような形状の構造物が図示されていること、③遅くとも昭和37年3月頃には、現状（別紙確定実測図のとおり）とほぼ同様に、本件土地の中央部分から430番1の土地にまたがって××寺の本堂に至る参道として石畳が敷かれ、これを横切る形で××寺の門扉や塀が設置されており、本件土地の過半の部分はその門扉及び塀の内側に位置し、原告所有地と一体的に境内地等として使用されており、門扉及び塀の外側のうち石畳が敷かれた参道を除く部分には、原告がしつらえた植栽や境内に存する史跡の案内板

等があったこと、④その当時、都道の道路敷には緩やかな傾斜があり、××寺の本堂に向かう参道とその手前の道路敷とは段差によって明確に区分されていたこと、⑤その後、門扉、塀、石畳等は新たな物に替えられ、また、史跡の案内板に替えて石碑が設置されているものの、上記のとおりの本件土地の使用状況は、現在に至るまで、ほぼ変わりなく続いていることが認められる。

　上記の事実によれば、遅くとも昭和37年3月頃には、本件土地は、××寺の門扉の外側の参道部分も含め、一般の通行の用に供されることはなく、専ら原告の寺院施設と一体的に使用されており、公共用財産としての形態及び機能を喪失していたが、そのために実際上公の目的が害されることもなく、本件土地を公共用財産として維持すべき理由はなくなっていたものといえるから、本件土地については、黙示的に公用が廃止されたものとして、取得時効の成立を妨げないというべきである。

　そして、前提事実及び上記の事実によれば、原告は、遅くとも昭和37年3月頃から現在まで、優に20年以上にわたり、本件土地の排他的な占有を継続してきたものと認められるから、原告は、本件土地の所有権を時効により取得したものというべきである。」

※❶から❸の裁判例は、公有地の時効取得を認めた事案であるが、宗教法人（寺院）の元住職名義の財産（山林）の時効取得を認めた裁判例として、福島地裁平支部昭和31年3月30日判決（下級民集7巻3号792頁）〔27440243〕がある。

　宗教法人が境内地の取得時効を主張しようとしても、表題部所有者の登記も所有権の登記もなく、所有者が不明の状態になっている場合があります。このような場合、宗教法人が取得時効を主張して当該境内地の登記に所有権を反映させるためには、どのような手続きをとったらいいのでしょうか。この問題について示唆を与えたのが、以下の最高裁判決です。

4　最高裁平成23年6月3日判決
判タ1354号94頁〔28172939〕

事案

　宗教法人である上告人が、本件土地は民法239条2項にいう「所有者のない不動産」として国庫に帰属していたところ、上告人が法人格を取得した昭和30年から20年間これを占有して時効取得したと主張して、被上告人である国に対し、上告人が本件土地について所有権を有することの確認を求めた。

　本件土地は、明治時代初期には官有地に区分されていたが、明治8年に民有地に編入された。本件土地についての登記記録には、地目及び地積の記録はされているが、表題部所有者の登記も所有権の登記もなく、所有者が不明の状態になっていた。

　国は、本件土地は過去に所有者が存在していたことが推認される民有地であって、上告人の時効取得が認められたとしても国が本件土地の所有権を失う立場にはないから、上告人が国との間で本件土地の所有権を確認する利益はなく、本件訴えは不適法であると主張した。第1審は宗教法人が勝訴したが、第2審で確認の利益（即時確定の利益）が認められないとして、訴えが却下されたため、宗教法人が上告受理を申し立てた。

判旨

　上告棄却。

　「被上告人は、本件土地が被上告人の所有に属していないことを自認している上、前記事実関係によれば、被上告人は、本件土地が明治8年7月8日地租改正事務局議定『地所処分仮規則』に従い民有地に編入されたことにより、上告人が主張する取得時効の起算点よりも前にその所有権を失っていて、登記記録上も本件土地の表題部所有者でも所有権の登記名義

人でもないというのであるから、本件土地の従前の所有者が不明であるとしても、民有地であることは変わらないのであって、上告人が被上告人に対して上告人が本件土地の所有権を有することの確認を求める利益があるとは認められない。
　　所論は、本件訴えの確認の利益が認められなければ、上告人がその所有名義を取得する手段がないという。しかし、表題部所有者の登記も所有権の登記もなく、所有者が不明な土地を時効取得した者は、自己が当該土地を時効取得したことを証する情報等を登記所に提供して自己を表題部所有者とする登記の申請をし（不動産登記法18条、27条3号、不動産登記令3条13号、別表4項）、その表示に関する登記を得た上で、当該土地につき保存登記の申請をすることができるのである（不動産登記法74条1項1号、不動産登記令7条3項1号）。本件においては、上告人において上記の手続を尽くしたにもかかわらず本件土地の所有名義を取得することができなかったなどの事情もうかがわれず、所論はその前提を欠くものというべきである。
　　そうすると、本件訴えは確認の利益を欠き不適法であるといわざるを得ない。」

※本件事案のような場合の登記方法としては、判決でも言及されているとおり、①表題部所有者の登記も所有権の登記もない所有者不明な土地を時効取得した者は、自己が当該土地を時効取得したことを証する情報等を登記所に提供し、自己を表題部所有者とする登記の申請をする（不動産登記法18条、27条3号、不動産登記令3条13号、別表4項）、②次に、その表示に関する登記を得たうえで、当該土地について保存登記の申請をする（不動産登記法74条1項1号、不動産登記令7条3項1号）というものである。

3 所有権の行使

　宗教法人が、その所有する不動産の所有権を行使した裁判例を紹介します。❹の裁判例は、寺院の入山料徴収行為（入山契約成立の可否）が問題となっていますが、入山料の徴収行為は、当該寺域の所有権があってこそ可能なものであり、本項で紹介します。

1　大阪高裁昭和33年7月18日判決
下級民集9巻7号1311頁〔27430380〕

事案

　公園地たる神社境内地の所有者（原告、被控訴人）が、境内地における写真撮影業を特定人だけに許可した場合には、その許可を受けずに写真業を営むことは、境内地所有権を侵害する者であるとして、その排除（請求の趣旨は、「被告は本件境内地内において業として写真撮影を為し又は右業務のため看板を立ててはならない」）を請求した。

　被告（控訴人）は、本件境内地は、原告の所有であっても、大社を景仰する不特定多数人の出入自由の大衆的広場であることを本質的内容とした所有権の目的たる排他性のない所有地であるから、民法の所有権観念を以て律し得ないもので、当該場所において、大衆の求めに応ずる写真撮影行為をすることを何人も排除することができないと主張した。第1審で原告の請求が認容されたため、被告が控訴した。

判旨

　控訴棄却。

　「被控訴人所有の本件境内地が、県立奈良公園、東大寺、興福寺、奈良博物館の各境内地とともにいわゆる奈良公園を構成し、観光参拝のため一般に公開された場所であることを認めることができる。しかし、公開の公

園であつても無制限に一般の使用を許さなければならないものでなく、施設の管理、風致保持のため一般の共同使用につきおのずから制限を受けることがあることは当然である。特に被控訴人神社の境内地のように主として宗教上の目的に供せられるものにおいては、信仰上の必要性に基く制限を受けるものというべく、右境内地内における写真撮影は、おのずから宗教信仰上の見地からその場所及方法を制限されることもまた已むを得ないものといわなければならない。控訴人の営む写真業は、場所的使用を伴う営業で観光客や信仰のために参拝する者をその撮影の対象とするものであつて、露天行商の類と共通する性質の一面を備えているのであるから、一般の観光客や参拝客がする写真撮影とは性質がちがつており、前記公園としての施設風致の維持、神社境内地としての尊厳性の保持に影響するところが甚大である。従つて境内地の所有者である被控訴人において所有権に基き右目的にそうように適当に制限を加えることができるものと解すべく、一般の観光客が境内地内で写真撮影をすることが認容されているからといつて（勿論この場合においても特定の場所における撮影を禁止することはできるものと解する。）、控訴人が業として被控訴人の境内地において写真撮影をすることが許容されるものと解することはできない。被控訴人が、前記のような目的から奈良公園運営協議会の協定に基き、前記春日神社境内写真業組合の組合員四名のみに被控訴人の境内地における写真業を許可し、右組合員以外の者に写真業を営ましめないようにしたことは、当然の措置といわなければならない。被控訴人が控訴人に対し、右境内地内で写真業をすることを禁止することは、所有権に基く当然の権利であつて、これを以て一般公開の神社境内地の所有権の性格に反するものということはできない。このことは、控訴人が、その主張のように写真撮影業者として顧客に対する応待処置やその使用する被控訴人の境内地の保全に欠けるものがないとしても同様である。（…）

　そして、既に認定したところにより明らかなように、被控訴人は、控訴人が本件境内地内で何らの権原に基くことなく写真業を営んでいるので、

右境内地の所有権に基き、控訴人に対し右境内地内で業として写真撮影をし又は右業務のための看板を立ててはならない旨の判決を求めるのであるから、当然の権利の行使であつて、権利の濫用であるということはできない。」

2 東京地裁昭和51年6月24日判決
判タ346号264頁〔27441769〕

事案

原告である浅草寺が、同寺の門前である仲見世通りに露店を設置、営業して、同所を占有する被告らに対して、所有権に基づき露店工作物収去・土地明渡し及び損害金の支払いを求めた。

被告らは、①原告における露店の発生は、歴史的沿革によるものであり、かつ、被告らは、戦後30年間もの長期間にわたり門前商人として露店を開いており、原告の繁栄に寄与し、原告もこれを容認している、②原告は、経済的強者で明渡しを求める必要性が乏しいのに対し、被告らは、いずれも露店が唯一の収入源で明渡しにより甚大な不利益を被る、③原告は、宗教法人であるから、その権利行使にも公共的、社会的責務が伴うと言うべきであって、本件では明渡し後の代替地の提供ないし立退料の提供等の配慮をすることなく一方的に明渡しを求めることは許されないと主張した。

判旨

請求認容。

「被告らが経営してきた仲見世通りの露店はこれまで原告寺への参拝者に利用されてその行楽の場所になつているばかりか、被告らの露店商人はこれまで原告に対し種々の奉仕をしてきたので、被告らの露店商人が原告の今日における繁栄に対し何程かの寄与をなしていることは否定しがたいところであるが、被告らは、終戦後から今日まで約30年間もの長年月に

亘つて、原告所有土地を不法占有して露店を経営してその収入を得ているものであるから、原告は、結果的に、被告らの右寄与に対してすでに十分すぎる程の償いをしているものというべきであること、被告らは、現在本件土地内に固定した店舗を構えてこれによる収入でその生計を維持しているものであるため、被告らに本件土地を明渡さすことはその生活の基盤を覆すことにはなるが、被告らがかかる固定した店舗を構えるようになつたのは原告の容認するものではなく、これまで度々原告から土地明渡しの要求があり、すでに他の露店商人は大半立退いているので、被告らとしても早晩本件土地を立退くべきであることは当然覚悟をきめてこれまでにその用意を怠るべきでなかつたものであるところ、種々の延命策を講じてすでに終戦後30年もの長きにわたつて不法占有を続けているものであるから、被告らのかかる行為は正に異状というより他なく、ここに至つて原告にその窮状を訴えることは、全く厚かましいというべきであること（要するに、被告らは、早くから土地明渡しの要求をくり返している原告の意思を無視して強引に30年間もの長年月に亘つて不法占有を続けてきたので、被告らがこれ以上原告所有土地の不法占有を続けることは原告に対し全く酷であり、いかなる理由があるにせよそれは許されないものというべきである。）、原告が被告らに対し本件土地の明渡しを求める理由は前記認定のとおりであって、要するに、終戦直後の世相の混乱に乗じて自己所有の境内地が無断で被告等に不法占有された状態を早期に解消して正常な状態に戻して境内地の環境整備をなすことを目的とするものであつて、これは土地所有者として至極当然の要求であり、前記のとおり被告らの強引な土地不法占有継続の延命策に乗ぜられて、30年間もの長年月に亘って右要求を実現できなかつた原告が今日ようやくそれを実際しようとすることについては良識ある者なら何人も反対ないし異論をとなえる余地は全くないものと考えられること、成程、原告は、前記認定のとおり、相当広大な土地を所有し、毎年相当高額な収入を得ているにもかかわらず、被告らの露店商人に対し終始、単に自己所有地の明渡しを求めるのみで代替地の提供や立

退料支払の提案をした形跡はないが、被告らは原告に無断で原告占有地を不法占拠してこれを長きに亘って継続しているものにすぎず、これについて原告に責められるべき点は見出し得ないので、もともと原告に対し代替地や立退料の要求ができる道理はないばかりか、すでに長年月日に亘って原告所有土地の不法占拠を続けてこれにより露店を経営して相当の収入を得ているのでこれにより実質的に右立退料に見合う程の利益を得ているものと推認できるから、今更右立退料等を云々する筋合でもないこと、その他前記認定の諸般の事情を総合勘案しても、原告の被告らに対する本件土地の被告ら各占有土地部分の明渡し請求が権利の濫用にあたるとは到底認め難い。」

3 京都地裁平成24年1月17日判決
裁判所ウェブサイト〔28180825〕

事案

原告が、原告が所有する境内地（以下「本件土地」という。）の地中に、いわゆる琵琶湖疏水のためのトンネル3本（以下「本件各トンネル」という。）を設置している被告に対し、本件土地のうち本件各トンネルが存在する部分（以下「本件各敷地」という。）について被告の地上権及び使用借権がいずれも存在しないことの確認を求めるとともに、不当利得、不法行為その他の規定に基づき、本件各敷地の使用料相当額として金員の支払いを求めた事案である。

判旨

確認請求について訴え却下。その余は請求棄却。

「原告は、本件土地の地中に第1疏水トンネル及び第2疏水トンネルが存在することや、被告がこれを無償で使用していることを認識した上で本件土地の譲与を申請し、国は、各トンネルの公共的意義を認めた上で本件

譲与を決定している。社寺処分法に基づく国有財産の譲与は、実質的には明治期に寺社から無償で取り上げて国有とした財産をその社寺等に返還する処置であったが、同法施行令2条によれば、当該国有財産について公益上特に必要がある場合には譲与は認められないものとされているから、仮に、原告が被告の使用権の存在を否定し、被告に対して敷地使用料を請求する意思を示していたとすれば、本件譲与は認められなかったものと推測される。また、そもそも民法上、使用権の設定を有償とする原則があるとはいえないし、原告は、本件土地について被告の地上権が認められれば、原告による地表面の使用が制限されるおそれがあると主張しているが、本件各トンネルは地下約12m以上の地中深くに存在し、これらが原告の地表面における活動に影響を与えることはないといえるし、被告は今後も本件各敷地の地表面に存在する本件観音堂等の工作物の撤去を求める意思がないことも明らかであるから、本件各使用権の存在により、原告に具体的損害が発生することは想定できない。これらの事実からすると、本件各使用権を有償とすることが合理的であるとはいえない。

　原告は、本件各トンネルの撤去を請求しているわけではないものの、本件原告の請求をみれば、原告の更新拒絶の主張は、原告が国から無償で譲与を受けた本件土地に、これが国有地であったときに設置された琵琶湖疏水用のトンネルが存在することを奇貨として、被告がこれらをただちに撤去することは琵琶湖疏水の果たしている役割に照らして不可能であることを認識した上で、被告に対して低額とはいい難い金銭の支払を請求するための便法としてなされたものといえるから、原告の主張は私権の誠実な行使とはいえない。」

4 京都地裁昭和60年9月26日判決
判タ569号70頁〔27443031〕

事案

原告は、被告寺院へ参拝のため訪れたところ、被告寺院から入山料として200円を要求されたためこれを支払って入山した。そこで、原告は、自己が支払った入山料は、入山契約に基づくものであり、上記入山契約は、原告の信教の自由（礼拝の自由）を侵害し、公序良俗に反するので無効であり、被告寺院は法律上の原因なくして利得しているものであるなどと主張して入山料の返還等を求めた。

判旨

請求棄却。

・入山契約の成立

「入山料の看板を掲げて受付所を設けたことは、入山料の支払を条件に入山を許容することを目的とする契約の誘引であり、これに対し原告が入山を願い出たことは契約の申込であり、入山料を受領して入山券を交付したことは申込に対する承諾と評価するのが相当である。右契約は、民法に規定する典型契約のいずれにも該当せず、入山して宗教施設に接し得る有償の無名契約である（以下これを「入山契約」という）と認めるを相当とする。」

・入山契約の効力

「原告は、被告はその寺院の宗教施設を公開しているのに、信者若しくは礼拝を目的としている者からも強制的に入山料を徴収すべく民事上の入山契約を締結せしめ、入山料を支払わなければ入山を許さないなら、信教の自由（礼拝の自由）の侵害になる旨主張する。

しかし、被告はその宗教施設につき財産権を有するのであるから、これ

を非公開とすることも、公開して他人に利用を許すことも自由であり、公開する場合にどのような条件を設けても、原則として自由である。そうして、公開する場合、利用者に金員の交付を求め、契約した者に対してのみ利用を許すことも、私的自治として当然に許される。もともと原告は、被告の財産権である宗教施設につき、利用し得る私法上の権能を何ら有してはいなかつたのであつて、当然、右施設内に入つて、これを参拝する権利や信仰する自由を有していたわけではない。また被告がこれを公開したからといつて、原告が被告から何らの権利を与えられたことにもならない。原告が入山し得るためには、被告と契約を締結し、その債権的効力として、入山する権利を主張し得るにすぎない。本件の入山契約がまさに右の目的に奉仕するものであつて、原告は入山契約によつて、200円の支払と引換えに、入山する権利を取得したのである。そうすると、入山契約によつて原告が信教の自由を制約されたことは何もなく、むしろ、200円の出捐によつて、参拝の便益を得たのである。原告は、被告が入山料を払わなければ入山させないことをもつて信教の自由を制約する行為である旨を主張するけれども、被告に対し、当然、入山料をとらずに入山させることを強制できる法的根拠があることは全く見い出し得ない（信教の自由権は右の法的根拠となり得ない）から、原告の右主張は、法的根拠もなく、宗教施設の公開の仕方につき宗教者である被告のとつている方法を非難しているにすぎないとの謗りを免れない。以上判示したとおり、原告は本件入山契約によつて何ら信教の自由に制約を受けておらず、入山契約が公序良俗に違反するとの原告の主張は理由がない。」

Ⅲ 賃貸借・使用貸借

　宗教法人は、来歴的に多数の不動産を所有している場合が多く、不動産を賃貸借・使用貸借しているケースがまま見受けられます。また、不動産賃貸借・使用貸借の当事者は、宗教法人関係者であることがしばしば見受けられ、

第4章　宗教と民事法

このことが問題を余計に大きくしていることがあります。ここでは、宗教法人特有の賃貸借・使用貸借トラブルについて判断した裁判例を紹介していきます。

1 賃貸借をめぐる裁判例

（1）住職の借地の上に寺院が設立された場合と民法612条

　民法612条1項は、「賃借人は、賃貸人の承諾を得なければ、その賃借権を譲り渡し、又は賃借物を転貸することができない。」とし、同2項は、「賃借人が前項の規定に違反して第三者に賃借物の使用又は収益をさせたときは、賃貸人は、契約の解除をすることができる。」としています。それでは、僧侶個人所有の住居兼説教所用建物が宗教法人たる寺院の所有となった場合に敷地の賃貸借について民法612条2項による解除権が発生することはあるのでしょうか。この点について判断したのが下記判決です。

1　最高裁昭和38年10月15日判決
　　判時357号36頁〔27001992〕

事案

　本件土地は、約50年前からA寺院住職Bの先代Cが、D（地主）の父と土地賃貸借契約を締結し、その上に寺のような建物を築造して、僧侶として布教に専念しながらも、これに居住していた。Cが死亡後、Bが、賃借権を承継して僧侶として活動をしていた。その後、Bは、本件土地上の建物をA寺院の名義とした。そうしたところ、Dは、賃借土地の無断転貸を理由に土地明渡請求訴訟を提起した。第1審・第2審ともにDの請求を棄却したため、Dが上告した。

判旨

　上告棄却。

「所論は、判決に民法612条の解釈適用の誤りがあるというが、原判決は、所論第一審判決引用の理由説示を補足して、更にその挙示の証拠関係によつて認定したところに従い、被上告人Ｂの父Ｃは寺門の出であつて、同被上告人もまた僧職にあるところ、Ｃは上告人から借用した本件土地に住居兼説教所として本件建物を建てて住み、Ｃ死亡後は右被上告人がその跡を継ぎ、同被上告人は昭和27、8年頃右建物を本拠として被上告人Ａ寺を設立し同寺の住職として引続き家族と共に同所に住んでいることから、宗教法人である被上告人Ａ寺が本件土地を使用するに至つたことは否定できないけれども、その使用関係は実質上終始変りがなく、したがつて、仮りに本件賃借契約中には被上告人Ａ寺の設立が予知し包含されていないとするも、被上告人Ａ寺の設立は上告人と被上告人Ｂとの本件賃貸借関係を断たねばならぬ程に信頼関係を裏切つたものと見るべきでないとし、よつて、上告人主張の解除権は発生しない旨判断して居り、この判断は、首肯できる。」

（２）寺院境内地に土地賃借権の時効取得が認められた事例

　明治36年内務省令第12号（寺社寺院仏堂境内地使用取締規則）によれば、寺院境内地は、「１、一時限りの使用、２、参詣人休息所等其使用１か年以内に止まるもの、３、公益の為にする使用」を除き、寺院以外の者において使用することを得ず、かつ、上記２号、３号の使用をなさんとする者は地方長官の許可を受けるべきものとされていました。そして、寺院境内地の賃貸借は、民法602条所定の期間をこえるものと否とにかかわらず、地方長官の許可を得ない限り、すべて無効であると解されてきました。宗教団体法の施行（昭和15年４月１日）前の寺院財産処分に関する解釈については、福岡高裁平成10年２月27日判決（判タ1008号156頁）〔28042469〕の判示部分に簡潔にして要を得てまとめられています。

　最高裁昭和37年７月20日判決（判タ135号64頁）〔27002116〕は、法律行為の効力は、行為当時施行されていた法令によって定まるものであり、法令

の改廃は、別段の定めがない限り、既往の法律行為の効力に影響を及ぼさないものと解すべきであるから、現行の宗教法人法の規定の下では一定の手続きで有効に賃貸することができるようになったからといって、行為当時の法令によって無効とされた契約が、その瑕疵が治癒され、これが有効になるものと解することはできないとしています。

　土地賃借権の時効取得は、最高裁昭和43年10月8日判決（判タ228号96頁）〔27000911〕等で認められてきました。それでは、旧法下では無効とされた寺院が賃貸人である賃貸借契約について、賃借人は、土地賃借権を時効取得することは可能でしょうか。この点について判断したのが下記最高裁判決です。なお、同判決の事案では、賃貸借契約の追認や黙示の合意の主張立証はされておらず、専ら土地賃借権の時効取得のみが争点となっていました。

2　最高裁昭和45年12月15日判決
判タ257号129頁〔27000665〕

事案

　A寺院は、その所有の土地を占有するBに対し、建物収去土地明渡等請求訴訟を提起した。第1審、第2審ともにA寺院が勝訴したため、Bが上告した。Bは、土地賃借権の時効取得を主張したが、第2審は、「賃借権は賃貸借契約が有効に成立したことを前提とするものであるところ、時効によってかつてなされた許可なき無効な契約が有効化することはない。」と判示した。

判旨

　原判決破棄。仙台高裁への差戻し。

　「他人の土地の継続的な用益という外形的事実が存在し、かつ、その用益が貸借の意思に基づくものであることが客観的に表現されているときには、民法163条に従い、土地の賃借権を時効により取得することができ

るものであることは、すでに、当裁判所の判例とするところである（昭和42年（オ）第954号・同43年10月8日第三小法廷判決・民集22巻10号2145頁、昭和41年（オ）第991号・同44年7月8日第三小法廷判決・民集23巻8号1374頁参照）。

　これを本件についてみるに、上告人らが原審において主張するところによれば、上告人ら先代亡aは、大正11年8月15日、当時の被上告人の住職bとの間に、建物所有を目的とし、賃料を原判示（A）地および（B）地については月額1円70銭（のちに2円に改定）、（C）地については年額5円と定める賃貸借契約を締結し、爾来これに基づき平穏、公然に本件各土地を占有して10年ないし20年を経過し、その間被上告人に約定の右賃料の支払を継続していたというのであり、この主張のような事実関係は証拠上も窺うに難くないのであつて、右事実関係が認められるならば、前示の賃借権の時効取得の要件において欠けるところはないものと解される。寺院境内地を目的とする右賃貸借契約が、当時の法令に従い法定の例外事由にあたるものとして地方長官の許可を得たものでないため、無効とされることは原判示のとおりであるが、このような寺院境内地の処分・賃貸等の法令上の制限が、寺院をして健全な宗教活動を営ましめるため、その基礎たる資産の保護をはかりその運営を監督するという趣旨に出たものとして、これに、公益的目的を認めるべきものであるとしても、このような公益性は、平穏、公然に寺院境内地の用益を継続しえた者の事実的支配を保護すべき要請に比して、特に強く尊重されなければならないものと考えるべきではない。したがつて、右のような事由により無効とされる賃貸借契約に基づいて土地の占有が開始された本件のような場合にあつても、その占有が前示の要件をみたすものであるかぎり、有効な賃貸借契約に基づく場合と同様の賃借権の時効取得が可能なものと解すべきである。なお、この点において、原判示のように地上権等の用益物権の時効取得（大審院明治45年（オ）第218号・大正元年10月30日判決・民録18輯931頁参照）と賃借権の時効取得とを区別すべき理由も、存しないものといわ

2 使用貸借をめぐる裁判例

（1）寺族に対する明渡請求

　寺院は、宗教法人の事務所という役割のみならず、住職をはじめとする寺族の生活の場という役割も担っております。

　寺族が、居住する場所は庫裡といいますが、寺族は、宗教法人と使用貸借契約を締結して庫裡を使用していることになります。

　それでは、宗教法人たる寺院の役員構成が変わったり、寺族内紛争が惹起するなどして、従前より庫裡に居住している寺族に対して、使用貸借契約を解約して明渡しを求めた場合、寺族は出ていかなければならないのでしょうか。この点について、明渡請求をすることが権利濫用に該当するかをめぐって訴訟で争われることになります。❶の裁判例は、権利濫用肯定例であり、❷の裁判例は、権利濫用否定例です。なお、❷の裁判例においては、使用貸借契約の成立・解約について争点となっておらず、「本件庫裡の占有権原」という形で争点となっていました。

> **1　千葉地裁佐倉支部平成10年9月8日判決**
> 判タ1020号176頁〔28050629〕

事案

　原告であるA寺院の先代住職Bと妻Cとの間には娘Dがいたが、男子はいなかった。Bの死後、EはCと養子縁組をするとともに、Dと婚姻の届出をして、A寺院の住職に就任した。DとEは長男をもうけたが、その後、裁判離婚をして、EはCとも離縁した。Eは、Cを債務者として檀家名簿等引渡等の仮処分を得て、本案訴訟でも、勝訴した。また、Cらは、離婚・離縁の裁判確定後も本堂庫裡（本件不動産）を占有していたので、A寺院

は、Cらに対して、所有権に基づき明渡請求をした。これに対して、Cらは、本件不動産は、自分らの所有であること、使用借権を有すること、人格権としての占有権を有すること、本訴請求が権利濫用であること等を主張して争った。

判旨

・本件不動産の帰属

「原告は、民法施行（明治31年）以前から存在していたが、寺院明細帳に記載されていて、慣習法上の法人であったところ、昭和15年4月1日宗教団体法が施行されて、同法により法人とみなされ、その後、宗教法人令により宗教法人とみなされ、更に宗教法人法（昭和26年4月3日施行）により宗教法人となったこと、境内地、本堂、庫裏等は寺院の財的構成要素であるところ、寺院明細帳には、原告が境内地、本堂等を有している旨の記載があること、旧土地台帳上、本件全土地は原告の所有である旨記載されていること、不動産登記簿上、昭和31年6月、本件全土地は原告に所有権保存登記されたこと、本件全建物は、昭和49年8月ころまでに新築されたが、不動産登記簿の表題部には所有者が原告と記載されていることが認められ、右認定の事実と本件全建物は宗教法人法3条1号にいう『境内建物』で本件全土地は同条2号にいう『境内地』であることとを合わせ考慮すると、本件全不動産（したがって、本件不動産）は当初から原告の所有に属するものと認めるのが相当である。」

・使用貸借契約の成立及び解約

「原告と被告らとの間に、平成元年ころ、被告らが本件全不動産を返還の時期を定めず無償で借り受ける旨の黙示の使用貸借契約が成立したものと認めるのが相当である。（…）

原告は、本件訴訟を提起して、被告らに対し、本件不動産の返還を請求しているので、遅くともその頃、右使用貸借を解約（告知）したものと解するのが相当である。」

・明渡請求の権利濫用該当性

「被告らの先祖、夫や父、被告Ｃは、住職として或いは私財を投ずるなどして原告に貢献してきたこと、Ｂと先代住職の妻子である被告らとの間には、Ｂが被告らと縁組・婚姻をして乙山姓を名乗ることが原告の住職（代表役員）であることの条件であるという了解があったところ、Ｂは右条件を欠くに至ったこと、それにもかかわらず、Ｂは、自力救済を図ったり、原告の住職（代表者代表役員）の地位にあることを寄貨として、被告らに対し、原告の権利を行使するものであることなどが認められるところ、右事実関係のもとにおいて、原告が本件全不動産（したがって、本件不動産）につき使用貸借の解約をして所有権に基づく権利行使をすることは権利の濫用に当たり許されないといわなければならない。なお、原告は、権利の濫用に当たるか否かの判断に際しては、宗教法人たる原告の行為が考慮されるべきであって、原告代表者の行為は関係がない旨主張するが、原告代表者の行為が原告の行為となるのであるから、Ｂの行為や事情が関係ないとはいえず、原告の右主張は理由がない。」

2 東京地裁平成17年12月16日判決
D1-Law.com 判例体系〔28265595〕

事案

宗教法人であり寺院を設置・管理している同事件原告Ｃが、被告Ａに対し、元責任役員であったＡが、役員辞任後も別紙物件目録記載の建物（以下「本件庫裡」という。）に居住し続けているとして、所有権に基づき、本件庫裡の明渡し及び訴状送達日である平成16年1月16日から明渡済みまで月額1万円の割合による使用料相当損害金の支払を求めた。

Ａは、Ｃの先代住職の妻であり、Ｃ代表者であるＹ１の母である。

判旨

・Aの本件庫裡の占有権原の有無

「(1) 寺院の庫裡は、仏教の布教護持のために必要な建物として建築されているものであって、宗教法人の施設であるが、前記のとおり、本件庫裡はC本堂及び客殿に隣接する構造となっており、これを一体としてCの布教護持の用に供される宗教法人の施設建物であると認められる。

このような本件庫裡の性質及び実態からすれば、寺務に従事し布教等の宗教活動に従事する住職がその職務上本件庫裡に居住する必要があることは認められるが、住職が居住する場合、庫裡の賃貸借契約等を締結すれば格別、そうでないときは、職務遂行の反射的な利益にとどまると言うべきであり、その効果を超えて、直ちに固有の占有権原が認められるとまでは言えない。

(2) ところで、Aは、本件庫裡はAの最期場として建立されたものであり寺務との結びつきが強いものではなく、住職の母という身分的な地位に基づいて本件庫裡を占有する権利があると主張する。

(3) しかし、Cの施設が私的側面の強い施設とそうでない施設とに分けられるか否かはともかく、住職が庫裡に居住する根拠は前記(1)のとおりにすぎず、ましてやAがY1の母であるとしても、そのことをもって本件庫裡を占有する権原を認めることはできない。

(4) 結局、本件庫裡についてAの占有権原を認める実定法上の根拠は見当たらない。(Aが先代住職である訴外Bと苦楽をともにした本件庫裡に格別の愛着を抱き、ここを最期場としたいとの心情は十分に理解することができるものの、Cが宗教法人である以上、本件庫裡は宗教法人の施設としてのルールに従った使用関係と使用方法を形成すべきものというべきである。Aの上記心情は、夫と妻、親と子の関係に関わる事情として、上記の法律上の権限等の問題とは別個に、思慮深く対処することが望まれる問題であるというべきである。)」

・本件庫裡明渡請求の権利濫用該当性

「Ａは、その主張に沿う供述をするけれども、前記１のとおり、本件庫裡が本堂、客殿と一体となり、Ｃを構成する宗教法人の施設建物である等の客観的な事情、反対趣旨のＹ１の供述等に照らし、本件庫裡がＡの最期場であること、Ｙ１が私的感情からＡを排除しようとすることを認めることはできず、Ａの年齢その他本件に現れたすべての事情を考慮しても、本件庫裡の明渡請求が権利の濫用であると認めることはできない。」

※先代住職亡き後の寺族保護問題は、寺院実務において重要なテーマとなっている。寺族は、住職のように僧侶たる資格を有しない場合が多く、住職の死亡によって寺院との関係が原則的には切断されることになる。前住職の寺族であった者は、居住場所をはじめ生活そのものが脅かされるおそれがある。上述の裁判例のように、庫裡の明渡請求に対して権利濫用の抗弁で対抗するのは、寺族保護のための法理論の１つである。その他に、現住職と寺族との間に親族関係があった場合は、扶養料請求（民法877条）が行われることもある。なお、この点に関して、曹洞宗の規程３条は、「住職が死亡したときは、当該寺院は、その寺族を保護する義務を負うものとする。２　前項の保護の方法は、当該寺院の責任役員及び干与者の協議により、寺族の資産、在住期間その他の事情を考慮して定める」と定めており、規程３条の寺族の保護に関して紛議が生じたときは、曹洞宗内の取り決めで、管轄宗務所が調停・和解を行い、それが成立しない場合は、曹洞宗内の一種の宗教裁判機関である審事院で、紛議の調整として調停・和解・審判が行われることになっている。曹洞宗内部の手続きを経ずに被包括宗教法人たる寺院に扶養の請求ができるかについて、福岡高裁昭和63年９月28日判決（判時1304号95頁）〔27804116〕は、「前記認定の宗憲、規則、規程等の規定からすると、本件規程３条の規定それ自体も曹洞宗という宗教団体内部の宗教的自治規範の一つであって、同条１項により当該寺院が寺族に対して負う保護義務は、同宗に属する僧侶及び檀信徒がその道念と進行によって遵守すべ

き道義上、進行上の抽象的義務（宗憲7条3項）であり、これが協議の成立によって具体化され、それが、私法上の契約の成立と有効要件とを具備している限度において、初めて寺族は当該寺院に対しその私法上の義務の履行を求めて裁判上に給付訴訟を提起できるものである。右のような性質をもつ本件規程3条1項を根拠として、協議も整わないまま直ちに被控訴寺院に対し扶養料の支払を請求し、裁判所の協議に代る私法上の権利義務関係の形成と給付命令の発付という非訟的判断作用を要求することは、宗教団体内部の宗教的自治規範に基づき当事者が決定すべき事項について裁判所が介入して広い意味における曹洞宗内部の宗教的自治を侵害することを求めることとなり不当であることは当然のことである。そもそも法律の特別の規定がない限り到底できないものである。」としている。

(2) 塔頭寺院の使用貸借契約をめぐる問題

塔頭寺院とは、大寺院の敷地内にある小寺院のことをいいます。塔頭寺院の敷地は、大寺院の所有名義になっている場合が多く、その場合の塔頭寺院は、大寺院と使用貸借契約を締結して、境内建物を建設していることになります。

それでは、塔頭寺院と大寺院の関係が悪化した場合、塔頭寺院は、出ていかなければならないのでしょうか。この点を判断したのが、❸❹の裁判例です。

> **3** 大津地裁平成10年5月25日判決
> 判タ1013号154頁〔28042832〕

事案

宗教法人園城寺（原告）は、686年に創建され、源頼朝、足利尊氏、豊臣秀吉など歴代の為政者から寺領が寄進される歴史をもった天台宗寺門

365

派の本山である。園城寺は、園城寺とかつて本山と塔頭寺院の関係にあった寺院及び建物占有者らに対し、本件土地建物について何らの使用権を有しないことの確認を求めるとともに、被告の状況に応じて建物収去土地明渡・建物明渡等を求めた。これに対し、被告らは、永代使用権・使用借権を主張し、園城寺の請求は権利濫用であるなどと争った。

判旨

請求一部認容。

・使用貸借契約の消滅

「原告園城寺興隆のために、源頼朝、足利尊氏、足利義詮、豊臣秀吉、その他歴代の為政者より園城寺領が寄進されている。例えば、秀吉が慶長3年に寺領4,327石を三井寺衆徒中に宛てた安堵状を以って寄進しているが、これも園城寺一山の経費に当てるためのものであって、これが一山の各坊が一定の所領（領地）を所有したものではなかった。徳川時代に入っても特に弊害がない限り、豊臣の寺領を踏襲しており、したがって江戸時代の末期までは、原告園城寺は山のすべての子院（境内寺院）諸坊を包含した寺院であり、被告寺院らを含むいわゆる塔頭ないし子院は、その歴史は古くとも原告園城寺の一部分として発生附属して来たものである。

すなわち、被告寺院らを含む原告園城寺の塔頭ないし子院は元来園城寺に奉仕勤侍する者らの止宿する建物として造立された住房として発生したものであって、原告園城寺が山内における子院すべてを包含した寺院であり、反面、塔頭ないし子院は原告園城寺の一部分として発生附属してきたものであることが認められる。

右歴史上の原告園城寺と被告寺院らの関係からすれば、原告園城寺の主張するように、使用貸借関係は、被告寺院らが、寺中として園城寺に奉仕することを目的として認められたものであり、従来の子院、塔頭寺院あるいは一山関係が消滅すれば、当然消滅するものと認められる。

そして、戦後、原告園城寺と被告寺院らとの間に深刻な対立が生じ、被

告寺院らが、昭和22年、原告園城寺とは別の単立寺院となって、右関係が消滅していることは当事者間に争いがないのであるから、右使用貸借契約も終了しているものと認められる。」

・永代無償使用権の否定

「被告寺院らは、他宗派における本山と塔頭寺院との関係を例に挙げて、いわゆる永代無償使用権を当該寺院に与えていると主張するが（抗弁（一）（2））、他宗派の事情については、それぞれの歴史等により事情が異なるので、当事者以外の他宗派の事情について考慮するのは不相当と考えられる。

さらに、被告寺院らは、永代無償使用権とは墓地使用権に類似するものであると主張し、墓地使用権と同様の保護が与えられると主張するが、いわゆる墓地使用権とは、他人の土地をその墓地として利用するという目的及び性格から、永久的に使用できる権利と解されるが、そのような権利として解釈される理由は、そもそも埋葬等については、国民の宗教的感情を考慮する必要があり、それは種々の法（墓地及び埋葬等に関する法律、刑法等）に現れていることによるものであるから、単に土地建物の利用の目的が宗教活動に過ぎない場合にまで類推されるものとは解されない。」

・権利濫用該当性

「権利の濫用の成否について検討するに、まず、被告両願寺、同圓満院及び同Ａに対する関係では、被告両願寺に古くからの歴史と伝統があり、現在宗教活動を行っているとしてもそれだけでは、本件請求が権利の濫用となるとは評価できない。むしろ、右被告らは昭和55年ころ以後に、原告園城寺に無断で本件一の1土地、同2建物の占有を開始し、原告園城寺の異議及び裁判所の仮処分命令を無視して、本件一の3建物の建築をしたものであるから、右被告らに対する本件明渡請求（第一事件請求の趣旨（二）、（三））が、権利の濫用となる余地はないというべきである。

他方、被告専光坊（被告Ｂを含む。）については、かつては適法な使用借権に基づき占有していたこと、その当時から現在に至るまで継続して宗

教活動を行っていること、被告には古くからの歴史と伝統があること、原告園城寺は、被告の占有権限消滅後40年以上の長きにわたってなんらの異議を唱えなかったこと、原告園城寺には本件八建物を使用する高度の必要性は認められないこと、本件八建物は、特に被告専光坊が所有する敷地上にあることなどの事情に鑑みれば、右（六）の同被告に関する事実を十分に考慮しても、なお、同被告に対する原告園城寺の本件明渡請求（第一事件請求の趣旨（四））は権利の濫用として許されないものと考えるのが相当である（なお、被告専光坊に対する権利の行使が権利の濫用に当たるかどうかを判断するについて、再抗弁（二）の主張事実中、代表役員も異なる他の被告に関する事情を考慮することは相当でない。）。」

※1 本判決の意義について、判例タイムズの解説は、「寺院の敷地・建物の利用関係の法的規律が問題となる訴訟は、どのように法的構成をすべきか、どのように法的評価をすべきかなど万般にわたって困難な争点を抱えることが少なくない。本件でも、本山寺院と子院ないし塔頭寺院の関係にあった寺院との関係が派生したのは、近代的所有権を基礎とする近代的土地利用権が確立していない時代であるから、その困難さは一入である。こうした事象について、現代の民事法により規律していくとすれば、使用貸借契約とその利用目的終了による契約終了という理解ができることを示した実例として、本判決は、事例的意義を有する。」としている。

※2 大阪地裁昭和44年3月28日判決（判タ238号240頁）〔27431095〕は、神社（本社）から独立して法人格を取得した末社に対する建物収去土地明渡請求が権利濫用に該当せず本社の請求が認容された事案であるが、「原告と被告との合意により本社末社関係を廃止したのであるから以後被告は本件土地に対する占有権原を失ったものと認められる。」としている。

4 大阪高裁平成9年8月29日判決
判タ985号200頁〔28040042〕

事案

B（控訴人）は寛永11年以来、A（被控訴人）の塔頭寺院であるが、平成3年9月頃から本堂等の改築を計画し、旧建物の取り壊しについてはAの許可を得てこれを実行したが、2階建ての建物の再築について許可を得るべく交渉中、再築を強行しようとし、仮処分決定によって建築工事が中止された。Aは、Bに対して、土地所有権に基づいて建築資材等（未完成建物）の収去と土地の明渡しを求めた。第1審は、Bの土地使用権限は使用貸借契約に基づくものであり、同契約は解除され、これによる本件土地明渡請求は権利の濫用にあたるものではないとして、Aの請求を認容したため、Bは第1審判決に対して控訴した。控訴審では、権利濫用該当性について詳細な判示がなされた。

判旨

控訴棄却。

「控訴人（代表者C当時）の当初の再建申請については、Cが医師であって、法要を行う意思も能力もなく、檀家の法要を法類に任せきりであった上、遂には控訴人を休寺にし、旧建物を荒廃したまま放置してきたものであるから、被控訴人がその申請（申請当時もCに壇家の法要を行う意思や能力があったとは認められない。）について難色を示し、その交渉過程において再建に同意しなかったとしても、これをもって不当な同意拒否であるということはできない。

控訴人の代表者は、平成3年10月2日、正式にDに変更され、控訴人再建について前記問題は解決したものの、被控訴人は、控訴人の申請を本件使用規程及び寺院規則に則り常置委員会の決定及び総代の同意を得た上

で責任役員会に提案してこれを決しなければならなかったところ、同日、正式に申請された再築の予定建物が旧建物とは異なり二階建であり、また、本堂ではなく庫裏であったこと、Dの資金計画も不明であったことから、右の点について明確な回答をDに求め、その上で所定の手続を踏む必要があった。しかし、Dは、被控訴人から旧建物の除却許可を得て旧建物を取り壊し、その後資金計画の資料等を執事長に提出するや否や被控訴人の反対の意向にもかかわらず本件境内地内で基礎コンクリート工事を開始し、同年11月9日、一旦、同工事を中止したものの、同月28日の話合いが不調に終わるや再び本件建築工事を強行したものであって、これらDのとった行為は、正式申請から（申請書が一応提出された同年9月19日からみても）わずか1か月ないし2か月後のことであり、被控訴人の手続的制約（因みに、控訴人が長らく休寺の状態であって無責任にも旧建物が荒廃のまま放置されていたことやDが従来の被控訴人の塔頭寺院の出身でないことからすれば、執事長が責任役員会で最終的に控訴人の申請が可決されるようにすべく、より慎重な対応をしたとしてもあながち不当であるとはいえない。）を無視した自力救済の強行手段というほかない。

このような控訴人の行為は、被控訴人との信頼関係を著しく破壊するものであって、江戸時代から長らく続いてきた本件境内地の使用貸借の経緯を考慮したとしても（なお、被控訴人の他の塔頭寺院において従前建替えや増築が許可されていたとしても）、被控訴人の本件境内地の使用貸借契約の解除の意思表示ないし本件境内地の明渡請求が権利の濫用であるということはできない。」

Ⅳ 不法行為

1 宗教活動の違法性

宗教活動が違法性を帯び不法行為にあたるか否かは、裁判実務上、当該宗

教活動が社会的相当性を逸脱しているか否かを判断基準としています。代表的な裁判例としては、広島高裁岡山支部平成12年9月14日判決（判時1755号93頁）〔28062106〕があります。同判決は、「宗教団体が、非信者の購読・教化する布教行為、信者を各種宗教活動に従事させたり、信者から献金を勧誘する行為は、それらが、社会通念上、正当な目的に基づき、方法、結果が、相当である限り、正当な宗教活動の範囲内にあるものと認められる。しかしながら、宗教団体の行う行為が、もっぱら利益獲得の不当な目的である場合、あるいは宗教団体であることをことさらに秘して勧誘し、徒らに害悪を告知して、相手方の不安を煽り、困惑させるなどして、相手方の自由意思を制約し、宗教選択の自由を奪い、相手方の財産に比較して不当に高額な財貨を献金させる等、その目的、方法、結果が、社会的に相当な範囲を逸脱している場合には、もはや、正当な行為とは言えず、民法が規定する不法行為との関連において違法であるとの評価を受けるものというべきである」と判示しています。

　本項では、宗教活動の違法性について、比較的最近の肯定例（❶）と否定例（❷）の裁判例を紹介していきます。

1　東京地裁平成19年5月29日判決
判タ1261号215頁〔28140709〕

事案

　原告が、統一教会、統一教会の支配下にあって統一教会による組織的な違法資金獲得活動に従事していた会社、統一教会による組織的な違法資金獲得活動に従事していた信者らに対して、財産上の損害、慰謝料及び弁護士費用相当額の損害が生じたとして、民法709条の不法行為責任に基づき（被告統一教会に対しては、選択的に使用者責任（民法715条）に基づき）、損害賠償を求めた。

371

> **判旨**
>
> ・宗教活動の違法性の判断基準
>
> 「一般に、宗教団体が、当該宗教団体の宗教的教義の実践として、あるいは、布教の一環として、献金を求めることや、宗教的な意義を有する物品の販売などを行うこと自体は、信教の自由の一様態としての宗教活動の自由として保障されなければならないものであって、これを殊更に制限したり、違法と評価することは厳に慎まなければならない。
>
> また、献金や、物品等の対価の支払いなど、一定の金員の出捐を決意するに至る過程において、他者からの働きかけが影響することは当然の事理というべきである上、金員の出捐を勧誘するに際して、勧誘者が、当該宗教団体における教義等に基づく、科学的に証明し得ない様な事象、存在、因果関係等を理由とするような吉凶禍福を説き、金員を出捐することによって、そうした吉凶禍福を一定程度有利に解決することができるなどと被勧誘者に説明することについても、その説明内容がおよそ科学的に証明できないことなどを理由として、直ちに虚偽と断じ、あるいは違法と評価することもすべきではないし、予め相手方の境遇や悩み等を把握した上で、そうした悩み等を解決する手段として、献金等の金員の出捐を含む宗教的教義の具体的実践を勧誘することも、直ちに違法と評価されるものではない。
>
> しかし、当該勧誘が、献金等を含む宗教的教義の実践をしないことによる害悪を告知するなどして、殊更に被勧誘者の不安や恐怖心の発生を企図し、あるいは、不安や恐怖心を助長して、被勧誘者の自由な意思決定を不当に阻害し、被勧誘者の資産状況や、生活状況等に照らして過大な出捐をさせるようなものであると認められるような場合には、当該行為が形式的には宗教的活動の名の下に行われているとしても、もはや社会的相当性を逸脱したものとして違法の評価を免れないというべきである。したがって、社会的相当性を逸脱して不法行為となるか否かの判断は、当該勧誘が被勧誘者の不安や恐怖心の発生を煽り、助長するような内容のものであるか否

か、被勧誘者の資産状況や、生活状況に照らして過大な出捐をさせるようなものであるか否かを社会通念に従って総合的に判断してされるべきものである。」

・あてはめ（一部抜粋）

「原告の夫はB電力株式会社に勤務して、平成2年11月に定年退職しており、退職時に退職一時金2000万円余りを受領したほか、B電力退職金年金が3か月ごとに30万円、A電力拠出制年金が3か月ごとに21万円、国民・厚生年金が2か月ごとに50万円の支払を受けているが、資産としては、平成11年3月時点で有価証券約900万円（C證券674万円、D証券212万円）があるほかは、熊本市壺川の土地建物及び横浜市の土地建物（平成9年に4750万円で購入して、子供の住居に使用していた。）を所有しているにすぎず、原告自身には、後記C證券の口座（平成12年7月4日に解約した時点の解約金は205万8687円）を除くと特段の資産はない状況にあった（甲56、弁論の全趣旨）。このような、さして多額の資産を保有しているとはいえない原告に、平成9年の6月から平成10年7月までの約1年2か月の間に、上記認定のとおり、原告の夫が生死に関わる病気に罹患したことをきっかけとして、その原因を原告の夫が原告の信仰に反対したことに求め、原告が有している夫の病状に対する不安を煽り、写真祝福を受けないと病気は良くならないと畏怖させて、合計で140万円という決して少額とはいえない金額を献金させたものであるから、その勧誘の様態、目的、結果等に照らし、社会的相当性を逸脱した違法な行為と認められる。」

・統一教会の使用者責任

「ア　709条に基づく責任

一般に宗教団体の信者による行為が、直ちに宗教団体そのものの行為と評価できるものではなく、本件において原告が主張する宗教団体から献金等の勧誘をすることの指示がされたなどの事実を前提としても、被告統一協会そのものの行為ということはできない。したがって、原告の被告統一

協会に対する民法709条を理由とする主張は理由がない。

　イ　一方、宗教団体の信者が不法行為により、他人に損害を被らせた場合、その宗教団体は、信者との間に雇用等の契約関係がなくても、実質的な指揮監督関係にあり、かつ、その不法行為が当該宗教団体の事業の執行について行われたものであるときは、民法715条に基づく使用者責任を負うというべきである。

　そこで、これを本件について見るに、不法行為と評価できる本件各献金等勧誘行為はいずれも、被告統一協会の信者によって行われていることは明らかである上、本件献金等勧誘行為はいずれも、被告統一協会の教義に基づきあるいはその実践というべき行為であって、明示ないし黙示の被告統一協会の指揮監督のもとで行われていた被告統一協会の事業の執行の一貫であったというべきであるし、その献金は、結局は被告統一教会の収入となっていると認めるのが相当であって、その利益も被告統一教会に帰属しているところである。被告Aは、Eの会、Fの会の銀行口座に被告統一教会あての献金の入金があれば、金山教会に持っていくし、原告がGから借り入れて献金した金員もBを通じて教会に持っていった旨供述するところであり、本件において、原告のした献金が最終的に被告統一教会の収入とならなかったことを窺わせる資料は一切ない。

　したがって、被告統一協会は、本件各献金等勧誘行為のうち、不法行為と評価できるもののすべてについて、民法715条に基づく使用者責任を負うというべきである。」

※宗教法人の使用者責任が認められたリーディングケースとして、オウム真理教の信者が、事務所予定地の基礎工事現場を写真撮影中の弁護士からカメラを奪取してフィルムを抜き取った行為について、オウム真理教の使用者責任を認め、当該弁護士に対して慰謝料の支払いを命じた横浜地裁平成5年6月30日判決（判タ841号186頁）〔27816862〕がある。同判決は、「信者は、その本来の担当の仕事如何にかかわらず、本件当時、

写真撮影する者を規制することを含めて部外者を監視するため、被告から本件土地付近に配置されていたもので、A外1名も右監視行為を援助するため現場に赴いたと推認され…したがって、Bら信者が原告から本件カメラを一旦喝取したうえ、これから本件フィルムを奪取した行為は、被告の業務の執行に関して行われたものと解するのが相当である。」と判示した。

2 東京地裁平成26年5月27日判決
D1-Law.com 判例体系〔28251527〕

事案
宗教団体Aの信者らが、Aに対して、迫害や困惑によって精神的に追い込む御布施の勧誘は不法行為に当たるとして、損害賠償請求を行った。

判旨
「原告らは、御布施の勧誘が不法行為に該当する旨主張するので判断するに、前記1（3）の認定事実及び証拠（甲22～甲25、甲A2、甲A15、原告X2本人、原告X1本人）を総合すれば、被告は、御布施の勧誘に際して集金額にノルマを設定してその達成率を競わせるなど、信者らの責任感に強く働きかける手法を取り入れ、また、被告代表者が多数の著書の中で霊言と称して、北朝鮮や中国が攻め込んでくるおそれがあるとか、地震や津波が近いうちに再び起きるおそれがあるなどと公言するなどとともに、これに対抗するためには御布施をして神仏の光を強くして闇を打ち消す必要があると訴えかけるなど、信者らの不安をかき立てるような手法を用いていたことが認められる。

しかしながら、違法な手段（監禁、脅迫、欺罔等）によって被勧誘者を自由な判断のできない状態に置き、信仰による自発的行為という体裁を取り繕って、高額の出捐を実質的に強制していたというのであればともかく、

上記認定の勧誘手法はこのような態様とは異なるものであり、本件においてこのような違法な手段が用いられていたと認めるに足りる証拠はない。被告による御布施の勧誘に際して、信者らの責任感に強く働きかけたり、信者らの不安をかき立てたりするような手法があったにせよ、そのような勧誘が有効であるのは、信者らが被告代表者の言動を信じ、被告の教義に信仰心を有しているからであり、現に、本件御布施の交付当時、原告らは、これを自らの信仰の実践として肯定的に捉え、被告及び被告代表者に貢献できたことに満足感を感じ、信者仲間の賞賛を受けることに誇りを抱いていたことがうかがわれる。そうすると、原告らのいうマインドコントロール下での御布施の出捐というのは、原告らの信仰心に訴えかける御布施の勧誘に自らの判断で応じていたという域を超えるものではない。

以上によれば、原告らに対する御布施の勧誘が不法行為に当たる旨をいう原告らの主張は、採用することができない。」

2 受忍限度論

「第3章　宗教と墓地葬祭法」で紹介した裁判例以外で、宗教・宗教法人に関連して受忍限度論が問題となった裁判例を紹介します。差止めの請求は中々認められないのが裁判実務の現状であるところ、❸の決定が、ペット火葬炉の使用の差止めを認めたのが注目されます。

1　高岡簡裁昭和45年10月1日決定
判タ255号203頁〔27422279〕

【事案】

寺院が朝夕の2回（7時と18時）に梵鐘を打っていたところ、隣接地に引っ越してきた者より、本人や本人の長男が仕事や大学受験勉強のために深夜まで起きており、ともに朝遅くまで睡眠しているにもかかわらず、

寺院は町内の若い者を集めて朝夕の２回梵鐘を打ち鳴らすため、その音響により本人らの安眠は妨害され、これが継続されると家族に病人が出たり、長男の大学受験は失敗するおそれがあるとの理由で、寺院に対して梵鐘を突くことの禁止を求める仮処分を求めた。

判旨

申請却下。
（居住権、生活環境権について）
「申請人は、昭和45年６月24日より、被申請人（以下単に寺院と略称する）境内に隣接している肩書地の自宅に居住するかたわら、宅地、建物取引業を営んでいるものであるが、右自宅は、寺院の境内北西側に建在する本件梵鐘をつるしてある鐘楼の至近距離に隣接して存在する。

そうして、申請人宅および寺院の所在地は、騒音規制法に基づく指定区域で、しかも特定工場等の規制基準からすると、第三種区域すなわち、住居の用にあわせて商業、工業等の用に供されている区域内にあることが認められる。

そこで、およそ人間として、その健康を保護し、文化的で、平和な明るい社会環境を求め、かつ、それらを保全しながら、生活を営む一般人としては、毎日の『日の出』の前後を朝の起床時とし、『日没』前後を、夕方とし、昼間の労働を終えて、夜間の生活動作に移行するものであることは、一般社会の通念であつて、人間生活にとつて至極当然であり、自然のことである。

それが特殊な職場環境におかれて生活する者も例外なく、朝、昼、晩にそれぞれ法の下に自由かつ、平等な生活を営んでいることは、いうまでもないことである。従つて双方は、居住、職業職択の自由を有し、生活環境権のあることは当然のことである。」
（寺院および寺院境内にある高岡大仏、本件梵鐘の歴史について）
「（イ）寺院は、承久年間（西暦1212年）摂津の国の住人多田義勝なる

人が、現在、高岡市にあつて、景勝の地二上山の山麓に大願をおこし、丈六の大仏を造立し、護持の金銅仏をその腹中に納め、一宇を創建して大仏殿としたもので、その後、慶長14年（西暦1615年）前田利長公、高岡城築城の折、この大仏殿を現在の地に移したもので、文政4年6月24日（西暦1821年）と明治33年6月27日（西暦1900年）、高岡大火に類焼の厄にあつて、いずれも再建、今日に至つている。

（ロ）寺院が護持している大仏は、奈良、鎌倉とあわせて、日本三大仏といわれている青銅からなる大仏で、10年の歳月をかけて竣工したもので、この大仏は、伝統300年を誇る高岡銅器の象徴ともいわれているものである。

（ハ）疏乙第4号証によると本件梵鐘は、文化元年8月5日（西暦1804年）時の高岡町奉行寺島蔵人の発願により、町の報鐘として鋳成し、同2年9月、二番町町会所構内の仮鐘楼に釣り、同月11日暁6時より撞き始められたが、其の翌年の文化3年3月（西暦1806年）に改鋳されたところ、明治12年3月3日（西暦1879年）高岡大火により鐘楼焼失、明治23年12月（西暦1890年）右鐘楼を、今の高岡市堀上町にある関野神社境内に再建、同年には時鐘施行規則が発布されており、明治33年6月27日（西暦1900年）に右鐘楼が、高岡大火に再度類焼したため、以後右梵鐘を使用しなかつたか、昭和6年5月16日（西暦1931年）高岡市より寺院に寄進され、同寺の宝物にされたが、昭和37年3月30日、高岡市の文化財に指定され、今日に至つているものである、ことが、それぞれ認められる。」

（本件梵鐘の使用状況について）

「これまで寺院の住職の地位にある者は、代代永年に亘つて、よく風雪に耐えながら年中無休で、『時』を告げるため、朝、夕の6時（6時と18時）、定時、定刻に毎回7打に亘つて『ゴーン、ゴーン』と荘厳な音色を近隣に響かせていたが、申請人が肩書地に住むようになつてから、同人およびその家族より、寺院の住職に対し『梵鐘がやかましいから打ち鳴らす

のをやめよ』とか『寺院の信奉する浄土宗は邪教だ』とかいつて、梵鐘使用中止方強く要求され、これがため強談、威迫の行為があつたので、寺院の代表者は、その要求が余りにも強引なので、身の危険を感ずるようになり、寺院を保存し、隆盛を祈念する信者で結成している高岡大仏奉讃会、寺院所在の町内会である定塚町一丁目親和会、大仏前通り商盛会の各役員協議の結果、昭和45年7月8日より同年9月9日までの64日間、朝の打ち鳴らしを中止したが、同年9月10日より夕方の6時はその儘とし、朝の6時を7時に変更し、従前どおり、朝、夕の2回それぞれ梵鐘を打ち鳴らすこととし、右保存会の役員は、寺院住職の身の安全を保護するため、役員交互に打ち鳴らし現在に至つていることが認められ、その梵鐘を打ち鳴らす時間は、1回、7打で60秒ないし80秒で、1日24時間のうち2回、14打で120秒ないし160秒内外である旨、戸出参考人らは供述している。

なお、本件梵鐘は、右時報に使用する外、寺院で行われる法要の際と、除夜の鐘に使用することを、永年の慣行にしていることが認められる。」

（騒音規制法と本件梵鐘との関係について）

「騒音規制法（昭和43・6・10法98号）は、高岡市には昭和44年4月1日から施行され、双方の所在地は、前記のとおり規制基準の第三種区域に指定されており、規制の対象になつている騒音は、同法第1条所定のとおり、工場騒音建設騒音であり、本件のような梵鐘による音響は、右規制の対象外である。

疏甲第1号によると、本件梵鐘による音響は、88ホン程度で、右指定区域内の規制基準は、午前8時から午後7時までは65ホンで、午前6時から午前8時までは60ホンであるから、この基準からすると遥かに高音である。高音だからといつて騒音とはいえない。騒音の語義は、振動数が不規則で、不愉快でやかましい音をいうとなつているから、騒音というには、高音と低音が入り乱れ、または高音だけがそれぞれ或一定の時間、継続または断続的に発生している音をいうものと解する。

古来、梵鐘による音響を、諸行無常の鐘が鳴るとか、仏心を呼びさますとかいう言葉に喩えられ、概ね寺院における法要を営む際に活用し、本件のように『時』を告げるときに利用され、殊に、歳の瀬の越年、迎春に際し、除夜の鐘として、深夜の夜空に響き渡る『百八』の音色の荘厳さは、遍く日本国民の皮膚に染み込み、溶け込んでいることは、今更いうまでもないことである。
　そこで本件の場合、永年の間、寺院住職の奉仕的慣行行為により朝夕永続して打ち鳴らされ、現在に至つており、これに対する近隣の住民感情は、申請人および家族を除く大衆は、耳馴れしている関係も手伝つてか、永い歴史の中に誠に正確な『時』の知らせであつて、これを聞く者をして、一種の愛着感、親近感さえ抱かせ、この音響を生活動作の標準時と心得、これを合図に生活行動をとるようになつていて非常な好感と感謝の念にかられていることが認められる。仮りに右好感、感謝の念がないにしても、現今諸所に行なわれている時報、正午などのサイレンと同視すべきであつて、その必要性と大衆の利益とを考え併せると、正当かつ重大な特別の事由が存在しない限り、音響管制をなすべきでなく、またこれを要求することは失当である。」
　（結論）
「双方の現住する町内は、ローカル的ながら、右高岡大仏の存在することによつて、由緒ある歴史の地として、観光の地、商業の地として繁栄し、活気溢れる定塚町商業の地であることが認められる。
　申請人としても、これらを充分認識し、求めてこの地を安住かつ営業の地として移住してきたものとすれば、町内に先住する近隣の町民と共に、これを誇りとして町内の繁栄を企図し、寺院の保存に協力すべき筋合であると解する。
　申請人は、最近寺院は町内の若い人を集めて朝、夕に本件梵鐘をつき鳴らしている旨主張しているが、申請人は、最近移住してきたばかりの者で、寺院こそ永年に亘り、寺院の奉仕的慣行行事として継続して梵鐘を打ち鳴

らしていることが認められる。

　また、申請人は、梵鐘の異状な騒音のため、申請人およびその家族は生活の安全を害される旨主張するが、梵鐘の音響は、前記のとおり、88ホン程度であり、それが1日、24時間のうち、朝、夕2回14打で2分間内外の音響を発生させているだけで、これが異状の騒音とは認められない。なお、生活の安全を害されるに至つたというが、その害されたという具体的事実が判然せず、それを認めることができない。それのみならず申請人は、営業のため、夜遅くまで起きており、申請人の長男は、大学受験準備のため、夜遅くまで勉強しておるため父子共に朝寝するので、朝の右音響は、安眠妨害になると主張するから、この点瞬間的にも、安眠妨害にならないとはいえない。この朝寝坊、夜更かし型を対象にしないで、一般人を対象にして、朝の六時ころを『起床時』としても、何等不自然とはいえないし、早寝、早起は健康のもとであると信じている人のあることを思い併せると、この環境に住む者として、この程度の音響に対しては、この儘忍受し、環境に順応していかなければならないものと解する。また、右忍受することを要求したからとて必ずしも基本的人権を犯すものであるとは考えられないし、平穏な社会生活環境を破壊するものとも解されない。

　そこで申請人は、最近自己が買受けた現住の土地、家屋の裏の寺院の構内で、しかも至近距離に寺院の鐘楼のあつたことは全く知らなかつたと強く弁疏するが、申請人の職業柄、その弁解は到底信用できない。

　いうまでもなく、不動産の取引をするときは、不動産そのものの利用価値は元より、その不動産の周囲の状況、例えば住宅や商工業に適する場所かどうか、交通の便、不便、生活環境、など、諸般の状況を考慮に容れ、その取引の目的に合致する場所を選択してきめられるものであるが、申請人は素人ならいざ知らず、不動産取引業者として、一般人より遥かに高度の専門知識を有し、その注意力、理解力のもとに右取引をすべきであつたのに、申請人は真実右梵鐘の存在を知らずして買受けたとすれば、全く杜撰極まる取引をしたものといわざるを得ない。なお本件のように自宅で生

活しながら営業をしていこうとするには、往往にして生活面と営業面とは両立し得ない場合がないとはいえない。若しそうした場合があつたとすれば二者択一、どちらかの一方を犠牲にすることもやむを得ないことと解される。

本件梵鐘について、前記梵鐘の歴史の部（ハ）についてさらに附言すると、『文化2年9月11日（西暦1805年）朝6時から撞き初めたり、茲において高岡町民は晨夕鐘声を聴きて深省を発するの便を得たり、茲において高岡町民は晨夕鐘声を聴きて深省を発するの便を得たり』とあり、また明治23年の時鐘施行規則第3条に『撞鐘点数は時数に拠るものとす』と規定されているところからすると、朝、夕6時とすると鐘を6ツあて撞き鳴らしてきたものと推認する。

何れにせよ従来、中止、中断の時期があつたにせよ、今から165年前につき始めた梵鐘のつき鳴らしを、かたくなに守り続け、近隣の住民に『時』を知らせてきたことが認められる。寺院としては、前記寺院保存会員と信徒の一致した意見により、折角、文化財に指定され伝統ある本件梵鐘を鐘楼につるした儘、観賞の用に供し、梵鐘としての効用を充分発揮させず、死蔵化させることなく、伝統と慣行を持続させようとすることが認められる。しかし、申請人は、本件音響は、申請人および家族の安全を害し、病気の原因となり、大学受験不能の虞があると強く主張する。そこでこれが打開策としては、双互の立場を理解し合つて、この際、

（イ）防音の措置を講ずること。

（ロ）耳馴れを俟つて感情緩和に努力すること。

（ハ）朝寝坊、夜更かし型を変更、是正すること。

（ニ）明治23年の時鐘施行規則のとおり、撞鐘点数を、その時数に拠らしめること。

なぞ考えられるが、申請人において本案の判決確定を俟つ余裕すらない急迫性は認められないから、申請人の主張は採用できない。」

2 最高裁平成22年6月29日判決
判タ1330号89頁〔28161754〕

事案

　A（原告、被控訴人、被上告人）が、自宅と道路を隔てた土地で本件葬儀場を経営するB（被告、控訴人、上告人）に対し、その営業により日常的な居住生活の場における宗教的感情の平穏に関する人格権ないし人格的利益を違法に侵害されているなどと主張して、①上記人格権ないし人格的利益等に基づき、Aの視線から葬儀等を隠すために、本件葬儀場の既設の目隠しフェンス（本件フェンス）を1.5m高くすることを求め、また、②不法行為に基づき、慰謝料及び弁護士費用相当額の支払いを求めた。

　第1、第2審は、Bに対し、本件フェンスを1.2m高くすること、慰謝料10万円及び弁護士費用相当額10万円の支払いを命じた。

　そのため、Bが上告受理申立てを行った。

判旨

　被上告人の請求棄却。

　「(1) 前記事実関係等によれば、本件葬儀場と被上告人建物との間には幅員15.3mの本件市道がある上、被上告人建物において本件葬儀場の様子が見える場所は2階東側の各居室等に限られるというのである。しかも、前記事実関係等によれば、本件葬儀場において告別式等が執り行われるのは1か月に20回程度で、上告人は、棺の搬入や出棺に際し、霊きゅう車等を本件葬儀場建物の玄関先まで近付けて停車させているというのであって、棺の搬入や出棺が、速やかに、ごく短時間のうちに行われていることは明らかである。

　そして、本件葬儀場建物の建築や本件葬儀場の営業自体は行政法規の規制に反するものではなく、上告人は、本件葬儀場建物を建設することにつ

いて地元説明会を重ねた上、本件自治会からの要望事項に配慮して、目隠しのための本件フェンスの設置、入口位置の変更、防音、防臭対策等の措置を講じているというのである。

　（2）これらの事情を総合考慮すると、被上告人が、被上告人建物2階の各居室等から、本件葬儀場に告別式等の参列者が参集する様子、棺が本件葬儀場建物に搬入又は搬出される様子が見えることにより、強いストレスを感じているとしても、これは専ら被上告人の主観的な不快感にとどまるというべきであり、本件葬儀場の営業が、社会生活上受忍すべき程度を超えて被上告人の平穏に日常生活を送るという利益を侵害しているということはできない。

　そうであれば、上告人が被上告人に対して被上告人建物から本件葬儀場の様子が見えないようにするための目隠しを設置する措置を更に講ずべき義務を負うものでないことは、もとより明らかであるし、上告人が被上告人に対して本件葬儀場の営業につき不法行為責任を負うこともないというべきである。」

3　東京地裁平成22年7月6日決定
判時2122号99頁〔28174369〕

事案

　債権者らは東京都板橋区A町に住む住民または同町内に会社を経営する者であり、債務者らは同町内において納骨施設のみのペット霊園を営んでいる者であるところ、債権者らは債務者らが同所に動物火葬炉を建築したと主張して、人格権に基づきその使用の差し止めの仮処分を求めた。

　東京地方裁判所は、平成21年10月26日、上記申立てを相当と認め、これを認容する旨の仮処分決定（以下「本件決定」という。）をしたところ、債務者らは、平成22年2月24日、保全異議の申立てをした。

> **判旨**
>
> 仮処分決定認可。
>
> 「(1) 以上の事実によれば、債務者らは債権者らの建築禁止仮処分命令申立事件の審理中に本件火葬炉を建築し、これを操業させ、本件火葬炉から大量の黒煙を発生させた結果、ダウンウォッシュ、ダウンドラフトによって、近隣住民に強烈な刺激臭を与えたものである。
>
> 債務者らは、平成21年9月7日の被害の原因については、一次燃焼室と二次燃焼室を誤って同時に加熱し、ともに750℃にまでしてしまい、このため遺体を火葬台に載せた時には毛が焼けて煙が部屋に立ちこめたと主張する。しかしながら、前記認定の一次燃焼室と二次燃焼室の設定からすると、両者の温度が同時に750℃になるということは考えにくく、債務者らの事故原因についての主張については疑問を差し挟む余地がある。
>
> いずれにせよ、上記のような被害が発生し、その原因が確実に除去されたと認められない以上は、今後も債務者らが操業すれば、ダウンウォッシュ、ダウンドラフトによって、同様に強烈な刺激臭を債権者らに与えるおそれがたかいというほかなく、本件火葬炉の操業は債権者らの人格権を侵害するというべきである。
>
> (2) 債務者らは本件仮処分命令申立事件が係属している間に、本件火葬炉の建築を完了し、実際に債権者らに通知もしないまま操業をしているのであるから、本件火葬炉の使用禁止を求める保全の必要性はあるというべきである。」

3 宗教法人売買をめぐるトラブル

宗教法人の売買という言葉を聞いたことがあると思います。インターネットの検索サイトで「宗教法人　売買」と検索をすると、「売買」を仲介するとするサイトが出てきたり、「売買」の問題について言及する新聞記事や雑誌記事を掲載したサイトが出てきます。

では、宗教法人の「売買」とは、具体的にはどのような行為をいうのでしょうか。株式会社の場合、支配権を得るためには、発行済株式を取得する方法（株式の売買）が主に用いられますが、宗教法人の場合、株式などの持分権を表章するものは発行されておらず、支配権を得るためには、代表役員・責任役員の地位を得ることが必要です。巷にいう宗教法人の「売買」とは、代表役員・責任役員の地位を金銭と引き換えに譲り受けることをいうのです。

宗教法人の「買い手」は、もちろん純粋に宗教活動を行いたいという思いがある人もいますが、墓地納骨堂経営目的などのビジネス目的や酷いときには脱税目的で宗教法人の「売買」を考える人がおり、宗教法人「売買」には、きな臭さがついて回るのは否定しようがありません。このことを裏付けるかのように、平成25年6月2日の産経ニュースは、「"休眠"宗教法人増加、売買ブローカーも暗躍　脱税の温床に『特効薬』なし」と報じ、週刊東洋経済平成30年9月1日号には、「税逃れから墓地経営まで目的さまざま　闇紳士が暗躍する宗教法人売買の魑魅魍魎」と題する記事が掲載されています。

下記判決は、「神社乗っ取りの目的で、当該神社の代表役員の不実変更登記のため支出した費用等を損害として求めた損害賠償請求につき、民法708条を類推適用して請求が棄却された事例」ですが、判決の認定した時系列は、宗教法人「売買」の危うさがよくわかるため、省略せずに紹介します。

1　京都地裁平成22年2月5日判決
判時2082号105頁〔28162479〕

事案

原告が被告から宗教法人を入手できる（代表役員を原告に変更できる）と欺罔され、その対価を騙取されたとして、原告が、被告に対し、民法709条に基づき、1,530万円（詐欺被害金〔騙取金〕890万円、慰謝料500万円及び弁護士費用140万円の合計額）及びこれに対する本訴状送達の日の翌日（平成20年10月9日）から支払い済みまで民法所定の年

五分の割合による遅延損害金の支払いを求めた。

> **判旨**

・時系列

「(1) 当事者及び関係者

ア　原告は、遊戯場（パチンコ店）の経営等を目的として設立された有限会社丁原（以下「丁原社」という。）及び有限会社丁原企画の代表取締役である。甲野梅夫こと乙竹夫（以下「梅夫」という。）は、原告の父であり、甲野花子こと戊花子（以下「花子」という。）は、原告の母である。

イ　丙川夏夫（以下「夏夫」という。）は、被告の双子の弟であり、原告の友人である。

ウ　甲田秋夫（以下「甲田司法書士」という。）は、司法書士であり、司法書士事務所である甲田合同事務所の所長である。乙野冬夫（以下「乙野司法書士」という。）は、甲田合同事務所で勤務する司法書士である。

エ　宗教法人神社本庁（以下「神社本庁」という。）は、昭和21年全国神社の総意に基づき設立された、全国約8万社の神社を包括する宗教法人である。神社本庁は、宗教法人法12条に基づき、規則を作成し、所轄庁の認証を受けている（以下、「庁規」という。）。神社本庁は、庁規40条1項において、統理を置き、庁規93条3号において、神社が規則を変更しようとするときは、あらかじめ統理の承認を受けなければならない旨規定している。神社本庁は、庁規59条において、各都道府県に神社庁を置く、神社庁は、それぞれ都道府県名を冠して、「何々神社庁」という旨規定している。京都府神社庁は、庁規59条に基づき京都府に置かれた神社庁である。丙山一郎（以下「丙山参事」という。）は、京都府神社庁の参事である。

オ　宗教法人丁川神社（以下「丁川神社」という。）は、京都府舞鶴市《番地略》に所在する、神社本庁を包括団体とする宗教法人である。丁川神社は、宗教法人法12条に基づき、規則を作成し、所轄庁の認証を受けてい

る（以下、「神社規則」という。）。戊原二郎（以下「戊原」という。）は、丁川神社の代表役員であり、宮司資格を有している。

（2）　関係する宗教法人法、庁規及び神社規則の規定

　ア　神社規則の変更に関するもの

　（ア）宗教法人法

26条1項前段：宗教法人は、規則を変更しようとするときは、規則で定めるところによりその変更のための手続をし、その規則の変更について所轄庁の認証を受けなければならない。

30条：宗教法人の規則の変更は、当該規則の変更に関する認証書の交付に因ってその効力を生ずる。

5条1項：宗教法人の所轄庁は、その主たる事務所の所在地を管轄する都道府県知事とする。

（イ）神社規則36条：本神社が左に掲げる行為をしようとするときは、役員会の議決を経て役員が連署の上統理の承認を受け、更に法律で規定するものについては、法律で規定する手続をしなければならない。

　一　規則を変更すること
　二　神社を移転、合併又は解散すること
　三　境内神社を創立、移転、合併又は廃祀すること
　四　前三号の外、宮司が必要と認めたこと

　イ　代表役員、責任役員に関するもの

　（ア）庁規

78条：宮司をもって代表役員とし、宮司代務者をもって代表役員の代務者とする。

81条：神社は、その役員及び代務者の進退を統理に報告しなければならない。

　（イ）神社規則

9条：代表役員は、本神社の宮司の職にある者をもって充てる。

13条：責任役員又はその代務者の進退は、神社本庁統理に報告しなけ

ればならない。
　20条：宮司及び宮司代務者の進退は、代表役員を除く責任役員の具申又は同意により、禰宜以下の進退は、宮司の具申により、統理が行う。
　ウ　重要な事項に関するもの
　神社規則
　25条本文：本神社が左に掲げる行為をしようとするときは、役員が連署の上統理の承認を受け、更に法律で規定するものについては、法律で規定する手続をしなければならない。
　三　本殿、その他主要な境内建物の新築、改築、増築、移築、除却又は著しい模様替をすること
（3）丁川神社の代表役員変更登記
　丁川神社の法人登記ファイルには、原告が平成18年3月27日に丁川神社の代表役員に就任した旨の登記が同月29日にされている。
（4）刑事手続の経緯等
　ア　平成18年12月20日、神社本庁代理人弁護士A（以下「A弁護士」という。）は、京都府舞鶴警察署に対し、被告が、丁川神社の乗っ取りを図り、事情を知らない京都地方法務局舞鶴支局の職員である公務員に対し、虚偽の申立てをして、丁川神社の法人登記簿の原本に原告を代表役員とする不実の登記の記載をさせたとして、公正証書原本不実記載罪で、被告を告発した。
　イ　平成19年7月3日、舞鶴区検察庁の検察官は、原告及び戊原を、被告及び夏夫と共謀の上、電磁的公正証書原本不実記録、同供用に該当する犯罪を行ったとして、舞鶴簡易裁判所に公訴を提起し、略式命令を請求し、同裁判所は、同日、原告に対し、罰金30万円に処する旨の略式命令を発令した。原告は、正式裁判の請求を行わなかったため、上記略式命令は、確定した。上記略式命令における『罪となるべき事実』は、次のとおりである。すなわち、
　『原告及び戊原は、丁川神社の代表役員の登記を不正に変更しようと企

て、被告及び夏夫と共謀の上、平成18年3月29日、京都地方法務局舞鶴支局において、同支局登記官に対し、そのような事実がないのに、同年2月7日、丁川神社事務所において、氏子総代会議が開催され、任期満了した責任役員の後任として、原告、梅夫、花子の3名が新たに選任された旨の内容虚偽の氏子総代会議事録及び同年3月27日、丁川神社事務所において、原告、戌原、梅夫、花子出席のもとで責任役員会議が開催され、前任の代表役員である戌原の辞任により新たな代表役員として原告が選任された旨の内容虚偽の責任役員会議事録等を添付書類とした宗教法人変更登記申請書を提出して、原告が丁川神社代表役員に就任した旨の虚偽の申立てをし、よって、そのころ、情を知らない同支局登記官をして、同支局に備え付けの公正証書の原本として用いられる電磁的記録である法人登記ファイルにその旨不実の記録をさせた上、即時同所にこれを備え付けさせて公正証書の原本としての用に供したものである。』

ウ 平成19年7月3日、京都地方検察庁舞鶴支部の検察官は、被告を、原告、戌原及び夏夫と共謀の上、電磁的公正証書原本不実記録、同供用に該当する犯罪を行ったとして、京都地方裁判所舞鶴支部に起訴し、同裁判所は、平成20年4月9日、被告に対し、懲役2年・執行猶予4年の有罪判決を言い渡した。上記判決における『罪となるべき事実』は、上記略式命令におけるものと同じである。

エ 平成21年3月16日、原告は、丁川神社に対し、鳥居の再建費用として、47万1450円を支払った。同年7月6日ころ、丁川神社（代理人A弁護士）は、原告を相手方として、社務所の再建費用903万円の支払を求めて、伏見簡易裁判所に民事調停を申し立て、同裁判所において、平成21年11月30日、原告が、丁川神社に対し、社務所再建費用の一部として368万5500円を支払うことを内容とする調停が成立した。」

・民法708条（不法原因給付）類推適用の可否

「（2）前判示の事実関係からすれば、①原告は、宮司の資格を有していなければ、丁川神社の代表役員に就任できないことを知っていたにもかか

わらず、固定資産税を免れるため、並びに、将来霊園を経営するため、被告に対し、不実の登記を作出する方法により丁川神社の代表役員となることの費用として、平成18年3月上旬ころ、200万円、同年4月上旬ころ、600万円をそれぞれ支払い、②平成18年10月ころ、原告は、丁川神社の鳥居及び社務所を取り壊す権限がないことを知っていたにもかかわらず、夏夫に対し、丁川神社の鳥居及び社務所の取壊しの費用として90万円を支払ったことを認めることができる。

（3）以上に対し、原告は、被告に対する報酬及び犯罪行為に対する報酬として890万円を支払ったものではない（このうち500万円については、丁川神社の宮司である戊原に対する謝礼として支払ったものであり、300万円については、被告と被告の言う『若いもん2人』の合計3人に対する実費分を含む活動費ないし行動費として支払ったものであり、90万円については、丁川神社の社務所及び鳥居等の取壊し費用として支払ったものである。）から、原告が被告に対し損害賠償請求をしても、不法原因給付にはあたらないと主張する。しかしながら、前判示の事実関係からすれば、原告は、被告に対し、原告が違法な手段で丁川神社の代表役員となるための費用として合計800万円を支払ったものであり、また、丁川神社の鳥居及び社務所を違法に取り壊すための費用として90万円を支払ったものであるから、原告の上記主張を採用することはできない。

（4）したがって、原告に神社に対する信仰心があったことが認められるとしても、原告の被告に対する上記890万円の損害賠償請求は、不法な原因に基づく給付の返還を求めるものであるから、民法708条の類推適用により、これを行うことができない。」

4 名誉毀損

　名誉毀損・プライバシー侵害に関して、宗教法分野独特の判断をしている裁判例を紹介します。

（1）宗教法人の指導者の私事の公益性

1 最高裁昭和56年4月16日判決
判タ440号47頁〔27761143〕

事案

　雑誌「月刊ペン」の編集局長であった被告人は、創価学会の教義やあり方を諸般の面から批判するにあたり、創価学会の象徴的存在とみられるA会長（当時）の私的行動をも取り上げ、同紙昭和51年3月号及び4月号に「四重五重の大罪犯す創価学会」などの見出しの下に、「A会長の女性関係が乱脈をきわめており、同会長と関係のあった女性二名が同会長によって国会に送り込まれている。」との内容の記事を執筆したところ、上記記事によって、創価学会、A及びその醜聞の相手方とされる女性2名の名誉を毀損したものとして、逮捕・勾留のうえ起訴された。
　第1、第2審は上記事実が刑法230条の2第1項にいう「公共の利害に関する事実」にあたらないとして、事実の真実性についての被告人側の立証を許さないまま、被告人を有罪としたため、被告人が上告した。

判旨

　原判決破棄。東京地方裁判所への差戻し。
　「私人の私生活上の行状であつても、そのたずさわる社会的活動の性質及びこれを通じて社会に及ぼす影響力の程度などのいかんによつては、その社会的活動に対する批判ないし評価の一資料として、刑法230条ノ2第1項にいう『公共ノ利害ニ関スル事実』にあたる場合があると解すべきである。
　本件についてこれをみると、被告人が執筆・掲載した前記の記事は、多数の信徒を擁するわが国有数の宗教団体である創価学会の教義ないしあり方を批判しその誤りを指摘するにあたり、その例証として、同会のA会長

（当時）の女性関係が乱脈をきわめており、同会長と関係のあつた女性２名が同会長によつて国会に送り込まれていることなどの事実を摘示したものであることが、右記事を含む被告人の『月刊ペン』誌上の論説全体の記載に照らして明白であるところ、記録によれば、同会長は、同会において、その教義を身をもつて実践すべき信仰上のほぼ絶対的な指導者であつて、公私を問わずその言動が信徒の精神生活等に重大な影響を与える立場にあつたばかりでなく、右宗教上の地位を背景とした直接・間接の政治的活動等を通じ、社会一般に対しても少なからぬ影響を及ぼしていたこと、同会長の醜聞の相手方とされる女性２名も、同会婦人部の幹部で元国会議員という有力な会員であつたことなどの事実が明らかである。

　このような本件の事実関係を前提として検討すると、被告人によつて摘示されたＡ会長らの前記のような行状は、刑法２３０条ノ２第１項にいう『公共ノ利害ニ関スル事実』にあたると解するのが相当であつて、これを一宗教団体内部における単なる私的な出来事であるということはできない。なお、右にいう『公共ノ利害ニ関スル事実』にあたるか否かは、摘示された事実自体の内容・性質に照らして客観的に判断されるべきものであり、これを摘示する際の表現方法や事実調査の程度などは、同条にいわゆる公益目的の有無の認定等に関して考慮されるべきことがらであつて、摘示された事実が『公共ノ利害ニ関スル事実』にあたるか否かの判断を左右するものではないと解するのが相当である。」

※最高裁昭和41年６月23日判決（判タ194号83頁）〔27001181〕は、事実の摘示による名誉毀損の主張に対し、真実性の抗弁及び相当性の抗弁を法理として認めている。すなわち、事実の摘示が、公共の利害に関する事実にかかり、専ら公益を図る目的でされた場合は、①摘示された事実が重要な部分について真実であると証明されたときはその行為に違法性がなく、②真実の証明がなくとも、それが真実であると信ずるにつき相当な理由があるときは故意過失がなく、いずれも不法行為が成立しない

とされている。上記判決は、刑事事件の判決であるが、「公共の利害に関する事実」「専ら公益を図る目的」の解釈適用について民事事件にも通用するものであるとされている。

（2）住職の前科・行状と名誉毀損

> **2** 大分地裁豊後高田支部昭和62年3月11日判決
> 判時1234号123頁〔27802079〕

事案

　原告は、通称豊後四国八十八か所の霊場である寺院の住職として宗教活動を行っている者であるが、付近において対立関係にある別の寺院を主宰する被告らが、原告が以前に犯罪を犯して服役し、僧籍を剥奪されたことがあること等を記載し、当時の新聞記事のコピーをまとめた文書を参拝者に配布したり、原告の前科の内容等を参拝者に告げるなどしたため、名誉を毀損されたとして、その行為の差止めや損害賠償等を求めた。

判旨

　差止め請求認容。損害賠償として80万円を認容。
　住職の前科を告げる行為は、名誉毀損にあたるとしたうえで、真実性・相当性の抗弁を検討した。真実性については、認めたうえで、以下のように「公共の利害に関する事実」、「専ら公益を図る目的」の要件を検討し、いずれの要件も満たさないとした。
・公共の利害に関する事実
　「『「公共ノ利害ニ関スル事実」にあたるか否かは、摘示された事実自体の内容・性質に照らして客観的に判断されるべきもの』（昭和56年4月16日最高裁判所第一小法廷判決、刑集35巻3号84頁参照）であることは、被告両名の主張のとおりであり、この見地から本件を検討するに、前記二

の認定のとおり、被告両名が摘示公表した事実は原告の10年以上前の前科及びこれに付随した私生活上の行状であるところ、犯罪行為は通常それ自体として一応公益に関係をもつものといいうるが、前科となっている犯罪事実をその刑執行終了後において摘示公表することは、その者の名誉は勿論のことプライバシーの権利をも侵害し、更生しようとする者の社会復帰をいたずらに阻害するものであり、とりわけ、既に刑の消滅した前科については、刑の消滅制度（刑法34条ノ2）が、犯罪者の更生と更生意欲を助長するとの刑事政策的な見地から一定の要件のもとに刑の言渡しの効力を将来に向かって失効させ、これにより犯罪者に前科のない者と同様の待遇を与えることを法律上保障している趣旨に鑑みると、原則として一般社会人はこれを知ろうとすることは許されず、知る権利を有さないというべきである。

　しかしながら、たとえ右のような前科の摘示公表であっても、公表された者の社会的地位・活動及び右活動を通じて社会に及ぼす影響力の程度並びに公表された前科の内容及びこれとその者の社会的地位・活動との関係などいかんによっては、一般社会人が知る必要性のある政治問題、社会問題にかかわる重要人物についてその社会的地位・活動を判断、批判するに資する情報を提供するものとして、公共の利害にかかわる場合もあり得ると解すべきである。

　これを本件についてみるに、原告は昭和46年から卍教団の役職の地位に就くとともに、昭和39年からＡ堂の、昭和52年からＢ堂の各住職を勤めており、殊に、Ｂ堂は大分県西国東郡周辺では著名な寺院で、真玉町長及び教育長がＢ堂の責任役員に就任するなどＢ堂は同町の観光施策上重要視され、Ａ堂とともに弘法大師ゆかりの霊場として宣伝されていることもあって、毎年約20万人もの参拝者が訪れていることは前記二の認定のとおりであるから、原告において卍教団の役職としての言動、あるいはＢ堂、Ａ堂の住職として儀式、説教を行うなかで卍教団の信者やＢ堂の参拝者等の精神生活等に影響を与えていることが推認され、従って、このよう

な地位及び影響力を有し、町が積極的に肩入れする寺院の住職として、原告は世俗人以上に真玉町民や右信者等からの批判を甘受しなければならない立場にあることは明らかである。しかしながら、原告が宗教活動以外に社会活動を行っていることを窺わせる証拠は全くなく、これに加えて、前記二の認定の如く、原告が役職を勤める卍教団は戦後設立された新興宗教団体で傘下の寺院や信者の数などからみて必ずしも大規模なものとはいえず、Ｂ堂、Ａ堂ともいずれも一地方における寺院で、これまで地元民（氏子）によって管理運営されてきたＢ堂の氏子もわずか２０戸程度にすぎないうえ、右両寺院の参拝者のほとんどは弘法大師の御利益等を目的として訪れており、右両寺院の住職である原告の名声がそれほど広まっていないこともあって、参拝者のうち原告から説教を受ける者は少ないことに照らすと、原告がその宗教上の地位・活動によって社会一般に与える影響もさほど大きくないことが認められ、かような原告が真玉町民やＢ堂の氏子、あるいは卍教団の信者のみならず、大分県内及び県外から右両寺院を訪れる単なる参拝者など一般社会人からも全人格的評価を問題とされこれを批判されてもやむを得ない立場にある宗教家であるとまではいい難く、しかも、前記二の認定のとおり、原告の前科はかつて住職をしていた際にその寺院等の仏像を横領、あるいは窃取したというもので、原告の現在の職業と密接に関連した犯罪で住職としての適格性に影響を与える事柄であるとはいえ、右前科は被告両名が本件名誉毀損行為を始めた当時においても既に刑の言渡の効力すら消滅した１０数年以上（現在では２０年以上）も前のものであるうえ、原告は前記仮出獄後Ａ堂の住職を勤め始めるに当たり、約３年間にわたって右寺院入口付近に従前の行為を詫びた看板を立て自らの前科を信者等に隠すことなく宗教界に復帰し、その後の努力により現在の住職等の地位を得ていることに徴すると、原告の前科は現在の原告の社会的地位・活動を判断、批判する資料としてその価値性は乏しいと認めるべきである。

　このような本件の事実関係を前提とすると、被告両名の摘示公表した原

告の前科及びこれに付随する私生活上の行状は、真玉町民やB堂の氏子、あるいは卍教団の信者はともかくとして、A堂、B堂を訪れる参拝者など一般社会人において積極的に知る必要性のある事実とはいえず、従って、『公共の利害に関する事実』には該当しないと判断するのが相当である。」

・専ら公益を図る目的

「被告両名の意図するところは、まず第一に、右文書の配付等によって原告の社会的評価を下落させ、ひいては原告の主宰するB堂及びA堂への参拝者の参拝を妨害し、もって、B堂と弘法大師の由緒について対立している自ら主宰のC寺に参拝者を獲得することを目的としていたものであることを窺知するに十分であるから、たとえ、被告両名において、右（5）の点（いろいろな悪事をはたらく原告の根本的悪さを暴露したかった）をも目的としていたとしても、到底これをもって主たる目的が公益を図ることであったとは認められない。」

(3) 言論の応酬の抗弁

宗教をめぐる紛争は、当事者の全人格をかけて争うことから、紛争をめぐる言動は、時として表現や内容が度を越えてしまうことがあります。

最高裁平成9年9月9日判決（判タ955号115頁）〔28021760〕は、「ある事実を基礎としての意見ないし論評の表明による名誉毀損にあっては、その行為が公共の利害に関する事実に係り、かつ、その目的が専ら公益を図ることにあった場合に、右意見ないし論評の前提としている事実が重要な部分について真実であることの証明があったときには、人身攻撃に及ぶなど意見ないし論評としての域を逸脱したものでない限り、右行為は違法性を欠くものというべきである」と判示し、公正な論評の法理を明らかにしました。

東京地裁平成21年1月28日判決（判タ1303号221頁）〔28151344〕は、創価学会（被告）の機関誌「創価新報」において、創価学会の元顧問弁護士（原告）に対して、「鬼畜も同然の所業」「卑しいペテン師」「呆れた'猫泥棒'」「正信会を食い尽くす寄生虫」「裏の'どぶネズミ'の闇生活者」「人間失格の最低

の卑劣野郎」などと激しい言葉で元顧問弁護士を非難する意見を表明する記述が記載されましたが、かかる記述が、「人身攻撃に及ぶなど意見ないし論評としての域を逸脱した」かどうかが問題となりました。これについて、東京地裁平成21年1月28日判決は、元顧問弁護士が、創価学会及び同学会名誉会長（被告）に対して従前、ことさらに下品で侮辱的な言動をしてきたことを認定したうえで、「原告の被告学会に対する批判的言論の経緯を考慮すれば、被告らが、原告が被告学会の謀略であると喧伝する事実について真相を究明することが、原告の喧伝に対抗するために必要であり、また、原告の行動特性等を明らかにすることが、原告の実態や、内部告発者としての不適格性を明らかにするために有効かつ適切であるとの観点から、本件記載⑤ないし⑦を記述した旨主張することは、首肯し得るものであり、意見ないし論評の必要性を肯定することができる。」「本件記載⑤ないし⑦が表明する意見ないし論評は、その表現自体に行き過ぎた、穏当を欠くものを含むとの評価を免れないが、その前提とする事実の重要な部分は真実である上、原告による前記のような過去の言動等、本件記載⑤ないし⑦に至った経緯に照らし、意見ないし論評の必要性が肯定されるから、当該意見ないし論評としての域を逸脱するものとはいえない。」として、言論の応酬の抗弁を認めました。本判決の意義について、判タの解説は、「本判決は、上記のような真実性又は相当性の抗弁・公正な論評の抗弁の判断枠組みの中で、意見ないし論評としての域を逸脱するものか否かという観点から、言論の応酬を判断要素に入れて、違法性阻却を肯定したものである。」としています。

（4）公表文書等の名誉毀損該当性の否定

　原告から、名誉毀損であるとされている対象文書の名誉毀損該当性が否定された事案です。裁判所の宗教に対する価値観が直接的に表れており、大変興味が惹かれる判示内容です。

3 東京高裁平成12年9月21日判決
判タ1094号181頁〔28072074〕

事案

宗教法人日蓮正宗の僧侶である被控訴人Ａが、日蓮正宗の関係者及び創価学会会員に対し配布した文書や日蓮正宗全国教師指導会でした発言において、宗教法人創価学会の幹部会員である控訴人らが、Ａに対し、日蓮正宗から離脱すれば創価学会が5,000万円まで出す用意がある旨を話したとの虚偽の事実を摘示したとして、名誉毀損による不法行為であり、日蓮正宗の代表役員で管長かつ法王の被控訴人Ａも共同不法行為責任又は代理監督者責任を負うと主張して、控訴人らが被控訴人らに対し、慰謝料の支払いと謝罪広告の掲載を請求した事案である。第1審判決は、Ａの公表内容は、創価学会幹部会員らが不当な離脱工作をしたとの印象を一般に抱かせるおそれがあるとして、名誉毀損該当性を認めたうえで、真実性の抗弁を認めて、控訴人らの請求を棄却したため、控訴人らが控訴した。

判旨

控訴棄却。

・名誉毀損該当性

「控訴人らが、協議の上、Ａに対し、Ｃ作戦の公表を説得し、その過程で必要であれば日蓮正宗からの離脱を勧め、Ｂにおいて、見返りの経済的補償として5000万円を提供する用意がある旨の発言をしたことは事実と認められる。控訴人らは、Ａがこの会談内容を公表したことにより、控訴人らの社会的評価が低下し名誉が毀損されたと主張している。

たしかに、Ａに提示された経済的補償の提供については、宗教的な信仰を金銭の提供をもって変節させようとするものといった否定的な見方がありうる。しかし、それは信仰に関わる者にも人間としての生活のあること

を忘れた議論というべきである。Ａには、自身は勿論、妻子を含めた家族の生活を支え、社会的存在たる人間として生きていく権利と責任があるのである。Ｂらの説得に応じた場合にＡが受けると予測される重大な不利益、ことに将来の生活基盤すら失うおそれのあることを考慮すると、Ａが見返りとしての経済的補償の有無や内容を確かめようとするのはむしろ当然の事柄といえる。そして、Ｂらがこれに回答することもまた至極当然であって、異とするに足りない。

　宗教と人間とのかかわりの中で、他人に知られたくない事柄であれば、関係者がこれを秘匿しようとする感情を持つことは理解できる。しかしながら、秘匿されず公表されたとしても、その事実が一般人の目から見て、人間として了解可能なものであれば、それが一般常識として破廉恥なものでない限り、人々は感情を交えずにこれを受けとめることが可能である。そして、人々が感情を交えずに冷静にこれを評価すれば、宗教界にも人間らしい行動があり、その一つの事例が報告されているにすぎないことに気付くであろう。そうであれば、本件会談においてＢらが経済的補償の提供に言及し、それが公表されたからといって、必ずしも控訴人らの社会的評価を下げるものとはいえないものと考えられる。したがって、控訴人らの名誉毀損の主張は、まずこの点において失当である。」

・公表の相当性

「日蓮正宗の僧侶であるＡにとってみれば、前記のように激しく対立した状況下にある相手方の創価学会の幹部である控訴人らから、創価学会への協力を求められること自体、不快なことであったと解される。そのうえ、本件会談の事実が他から明らかにされることがあれば、日蓮正宗の内部におけるＡ自身の立場も微妙なものとなるおそれがあったといえる。さらに加えて前述のような創価新報の報道がされるに及んでは、Ａにとって、会談の経過や内容を詳細に日蓮正宗の本部等に報告し、関係者に開示することは、自らの立場と利益を擁護するためにも必要であったと認められる。そして、相手方も日蓮正宗やＤ寺の関係者及び創価学会の関係者らに限ら

れており、無限定に公表したものではない。ただ、公表に当たって用いた表現の中には、多少の脚色や誇張、穏当を欠く部分の存することは否定できないが、日蓮正宗と創価学会が相互に激しく非難しあっていた状況や、Ａが公表をなすに至った経過に照らせばやむを得ないものと評価できる。

そして、何よりも、本件表現の核心となる部分が前述のとおり事実と認められる以上、本件公表はその方法、内容において社会通念上容認できる相当な範囲にとどまるものといえ、違法性を欠くと認められる。」

※神戸地裁明石支部平成５年３月29日判決（判タ827号238頁）〔27816713〕は、創価学会葬を批判する文書を日蓮正宗末寺住職が頒布した行為の名誉毀損該当性が問題となった事案であるが、文書の１つは、真実性の抗弁が認められ、文書のもう１つは、名誉毀損該当性が否定され、創価学会員である原告らの住職への損害賠償請求が棄却された。

（5）霊言と名誉毀損

霊言という宗教上の特殊な表現方式であることが考慮されて、名誉毀損の成立が認められなかったという珍しい判決です。

4 東京地裁平成25年10月25日判決
D1-Law.com 判例体系〔29026503〕

事案

宗教法人の代表役員である被告Ｙ１の著書を被告会社が出版したことにより原告の名誉が毀損されたとして、被告らに対し、損害賠償（民法719条）及び謝罪広告の掲載（同723条）を求めた。原告が名誉毀損と主張している箇所は、霊言方式（被告Ｙ１が、舎利弗の霊を呼び出し、舎利弗の霊言を被告Ｙ１自身の口から語るという形式）で書かれている。

401

判旨

請求棄却。

「(1) 名誉毀損の不法行為は、問題とされる表現が、人の品性、徳行、名声、信用等の人格的価値について社会から受ける客観的評価を低下させるものであれば、これが事実を摘示するものであるか、又は意見ないし論評を表明するものであるかを問わず、成立し得るものである。そして、ある記載の意味内容が他人の社会的評価を低下させるものであるかどうかは、当該記載についての一般の読者の普通の注意と読み方を基準として判断すべきものである（最高裁平成6年（オ）第978号平成9年9月9日第三小法廷判決・民集51巻8号3804頁参照）。

(2) 本件書籍の特徴

本件書籍（甲1）では、被告Y1が、本件霊言方式により舎利弗ないしは原告の守護霊となったうえでAの会員との対話がなされる形式をとっているが、守護霊の霊言が真実であるとは一般人には受け入れられていないことは被告らが認めるところである。本件書籍の著者は、被告Y1であり、一般の読者は、本件霊言方式による舎利弗ないし原告の守護霊の発言とされた記載は、被告Y1の意見を記載した記述であると理解するということができる。本件書籍中に、被告Y1が、守護霊の霊言内容は、その人の本心と考えてよい旨記載したからといって上記理解が左右されるものではない。

そうすると、一般の読者は、本件書籍の記載全体からして、本件書籍は客観的事実を調査・分析・評価して意見を表明する類のものではなく、主に被告Y1の意見（論評）を表明したものであると理解するということができる。本件書籍に記載された第2部第1章の『1　舎利弗と呼ばれた人の真相を探る』（甲1第81頁、92頁）には原告であることを明示していないものの、舎利弗の生まれ変わりと言われていたB編集部に勤めていた人が教団の初期の頃にBを辞めてAに来たとして原告であることが教団関係者には容易にわかるように記載したうえ、原告が訴外Iと結託して別派

活動をしたならば、古い会員などを引っ張っていけるチャンスもあるのかなと感じるので霊的な部分についてきちんとしておかなければならないとか、原告が、『今、別派的な動きをしており、当会に多額の布施をした信者あたりを狙って、布施をしたお金を取り返させ、それを資本金にして別派をつくろうとしているらしいということが分かっています、彼が舎利弗であったか否かについては、とっくの昔に明らかにし、否定しておかなければいけないことであったと思います』などと記載しているから、一般の読者は、本件書籍の執筆および出版がＡの内部における別派活動の紛争に端を発するものであって、かつ、被告Ｙ１が原告の別派活動を教団に波及させないようにするための書籍であるとの印象を受けるといえ、本件書籍に記載されている内容はかかる被告Ｙ１の意図に基づき著された内容であると判断するということができる。この認定を前提として原告の主張を検討する。

　（３）別表「番号」欄の記載①について

　記載①は、被告Ｙ１が本件霊言方式により舎利弗となって、Ａの会員と対話した形式で記載しているが、上記のとおり、守護霊の霊言が真実であると一般人に受け入れられているとは認められないことからして、一般の読者は、記載①における舎利弗の発言部分は被告Ｙ１が舎利弗という形式で自らの意見を記述した部分であると判断するといえる。そうすると、一般の読者は、記載①には、原告と教団の関係についての被告Ｙ１の意見・推論等が記載されている判断するということができる。

　原告は、記載①は、原告が権力欲が強く自己中心的な人物であるとの印象を一般の読者に与えると主張する。しかし、上記（２）記載の本件書籍の特徴からすれば、一般の読者が、普通の注意と読み方をした場合、本件霊言方式をとった記載①の内容が事実であると直ちに受け止めることはないということができる。したがって、記載①によって原告の社会的評価が低下したとは認められない。

　（４）別表「番号」欄の記載②について

記載②は、被告Ｙ１が本件霊言方式によりＸ１守護霊又は舎利弗となって、Ａの会員と対話した形式で記載されているが、上記のとおり、守護霊の霊言が真実であると一般人に受け入れられているとは認められないことからして、一般の読者は、記載②におけるＸ１守護霊および舎利弗の発言部分は被告Ｙ１による記述であると判断するといえる。そうすると、記載②を閲読した一般の読者は、記載②には、被告Ｙ１は、原告が訴外Ｉと結託して別派活動をしていると考えており、これについての被告Ｙ１の意見・推論が記載されていると判断するといえる。

　原告は、記載②は、原告が訴外Ｉと結託してＡの乗っ取りを企んでいるとのマイナスイメージを一般の読者に与えると主張する。しかし、「結託」するという表現は評価的かつ抽象的であり、本件書籍において原告と訴外Ｉとの間で具体的にどの様な意思疎通がなされたか等の記載はない。加えて、上記（２）の本件書籍の特徴および本件霊言方式がとられていることからして、一般の読者が、普通の注意と読み方をした場合、被告Ｙ１の意見・推論が記載されているとの印象以上に、原告主張の印象を一般の読者が受けるとは認められず、原告の社会的評価が低下したとは認められない。

（５）別表「番号」欄の記載③について

　記載③を閲読した一般の読者は、記載③には、原告が、Ａの中で重用されなくなったことに恨みをもち、また経済的に困窮したことから、Ａの会員にお布施を返還させ、それを原資に別会派を作ろうとしているとの被告Ｙ１の意見・推論が記載されていると判断するといえる。

　原告は、記載③は、原告が権力欲が強く、金に執着する人間であるとの印象を一般の読者に与えると主張する。しかし、上記（２）の本件書籍の特徴からして、一般の読者が記載③を読むことで、ただちに原告が権力欲が強い人間であるとの評価をするとは認められない。また、原告が経済的に困窮しているとの点については、具体的な事実が摘示されているわけではないので、一般の読者は、被告Ｙ１の推論が記載されているとの印象以上に、原告が経済的に困窮していたとの印象を持つとは認められない。加

えて、記載③では本件霊言方式がとられていないものの、被告Ｙ１の発言内容は本件霊言方式がとられた記載②や記載④と同内容のものであるから、一般の読者の普通の注意と読み方を基準とすれば、その記載内容が事実であると直ちに受け止めることはないということができる。記載③によって原告の社会的評価が低下したとは認められない。

（６）別表「番号」欄の記載④について

記載④を閲読した一般の読者は、記載④には、原告が職にあぶれ生活に困ったことから、ゆすり・たかりの手口を使い、Ａから金を取ろうとしているとの被告Ｙ１の意見が記載されていると判断するといえる。

原告は、記載④は、原告がチンピラや犯罪者であり、金をとるためには何でもするかのごとき印象を一般の読者に与えると主張する。しかし、上記（２）の本件書籍の特徴からして、一般の読者が記載④を読んだからといって、その記載内容が事実であると直ちに受け止めることはないということができるから、ゆすり・たかりの手口という記載があるからといって、原告が金をとるためには何でもする人間であるとの評価をするとは認められない。記載④によって、原告の社会的評価が低下したとは、認められない。

（７）別表「番号」欄の記載⑤について

ア　本件書籍（甲１）１０５頁には、記載⑤「該当部分」の末尾に「（会場笑）」の記載があるほか、以下の記載がある。

Ｘ１守護霊：君、いやねえ・・・・。

Ｊ：イエスかノーか、どちらでしょうか。

Ｘ１守護霊：嫌なやっちゃなあ。これ、悪人だろう？

Ｊ：（笑）いや、悪人ではありません。ただ、事実を申し上げています。私は事実しか申し上げていません。

イ　記載⑤を閲読した一般の読者は、記載⑤には被告Ｙ１が、原告を、学生時代は貧乏学生で、家賃を滞納し、大学を中退していると認識しており、また原告は反省が苦手であるとの被告Ｙ１の意見が記載されていると

理解するということができる。
　原告は、記載⑤は、原告が貧乏学生で家賃を滞納し、大学を中退したような人間であるとの印象を一般の読者に与えると主張する。しかし、上記記載は、ＪがＸ１守護霊に対して質問する形式をとり、Ｊが「二者択一でどうぞ！」と質問した後、その場にいた者が笑っている形式がとられていること、Ｊの「ただ、事実を申し上げています。私は事実しか申し上げていません。」との発言は笑いながらなされている形式がとられていることからして、一般の読者は、記載⑤の箇所に記載された問答が事実を摘示してなされた問答であるとの印象を持たないと認めることができる。また、上記（２）の本件書籍の特徴からして、一般の読者が記載⑤を読むことで、ただちに原告について指摘された事実を信用するとは認められない。
　原告は、記載⑤は、原告が反省できない人間であるとの印象を一般の読者に与えると主張するので検討する。記載⑤の「該当部分」でＫの発言として「あなたのことをよく知る人からは、『Ｘ１さんは反省のできない人だった』と聞いています。」と記載した部分があるが、当該発言部分の記載は伝聞形式をとったものである上、「反省できない」との抽象的な評価が具体的な事実の摘示もなく記載されているにすぎない。加えて、本件霊言方式がとられていることからして、一般の読者が、普通の注意と読み方をした場合、記載⑤の内容が事実であると直ちに受け止めることはないということができる。
　したがって、記載⑤によって原告の社会的評価が低下したとは認められない。
　（８）別表「番号」欄の記載⑥について
　記載⑥を閲読した一般の読者は、記載⑥には、原告が学生の頃、左翼と激突し、棒を持って殴り合って暴力沙汰になったとの事実が記載されていると判断するといえる。
　原告は、記載⑥は、原告が犯罪行為に加担する闘争的な人間であるとの印象を一般の読者に与えると主張する。しかし、当該発言は、原告の元妻

からの伝聞という形式をとって記載されたもので、原告が行ったとされている暴行行為は「棒を持って殴りあった」とやや抽象的な表現にとどまる。また、上記（2）の本件書籍の特徴からして、一般の読者は記載⑥を読むことで、ただちに原告が犯罪行為に加担したとの印象を持つとまでは認められない。加えて、記載⑥には本件霊言方式がとられており伝聞形式で記載されていることも考えると、一般の読者の普通の注意と読み方を基準とすれば、記載された事実の信ぴょう性は低いといえることからして、記載⑥によって原告の社会的評価が低下したとは認められない。

（9）別表「番号」欄の記載⑦について

記載①などと合わせると、一般の読者は、記載⑦には、原告が金に困ったため訴外Ｉと協力してＡから金をとるため別件訴訟を提起したとの被告Ｙ１の意見が記載されていると判断するといえる。

原告は、記載⑦は、原告が権力欲の強い人間であるとの印象を一般の読者に与えると主張する。しかし、上記（2）の本件書籍の特徴および記載⑦には本件霊言方式がとられていることからして、一般の読者が、普通の注意と読み方をした場合、記載⑦に記載された事実を真実であると受け止めることはないといえ、記載⑦によって原告の社会的評価が低下したとは認められない。

（10）以上より、記載①ないし⑦によって、原告の社会的評価が低下したとは認められず、名誉毀損の不法行為が成立するとは認められない。」

5 人格権侵害

宗教・宗教法人に関して、人格権侵害が問題となった裁判例を紹介します。

1 東京地裁八王子支部平成7年5月31日判決
判時1544号79頁〔27828354〕

事案

　被告日蓮正宗が、創価学会寄りの僧侶と考えていた原告を排斥するために、被告日蓮正宗の代表者である被告Yの指示のもとに、被告Aに原告に対する違法な査問行為をさせ、これに基づく虚偽の事実に基づき、原告を離弟処分にして、原告が従来支給を受けていた給料その他の手当てを差し止めたから、上記査問行為は被告Y、被告Aの共同不法行為であるとして、原告が、被告らに対し、その精神的苦痛についての慰謝料の支払いを求めた。

判旨

　請求棄却。

　「(1) 原告は、被告Aが、原告に対する事情聴取の際、当初から原告を離弟処分に付することを被告Yと協議の上、問題となった発言に関する裏付調査をすることなく、原告に対し、午後2時ころから午後7時半ころまでの間、原告を正座させた上、トイレに行かせず、水分も夕食もとらせないまま、威圧的言動をもって執拗に前記各発言の有無を追及し、何度も書き直させた上で前記各発言を認める旨の書面の作成を強要し、これをもって本件処分を行ったから、このような違法な査問行為は、被告A及び被告阿部による共同不法行為であると主張する。

　しかし、既に認定した前記一記載の経緯に加え、《証拠略》によれば、確かに、午後2時ないし2時半ころから午後6時半すぎまでの4時間ないし5時間にわたり、原告を第三談話室の床の上に正座させて事情聴取を行ない、その間、原告はトイレに行かなかったし、飲食はしなかったことが認められるが、一方、被告Aは、事情聴取に際し、別紙七及び別紙八の書

面作成の時を除いてＢを同席させていたこと、前記16項目の発言についてその発言内容などを記載した書面を原告に作成させるにあたっては、その都度、被告ＡはＢと共に席をはずしていたこと、被告Ａは原告に対し、そこに座るよう言っただけで、正座するようにとは言っておらず、原告が自発的に正座をしたこと、原告はその本人尋問において、正座して何時間もたって朦朧としてきたと供述するが、第三談話室の床の上には絨毯がひかれており、事情聴取の間は原告がそこに正座していたとしても、被告Ａらが第三談話室から退室する度に足を崩すことは十分可能であったこと、被告Ａは事情聴取の間、原告からみてＢよりも離れた位置にあるソファにずっと座っており、立ち上がったことはないこと、被告Ａが原告に対して暴力等、有形力の行使をしたことはなかったこと、原告は以前、大坊に6年いたので、第三談話室の隣が茶の間でお茶を飲めることや、同じ階にトイレがあることを知っていたこと、第三談話室には鍵はかかっていなかったこと、そもそも被告Ａは、前記16項目の発言を記載した書面を作成する際に、その中に原告の発言である可能性が高いものも低いものも取り混ぜていたこと、被告Ａは原告に対して何回も書面を書き直させているが、それは原告の回答が辻褄の合わない点があり、微妙に変わったり、意味不明であったり、あるいは原告の方からもう一度書き直させてほしいと頼んだこともあったからであること、原告は、被告Ａから具体的な文案を示して書き直すよう言われたのではなく、其の都度、原告の頭で考えて書き直していったことを原告本人尋問において自認しており、その内容は極めて具体的かつ詳細であること、被告Ａは原告が（10）の発言（猊下は悪鬼入其身である。）を認めたことを特に重視していたことが窺われるところ、仮に原告自身の発言であったとした場合には、（10）の発言と同程度に日蓮正宗の教義、信仰の根本を覆す重大な発言と推測される（9）の発言（猊下は魔である。）につき、原告は最後の作成書面まで一貫して発言したことはない旨否定しており、（9）の発言については原告の主張通りの書面が作成されていること、他の発言でも一貫して否定し続けているものが存

409

在するが、それらについて被告Ａが書直しを命じている形跡は全くないこと、被告Ａは、同人のもとに寄せられた情報がいずれも間接的な情報であったため、原告の発言と思われるものの裏付調査をしようとしたが、もとの発言を聞いた者が誰であるか等の情報源については、情報提供者の方で秘匿してほしいとの要望があったため、直接、被告Ａがこれを確認することを断念したものであって、根も葉もない単なる噂に基づいて、原告に対し、いわれのない疑いをかけてその事情聴取をしたわけではないこと等が認められるから、これらの点に鑑みれば、原告の主張を採用することはできない。

さらに、原告は、被告Ａが日頃から所化に対して暴力をふるう等の行為があり、所化から恐れられていたとして、原告が被告Ａの要求通りに発言を認めていかざるをえなかったと主張するようであるが、既に認定したように、日蓮正宗にとって重大な発言についても原告が一貫して否定し続けているものがあることや、その発言内容が極めて具体的であること等からすれば、仮に、被告Ａが日頃から体罰を含む厳しい指導をしていたとしても、そのことのみをもって、本件の原告に対する事情聴取に強要等の不法行為があったと認めることはできない。

（２）また、原告の当法廷における供述は、かなり変遷しており、これを信用することはできない。

すなわち、《証拠略》によれば、原告は、被告Ａの本人尋問が終わった後の原告本人尋問において、事情聴取の際の最初の30分ないし40分には被告Ａからものすごく厳しい追及があって、原告が（10）の発言をしたことを認めるよう、特に執拗に言われたと供述しているが、被告Ａの本人尋問を経る前の原告本人尋問においては、そのような供述は全くされていないこと、反対に、被告Ａはその本人尋問中で、原告が自ら進んで（10）の発言を認めたが、なお真実を話していないような気がしたので、繰り返し原告に書直しを命じたところ、原告は進んで書直しに応じ、遂に『猊下は悪鬼入其身である』旨の発言を自らしたことを自認するに至ったもので

ある旨供述していること、原告は、被告Ａの本人尋問前の原告本人尋問においては、Ｂから、何か信徒から誤解されたと思われる発言があれば言ってほしいと言われたことはないと供述していたにもかかわらず、被告Ａの本人尋問後の原告本人尋問においては、Ｂからそう言われたことを前提として、被告Ａらの厳しい追及を何とか許してもらうために、被告Ａらに迎合して、（10）の発言につき信徒に誤解されたような発言を原告の方で創作したと供述していることがそれぞれ認められるから、原告の当法廷における供述が、被告Ａの本人尋問の前後において、極めて重要な部分において食い違っていることは明らかである。さらに、原告は、自分の発言が信徒に誤解されたように書けば許してもらえると思って（10）等の発言につき認める記載をしたと言うが、日蓮正宗の教義、信仰からして、むしろ（10）の発言を認めてしまえば、離弟処分を免れる可能性は極めて低くなることが予想されることからすれば、原告の供述を全く信用することはできない。

　（3）他に、本件において、被告Ａの原告に対する違法な査問行為があったと認めるに足りる証拠はない。

　（4）以上より、本件において、被告Ａの原告に対する違法な査問行為があったと認めるに足りないから、これを内容とする共同不法行為の主張は理由がない。」

※原告の雇用関係について、本判決は、「確かに、原告の勤務内容には宗教色のない仕事も含まれてはいるものの、その仕事は、使用者としての末寺のためのものではなく、原告自身の信仰生活の一部としての奉仕であると言わざるを得ない。また、支給される金員が給料扱いとなっているのは、税務署の指導によるものであるとの経緯に鑑みれば、形式上のものであると考えることができる。」としている。

2 静岡地裁平成９年８月８日判決
判時1650号109頁〔28033309〕

事案

日蓮正宗の僧侶である原告が、在勤する被告大石寺内において、創価学会ないしその会長を批判する内容の文書に署名すべき旨の求めを３度にわたって拒んだために、その後も被告大石寺の僧侶らに執拗に署名を求められただけでなく、被告大石寺から出仕停止、給料減額、住居立退等の報復を受けたとして、人格権侵害の共同不法行為に基づき、被告大石寺に対しては宗教法人法11条、民法715条により、その余の被告らに対しては民法709条、710条により、それぞれ慰謝料の支払いを求めた。

判旨

「２　原告主張の署名強要行為の違法性について

以上のとおり、原告が本件決意書、謝罪罪要求書及び要望書に対する署名を拒否した都度、被告Ａを含む被告大石寺ないし日蓮正宗の僧侶らが、入れ替わり立ち替わり原告宅を訪れるなどして、それぞれの立場で右文書に署名するよう強く説得し、容易にこれに応じようとしない原告を非難する言動に及んだことが認められるが、右僧侶らの説得行為が、被告Ｙないし被告Ｂの指示のもとに組織的に行われたかについてはひとまず措き、当時の日蓮正宗ないし被告大石寺と学会とが教義その他の理解を巡って厳しい対立関係にあったこと、被告大石寺内では原告を除く大多数の僧侶らが学会批判の立場で一致しており、ひとり原告のみが学会擁護の立場を鮮明にしていたこと、原告は、日蓮正宗の僧侶としての堅い宗教的信念に基づき、本件各署名を拒否したもので、長期間にわたる多数回の説得ないし圧力にも屈することなく、最後まで署名拒否の態度を貫いたことを考慮すれば、原告の態度は被告大石寺に教義上も敵対する者に対する支持を表明し

たものと評価されても止むをえないものがあり、このことと原告に対する説得の過程において暴力など有形力が行使された形跡は認められないことなどの諸事情を斟酌すれば、原告に対してなされた前記僧侶たちの説得行為自体は、同じ宗教団体に属する僧侶としての合理的な説得ないし訓戒の範囲内にあるということができる。よってこの点に関する原告の人格権侵害の主張は理由がない。

　3　被告大石寺がなした原告に対する措置の違法性について

　原告は、原告に対してとられた前記出仕停止、割出停止、住居移転の措置は、被告らの意向に従って署名をしない原告に対する違法な報復行為であると主張するのであるが、《証拠略》によれば、被告らは、原告が日蓮正宗の教義信条である謗法厳戒に違背するとの宗教的判断のもとに、右措置を取ったことが認められる。被告らのいう謗法厳誡とは、自らが謗法行為を犯さないこと、他の一法を戒めることを含む。また他の謗法行為に同調することを謗法与同と呼び、これも厳しく戒められているところである。ここに『謗法』とは『正法』を謗る意味で、更に『仏法』である『御本仏日蓮大聖人』を謗り、『僧宝』である日興上人以下歴代の上人を謗ることであるとされ、したがって、被告大石寺に在勤する僧侶でありながら、法主の指南に『信伏随従』する意思を失い、剰え『謗法』に同調する者は排斥されるべき対象になる。これが被告らの立場である。

　右宗教的立場の当否はさておき、宗教団体である被告大石寺ないしその人事権を有する他の被告らが、一定の宗教的考えないし立場のもとに、被告大石寺の一僧侶である原告に対して、同寺における宗教行事への出仕を停止するという措置をとったとしても、そのこと自体は、宗教団体内部における宗教上の措置ないし人事権の行使であって、公序良俗違反など宗教団体としての裁量権の範囲を逸脱したと認められる特段の事情がないかぎり、違法性を帯びることはないというべきである。

　本件において、原告は、被告大石寺の僧侶でありながら、同寺の法要ないし他の宗教行事への出仕を停止されたことで、割出等の支給を受けられ

ず、現実に経済的に、利益を被ったことが認められるが、そもそも割出にはこれを単に賃金と同視することができない宗教的な側面があり、その不支給をもって裁量権の逸脱があると認めることはできず（宗教行事に出席しなければ、割出を受けられなくともやむを得ない。）、他に裁量権の逸脱を認めるに足りる特段の事情もない。よって、この点に関する原告の主張も採用できない。

　　4　手続の違法性について

　また、原告は、原告に対してなされた右措置は、原告の生活を根本的に脅かすもので、経済的不利益においては『降級』という懲戒処分に匹敵するところ、右は被告大石寺の自律的規範である大石寺規則に基づかないし（規定の不存在）、原告に対して告知・聴聞の機会も与えられず、何ら正当な権限を有しない者によって極めて恣意的になされた違法なものであると主張する。

　しかしながら、《証拠略》によれば、被告大石寺においては、日蓮正宗の法主である被告阿部が住職及び代表役員としてその事務を総理し、他方、宗教法人法の規定に基づく事務決定機関として責任役員会がおかれているものの、実務は代表役員の委任をうけた理事会（責任役員会の下にあって、諸活動の運営の実務的処理を行う最高執行機関）が行い、その中で主任理事が全理事を統括するとともに、総本山内教師僧侶に対する法要等への出仕命令や諸行事等は内事部理事（被告Ａ）の担当となっていたことが認められる。そして、前認定事実によれば、原告に対する本件措置は、内事部理事の被告Ａと主任理事の被告Ｂが他の理事や代表役員である被告Ｙの意を受けて原告に直接告知しており、その手続に違法は認められない。これが事実上の懲戒処分であることを前提とする原告の主張は、その前提自体を是認することができず、やはり採用できない。」

3 静岡地裁富士支部平成4年7月15日決定
判タ796号227頁〔27813779〕

事案
日蓮正宗総本山の宗教法人である大石寺（債権者）は、A（債務者）らが代表者である政治団体が街頭宣伝活動等を展開したのに対して、これを禁止する旨の仮処分決定を得た。これに対して、Aらが仮処分に異議を申し立てた。

判旨
「債務者らの本件街頭宣伝等は、直接的な暴力を用いたものはもとよりのこと、それ以外の行為にあっても、何台かの街頭宣伝車で押し掛け、拡声機を用い、地元住民の生活さえ脅かす態様で繰り返された過激な演説等は物理的威力を用いた暴力に外ならず、その他本山の平穏を害する行為等も、債権者代表者らに対する反感から、債務者らにおいて債権者を威嚇脅迫し、あるいはその宗教活動を妨害して畏怖困惑させることを意図した一連の行動というべきであって、債権者の財産権や名誉及び宗教法人として平穏に社会活動をなしうる権利を侵害する違法行為であることが明らかである。もっとも、債務者らは、本件街頭宣伝を行うにつき道路交通法に基づく警察の道路使用許可を得たこと、あるいは憲法上の政治的表現の自由、政治活動の自由を主張するけれども、右道路交通法上の許可は道路交通の秩序維持の見地からなされるものであって、右の結論を左右する事由ではなく、また憲法上の表現の自由、政治活動の自由も、本件街頭宣伝等の如き違法行為を許容するものではないから、採用の限りではない。」「以上によれば、債権者は、債務者らに対し、財産権又は人格権に対する侵害行為の差止請求権に基づき、その侵害行為たる自己の所有ないし管理する本山に対する立ち入り、債権者の僧侶、従業員等に対する面会の強要、本山の

近隣（周辺200メートル以内）における街頭宣伝等の各禁止を求めることができるというべきである。よって、その旨の本件仮処分申立を認容した主文第一項掲記の仮処分決定は相当であるので、これを認可することとし、申立費用の負担につき民訴法89条、93条を適用して主文のとおり決定する。」

4 大阪地裁平成7年8月31日判決
判時1568号97頁〔28010892〕

事案

宗教法人の責任役員であった原告らが、同法人の代表役員であった被告に対し、被告が同法人を代表して行った合計3億5,000万円の貸付けについて、同貸付けには宗教法人法及び同法人の規則上責任役員会の承認決議が必要であるのに、被告がこれを原告らに諮ることなく、原告らの署名捺印を偽造してその旨の責任役員会議事録を作成したとして、責任役員としての職務の遂行を阻害され、また人格権としての氏名権を侵害された結果精神的苦痛を被ったほか、同法人の一般信徒から原告らも上記貸付けに加担していたのではないかと疑われるなど社会的信用を傷つけられたとして慰謝料請求を行った。

判旨

請求棄却。

・原告らの責任役員会における従前の態度

「原告らは調御寺の事務、その中でもとりわけ財務について被告に一任していたことが認められる。」「Ａ寺に対する貸付についても、被告が事前に原告ら責任役員に諮るべきであったのにこれを怠ったことについて、原告らは同貸付自体を容認したものではないが、右のような取扱い自体は事実上黙認していたものとも評価できる。」

・法人事務決定権（責任役員としての職務遂行が阻害されたか）
　「Ｂ寺の責任役員は、責任役員会に出席し、自らの意見を述べ、議決権を行使することができる（法18条4項、5項、規則11条参照）。しかし、これらの権限は専らＢ寺の利益のために行使されるべきものであり、これらの権限の行使が妨げられたからといって直ちに当該責任役員に損害が生じるとは言い難い。」「しかし法人の役員としての権限行使は、一方で各人が自己の持つ個性を全うすべき場として、役員個人の人格的価値とも密接不可分の関連を有するものである。もっとも、役員としての職務遂行が当該法人の利益のみならず、役員個人の人格的利益と関連性を有するといっても、後者はあくまで職務遂行の副次的な目的に過ぎないのであるから、役員としての職務遂行の妨害が違法に当該役員個人の人格的利益を侵害したと判断されるのは、その妨害が目的、程度及び態様において特に悪質であると認められる場合に限定されると解すべきである。」「原告らは自ら責任役員としての権限行使の機会を放棄していたに等しいと言うべきであり、被告がことさら原告らを法人事務決定手続から排除したものとも認められないから、被告が原告らの法人事務決定権を違法に侵害したものとは到底認められない。」

・氏名権侵害の有無
　「署名は、ある意思または観念の表示の主体が当該名義人であることを示す手段として社会生活上重要な意義を有している　したがって、偽造文書が行使されたことにより、当該名義人が表見責任を問われるなどの財産的損害を被ったり、当該偽造文書が不特定又は多数の者の目に触れて当該名義人の社会的信用が傷付けられたような場合に、当該名義人が偽造者に対して不法行為に基づく損害賠償を請求をし得ることは当然である。」「しかし、右のような財産的損害や社会的信用の低下が生じない場合であっても、名義を冒用されたことによって、社会生活上の特定の場面において自己が関知しない事項について、あたかも表示の主体であるかのごとく取り扱われることが、当該名義人に精神的苦痛を与える場合があることは否定

できない。右のような場合を『氏名権の侵害』と称するかどうかはさておき、右のごとき精神的苦痛を被った名義人にも損害賠償請求権を認めるべきである。」「被告は原告らの署名捺印を代行して予算及び決算を承認する旨の責任役員会議事録を作成し、日蓮正宗宗務院に提出しているが、右二で述べたように、原告らがＢ寺の財務について被告に一任していた以上、被告の署名捺印の代行行為及び議事録の宗務院への提出行為が委託の趣旨を逸脱しているとは言えず、自己が関知しない事項について表示主体として取り扱われた場合には該当しない。したがって、氏名冒用を理由とする慰謝料請求は理由がない。」

・社会的信用毀損の有無

「原告らは、本件貸付の発覚によってＢ寺の一般信徒から、『本件貸付に加担した』あるいは『責任役員としての職務を怠った』などと批判されて精神的苦痛を被ったと主張する。

しかし、原告らはＢ寺の財務に関する意思決定を被告に委ねており、その点で本件貸付は原告らの意思に基づくものと評価できる。また、右二の３で認定したように原告らは責任役員として代表役員たる被告を監督することは一切せず、その意味において正に職務を怠っていたと評価されてもやむを得ない。

一般信徒の原告らに対する批判が本件貸付の発覚を契機として起こったとしても、それはＢ寺の事務の決定を被告に一任し、被告を何ら監督してこなかった原告ら責任役員の職務懈怠の事実がたまたま本件貸付の発覚を端緒として顕在化したに過ぎない。

したがって、本件貸付の発覚によって原告らが一般信徒から批判され、原告らの社会的信用が傷つけられたとしても、それは原告らが自ら招いたものであり、被告の本件貸付の決定ないし実行とは相当因果関係があると認めることはできず、社会的信用の失墜を理由とする慰謝料請求は理由がない。」

IV 不法行為

5 横浜地裁川崎支部平成29年4月27日判決
D1-Law.com 判例体系〔28265599〕

事案

　宗教団体内部の上位者である被告から下位者である原告らの一部の者に対する信仰指導上の言動を契機として生じた原告らと被告との間の紛争について、名誉感情の侵害及び生活の平穏の侵害に対する違法性の有無が争われた。

判旨

・名誉感情の侵害について

　「人が自己自身の人格的価値について有する主観的な評価である名誉感情の侵害は、これが社会通念上許される限度を超える侮辱行為であると認められる場合に初めて法律上保護されるべき人格的利益を違法に侵害するものとして、不法行為が成立すると解される（最高裁平成22年4月13日第三小法廷判決・民集64巻3号758頁参照。なお、名誉と名誉感情の意義につき、最高裁昭和45年12月18日第二小法廷判決・民集24巻13号2151頁参照）。

　上記の違法性（受忍限度を超えるか否か）の判断は、特定の者（被害者）に対する問題とされる言動の内容、その前後の文脈、当該言動の態様（手段・方法）及び状況、特に当該言動がされた時期・場所、公然性の有無（刑法231条参照）、当該言動の程度、特にその頻度・回数、当該言動に至る経緯とその後の状況、特に当該言動の前後にされた被害者による加害者に対する言動の状況、当該言動に係る当事者の関係、年齢、職業、社会的地位等、当該言動の動機、目的、意図等の諸般の事情を総合的に考慮するのが相当である。

　そして、その総合考慮による判断に当たっては、我々が社会生活を営む

上で他者との間のコミュニケーションを欠くことはできず、また、表現の自由は憲法に由来する重要な権利であるから、そのコミュニケーションの中で互いに自由な表現活動をすることを萎縮させ、これを阻害するおそれを生じさせることのないように配慮するのが相当である。

　特に、本件におけるように、特定の宗教団体の組織内の宗教活動として、その上位者が下位者に対し、非公然に信仰指導を実施した過程における言動によって、下位者の主観的な宗教感情を含む名誉感情を害したとして、その言動を巡り、両者の間であつれきが生じているような場合は、上記の表現の自由に対する配慮のほか、憲法上の信教の自由に由来する宗教活動の自由は広く許されて当然であり、また、信仰指導とは、そもそもこれを受ける者の主観的な宗教感情ないし信仰心に対して強く働きかけて内省を促すことによってその者の信仰活動や信仰心の向上に影響を及ぼすものであると考えられるから、当該上位者の言動が、合理的な理由がなく、専ら個人の人格的価値を否定する目的・意図をもってされ、その言動の内容、態様及び程度が、極めて攻撃的・執拗であり、人身攻撃に及ぶものであるなど、当該上位者の言動が信仰指導とは名ばかりのものであり、著しく合理性を欠き、著しく相当性を逸脱することが明らかであるといえるときに、社会通念上受忍すべき限度を超える侮辱行為であるとして、その違法性が肯定されると解するのが相当である。

　また、一般に、社会生活上、いさかいの生じている紛争の当事者の間における非公然の１対１の会話や話合いの過程で、一方の当事者が、それまでの両者の間の経緯や相手方当事者の言動・態度等によって感情的になるなどして、相手方当事者を卑下したり、揶揄する等の不適切な表現を含む発言をするに至る事態は少なくない。その場合、両当事者の関係等、その発言に至るまでの両者の間の経緯、その一方の当事者の置かれている状況や、相手方当事者の言動・態度等を考慮することなく、その発言の表現のみを取り出し、これが社会通念上受忍すべき限度を超える侮辱行為であると判断すべきではなく、上記説示の諸般の事情を総合考慮して慎重に判断

するのが相当である。特に、その一方当事者が、自己に対して不法行為を行っている相手方当事者に対し、被害者としての感情に裏付けられて、その憤懣が鬱積したり、業を煮やして、感情的になるなどして、その場で一時的に発した言葉の場合は、その違法性の判断について、より慎重に判断することが相当である。」

・生活の平穏の侵害について

「生活の平穏ないし私生活の平穏は、人格権ないし法律上保護されるべき人格的利益であると解される。特に、人の生活の基盤である住居における生活の平穏は、刑事法令である刑法130条、132条によって強く保護されており、重要な保護法益であるといえる。

そして、ある者の言動による生活の平穏の侵害が、不法行為法上違法となるかどうかは、当該言動の内容、当該言動の態様（手段・方法）、特に当該言動がされた時期、時間帯、場所、周囲の状況、言動の音量、言動の参加者（共同行為者）の有無・多寡、当該言動の程度、特にその頻度・回数、当該言動の対象とされた者による侵害者に対する当該言動を受けることへの拒否の意思の明示又は黙示の表示の有無・回数のほか、当該言動に至る経緯、当該言動に係る当事者の関係、年齢、職業、社会的地位、当該言動の動機、目的、意図、必要性の有無・程度、当該言動による生活の平穏の侵害についての害意・故意・重過失・過失という主観的要素、当該言動の禁止を求める警察等や関係機関（侵害者の所属する会社や組織を含む。）からの警告等の有無等の諸般の事情を総合的に考慮して、社会通念上受忍すべき限度を超える生活の平穏の侵害であるといえるかどうかを判断して決するのが相当である（人格的利益の侵害の違法性の判断につき、最高裁平成17年11月10日第一小法廷判決・民集59巻9号2428頁参照、私生活の平穏などの人格的利益の侵害による不法行為に関し、最高裁平成元年12月21日第一小法廷判決・民集43巻12号2252頁参照）。」

6 住職の逸失利益

　住職は、ごく一部の例外を除いて宗教法人の代表役員である場合がほとんどです。住職が宗教法人たる寺院から受ける収入は、法人の役員たる立場に基づいて得ることが通例であるため、交通事故で後遺障害が残ったときなどに、減収がないので逸失利益がないのではないかとの問題が出てきます。この点について判断したのが、大阪地裁昭和46年3月26日判決（判タ265号259頁）〔27422415〕です。同判決は、「原告の収入としては、建前として寺からの給料であるが、一般に住職の生活費と寺の支出とが区別されることが小さな寺ではむつかしく、（被告会社代表者本人尋問の結果）そのため住職は寺の費用で生活費の一部を支出している結果となるため、給料額以上の生活をして、実質的な収入は給料を上回ることとなつている。従つて小寺院の住職については法人成りした小企業主の場合と同様に収入を考える必要がある。もつとも、法人としての損害があるとすれば、これをそのまま企業主や住職の損害と認めることはできない。つまり寺の損害すなわち住職の損害ではない。もしこれを認めるとすれば、法人格を付与しておきながら、実態が小規模なるが故に否認しなければならない矛盾をまねくからである。（いわゆる法人格否認の法理は例外的な場合であり、常に働くものでない。）そこで本件についてみるに寺の収入自体が、どの程度減つたものか不明であり、代僧に支払う金額も明らかではない。ただ住職である原告が宗教活動をしていないので、代僧がいても、寺の減収は避けられず、ひいては原告の収入に影響してくることは当然予測され、住職の地位からみて、少くとも、原告の給料相当額は減収となつたものと認められる。もつとも第一回原告本人尋問の結果によると、原告は給料分を寺から毎月支払をうけていることが認められるが、これは立替金として受領しているものと認めるべきである。」としています。

7 宗教者の守秘義務違反

　刑法134条2項は、宗教、祈祷もしくは祭祀の職にある者またはこれらの職にあった者が、正当な理由がないのに、その業務上取り扱ったことについて知り得た人の秘密を漏らしたときは、6カ月以下の懲役または10万円以下の罰金に処するとしています。宗教者が打ち明けられた秘密を守るという保証があるからこそ、信者は、安心して宗教者に全てを打ち明けることができるのです。刑法134条2項は、宗教者という職業（プロフェッション）への信頼を保護するものといえます。

　東京高裁平成11年12月16日判決（判時1742号107頁）〔28062614〕は、宗教者には守秘義務があることを民事上も明らかにした判決です。同判決は、「被控訴人教会の信者を含むキリスト教徒が、牧師その他の聖職者に対して、宗教上の救済を得ようとして倫理に反する行為事実や宗教上罪となるべき事実を告白することは、もともとその告白について牧師その他の聖職者が秘密として守るべき義務を負うことを前提として行われているものであり、告白を行う者は、その事実に関係する第三者が告白の内容である事実を知っているか否かにかかわらず、外部に漏えいすることはないものと信頼し、専ら宗教上の観点から救済を求める趣旨で告白を行うものと推認される。その告白行為が専ら宗教上の行為であるとしても、牧師や聖職者の守秘義務は、宗教上の義務にとどまらず、宗教活動を職務として行うに不可欠なものとして、法律上も黙秘権として保護されているものであるから（例えば民事訴訟法197条1項2号等）、法律上も守秘義務があるものと解すべきであり、告白者の右の信頼は法的保護の対象となり得る法益というべきである。したがって、告白の内容が予期に反して第三者に漏えいされ、告白者のプライバシーや家族生活の平穏等の人格的利益等が侵害されたといえる場合には、不法行為が成立する。」としたうえで、「キリスト教徒における牧師等に告白した悔い改めの事実が開示又は漏えいされないという信頼は、関係者がそのことを知っているか否かにかかわらず、法的保護の対象となるものというべきであ

り、その開示又は漏えいにより、告白者のプライバシーや家族生活の平穏等の侵害があった場合には、不法行為が成立する。

　右の事実によれば、被控訴人丙川が、控訴人太郎に無断でその不貞行為があったと認め得る事実を控訴人太郎への手紙に書き、これを花子に見せて確認させた行為は、告白事実の漏えいに当たると認められ、不法行為を構成する。また、被控訴人丙川は、被控訴人教会の代表者であり、被控訴人丙川の右の不法行為は民法44条1項の規定により、被控訴人教会の不法行為となるべきものであるから、被控訴人らは連帯して賠償責任に任ずべきである。」とし、教会の牧師が、告白の内容を漏えいした行為が、不法行為を構成するとして、牧師及び同人が代表する教会の損害賠償責任が認められました。なお、牧師らの損害賠償の額について、上記判決は、「右の不法行為により、控訴人太郎に精神的苦痛が生じたことは容易に推認することができる。そこで、その慰謝料の額を検討するに、控訴人太郎においてはその後も花子が伝道師の道を選択したことを支持する言動をとっていたと認められるが、花子との離婚に対しては終始これを争う姿勢を示していたこと、被控訴人丙川の不貞行為を理由とする離婚の許容の意思表示は、花子の決意に相当の影響を及ぼしたと推認されること、しかし花子は控訴人太郎の不貞行為の事実を早い段階から知っており、花子の離婚の決意の原因は必ずしも右の不貞行為のみであったとはいえないことなどの諸般の事情を斟酌し、これを50万円と認めるのが相当である。」と判示しました。

V　宗教法人運営をめぐる問題

1　寄付金の返還請求

　本堂庫裡改築等を理由に寺院が檀信徒より寄付金を募ることがありますが、当初の建築契約が頓挫した場合、寄付金を返還する必要はあるのでしょうか。この点について判断したのが下記判決です。

1 長野地裁松本支部平成10年3月10日判決
判タ995号175頁〔28040880〕

事案

被告の寺院新築計画に伴い寄付を行った原告らが、上記計画が廃止となったことなどを理由に、被告に対し、不当利得として上記寄付金相当額の返還を請求した。

判旨

請求棄却。

「1 特定の個人ないし団体に対する寄附は、一般に、贈与契約であると解されるところ、寄附に際して、寄附者と寄附を受ける者との間において、一定の具体的な目的ないし使途が約束されていた場合には、当事者の意思を尊重し、寄附を受けた者は右目的ないし使途を遵守ないし履行すべき義務（債務）を負い、寄附を受けた者がこれを怠ったときには右寄附を寄附者に返還する旨の約束があると解するのが相当であり、したがって、右のような場合における贈与は負担付贈与になる。

2 これを本件についてみるに、前記一認定の事実によれば、本件寄附は、普段日常的になされる供養とは異なり、寺院新築の財源とするため、被告の呼びかけに応じる形で行われた特別の供養であって、本件寄附の申込書の記載内容等に照らしても、本件寄附が寺院新築資金という使途を定められたものであることは明らかであり、したがって、本件寄附金を右以外の使途に充てることは許されないというべきである。

さらに、前記一認定の事実によれば、本件寄附当時、被告寺院の新築計画は、単なる構想ないし青写真の段階を越え、既に具体化していたものである。

すなわち、被告は、寺院新築のための敷地予定地を購入し、行政機関に

対しては開発許可の申請等を行ってその許可を得ており、訴外Ａ建築設計事務所に新築寺院の設計監理を委託し、これに基づいて設計図が作成され、被告寺院内には新築寺院の完成予想図が掲げられて信徒に示され、また、寺院新築の時期についても、行政機関に対して平成４年３月中には完成させる旨の確約書を差し出し、信徒に対しても、遅くとも平成３年度中には完成予定である旨話すなど、新築寺院の規模、内容や、新築時期等は相当具体的な段階まで進行していた。

　原告らは、右のような進行状況を見聞きして、本件完成予想図のような新寺院が遅くとも平成３年度中には完成することを信頼ないし期待して、本件寄附を行ったものであり、被告においても、右のことを当然了解の上で、本件完成予想図のような新寺院を遅くとも平成３年度中に完成させるための資金とする意図で本件寄附を受領したものということができる。

　そして、信徒にとって、どのような寺院が何時新築されるかについては重大な関心があるというべきであるから、本件寄附当時における被告寺院の新築時期等に関する右のような諸状況は、原告らが本件寄附を行うに至った重要な動機づけになっているというべきであり、原告らの前記のような信頼ないし期待は法的にも保護に値するものということができる。

　３　ところで、前記認定のように、被告は、現在の被告の寺院の規模が被告の信徒数に比較して小さく、より規模の大きな寺院が必要となったことや寺院の老朽化等から、寺院の新築を計画したものであるが、その後日蓮正宗と創価学会との間に紛争を生じ、原告らが被告寺院に参詣等しなくなったために、新築寺院の規模等は大幅に見直さなければならない状況となり、寺院の新築計画の遂行を現在中断している。

　しかし、一方、日蓮正宗と創価学会の紛争が、従前どおりの関係に復する形で円満に解決し、原告らが再び被告寺院に参詣等するようになった場合には、当初予定していた本件完成予想図のとおりの寺院を新築する必要があることになる。

　また、新築寺院の建築資金のうち金融機関から借入金の返済については、

信徒からの今後の御供養等の収入に頼ることになるが、これについても原告らが被告寺院に再び参詣等するようになるか否かによって大きく異なることになる。

被告としては、これらの諸状況を見定めた上でなければ、どのような規模の寺院をいつ新築するかを決定しがたいのであり、現段階において、これを決定するのは困難な状況にあるといえる。

4　そこで、原告らを含む信徒が、被告寺院新築のための寄附をした際に、寄附当時には予想し得ないような状況の変化(日蓮正宗と創価学会の間の紛争による被告の信徒数の減少、財産状況の悪化等)が生じ、そのために被告において当初予定していた本件完成予想図のような寺院の建築ができないような状況に至った場合に、原告ら及び被告が、本件寄附金の使途(原告らへの返還を含む。)についてどのような意思を有していたかにつき検討する(原告ら及び被告は、右のような状況に至った場合の本件寄附金の帰趨について明示的な意思表示をしていないから、当事者の合理的な意思を推測することになる。)。

原告らを含む被告の信徒にとって、参詣ないし法要等の宗教的行為を行う場所として寺院の存在は不可欠であるところ、前記認定のとおり、被告の寺院は現在老朽化しており、その規模の大小は別として、いずれ新築する必要に迫られていること、原告ら以外の信徒は寄附金の返還を求めることなく、現在も新たな寄附を続けて、新しい寺院の建築を望んでいること、創価学会に所属する原告らは、日蓮正宗と創価学会との間の紛争発生後、被告寺院に参詣等しなくなり、今後も、右紛争が続く限り、被告の信徒として被告寺院を利用する意思はなく、従って、被告寺院を新築する利益を失ったことから、本件寄附金の返還を求めていることが認められるが、これらによれば、原告らを含む被告の信徒が被告寺院新築のためにした寄附は、寄附当時予想できなかったやむを得ない事情により、本件完成予想図のような寺院を新築することができなくなった場合においても、被告が建築する新たな寺院の建築資金として使用することを認める意思でなされた

ものと認めるのが相当である（原告らも、仮に、右紛争が前記のような形で円満に解決するなどして、再び被告寺院に信徒として参詣等することになれば、建築時期が当初の計画とは大幅に異なることになるが、右寺院の新築のために本件寄附金を使用することに異議はないものと考えられる。）。

　5　以上のように、本件寄附は、被告において、一特段の事情の変更のない限り、本件完成予想図のような寺院を新築するが、二寄附当時予想できなかったやむを得ない事情により右寺院の建築が困難となり、建築する寺院の規模、時期等が変更になった場合にも、右変更後の寺院の建築資金に充てるとの負担ないし条件のもとになされたと認めるのが相当である。

　そして、被告は、前記認定のように寄附当時予想できなかったやむを得ない事情により寺院新築計画を中断しているのであり、未だ寺院新築計画を廃止してはいないのであるから、原告らは本件寄附金の返還を求めることはできないというべきである。

　6　なお、原告らは、本件寄附金は定められた使途以外に使用（流用）されたものであるから、条件成就等により贈与契約は効力を失ったと主張するが、被告寺院新築に要する資金に占める本件寄附金の割合等から考えて、本件寄附金が流用された場合にはいかなる場合にも贈与契約が解除されるとの負担ないし条件が贈与契約の内容となっていたとは認められない。

　そして、前記一の9認定のように、本件寄附金は一旦Ａ元住職によって横領されたが、その後被告によって取り戻され、現在寺院新築資金として保管されているのであり、このような場合にも贈与契約が解除されるとの負担ないし条件が付せられていたとは認められない。」

2 宗教法人の地位争いと占有回収の訴え

　宗教法人の懲戒処分の効力が争点となる訴訟は、「法律上の争訟」に該当せず、却下される場合があります（蓮華寺事件、最高裁平成元年9月8日判決（判タ711号80頁）〔27804829〕参照）。そのため、包括宗教法人（宗派）から懲戒処分を受けて罷免された被包括宗教法人である寺院の代表役員（住職）が立ち退かない場合、新たに宗派から任命された代表役員（住職）は、建物明渡請求訴訟を提起することになりますが、懲戒処分が宗教上の教義、信仰の内容に深く関わる場合、当該訴訟は「法律上の争訟」ではないとして、却下されることになります。

　この場合、宗派から任命された住職が、罷免された住職を実力行使で追い出した場合、罷免された住職は、占有回収の訴え（民法200条）を提起して建物の所持等の返還を求めることができるのでしょうか。最高裁昭和32年2月22日判決（判タ68号88頁）〔27430288〕は、法人の機関には占有訴権がないとしたことから問題となります。この点について判断したのが以下の最高裁判決です。

> **1　最高裁平成10年3月10日判決**
> 判タ1007号259頁〔28030597〕

事案

　Aは昭和51年10月にB寺の住職に任命され、B寺の代表役員の地位にあり、同年同月から昭和57年3月頃まで、宗教行事のないときは施錠をして本件建物等を直接所持し、その後、平成2年4月頃までの間、Cを本件建物に居住させて間接的に所持していた。Dはかつて B 寺の住職であったが、A が昭和57年4月、日蓮正宗管長から僧籍剥奪の擯斥処分を受けた後、再び B 寺の住職に任命された。B 寺と A との間には、本件建物の明渡しをめぐる訴訟が係属していた。C は平成2年4月12日までに本

件建物をAに引き渡し、その後Aは本件建物を直接管理し、1か月ごとに信者に掃除などをさせていた。しかし、平成2年5月2日、Dらは施錠の十分でない本件建物に立ち入り、その後、B寺がDを占有機関として本件建物等を管理占有している。

以上のような事実関係の下においてAはB寺・Dに対し、占有回収の訴えとして本件建物及び動産引渡しの訴えを提起した。

Aは、第1審で勝訴したものの、第2審で敗訴したため、上告した。

判旨

原判決破棄。控訴棄却。

「法人の代表者が法人の業務として行う物の所持は、いわゆる機関占有であって、これによる占有は法人そのものの直接占有というべきであり、代表者個人は、原則として、当該物の占有者として訴えられることもなければ、当該物の占有者であることを理由に民法198条以下の占有の訴えを提起することもできないと解すべきである（最高裁昭和29年（オ）第920号同32年2月15日第二小法廷判決・民集11巻2号270頁、最高裁昭和30年（オ）第241号同32年2月22日第二小法廷判決・裁判集民事25号605頁参照）。しかしながら、代表者が法人の機関として物を所持するにとどまらず、代表者個人のためにもこれを所持するものと認めるべき特別の事情がある場合には、これと異なり、その物について個人として占有の訴えを提起することができるものと解するのが相当である。

これを本件についてみると、前記の事実関係によれば、上告人は、当初は被上告人の代表者として本件建物等の所持を開始したのであり、被上告人から上告人が日蓮正宗管長から擯斥処分を受けたことに伴い本件建物の占有権原を喪失したとしてその明渡しを求める別件訴訟を提起されたときにも、右擯斥処分の効力を失うと共に、被上告人の代表者として本件建物を占有し得る旨主張していたのであるが、右訴訟の提起後の昭和58年9月、上告人と被上告人は、本件建物に関して被上告人が申し立てた仮処分

申請事件の手続中で和解をし、上告人がCを占有権助者として本件建物を占有していることを確認し、別件訴訟の帰すうに従って本件建物を占有すべき者を決め、その者に占有させることに合意したのであり、事実、右和解後も平成2年5月2日に本件建物等の占有が被上告人に移転するまで、上告人は、被上告人との間の別件訴訟を争いつつ、Cを通じ、あるいは自ら直接本件建物等を所持していたものということができるのである。右によれば、上告人は、平成2年5月2日当時、別件訴訟が決着をみるまでは上告人自身のためにも本件建物等を所持する意思を有し、現にこれを所持していたということができるのであって、正に、前記特別の事情がある場合に当たると解するのが相当である。そして、本件においては、Dは、平成2年5月2日、被上告人の代表者として、上告人が施錠をして管理していた本件建物に立ち入って、右建物の鍵を付け替え、以後警備員を配置するなどして本件建物等の管理を行い、上告人の返還要求を拒否しているというのであるから、上告人は、その意思に反して本件建物等の所持を奪われたものというべきであり、本件建物等を占有している被上告人に対して、民法200条に基づき、その返還を求めることができると解すべきである。」

※最高裁平成12年1月31日判決（判タ1027号95頁）〔28050209〕も、宗教法人の代表者（住職）として寺院の土地建物の所持を開始した後に僧籍剥奪の処分を受けた者が上記土地建物の所持を奪った上記法人に対して占有回収の訴えによりその返還を求めることができるとした。

3 リーストラブル

　リース契約とは、リース会社が利用者に代わってサプライヤー（供給者）から設備などを購入し、その使用を利用者に許し、利用者がリース会社にリース料を支払う構造の契約をいいます。

平成23年7月のMSN産経ニュースでは、長引く不景気でリース契約が激減するなど業界全体の売上げが低迷し、景気に左右されない寺社に狙いを定めて営業をかける販売業者が増えていて、寺社にリース被害が急増しているとの報道がなされています。
　悪質なリース被害に対しては、以下のような法的主張が考えられます。
①詐欺取消し（民法96条1項）
　サプライヤーによる事実と異なる勧誘が欺罔行為に該当するとして、リース契約を詐欺であるとして取り消します。
②錯誤無効（民法95条）
　サプライヤーによる事実と異なる説明によって、その説明が真実であると信じたことが錯誤であるとして、リース契約の無効を主張します。
③不法行為（民法709条）
　ユーザーに不必要なリース物件を対象としたリース契約を締結させたことが不法行為に該当するとして、サプライヤーやリース会社に対してリース料総額相当額についての損害賠償請求をします。
④公序良俗違反（民法90条）
　リース料とリース物件の市場価格に著しい不均衡が存在することが暴利行為に該当するとしてリース契約の無効を主張します。
⑤クーリング・オフ（特定商取引法9条）
　リース契約は、訪問販売によって締結されることが多いため、特定商取引法9条に基づいてクーリング・オフを主張することが考えられます。ただ、特定商取引法は、「営業のために若しくは営業として」契約を締結したときは、適用されません（特定商取引法26条1項1号）。特定商取引法26条1項1号の趣旨について、「契約の目的・内容が営業のためのものである場合に本法が適用されないという趣旨であって、契約の相手方の属性が事業者や法人である場合を一律に適用除外とするものではない。たとえば、一見事業者名で契約を行っていても、購入商品や役務が、事業用というよりも主として個人用・家庭用に使用するためのものであった場合は、原則として本法は適用さ

れる。特に実質的に廃業していたり、事業実態が殆どない零細事業者の場合には本法が適用される可能性が高い」とされています（「平成24年版特定商取引に関する法律の解説」）。

　ただ、いずれの主張とも裁判所に採用されるは厳しいのが現実です。宗教法人側としては、悪質なリーストラブルに見舞われないためには、リース契約を締結する前に慎重に判断するしか自衛の方策はないといっても過言ではありません。宗教法人が当事者となったリーストラブルの裁判例として、大阪地裁平成26年4月25日判決（判時2235号84頁）〔28224792〕と東京地裁平成20年11月27日判決（D1-Law.com 判例体系）〔28265596〕がありますが、大阪地裁平成26年判決は、寺院側の詐欺取消し・錯誤無効・不法行為・公序良俗違反の主張をいずれも排斥しています。東京地裁平成20年判決は、寺院側のクーリング・オフの主張について、以下のように述べてリース契約は寺院の「営業のために若しくは営業として」締結されたものと解するのが相当であるとしました。

　「公益法人による契約については、およそ『営業のために若しくは営業として』締結されたものではないと解することはできず、むしろ、証拠及び弁論の全趣旨によれば、被告Ｙ1の営む寺院には300ほどの檀家がおり、被告Ｙ1の所有する敷地の一部では25、6台分の駐車場が賃貸されていて、被告Ｙ1は、檀家からのお布施や駐車場の賃貸料等として、年に数千万円単位の収入を得ているなど（乙22ないし28、被告Ｙ35頁以下、19頁以下）、一般消費者の規模を大幅に超えた経済活動を行っている。また、証拠及び弁論の全趣旨によれば、被告建物については、その敷地も含めて全て被告Ｙ1の所有であること（被告Ｙ319頁以下、24頁）、本件各リース物件は、全て正常に接続されて利用可能な状態にあること（被告Ｙ314頁、16頁）、被告Ｙ1に関する事務は、本件電話機①、本件主装置、本件複合機、本件パソコンの設置された住居部分の書斎においても行われていること（乙13、弁論の全趣旨）、そして、本件複合機のファクシミリ

には独立の電話番号が付されているが、被告建物に設置された電話の電話番号は全て同じであり（被告Ｙ34頁、17頁）、被告建物の寺院部分には電話が設置されていないため、被告Ｙ１の営む寺院の関係で架かってきた電話も、住居部分に設置された電話のうちの近くにあるもので受けているなど、現に被告Ｙ１の業務のためにも本件電話①が使用されていること（被告Ｙ34頁以下、17頁、24頁）、被告Ｙ１は、本件複合機を利用して檀家に配布するお知らせを作成していること（被告Ｙ320頁以下）、被告Ｙ１は、本件パソコンを使用して檀家の住所録の管理を行っていること（被告Ｙ325頁）、さらに、本件各物件のリース料については、被告Ｙ１の帳簿に付けて税理士に提出していること（乙27、乙28、被告Ｙ37頁以下、12頁）などからすると、本件各リース契約は被告Ｙ１の『営業のために若しくは営業として』締結されたものと解するのが相当である。」

4 書類の引渡請求

1 大阪高裁昭和53年９月14日判決
判タ371号89頁〔27682173〕

事案

宗教法人本願寺（原告、被控訴人）の代表役員が、本願寺規則改正のため所轄庁の認証を受けるべく、規則変更認証申請書その他の一件書類を京都府知事に提出したが、京都府においては、真宗大谷派（本山は本願寺）の宗会議員の交代期に申請がなされたのを問題視し、これを受理しないままでいたところ、Ａ（本願寺責任役員、真宗大谷派宗務総長、被告、控訴人）が、その権限もなく、本願寺の代表役員の承認を得ることもなく、京都府から上記書類の返却を受け、以来これを所持し、本願寺の代表役員の任意の引渡要求に応じようとしなかった。そこで、本願寺は、Ａに対して

上記書類の引渡しを請求した。第1審は、本願寺が勝訴したため、Aが控訴した。

判旨

控訴棄却。

「被控訴人が本願寺規則を変更しようとするときは、同規則第42条により責任役員および総代の定数の全員並びに加談会の同意を得、参与会の議決を経て管長の承認および京都府知事の認証を受けなければならないことが認められるところ、昭和49年4月17日申請書類は京都府知事に再提出さるべきでないとの責任役員の議決がなされ、さらに昭和50年6月5日の参与会において、さきになした本願寺規則変更の議決を破棄する旨の議決がなされたことはさきに認定したとおりであるから、これらの議決によつて、代表役員は、規則変更について認証を受けるべく京都府知事に申請書類を再提出することはできなくなつたものと解され、また仮りに右書類を再提出したとしても、同規則の変更について必要な参与会の議決がないこととなり、変更手続が規則の定めるところに従つてなされていないことを理由に、京都府知事の認証はこれを受け得ないものと推測される（宗教法人法第28条）が、本来かかる書類は被控訴人の所有に属し、その代表役員によつて占有されるべきものであり、被控訴人の寺務を行なう大谷派の内局はその代表役員を補佐すべき立場にある（本願寺規則第14条、真宗大谷派規則第12条）のであるから、いま仮りに控訴人主張のように内局を代表する宗務総長の控訴人が、職務上宗務所において、申請書類のうち本件一の文書を所持占有しているとしても、それは控訴人が被控訴人またはその代表役員のために事実上占有を代行しているというにすぎず、控訴人は本人たる被控訴人（その代表者たる代表役員）が、右文書の引渡しを求めた場合には、いつでもこれに応ずべき職務上の義務があるものである。

しかるに、控訴人は前記認定のように京都府の係員より申請書類の返却

を受けて以来、本件一の文書を所持占有し、本訴提起後現在に至るまで、被控訴人（その代表者たる代表役員）の任意の引渡請求に応ぜず、正常な占有関係を阻害しているものであるから、これに対し、被控訴人がその占有関係の妨害排除の手段を講じ得べきことはいうまでもない。

　よつて、被控訴人が所有権に基づき控訴人に対し、本件一の文書の引渡を求める請求は理由あるものといわねばならない。」

5 貸金債権の履行期

1　名古屋高裁昭和53年7月10日判決
判タ371号99頁〔27404912〕

事案

　A（原告、控訴人）は、オーストラリア人であって、昭和24年頃カトリック司祭となり、貞潔、清貧、従順の三誓願をして昭和27年頃来日し、B教会（被告、被控訴人）の神父として日本での伝道活動に従事していたものであるが、昭和47年2月8日、B教会から800万円を借り受け、これでもって本件土地、建物を買い受けた。ところが、Aが、上記誓願に反して、女性を妊娠させたり、無断旅行をしたり、英会話の教師、通訳をして自己の収益を図ったりしたため、B教会は、昭和47年4月1日付でAを除名処分にするとともに、Aに対する上記貸金債権を被保全債権としてA所有の本件土地、建物に対する仮差押命令を得て、これを執行した。そこで、Aは、上記仮差押えの申請、執行は、違法・不当なものであるとして損害賠償請求訴訟を提起した。第1審で、敗訴したため、Aは控訴した。

　訴訟では、上記貸金債権の弁済期が争点となった。

> **判旨**
>
> 　控訴棄却。
>
> 　「被控訴人教会は、所属会員でカノン法及び修道会聖心布教会典範による清貧の誓願の立願者たる控訴人に対し、被控訴人ら主張のとおり、期限を定めず金800万円を貸付けたものとみるべきであるが、控訴人が清貧の誓願により財産の管理及び使用収益に関する制約を受けている面は、特段の事情のない限り、被控訴人教会において右貸金の返還は求めない趣旨で貸付けがなされたものと解するのが相当であり、本件全立証によるも右特段の事情は認められない。しかるところ、控訴人は前述のとおり、被控訴人教会から除名され（右除外が無効であるとの主張はなく、本件全立証によるもカノン法上無効とされるべき事由は認められない）、財産の管理及び使用・収益に関する制約は失われたのであるから、控訴人は被控訴布人教会に対し右貸金を即時返還する義務を負うに至つたとみるべきである。」

VI　労働関係法

1　宗教法人関係者の労働者性

　労働契約法は、その適用対象である「労働者」を「使用者に使用されて労働し、賃金を支払われる者」と定義しています（労働契約法2条1項）。また、労働基準法は、同法の保護対象者としての「労働者」を「事業…に使用される者で、賃金を支払われる者」と定義しています（労働基準法9条）。労働基準法では「事業」に使用されることが要件に加わる点を除けば、労働契約法・労働基準法における労働者性の概念は、基本的には同一のものといえます。

　「個人事業者」か「労働者」かについては、古くから実務上問題となってきましたが、昭和60年の労働省労働基準法研究会報告が、①仕事の依頼へ

の諾否の自由、②業務遂行上の指揮監督、③時間的・場所的拘束性、④代替性、⑤報酬の算定・支払方法を主要な判断要素とし、また、①機械・器具の負担、報酬の額等にあらわれた事業者性、②専属性等を補足的な判断要素として判断することを提唱し、以後、実務ではこれらの判断要素を用いて労働者性の判断を行ってきました。

　ただ、宗教法人の場合、そこに出入りしている人が、修行あるいは信仰生活上の奉仕として勤めている場合があり、このような場合にも労働者として扱うと、信仰の自由の観点から差支えが出てきてしまいます。そこで、労働省（当時）は、このような宗教法人の特殊性に配慮して、宗教法人において労働基準法が適用される場合について、労働基準局長名義の通達を出しています。かなり古い通達ですが、現在でも後述のように裁判実務で参考にされている通達であるため、全文を紹介します。

〈通達（昭和27年2月5日基発49号）〉

1　法の適用に当っては、憲法及び宗教法人法に定める宗教尊重の精神に基づき宗教関係、事業の特殊性を十分考慮すること。
2　宗教法人又は団体であっても労働基準法上にいわゆる労働者を使用していない場合に、法の適用がないことは言うまでもなく、具体的な問題になる場合をあげれば次の通りであること。
イ　宗教上の儀式、布教等に従事する者、教師、僧職者等で修行中の者、信者であって何等の給与を受けず奉仕する者等は労働基準法上の労働者ではないこと。
ロ　一般の企業の労働者と同様に、労働契約に基づき、労務を提供し、賃金を受ける者は、労働基準法上の労働者であること。
ハ　宗教上の奉仕ないし修行であるという信念に基づいて一般の労働者と同様の勤務に服し賃金を受けている者については、具体的な勤務条件、特に、報酬の額、支給方法等を一般企業のそれと比較し、個々の事例について実情に即して判断すること。

上記通達は、裁判実務でも斟酌されています。上記通達に言及して労働者性の判断を行った裁判例としては、福岡地裁平成27年11月11日判決（判時2312号114頁）〔28234244〕があります。同判決は、神社の神職であった原告が、宮司から暴行・脅迫・暴言等のパワーハラスメントを受けたとして、宮司及び神社に対して、損害賠償請求をするとともに、原告と神社との間の契約は雇用契約であり、権禰宜を解職する旨の通知は原告に対する解雇の意思表示に当たり、同解雇は解雇権の濫用によるもので無効であるとして、地位確認や未払賃金、残業代、付加金等を求めた事案です。

　福岡地裁平成27年判決は、以下のように判断して、原告の労働者性を認めました。

「（2）原告の労働者性についての判断
ア　以上を前提に、原告の労働者性について判断する。
（ア）被告神社においては、被告Ｙ１及びＡが、原告を含む神職のシフトを組んで勤務表を作成し、原告は、これに従って、被告神社に出社させられていた（前記（1）ア（イ））。また、原告は、被告神社においては、被告Ｙ１及びＡらの指揮の下、書類作成、参拝客対応及び清掃等の事務作業並びに祭典運営のための補助作業等に従事していたものであって、原則として、自らが儀式等を主宰していたものではなかった（前記（1）ア（ウ））。さらに、原告は、就職先である被告神社の宮司から、被告神社における勤務の開始前及び終了後において、甲神社の朝みけ、夕みけ、清掃、巡回及び日誌作成等の業務を命じられたため、これらの職務に従事した（前記（1）ア（エ））。これらのことからすれば、原告は、被告神社によって、時間的場所的に拘束され、業務の内容及び遂行方法についての指揮監督を受けて、被告神社及び甲神社の業務に従事させられていたということができる。他方、本件全証拠によるも、被告神社からの業務に関する指示について、原告が諾否の自由を有し、業務遂行における広範な裁量を有していたとは認められない。

（イ）また、被告神社は、原告に対し、『給与』の名目により、毎月一定額の俸給を支給し（前記（1）イ（ア））、上記俸給の支給に当たっては、使用者が一般の労働者に対して賃金を支給するのと同様に、所得税及び市民税等の源泉徴収を行い、健康保険料、厚生年金保険料及び雇用保険料等の各種社会保険料を控除していた（前記（1）イ（イ））。そして、原告が平成24年3月まで支給されていた俸給は、基本給及び奉務手当だけでも合計月額20万円であり（前記前提事実（3）ア）、法定労働時間を前提として時給を計算しても、原告の時給は1100円を超える（別紙1「基礎時給計算書」参照。）。この金額は、平成23年度当時における福岡県の最低賃金である1時間当たり695円を大きく上回るものである上、原告は職員用宿舎に居住していたから賃料及び光熱費を支払う必要がなく、社宅料月額5000円が控除されていたことを踏まえても、原告には住居費の負担がほとんどなかった。しかも、被告神社の神職に支払われる俸給額は、その地位が高いほど高額となる傾向があることが看取できる（前記（1）イ（ア））。これらのことからすれば、被告神社が原告に対して支払っていた俸給は、単に最低限の生活維持を目的とするものとはいえず、被告神社における労務提供の対価として支払われたものと評価でき、賃金と同じ性質のものであったといえる。

（ウ）以上によれば、原告は、被告神社の指揮監督の下、被告神社に対して労務を提供し、被告神社は原告に当該労務提供の対価としての賃金を毎月支払っていたことになるから、原告は、労基法及び労契法上の労働者に当たるというべきである。

　この判断は、被告神社には神職に適用される就業規則、賃金規程等がなく、被告神社が平成25年11月以降に神職を雇用保険の被保険者とする扱いを止めたこと（前記（1）ウ）により左右されるものではない。

イ　これに対し、被告神社は、原告が本件通達二（イ）の『宗教上の儀式、布教等に従事する者』、又は『僧職者等で修行中の者』に当たるから、原告は労基法及び労契法上の労働者には当たらないと主張する。

しかし、およそ宗教上の儀式、布教等に従事する全ての者、あるいは、僧職者としての修行を行っている全ての者が労働者でないとすれば、使用者の指揮監督の下で使用され、労務提供の対価である賃金を受け取る労働者（労基法９条参照）であっても、その労務提供が少しでも宗教上の儀式に関係し、又は修行の側面を少しでも有しさえすれば労基法の適用を免れるということになりかねず、労基法及び本件通達二柱書及び（ロ）と矛盾しかねない上、本件通達二（イ）に規定される者と、本件通達二（ハ）にいう『宗教上の奉仕乃至修行であるという信念に基いて一般の労働者と同様の勤務に服し賃金を受けている者』との区別を行うことができなくなる。したがって、労基法と本件通達との整合性に配慮しつつ、本件通達二柱書及び（イ）ないし（ハ）相互の関係等を踏まえて合理的に解釈すると、本件通達二（イ）に規定される者に該当するのは、『宗教上の儀式、布教等に従事する者』又は『僧職者等で修行中の者』であって、かつ、『何等の給与を受けず奉仕する者』に限られるというべきである。

　したがって、前記（１）アのとおり、原告は、被告神社において神職として宗教上の儀式等に従事しており、その活動には一人前の神職になるための修行の側面があるとはいえ、被告神社から、毎月、基本給及び奉務手当等の俸給の支給を受けているから（前記前提事実（３））、本件通達二（イ）には該当しない。むしろ、原告は、本件通達二（ハ）にいう『宗教上の奉仕乃至修行であるという信念に基いて一般の労働者と同様の勤務に服し賃金を受けている者』に該当し、労働者に当たるか否かは、具体的な労働条件を一般企業のそれと比較し、個別具体的な実情に即して判断すべきところ、原告が労働者に当たるのは前記アのとおりである。これに反する被告神社の主張は採用できない。

　なお、本件通達にあるように、信教の自由を保障する憲法及び宗教法人法の定める宗教尊重の精神を考慮して労基法を解釈する必要があるとしても、原告の被告神社における勤務の内容は、上位の神職による指揮の下、祭典、催物等の儀式に対する補助的作業、書類作成等の事務作業をすると

いうものであり（前記（1）ア（ウ）参照）、原告に労基法及び労契法の適用を認めても、信教の自由を害し、又は宗教尊重の精神に反するとは考えられない。このことは、前記（1）ウのとおり、被告神社がかつて神職を雇用保険の被保険者とし、労災保険の対象として認め、被告神社の禰宜であるＡが労働基準監督署の調査に当たって平成24年に任意に作成した就業規則及び給与規程の文案（甲2の2、甲30）に労基法37条に整合するよう時間外勤務手当を支払う旨の規定を設けるなど、宗教法人である被告神社自体が神職を労基法及び労契法上の労働者とすることを許容する行動をとっていたことからもうかがわれる。」

　上記福岡地裁平成27年判決は、上記通達の存在を1つの理由として、賦課金の支払いを命じる必要はないとしている点に注目されます。すなわち、「本件通達は、その文言（前記前提事実（6）イ）だけをみれば、宗教上の儀式に従事する者や修行中の僧職者等について、一律に労基法上の労働者とは異なる取扱いをするとの解釈も全くあり得ないとはいえないものであるし、前記二（1）ウのとおり、被告神社は、労働基準監督署の調査において、神職に適用される就業規則を定める必要はない旨の指摘を受け、その後、神職を雇用保険の被保険者としない扱いを認められるようになったから、被告神社において、原告を含む神職は労基法上の労働者には当たらないと考えて、原告に対し、割増賃金を支払わなかったことについても、一定の理由があったといえる。その他、本件に表れた一切の事情に鑑みれば、本件においては、被告神社に対し、労基法114条所定の付加金の支払を命じる必要はないというべきである。」としています。

　宗教法人に関して、労働者性が認められた裁判例としては、以下のようなものがあります。

　①拝観事業従事者（京都地裁平成5年11月15日決定（労判647号69頁）〔28019206〕）

　②受付事務従事者（松山地裁今治支部平成8年3月14日判決（労判697号

71頁)〔28011058〕)
③教務たる僧侶(東京地裁平成22年3月29日判決(労判1008号22頁)〔28163000〕)

労働者性を認めなかった裁判例としては、以下のようなものがあります。
①僧侶(東京地裁八王子支部平成7年5月31日判決(判時1544号79頁)〔27828354〕)

2 破門と解雇

前項でも言及した東京地裁平成22年3月29日判決(労判1008号22頁)〔28163000〕は、被告寺院から破門された原告僧侶らが、被告寺院との間の契約は雇用契約であり、破門は解雇に相当するところ、同解雇は解雇権の濫用であって無効であるとして、被告寺院に対し、雇用契約上の権利を有する地位にあることの確認と、賃金(賞与を含む。)及びこれに対する支払期日の翌日から支払い済みまで民法所定の年5分の割合による遅延損害金の支払いを求めた事案です。被告寺院は、原告らの地位は宗教上の地位にすぎず、本件訴訟は「法律上の争訟」に当たらないとして訴えの却下を求めるとともに、①原告らは労働基準法上の労働者ではない、仮に原告らが労働者であるとしても、②原告らは被告に対して破門前に労務の提供をしていない、③破門は解雇に相当し、理由があるなどとして、争いました。

法律上の争訟性の問題について、裁判所は、「原告らが、被告に対して労務を提供しているといえるのか、解雇としての性質を有する本件破門に効力があるのかは、宗教上の教義ないし信仰の内容に立ち入ることなく判断することができるものである。原告らと被告の宗教活動が根本的に異なるかについて、宗教上の教義ないし信仰の内容に立ち入らなくては判断することができないとしても、後記4に説示するとおり、原告らと被告の宗教活動が根本的に異なることにより、原告らが被告に対して労務を提供していると評価できるかや、解雇としての性質を有する本件破門の効力が左右されるものとは

解されないから、その判断が訴訟の帰趨を左右する必要不可欠のものであるともいえない。」と判示し、法律上の争訟性を認めました。

裁判所は、原告らを労働者であると認定したうえで、以下のように、破門について、法的には雇用契約の解消、すなわち解雇と位置付けたうえで、それを有効としました。

> 「原告らは代表者である乙山の業務命令に従っておらず、適式な手続を踏まずに原告Ａが住職に就任したとしており、乙山からの指示に従わなければ破門や解雇するとの警告を受けたのになお従わず、破門され、法律上の関係を解消するとの通知を受けているのであるから、原告らと被告との間の雇用契約を解消するという点で解雇としての性質を有する本件破門には、解雇理由があり、その手続からいっても、同解雇が客観的に合理的な理由を欠き、社会通念上相当であると認められないとはいえない。」

宗教法人関係者の地位をめぐる裁判例としては他に、京都地裁平成5年11月15日決定（普通解雇事案／労判647号69頁）〔28019206〕、東京地裁平成28年1月25日判決（免職あるいは休職期間満了による退職扱い事案／労経速報2272号11頁）〔28241284〕、京都地裁平成10年1月22日判決（定年後再雇用事案／判タ983号233頁）〔28032126〕等があります。

VII 知的財産法

1 氏名権

氏名権とは、自己の氏名を他人が権限なく使用する場合にこれを禁止する権利のことをいいます。宗教法人にも氏名権は認められています。

宗教法人の氏名権について判断した裁判例の嚆矢としては、東京地裁昭和63年11月11日決定（判タ691号200頁）〔27803061〕があります。同決定の

事案は、新たに結成された宗教団体の指導者が既存の宗教団体（真宗大谷派）の通称（東本願寺）と類似の名称（浄土真宗東本願寺派）を使用したとして、真宗大谷派が類似名称等の使用差止仮処分を申し立てたというものです。同決定は、先行する宗教団体と同一または類似の名称を採択する後行の宗教団体が先行する宗教団体と識別が可能であるかまたはそれほど困難でない場合には、特段の事情がない限り、同一または類似の名称を採択使用することは違法ではないとしたうえで、上記判断基準に照らせば、本件で疎明された事実からは、債権者の請求は理由がないとして申立てを却下しました。

宗教法人の氏名権を高裁レベルで認めた判決としては、東京高裁平成8年7月24日判決（判時1597号129頁）〔28031310〕があります。同判決は、地下鉄の駅に寺院の名称が用いられたことについて、東京都港区の泉岳寺が東京都に差止めを求めた事案です。同判決は、「宗教法人の名称も、社会的にみれば、法人を他から識別し特定する機能を有し、同時に、当該法人が宗教法人として尊重される基礎であり、その宗教法人の人格的なものの象徴であって、法人について認めることができる個人的人格権の一つとして、これを自然人の氏名権に準ずるものとして保護されるべきものであるから、他人がその名称を無断で使用して、当該宗教法人の人格的利益を違法に侵害するものと認められるときは、人格権である自然人の氏名権に準ずる権利として、その侵害行為の差止めを求めることができるとすべきである。そして、この場合の名称使用行為の違法性については、他人が当該名称を使用した目的、名称用行為の態様、当該宗教法人が被る損害、及び、差止めを認めることにより相手方が被る不利益等を全体的に考察して判断すべきである。」と判示しましたが、結論としては、駅名使用には公益性があることなどを理由に泉岳寺の差止め請求を棄却しました。

このような判例の流れから、ついに最高裁も宗教法人の氏名権を認めるに至りました。それが、最高裁平成18年1月20日判決（判タ1205号108頁）〔28110343〕です。最高裁平成18年判決は、包括宗教団体（天理教）から独立した教会が、引き続き包括宗教団体の名称を用いたため、包括宗教団体が

名称の差止めを求めた事案です。最高裁は、「氏名は、その個人の人格の象徴であり、人格権の一内容を構成するものというべきであるから、人は、その氏名を他人に冒用されない権利を有する（最高裁昭和58年（オ）第1311号同63年2月16日第三小法廷判決・民集42巻2号27頁参照）ところ、これを違法に侵害された者は、加害者に対し、損害賠償を求めることができるほか、現に行われている侵害行為を排除し、又は将来生ずべき侵害を予防するため、侵害行為の差止めを求めることもできると解するのが相当である（最高裁昭和56年（オ）第609号同61年6月11日大法廷判決・民集40巻4号872頁参照）。宗教法人も人格的利益を有しており、その名称がその宗教法人を象徴するものとして保護されるべきことは、個人の氏名と同様であるから、宗教法人は、その名称を他の宗教法人等に冒用されない権利を有し、これを違法に侵害されたときは、加害者に対し、侵害行為の差止めを求めることができると解すべきである。」と判示しましたが、独立した教会が以前から天理教の名称を用いてきたこと、独立した教会の信奉する教義は社会一般の認識においては「天理教」に他ならないこと、独立した教会において天理教の名称の周知性を殊更に利用しようとするような不正な目的はうかがわれないことを理由に、天理教の名称差止請求を棄却しました。

2 不正競争防止法

不正競争防止法とは、「事業者間の公正な競争及びこれに関する国際約束の的確な実施を確保するため、不正競争の防止及び不正競争に係る損害賠償に関する措置等を講じ、もって国民経済の健全な発展に寄与することを目的」とした法律です（不正競争防止法1条）。

不正競争防止法は、

①他人の商品等表示（人の業務に係る氏名、称号、商標、標章、商品の容器もしくは包装その他の商品または営業を表示するもの）として需要者の間に広く知られているものと同一または類似の表示を使用して、その

商品の出所または営業の主体について混同を生じさせる行為（不正競争防止法2条1項1号）
②自己の商品等表示として他人の著名な商品等表示と同一または類似のものを使用する行為（不正競争防止法2条1項2号）

を不正競争としています。

　1号と2号の違いは、①1号（周知性）は、当該商品のマーケット（需要者）において知られており、かつそれは、一定の地域（同一・類似表示の使用者の営業地域）において知られていれば足りるとされているのに対し、2号（著名）は、全国的かつマーケットを問わず知られていることが必要であること、②1号は、商品の出所または営業の主体について混同を生じさせることが必要であるのに対し、2号は、著名な商品等表示を用いれば足り、混同まで生じさせる必要はないということになります。

　他人の行う行為が不正競争とされたときは、それによって営業上の利益を侵害されるもしくは侵害されるおそれがある者は、差止めを請求したり（不正競争防止法3条）、損害賠償を請求することができます（不正競争防止法4条）。また、不正の目的をもって（不正競争防止法2条1項1号の場合）、著名な商品等表示にかかる信用もしくは名声を利用して不正の利益を得る目的、または当該信用もしくは名声を害する目的（不正競争防止法2条1項2号の場合）で不正競争を行ったときは、「5年以下の懲役もしくは500万円以下の罰金に処し、またはこれを併科」されることになります（不正競争防止法21条2項1号2号）。

　ただ、不正競争防止法は、取引社会における事業活動を保護するための法律ですので、前項の氏名権のところで紹介した最高裁平成18年1月20日判決（判タ1205号108頁）〔28110343〕は、不正競争防止法2条1項1号、2号にいう「営業」は、宗教法人の本来的な宗教活動及びこれと密接不可分の関係にある事業を含まないとの判断を示しました。少し長いですが、当該判旨部分を以下のとおり引用します。

第 4 章　宗教と民事法

　「不正競争防止法 1 条は、同法の目的が、事業者間の公正な競争及びこれに関する国際約束の的確な実施を確保するため、不正競争の防止及び不正競争に係る損害賠償に関する措置等を講じ、もって国民経済の健全な発展に寄与することにあると定める。また、『1900 年 12 月 14 日にブラッセルで、1911 年 6 月 2 日にワシントンで、1925 年 11 月 6 日にヘーグで、1934 年 6 月 2 日にロンドンで、1958 年 10 月 31 日にリスボンで及び 1967 年 7 月 14 日にストックホルムで改正された工業所有権の保護に関する 1883 年 3 月 20 日のパリ条約』は、『工業上又は商業上の公正な慣習に反するすべての競争行為は、不正競争行為を構成する』と規定し（10 条の 2（2））、このような不正競争行為の防止を工業所有権の保護の対象と位置付ける（1 条（2））とともに、各同盟国が同盟国の国民を不正競争から有効に保護すべきことを要請する（10 条の 2（1））。昭和 9 年に制定された旧不正競争防止法（平成 5 年法律第 47 号による改正前のもの）は、ヘーグでの改正に係る上記条約の要請を踏まえて制定されたものである。これらの規定や旧不正競争防止法以来の沿革等に照らすと、不正競争防止法は、営業の自由の保障の下で自由競争が行われる取引社会を前提に、経済活動を行う事業者間の競争が自由競争の範囲を逸脱して濫用的に行われ、あるいは、社会全体の公正な競争秩序を破壊するものである場合に、これを不正競争として防止しようとするものにほかならないと解される。そうすると、同法の適用は、上記のような意味での競争秩序を維持すべき分野に広く認める必要があり、社会通念上営利事業といえないものであるからといって、当然に同法の適用を免れるものではないが、他方、そもそも取引社会における事業活動と評価することができないようなものについてまで、同法による規律が及ぶものではないというべきである。これを宗教法人の活動についてみるに、宗教儀礼の執行や教義の普及伝道活動等の本来的な宗教活動に関しては、営業の自由の保障の下で自由競争が行われる取引社会を前提とするものではなく、不正競争防止法の対象とする競争秩序の維持を観念することはできないものであるから、取引社会における

事業活動と評価することはできず、同法の適用の対象外であると解するのが相当である。また、それ自体を取り上げれば収益事業と認められるものであっても、教義の普及伝道のために行われる出版、講演等本来的な宗教活動と密接不可分の関係にあると認められる事業についても、本来的な宗教活動と切り離してこれと別異に取り扱うことは適切でないから、同法の適用の対象外であると解するのが相当である。これに対し、例えば、宗教法人が行う収益事業（宗教法人法6条2項参照）としての駐車場業のように、取引社会における競争関係という観点からみた場合に他の主体が行う事業と変わりがないものについては、不正競争防止法の適用の対象となり得るというべきである。

　不正競争防止法2条1項1号、2号は、他人の商品等表示（人の業務に係る氏名、商号、商標、標章、商品の容器若しくは包装その他の商品又は営業を表示するもの）と同一若しくは類似のものを使用し、又はその商品等表示を使用した商品を譲渡するなどの行為を不正競争に該当するものと規定しているが、不正競争防止法についての上記理解によれば、ここでいう「営業」の意義は、取引社会における競争関係を前提とするものとして解釈されるべきであり、したがって、上記「営業」は、宗教法人の本来的な宗教活動及びこれと密接不可分の関係にある事業を含まないと解するのが相当である。」

なお、不正競争防止法の「営業」に含まれないのは、本来的な宗教活動及びこれと密接不可分の関係にある事業ですので、最高裁判決も指摘するように、それ以外の宗教法人が行う収益事業等は、「営業」に含まれることになりますので、宗教法人は不正競争防止法による保護を受けることができます。

3 著作権法

(1) 教義等の著作物性

著作権法の保護の対象となる著作物とは、「思想又は感情を創作的に表現したものであつて、文芸、学術、美術又は音楽の範囲に属するものをいう。」とされています（著作権法2条1項1号）。それでは、宗教の教義等には、著作物として著作権が成立するのでしょうか。

この点について、横浜地裁小田原支部平成3年7月9日判決（最新著作権関係判例集（ぎょうせい）10巻27頁）は、以下のように述べて教義の著作物性を否定しました。

> 「一般に著作権は、著作物に関する著作物の排他的利用に関する財産権であるといわれるように、人格的精神的側面はあるにしろ、全体的には財産権的側面を本体とする。
>
> そもそも宗教とは、その教義に基づいて独自の世界観を構築し、その普遍性を信じて教義を広めるために、布教活動を含めた様々な活動をする。右活動は、特定の宗教世界の中ではあれ、人類一般の利益のためその教義の周知されることを目的としており、決して教義の利用を排他的なものとはせず、また教義を利用することにより収益を上げることを目的としていない。
>
> また、一般に宗教の開祖（教祖）の著した教義・教理・説教（教義等という）は、それ以外の聖職者の通常の意味での説教とは異なり、所謂神の言葉を伝えたもの、聖なるものとして当該宗教世界において崇められている。そして、一般的には、神聖なものと経済性・収益性とは本来相容れないものと解されている。」

そして、上記横浜地裁小田原支部平成3年判決は、教義等に著作権が成立するとすれば、以下のような重大な問題が生ずるとしました。

①著作権者は、著作物の保護期間中、その教義等の利用、利用許諾、譲渡等によって収益を挙げ、その意に反する使用に対して、差止め、損害賠償の請求、刑事罰を求めること等をなしうることになり、また、著作物を担保に供したり、強制執行の対象とすることも可能であることになるが、そうした事例は考えにくいこと

②教義等に対し著作権という排他的な権利を認めると、ある宗教団体から分派した信者らがいる場合に、その信者らが教義等を利用することができなくなり、信仰の自由や宗教上の結社の自由を侵害する結果となること

③教義等が著作物であるとすれば、著作権の相続が問題となるが、仮に教祖の相続人が教祖の宗教を全く否定する人物であれば、著作権の承継後、教祖の教義等の利用を一切許諾しない場合もありえ、また、相続人の意に反する使用については、差止め、損害賠償請求や処罰を求めることも可能になり、妥当でないこと

④仮に教義等に対する著作権が初代教主からその後継者に対し、教主としての地位に付随して承継されると解した場合、宗教上の地位の正当な後継者であるかどうかの判断は、宗教論争であって、原則として司法判断ができないこと

　上記横浜地裁小田原支部平成3年判決は、宗教上の教義等の特質を尊重している点で、大変興味深いものです。しかしながら、同判決は、必ずしも通説的な位置を占めている判決ではなく、むしろ実務は、宗教上の教義等に著作物性を認め、著作権法上の保護を与えることが趨勢です。同判決の掲載されている著作権判例研究会『最新著作権関係判例集10巻』ぎょうせい（1995年）27頁の解説には、「判決は、教義など宗教的著作物について著作権が成立しないとしているが、これは誤りではないだろうか。ベルヌ条約1928年改正会議において、第2条に「説教」が例示として明示され、フランス著作

権法（1957年3月11日）第3条、ポルトガル著作権法（1985年9月17日）2条1項（b）にも「説教」が例示され、イタリア著作権法（1941年4月22日）第2条（1）には「宗教上の著作物」が例示されている。我が著作権法では、例示されていないが著作物である。」と述べられています。教義等に著作物性があることについて、安武敏夫他『宗教法人の法律相談』青林書院（2000年）151頁に詳説されておりますので、ご参照いただければと思います。

東京地裁平成24年9月28日判決（判タ1407号368頁）〔28182119〕、東京地裁平成25年12月13日判決（裁判所ウェブサイト）〔28220579〕も教義等が著作物であることを前提に判断がなされております（ただ、当該訴訟において、当事者は、教義等の著作物性を正面から争っていませんでした。）。

（2）観音像の仏頭部のすげ替えと同一性保持権

東京都文京区の寺院（A寺）が、観音像の眼差しが睨みつけられるようだなどとの違和感が信者や拝観者から述べられたため、観音像の仏頭部をすげ替えたところ、観音像を製作した仏師Rの弟（B）が原告となって、当該寺院及び仏頭部をすげ替えた仏師（C）を訴えたという事件がマスコミを騒がせたことがあります。

当該寺院の行為のどこが問題なのでしょうか。著作者には、著作者人格権（著作者がその著作物に対して有する人格的利益の保護を目的とする権利の総称）という権利があります。具体的には、著作物でまだ公表されていないものを公衆に提供し、または提示する権利である公表権（著作権法18条）、著作物の原作品に、またはその著作物の公衆への提供もしくは提示に際し、その実名もしくは変名を著作者名として表示し、または著作者名を表示しないことを決定する権利である氏名表示権（著作権法19条）、著作物及びその題号の同一性を保持する権利を有し、その意に反してこれらの変更、切除その他の改変を受けない権利である同一性保持権（著作権法20条）があります。また、「著作者の名誉又は声望を害する方法によりその著作物を利用する行

為」は、著作者人格権を侵害する行為とみなされます（著作権法113条6項（平成28年法律108号改正後：7項））。

著作権法112条は、著作者人格権に対する侵害行為の差止請求権を認めています。著作権法115条は、「著作者又は実演家は、故意又は過失によりその著作者人格権又は実演家人格権を侵害した者に対し、損害の賠償に代えて、又は損害の賠償とともに、著作者又は実演家であることを確保し、又は訂正その他著作者若しくは実演家の名誉若しくは声望を回復するために適当な措置を請求することができる。」と規定し、著作者に、故意または過失により著作者人格権または実演家人格権を侵害した者に対する名誉回復等措置請求を認めています。

著作者人格権は、著作者の死後も保護されます。すなわち、著作権法60条は、「著作物を公衆に提供し、又は提示する者は、その著作物の著作者が存しなくなつた後においても、著作者が存しているとしたならばその著作者人格権の侵害となるべき行為をしてはならない。ただし、その行為の性質及び程度、社会的事情の変動その他によりその行為が当該著作者の意を害しないと認められる場合は、この限りでない。」とし、著作者が存しなくなった後における人格的利益の保護について規定しています。著作権法116条1項は、「著作者又は実演家の死後においては、その遺族（死亡した著作者又は実演家の配偶者、子、父母、孫、祖父母又は兄弟姉妹をいう。以下この条において同じ。）は、当該著作者又は実演家について第60条又は第101条の3の規定に違反する行為をする者又はするおそれがある者に対し第112条の請求を、故意又は過失により著作者人格権又は実演家人格権を侵害する行為又は第60条若しくは第101条の3の規定に違反する行為をした者に対し前条の請求をすることができる。」とし、著作者の遺族が、著作者の死後における人格的利益の保護のための措置をとれることを規定しています。

訴訟において、Bは、仏師Rの遺族として、著作者である仏師Rが存しなくなった後において、著作者が存しているとしたならばその著作者人格権（法20条及び113条6項（平成28年法律108号改正後：7項）所定の権利）の侵

第4章　宗教と民事法

害となるべき行為を保護するために、①著作権法112条、115条を根拠とする本件観音像を公衆の観覧に供することの差止請求、②著作権法112条、115条を根拠とする適当な措置請求としての原状回復請求、③著作権法115条を根拠とする名誉声望回復のための謝罪広告請求（訂正広告請求を含みます。）を求めました（著作権法20条、113条6項（平成28年法律108号改正後：7項）、116条1項、60条）。これに対して、A寺らは、①著作権法20条1項所定の仏師Rの「意に反する・・・改変」に該当しない、及び著作権法60条ただし書き所定の仏師Rの「意を害しないと認められる場合」に該当する、②著作権法20条2項4号所定の「著作物の性質並びにその利用の目的及び態様に照らしやむを得ない・・・改変」に該当する、③著作権法113条6項（平成28年法律108号改正後：7項）所定の「著作者の名誉又は声望を害する方法によりその著作物を利用する行為」に該当しないなどと反論しました。

それでは、裁判所はどのように判断したのでしょうか。知財高裁平成22年3月25日判決（判タ1370号206頁）〔28160679〕の判断は、以下のとおりです。少し長いですが、著作権法上も、宗教法上も、重要な判決ですので、省略せずに記載します。

「当裁判所は、①被告A寺による本件観音像の仏頭部のすげ替え行為は、著作者であるRが生存しているとしたならばその著作者人格権（同一性保持権、法20条）の侵害となるべき行為であり、②法113条6項所定の『著作者の名誉又は声望を害する方法によりその著作物を利用する行為』に該当し、侵害とみなされるべき行為であり、③法60条のただし書等により許される行為には当たらないと判断する。したがって、原告はRの遺族として、法116条1項に基づいて、法115条に規定するRの名誉声望を回復するための適当な措置等を求めることができると解される。そして、当裁判所は、すべての事情を総合考慮すると、法115条所定のRの名誉声望を回復するためには、被告らが、本件観音像の仏頭のすげ替えを行った

事実経緯を説明するための広告措置を採ることをもって十分であり、法112条所定の予防等に必要な措置を命ずることは相当でないと判断するものである。

その理由は、以下のとおりである。以下、要件論（要件を充足性しているかの判断）と効果論（適切な回復措置に関する判断）と分けて、検討する。

（２）要件論 ── 要件充足性（法20条の同一性保持権侵害、法113条6項の著作者人格権のみなし侵害、及び法60条所定の要件該当性）について

ア　改変の有無について

R（亡R）が、美術の著作物である本件原観音像の著作者であること、Rが平成11年9月28日に死亡したこと、被告A寺が本件原観音像を本件観音堂内に祀り、参拝者等の公衆の観覧に供していたこと、被告らが、Rの死後である平成15年ころから平成18年ころまでの間に本件原観音像の仏頭部をすげ替えたことは、前記争いのない事実等（第2の2）のとおりである。

本件原観音像は、木彫十一面観音菩薩立像であって、11体の化仏が付された仏頭部、体部（躯体部）、両手、光背及び台座から構成されているところ、11体の化仏が付されたその仏頭部は、本件原観音像においてRの思想又は感情を表現した創作的部分であるといえる。

そうすると、本件原観音像の仏頭部の眼差しを修正する目的で行われたものであるとしても、被告らによる本件原観音像の仏頭部のすげ替え行為は、本件原観音像の創作的部分に改変を加えたものであると認められる。

イ　法20条1項所定のRの『意に反する・・・改変』の該当性、及び法60条ただし書所定のRの『意を害しないと認められる場合』の該当性について

被告らは、R自身も本件原観音像の仏頭部に満足しておらず、これを作り直すべきことを検討していたから、被告らによる本件原観音像の仏頭部

のすげ替え行為は、Rの『意に反する・・・改変』（法20条1項）には当たらず、また『意を害しないと認められる場合』（法60条ただし書）に該当し、法20条1項による禁止の対象とはならない旨主張する。

しかし、以下の経緯に照らすならば、本件原観音像の完成後に、観音像の仏頭部を作り直した行為は、法20条1項所定のRの『意に反する・・・改変』と推認するのが相当であり、また法60条所定の『意を害しないと認められる場合』に該当すると認めることはできない。

すなわち、被告Cの供述中には、仏頭部の粗彫りが完成した際、Rが先代住職に確認を求めたその場で、先代住職に対し、『お気に召さなければ作り直ししましょうか、と言いました』との供述部分があり、また、被告A寺代表者（D）の供述中には、先代住職とDが昭和62年6月14日に本件工房を訪れた際、Rが先代住職に対し、粗彫りが出来上がった仏頭部について、『だみ声で、どうでしょう。お気に召さなかったら作り直しましょうかねえ、というふうにおっしゃったのを覚えてます。』、Rは仏頭部の出来について、『作り直しましょうかという言葉からすると、満足なさっていなかったのではないかと思います。』との供述部分がある。

他方で、①Rは、昭和63年8月23日から1週間、化仏がつけられた仏頭部が、M百貨店で開催された第35回仏教美術彫刻展に出展されているが（前記1（2）ウ（ク））、仏師であるRが自ら制作した作品である仏頭部の出来について満足せず、あるいはこれを作り直すつもりでいたとすれば、仏教美術彫刻展に出展することを差し控えるのが自然であること、②平成5年5月18日に執り行われた本件原観音像の開眼法要（開眼落慶法要）の際に、Rは、本件原観音像の制作について、『・・・一生懸命やりました。出来映えはまあまあというところだと思います。』と挨拶していること（甲71）、③被告C及び被告A寺代表者の前記各供述部分は、Rが粗彫りが出来上がった仏頭部について『お気に召さなければ作り直ししましょうか』あるいは『お気に召さなかったら作り直しましょうかねえ』と発言したというものであって、その発言は、本件原観音像の制作途中の

段階のものであり、完成した本件原観音像の仏頭部について作り直す意向を示したものとまではいえないと推認されること、④前記開眼法要（開眼落慶法要）が執り行われた平成５年５月18日以降、Ｒが死亡した平成11年９月28日までの間に、Ｒが本件原観音像の仏頭部を作り直す意向を示したことをうかがわせる証拠はないことに照らすならば、被告Ｙ及び被告Ａ寺代表者の上記各供述部分からＲが本件原観音像の完成後にその仏頭部を作り直す確定的な意図を有していたとまで認めることはできず、他にこれを認めるに足りる証拠はない。

そうすると、Ｒが、本件原観音像について、どのような感想を抱いていたかはさておき、本件原観音像の仏頭部のすげ替え行為は、法20条１項所定のＲの『意に反する・・・改変』と推認するのが相当であり、また法60条所定の『意を害しないと認められる場合』に該当するとまでは認めることはできず、この点に関する被告らの上記主張は、いずれも採用することができない。

ウ　法20条２項４号所定の『やむを得ないと認められる改変』の該当性について

被告らは、被告らによる本件原観音像の仏頭部のすげ替え行為は、法20条２項４号所定の『著作物の性質並びにその利用の目的及び態様に照らしやむを得ないと認められる改変』に該当すると主張する。

確かに、前記１で認定した事実によれば、①本件原観音像は、本件観音堂に祀られた本件観音像を下から見上げる拝観者の眼差しと本件原観音像の眼差しとが合わさらなかったことから、Ｒが、本件原観音像が下を向くように、眼球面を彫刻した結果、上まぶたが仏像の慈悲の表現を表す『半眼』にならず、しかも、下から見上げると、本件原観音像は、驚いたように又は睨みつけるように眼を見開いた表情となった、②観音像は、信仰の対象であり、その表情は、拝観者らの信仰の対象として、重要な意義を有するところ、信者や拝観者において、本件原観音像の表情について違和感を覚えるなどの感想を述べる者、慈悲深い表情とするよう善処を求める者

がいた、③被告Ａ寺は、平成６年ころ、Ｒに対し、本件原観音像の左右の眼の修繕を依頼したところ、原告において、本件原観音像の眼差しの修正を試みたものの、本件原観音像の眼差しや表情を補修するには至らなかった、④被告Ａ寺の現住職のＤは、信者や拝観者らの信仰心を考慮して、本件原観音像の表情を修復すべきであると考えた、⑤Ｄは、Ｒの死後の平成15年ころ、被告Ｃに相談したところ、本件原観音像の表情を変えるには、『目の部分だけを彫り直す方法』や『顔の前面を彫り直す方法』などが考えられるが、失敗する可能性もあり、その可能性を考えると、新たに仏頭部を作り直した方がよい旨の助言を受け、仏頭部全体の作り直しを決意した、⑥原告に対し、本件原観音像の仏頭部の作り直しを伝えたところ、原告は、仏頭部の作り直しを拒絶した、⑦Ａは、被告Ｄに対して、本件原観音像の眼差しや表情を修正するため、新たな仏頭部の制作を依頼し、本件原観音像の仏頭部をすげ替えたとの経緯が認められる。

　このような経緯に照らすと、被告らによる本件原観音像の仏頭部を新たに制作して、交換した行為には、相応の事情が存在するものと認められる。

　しかし、たとえ、被告Ａ寺が、観音像の眼差しを半眼下向きとし、慈悲深い表情とすることが、信仰の対象としてふさわしいと判断したことが合理的であったとしても、そのような目的を実現するためには、観音像の仏頭をすげ替える方法のみならず、例えば、観音像全体を作り替える方法等も選択肢として考えられるところ、本件全証拠によっても、そのような代替方法と比較して、被告らが現実に選択した本件原観音像の仏頭部のすげ替え行為が、唯一の方法であって、やむを得ない方法であったとの点が、具体的に立証されているとまではいえない。したがって、観音像の眼差しを修正し、慈悲深い表情に変えるとの目的で、被告らが実施した本件原観音像の仏頭部のすげ替え行為は、法20条２項４号所定の『やむを得ないと認められる改変』のための方法に当たるということはできない。

　被告らの主張は理由がない。

エ　法113条６項（著作者人格権のみなし侵害）所定の『著作者の名誉

又は声望を害する方法によりその著作物を利用する行為』の該当性について

　Rは、平成5年5月18日に執り行われた開眼法要（開眼落慶法要）の際に、本件原観音像の制作者として紹介され、出席者の前で挨拶していること（甲71）、平成7年6月15日発行の宗教工芸新聞（甲1）の記事において、『仏師　R師』との見出しの下に、Rが本件原観音像の制作者として紹介され、『東京駒込A寺大観音（R）』と付された、本件原観音像の写真が掲載されていること（前記1（5）イ）からすれば、Rが死亡した平成11年9月28日から10年以上が経過した本件口頭弁論終結日（平成21年12月21日）の時点においてもなお、A寺の檀家、信者や仏師等仏像彫刻に携わる者の間において、Rは『駒込大観音』を制作した仏師として知られているものと推認することができること等の事実を総合すれば、被告らによる本件原観音像の仏頭部のすげ替え行為は、Rが社会から受ける客観的な評価に影響を来す行為である。

　したがって、被告らによる本件原観音像の仏頭部のすげ替え行為は、法113条6項所定の、『（著作者であるRが生存しているとしたならば、）著作者の名誉又は声望を害する方法によりその著作物を利用する行為』に該当するといえる。

（3）効果論 —— 法115条所定の名誉声望回復措置等、法112条所定の停止措置等について

　前記のとおり、被告らによる本件原観音像の仏頭部のすげ替え行為は、著作者であるRが生存しているとしたならば、同一性保持権の侵害となるべき行為であり、また、法113条6項の著作者人格権のみなし侵害となるべき行為である。そして、Rには配偶者及び子はなく、Rの父T及び母亡Lは、Rの死亡前に既に死亡しており、原告は、Rの弟である（争いはない）。したがって、原告はRの遺族として、法116条1項に基づいて、法115条、112条所定の適当な措置等を求めることができる余地がある。そこで、法115条、112条に基づいて、原告が被告らに対して求めるこ

とができる適当な措置等の内容について吟味する。
ア　法115条所定の名誉声望回復措置等
（ア）原告は、法115条所定の適当な措置として、被告Ａ寺に対し、仏頭部を本件原観音像制作当時の仏頭部に原状回復措置、公衆の閲覧に供することの差止め等、被告らに対し謝罪広告措置等を求めている。

　しかし、下記の諸般の事情を総合考慮するならば、①原告が求める謝罪広告中（訂正広告を含む。）、その客観的な事実経緯を周知するための告知をすることで、Ｒの名誉、声望を回復するための措置としては十分であり、②仏頭部を本件原観音像制作当時の仏頭部に原状回復する措置や謝罪広告を掲載する措置、公衆の閲覧に供することの差止めについては、いずれも、Ｒの名誉、声望を回復するための適当な措置等とはいえないものと解する。

　前記認定のとおり、①本件原観音像は、被告Ａ寺の前住職が、戦災により焼失した『旧駒込大観音』を復興し、信仰の対象となる仏像にふさわしい観音像を制作することを目的として、Ｒに対し、依頼したこと、②しかし、Ｒが制作した本件原観音像は、本件観音堂に安置された状態では、拝観者が見上げることになり、対面した拝観者に対しては、驚いたような表情、又は睨みつけるような表情となったこと、③被告Ａ寺現住職のＤは、そのような表情について違和感を感じて、本件原観音像の眼差しを修繕することを希望し、Ｒに対し、本件原観音像の左右の眼の修繕を依頼したこと、④その依頼に応じて、原告が、一旦は、本件原観音像の眼差しの修繕を試みたが、結局、本件原観音像の表情を補修することができなかったこと、⑤被告Ａ寺のＤは、被告Ｃに対し、本件原観音像の眼差しの修繕の相談をしたところ、被告Ｃは、仏頭部の一部のみを残して、前面のみを作り変えることは、かえって、失敗する危険性があると助言をしたこと、⑥そこで、Ｄは、被告Ｃに、仏頭部を新たに制作し、仏頭を交換することを依頼し、被告Ｃは、そのような方法によって、本件観音像を作り替えたこと、⑦被告Ｃは、Ｒの弟子として、長年にわたり、その下で制作に関与し、本件原観音像についても、制作開始から木彫作業が終了するまでの全制作行

程（漆塗り、金箔貼りを除く。）に精力的に関与して、Ｒの創作活動に協力し、補助してきた者であること、⑧本件原観音像から取り外した仏頭部（すげ替え前の仏頭部）は、その原形のままの状態で本件観音堂に保管されており、第三者が同仏頭部の形状を拝観することは不可能でないこと、⑨仮に、被告Ａ寺は、本件観音像について、その仏頭部を観音像制作当時の仏頭部に原状回復することを命じられた場合、同被告は、一旦は、原状回復措置を講じても、その後すみやかに、いわゆる『お焚き上げ』と称する方法により、本件原観音像全体を焼却する措置を講ずることが推測され、結局のところ、Ｒの名誉、声望等が回復される目的が十分に達成できるとはいえないこと等諸般の事情を総合考慮するならば、原状回復の措置は、適当な措置ということはできない。

（イ）すなわち、被告らによる本件観音像の仏頭部のすげ替え行為は、確かに、著作者が生存していたとすれば、その著作者人格権の侵害となるべき行為であったと認定評価できるが、本来、本件原観音像は、その性質上、被告Ａ寺が、信仰の対象とする目的で、Ｒに制作依頼したものであり、また、仏頭部のすげ替え行為は、その本来の目的に即した補修行為の一環であると評価することもできること、交換行為を実施した被告Ｃは、Ｒの下で、本件原観音像の制作に終始関与していた者であることなど、本件原観音像を制作した目的、仏頭を交換した動機、交換のための仏頭の制作者の経歴、仏像は信仰の対象となるものであること等を考慮するならば、本件において、原状回復措置を命ずることは、適当ではないというべきである。

　以上の事情によれば、Ｒの名誉声望を維持するためには、事実経緯を広告文の内容として摘示、告知すれば足りるものと解すべきであり、別紙広告目録記載第１の内容が記載された広告文を同目録記載第２の新聞に、同目録記載第２の要領で掲載することが相当であると解する。また、法115条所定に基づき、公衆の閲覧に供することの差止め等を求めることも適当でない。

イ　法112条１項、２項所定の差止請求等

原告は、法112条1項に基づいて、著作者人格権を侵害する行為の停止又は予防を、同条2項に基づいて、著作者人格権侵害の停止又は予防に必要な措置を請求する。しかし、法112条1項、2項を根拠としたとしても、前記アと同様の理由によって、本件観音像を公衆の閲覧に供することの差止め及び原状回復は、必要な措置であると解することはできない。

5　Rから相続した展示権侵害を理由とする公衆の観覧に供することの差止請求（法112条1項）及び原状回復請求（法112条2項）の可否（争点9 —— Rに係る請求）

　原告は、Rが有していた原作品により公に展示する権利に係る専有権を相続したことを前提として、本件原観音像の二次的著作物である本件観音像について、公衆の観覧に供することの差止請求権等が存在すると主張する。

　しかし、原告の請求は、以下のとおり失当である。

　すなわち、Rは、被告A寺からの、観音像の制作依頼に対し、これを承諾して、本件原観音像を制作したものである。ところで、観音像は、その性質上、信仰の対象として、拝観者をして観覧させるものであり、このような観音像の本来の目的に照らすならば、Rが、自己が制作した観音像の展示については、一般的、包括的かつ永続的に承諾をした上で、制作したとみるのが自然である。したがって、原告が、Rから相続したと主張する展示権に基づいて、公衆の観覧に供することの差止め及びこれに関連する原状回復を求めることが許される余地はないと解するのが合理的である。

　本件観音像は、本件原観音像の眼差しを修正する目的から、頭部を交換したものであり、本件原観音像そのものではないが、前記4の事実経緯等に基づき総合判断するならば、原告の有する展示権に基づく、本件観音像の展示差止めの請求が許されないのは同様である。

6　原告自らの展示権侵害を理由とする損害賠償請求、Rから相続した展示権侵害を理由とする損害賠償請求、遺族としての深い愛着・名誉感情侵害を理由とする損害賠償請求について（争点10）

前記5で述べたとおり、被告Ａ寺による本件観音像の展示は、許されると解すべきであり、原告の本件原観音像について有する展示権に基づく、被告Ａ寺に対する本件観音像の展示の差止請求権は存在しない。したがって、原告は、被告Ａ寺による、本件観音像の展示により、金銭に評価できる損害を被っているということはできない。原告のこの点の請求は、理由がない。」

(別紙)　広告目録

第1　広告の内容
　　　　　　　　　　広告
　　Ａ寺及びＣは、Ａ寺から委託を受けて故Ｒ殿が共同して制作し、Ａ寺が東京文京区●●所在のＡ寺境内観音堂内に安置した木造十一面観音菩薩立像である「駒込大観音」について、Ａ寺においてＣに対して仏頭部の再度の制作を委託し、これを受けてＣにおいて仏頭部を新たに制作し、これによりＡ寺においては新たに制作された仏頭部を備えた観音像を観音堂に安置し、拝観に供していること、及び故Ｒ殿の制作にかかる仏頭部も同じく観音堂に安置していることについて、故Ｒ殿の名誉・声望を回復するための適当な措置として、お知らせ申し上げます。

平成　　年　　月　　日
　　　　　　　　　　　　　　　　東京都文京区●●
　　　　　　　　　　　　　　　　Ａ寺
　　　　　　　　　　　　　　　　代表者代表役員　　　Ｄ
　　　　　　　　　　　　　　　　千葉県佐倉市●●
　　　　　　　　　　　　　　　　　　　　　　　　　　Ｂ

第2　広告の要領
　1　○○新聞
　　（1）掲載スペース：2段×4.0cm
　　（2）使用活字：見出し及び末尾被告らの名称は12ポイント
　　　　（ゴシック）、その他は10ポイント
　2　▲▲日報
　　（1）掲載スペース：2段×4.0cm
　　（2）使用活字：見出し及び末尾被告らの名称は12ポイント
　　　　（ゴシック）、その他は10ポイント

4 商標法

　商標の無効理由をめぐって、墓地経営主体は、市町村等の地方公共団体が原則であり、これによりがたい事情があっても宗教法人または公益法人等に限られること（墓地経緯・管理の指針等について（平成12・12・6生衛発第1764号））という墓埋法実務が考慮された珍しい裁判例がありますので紹介します。

　商標法3条1項柱書は、商標登録要件として、「自己の業務に係る商品又は役務について使用をする商標」を掲げています。そして、商標法3条違反事由がある場合、利害関係人は、商標法46条1項1号に基づいて商標登録の無効の審判を請求することができます。ただし、商標権の設定の登録の日から5年の除斥期間を経過した後は、商標登録の無効の審判を請求することができません（商標法47条1項）。

　以上のことを予備知識として、東京地裁平成24年2月28日判決（裁判所ウェブサイト）〔28180575〕を紹介します。同判決の事案は、原告が、指定役務を「墓地又は納骨堂の提供」（第42類）とする商標（「GRAVEGARDEN」と「グレイブガーデン」の2段表示）にかかる商標権を有していたところ、被告らが、墓地の永代使用権を販売するにあたって、本件登録商標と類似する商標を使用したとして、損害賠償を請求したというものです。被告らは、個人である原告が、「墓地又は納骨堂の提供」の役務にかかる業務を行うことは、墓埋法の運用上認められておらず、本件商標法の商標登録には、商標法3条1項柱書に違反する無効理由がある、商標法47条1項所定の5年の除斥期間が経過して商標登録無効審判の請求はできないものの、原告の請求は権利濫用に当たり許されないと争いました。

　裁判所は、以下のように判断して、原告の損害賠償請求を棄却しました。

・無効理由の有無

「商標法3条1項柱書きの『自己の業務に係る商品又は役務について使

用をする商標』とは、出願人が自己の業務に現に使用する商標又は近い将来において自己の業務に使用する意思がある商標であることを要し、また、ここでいう『自己の業務に使用する意思がある』といえるためには、単に出願人が主観的に使用の意図を有しているというのみでは足りず、自己の業務での使用を開始する具体的な予定が存在するなど、客観的にみて、近い将来における使用の蓋然性が認められることを要するものと解するのが相当である。」「墓埋法10条1項の規定とこれに関する行政上の通知及び各都道府県等の条例の内容からすれば、本件商標の商標登録がされた当時（平成12年10月20日）から、個人である原告が自ら墓埋法10条1項の許可を得ることは実際上不可能であったものと認められ、したがって、原告は、『墓地又は納骨堂』の経営主体として『墓地又は納骨堂の提供』の役務に係る業務を行うことはできなかったものといえる。他方で、一般に、墓地や霊園の開発、販売、管理等の事業において、石材店やコンサルタント会社などの民間業者が関与し、墓地の経営主体となる宗教法人等と共同して当該事業を進めていく場合があることは、本件各霊園の開発経過に関する証拠（乙5の1及び2、乙6、7）等に照らしても容易に推認し得るところである。そして、このように宗教法人等以外の業者等が宗教法人等からの委託を受けて、墓地の開発、販売、管理等の業務の一部を行っているような場合には、当該業者等は、墓地の経営主体である宗教法人等と共同することによって、『自己の業務』として『墓地の提供』の役務に係る業務を行っていると評価できる場合もあり得るものということができる。してみると、被告らが主張するように、原告が法令上『墓地又は納骨堂』の経営主体とはなり得ない個人であるとの理由のみから直ちに、本件商標が、出願人たる原告において『自己の業務に係る役務について使用をする商標』とはいえないものと即断することは相当でなく、この点については、更に、原告が本件商標の登録出願に至った経過、その当時における原告の本件商標の使用状況やその使用予定の有無等の具体的な事情を勘案して、本件商標が、原告において、自己の業務に現に使用し、又は近い将来にお

いて自己の業務に使用する意思がある商標であったものといえるか否かを検討する必要がある。」「以上を前提に、本件商標が、出願人たる原告において『自己の業務に係る役務について使用をする商標』に当たるものといえるか否かにつき判断すると、本件商標の商標登録がされた平成12年10月20日当時、原告が、本件商標を『墓地又は納骨堂の提供』の役務に係る自己の業務に現に使用していたとの事実が認められないことは明らかである。加えて、その当時の原告が、『墓地又は納骨堂の提供』の役務に係る自己の業務において本件商標の使用を開始する具体的な予定を有していたとの事実も認められないこと、更に、その後の経過をみても、本件商標の商標登録日から本件口頭弁論終結日（平成23年11月24日）に至るまでの11年余りの間に、原告が、本件商標を使用して『墓地又は納骨堂の提供』の役務に係る自己の業務を現に行い、又は、これを具体的に計画したという事実は認められないこと、これらの事情を総合考慮すると、本件商標の商標登録当時の原告には、客観的にみて、本件商標を自己の業務に使用する意思があったとは認められないというべきである。してみると、本件商標は、出願人たる原告において『自己の業務に係る役務について使用をする商標』には当たらないものというべきである。」

・権利濫用の有無

「本件商標の商標登録後においても、原告が、本件商標を『墓地又は納骨堂の提供』の役務に係る業務において現に使用した事実は認められず、また、将来において本件商標を使用する具体的な計画があることも認められないものであるから、本件商標には、原告の信用が化体されているとはいえない。これらの事情に鑑みれば、原告の本件商標権に基づく損害賠償請求権の行使を容認することは、商標法の趣旨・目的、とりわけ、いわゆる登録主義の法制下においての濫用的な商標登録を排除し、登録商標制度の健全な運営を確保するという同法3条1項柱書きの規定趣旨に反する結果をもたらすものといえるから、原告の被告らに対する本件商標権に基づく損害賠償請求権の行使は、権利の濫用に当たるものとして許されないと

いうべきである。」「原告は、本件商標については、商標法47条1項所定の除斥期間の経過により商標登録無効審判の請求をすることができず、したがって、被告らは、本件商標の商標登録が無効であることを理由とする権利行使制限の抗弁（商標法39条、特許法104条の3第1項）を主張することができないにもかかわらず、本件商標の商標登録に無効理由があることを根拠として権利濫用の主張を認めることは、上記除斥期間を定めた商標法47条1項の趣旨を没却することとなり、許されない旨を主張する。しかしながら、商標法47条1項の規定は、商標登録を対世的かつ遡及的に無効とするための無効審判請求との関係において、その請求のないまま一定の期間が平穏に経過した場合に、現存の法律状態を尊重し維持するために、商標登録についての瑕疵が消滅したものと扱う趣旨の規定であると解されるところ、商標権者の特定の相手方に対する具体的な商標権の行使が権利の濫用に当たるか否かの判断は、商標法47条1項の規定が対象とする無効審判請求の可否の問題とは異なる場面の問題である。上記権利濫用の成否は、当事者間において具体的に認められる諸般の事情を考慮して、当該権利行使を認めることが正義に反するか否かの観点から総合的に判断されるべきものであって、ここで考慮され得る事情については、特段の制限が加えられるべきものではない。したがって、商標権の行使が権利濫用に当たるか否かの判断に当たっては、当該商標の商標登録に無効理由が存在するとの事情を考慮し得るというべきであり、当該無効理由につき商標法47条1項の除斥期間が経過しているからといって、このような考慮が許されないものとされるべき理由はなく、このことが同項の趣旨を没却するなどといえないことは明らかであるから、原告の上記主張は理由がない。」

第5章

宗教と刑事法

I はじめに

本章では、宗教と刑事法に関する裁判例について紹介していきます。宗教に関する刑事法判例といえば、刑法第24章の「礼拝所及び墳墓に関する罪」に関する裁判例が思い浮かびますが、その他、住職による横領や秘仏のわいせつ性、宗教目的のための刀剣所持、宗教的感情に抵触する各種行為など、宗教にまつわる事柄が問題となっているがゆえに、他の刑事法判例とは異なり、独特の判断を行っている裁判例が見受けられます。

本章では、「礼拝所及び墳墓に関する罪」の裁判例について紹介した後、宗教法人運営に伴う刑事法裁判例、宗教的感情に関連する事案の刑事法裁判例について紹介していきます。

II 礼拝所及び墳墓に関する罪の裁判例

1 はじめに

刑法第24章の「礼拝所及び墳墓に関する罪」は、国民の宗教生活における風俗・習慣及び死者に対する国民一般の有する敬虔・尊崇の感情を保護するものとされ、それは、特定の宗教を保護するものではないから、憲法20条の保障する信教の自由に反するものではないとされています（西田典之著・橋爪隆補訂『刑法各論〈第7版〉』弘文堂（2018年）430頁）。刑法第24章は、188条から192条によって構成されています。本節では、各々の罪について、主要な裁判例を紹介しながら解説していきます。

2 礼拝所不敬罪

刑法188条1項は、「神祠、仏堂、墓所その他の礼拝所に対し、公然と不敬な行為をした者は、6月以下の懲役若しくは禁固又は10万円以下の罰金

に処する。」と規定しています。

　本罪の客体である「礼拝所」とは、宗教的な崇敬の対象となっている場所のことをいいます。「神祠」とは、神道の神を祀る場所、「仏堂」とは、仏教の礼拝の場所、「墓所」とは、人の遺体や遺骨を埋葬して死者を祭祀する場所のことをいいます。本罪の客体は、これらに限られず、キリスト教等の礼拝の場所や特定の宗教によらない施設であっても、原爆慰霊碑やひめゆりの塔のように、一般的宗教感情により尊崇されているものであれば礼拝所にあたるとされています（岩村修二『大コンメンタール刑法〈第3版〉』青林書院（2013年）9巻228頁以下）。ただ、礼拝所に付属する社務所や庫裡等は本条の「礼拝所」に含まれないとされています。

　「公然」とは、不特定または多数人が認識しうる状態のことをいいます。

1　最高裁昭和43年6月5日判決
刑集22巻6号427頁〔27681561〕

判旨

　「刑法188条1項にいう公然の行為とは、不特定または多数の人の覚知しうる状態のもとにおける行為をいい、その行為当時、不特定または多数の人がその場に居合わせたことは、必ずしも必要でないものと解するのが相当である。そして、原判決の是認した第一審判決によると、被告人らが墓碑を押倒した共同墓地は、県道につながる村道に近接した場所にあり、他人の住家も遠からぬ位置に散在するというのであるから、たまたま、その行為が午前2時ごろに行われたもので、当時通行人などがなかったとしても、公然の行為というに妨げないものというべきである。」

　「不敬の行為」とは、礼拝所の尊厳を冒涜する行為一般をいいます。侮辱的言辞をあびせたり、落書きしたり、汚物をかけたり（汚物をかける格好をすることも含まれます（後記裁判例❷））、損壊したりするほか、仏像や墓

石の損壊、除去、転倒させる行為（後記裁判例❸）などがこれにあたります。

2　東京高裁昭和27年8月5日判決
判タ24号64頁〔27941341〕

判旨

「論旨は、墓所に向つて現に放尿すれば格別、単に放尿するがごとき態度を示したというだけでは刑法第188条の礼拝所不敬罪を構成しないと主張するのである。思うに、同条は、国民の宗教的崇敬ないしは死者に対する尊敬の感情を害する行為を処罰するものであつて、そのいかなる行為がこれに該当するかは時代によつて同一ではないであろう。しかしながら、今日のわが国の公衆一般の感情としては、特に清浄を保つべき場所たる墓所の区画内において放尿するがごときはなお明らかに墓所の神聖を穢すものと観念されるのであつて、このことからさらに推して考えるならば、たとえ現実には放尿しなくとも、放尿するがごとき格好をすること自体、見る者をしてその墓所に対する崇敬の念に著しく相反する感を与えるものといわなければならない。」

3　福岡高裁昭和61年3月13日判決
判タ601号76頁〔27921948〕

判旨

「本件各行為の態様及び結果は、Ａの先祖あるいは縁者の遺骨が納められている原判示『Ａ家之墓』に対し、原判示第一については、その仏石を後ろから手で押し倒して3段からなる上り段の2段目まで転落させ、その衝撃で法名塔を地面まで、納骨室上部正面の長石及び左右の門石を上り段上部までそれぞれ転落させて、左側の門石を折損させ、かつ正面両側の桂石を地面に転落させたというものであり、同判示第二については、同墓の

仏石を後ろから手で押し倒して、上り段上部まで転落させ、その衝撃で法名塔を地面に転落破損させ、左右門石を上り段上部に転落させて右側門石を折損させ、かつ線香立ての角を破損させ、納骨室正面上部の長石と納骨室との接着部のセメント壁の一部を剥落させ、納骨室と正面上り段との継ぎ目に沿ってひび割れを生じさせたというものであつてＡ家一族の者はもちろん、一般人の宗教的感情を著しく害するものであることが明らかであるから、法益侵害の程度が軽微であるということはでき（ない）。」

3 説教等妨害罪

　刑法188条2項は、「説教、礼拝又は葬式を妨害した者は、1年以下の懲役若しくは禁錮又は10万円以下の罰金に処する。」と規定しています。
　「説教」とは、宗旨・教義を解説する行為をいいます。「礼拝」とは、神仏等に宗教的崇敬心をささげる動作のことをいいます。「葬式」とは、死者を葬る儀式をいいます。
　「妨害」とは、説教、礼拝、葬式の平穏で円滑な挙行に障害となる一切の行為のことをいいます。例えば、下記裁判例のように、被害者が亡父の葬式を執行するため、共同墓地内に墓穴を掘った際、この墓穴を埋めてしまい、被害者をして別に墓穴を掘って埋葬することを余儀なくさせ、埋葬の時刻を遅延させたときは、「妨害」にあたるとされています。

1　東京高裁昭和29年1月18日判決
高等裁判所刑事判決特報40号2頁〔27942458〕

判旨

　「原判決挙示の証拠を総合すれば、原判決認定のごとく、被告人がＡが亡父Ｂの葬式を執行するため、共同墓地内に死体埋葬の墓穴をＣらに依頼して掘らせた際墓穴が被告人の墓地にかかつたと因縁をつけ、同所にあつ

たシャベルをもつて右墓穴を埋めてしまい、ついに右Ａをして別に墓穴を堀つて埋葬するの奔儀なきに至らしめ、以て埋葬の時刻を遅延せしめて右Ａの営む亡父の葬式を妨害した事実を認めることができ、記録を精査検討し、当審における証拠調の結果に徴しても原判決に事実誤認の擬は存しない。」

4 墳墓発掘罪

刑法189条は、「墳墓を発掘した者は、2年以下の懲役に処する。」と規定しています。

「墳墓」とは、人の死体、遺骨、遺品等を埋葬して礼拝の対象とする場所のことをいいます。ただ、祭祀礼拝の対象とならない古墳などは、すでに宗教的感情ないし平穏と関係がなく、本条の墳墓にはあたらないとされています（大審院昭和9年6月13日判決（刑集13巻747頁）〔27543025〕）。

「発掘」とは、墳墓の覆土の全部または一部を除去し、もしくは墓石等を破壊解体して、墳墓を損壊する行為のことをいい、墳墓内の棺桶、遺骨、遺体等を外部に露出させることを要しません（最高裁昭和39年3月11日決定（刑集18巻3号99頁）〔24004368〕）。ただ、下記裁判例は、「発掘」というためには、コンクリート製の納骨堂の上に置かれた墓石類を損壊しただけでは足りず、納骨堂の重要部分を破壊解体することが必要であるとしています。

1 福岡高裁昭和59年6月19日判決
判時1127号157頁〔27917105〕

判旨

「刑法189条にいうところの『発掘』とは、墳墓の覆土の全部又は一部を除去し、もしくは墓石等を破壊解体して墳墓を損壊する行為をも含むものと解すべきであるが、右の『墓石等を破壊して墳墓を損壊する』とは、

墳墓発掘罪の性質上、前認定のとおりの構造を有する本件Ａ家の墓の場合にあっては、少なくともその納骨室の壁、天井及び扉等の重要な部分を破壊解体することを必要とするものと解するのを相当とするところ、前認定事実によると、被告人が、前後２回にわたり、Ａ家の墓の納骨室の重要な部分を破壊解体したとまではいうことはできない。」

※本件では、納骨室の上部に台石、仏石等が建てられた墓の仏石を押し倒すなどした行為が、刑法189条にいう「発掘」にあたるかどうかが争われた。

5 死体損壊等の罪

　刑法190条は、「死体、遺骨、遺髪又は棺に納めてある物を損壊し、遺棄し、又は領得した者は、３年以下の懲役に処する。」と規定しています。
　「死体」とは、死亡した人間の身体の全部または一部のことをいいます。「遺骨」とは、死者の祭祀・記念のために保存し、または保存すべき骨骸のことをいいます。「遺髪」とは、死者の祭祀・記念のために保存し、または保存すべき毛髪のことをいいます。「棺に納めてある物」とは、祭祀・礼拝・祈念の直接の目的である死体・遺骨とともに棺内に納められた物のことをいいます。
　「損壊」とは、物理的に損傷・破壊することをいいます。死姦は、死体を凌辱する行為ではあるものの、これを物理的に損壊・破壊する行為ではないため、本罪にはあたりません（最高裁昭和23年11月16日判決（刑集２巻12号1535頁）〔24000347〕）。
　「遺棄」とは、社会通念上埋葬と認められないような態様で放棄することをいいます。この点について参考となる裁判例として、後記裁判例❶があります。遺棄というためには、死体等を移動させてから放棄することが必要であるとされています（福岡地裁飯塚支部昭和40年11月９日判決（下級刑集

7巻11号2060頁）〔27941826〕）等）が、法令、慣習上葬祭の義務を有する者の場合は、場所的移動を伴わない単なる放置も不真正不作為犯として刑法190条の「遺棄」にあたるとするのが通説・判例です（大審院大正6年11月24日判決（刑録23輯1302頁）〔27943058〕、後記裁判例❷）。

> **1　東京地裁八王子支部平成10年4月24日判決**
> 判タ995号282頁〔28045163〕

事案

被告人が、妻の死体を自宅納戸の洋タンス内に入れ、これに目張りをするなどして隠匿したが、この行為は、専ら妻の死体を悼む愛惜の気持ちからなされたものであった。

判旨

「刑法190条の規定する『遺棄』とは、習俗上の埋葬等と見られる方法によらないで死体等を放棄することをいい、死体を室内等に隠匿することもこれに含まれるところ、関係証拠によれば、被告人は、判示第二のとおり死体を被告人方納戸の洋タンス内に入れ、これに目張りをするなどして、死体を室内の洋タンス内に隠匿していたことが認められ、右行為は、習俗上の埋葬等と見られる方法によらずに死体を遺棄したものに他ならない。

弁護人は、被告人が妻の死を悼んでした行為は、死体遺棄罪に相当する違法性がない旨主張するが、右行為の態様にかんがみれば、仮に、これが被告人において、もっぱら花子（妻）の死体を悼む愛惜の気持ちによりなされたとしても、その評価を左右するものではない。」

2 東京高裁昭和40年7月19日判決
判タ183号155頁〔27930343〕

事案

自己の妻子の死体が他人の家の押入れに隠してあることを知りながら、葬祭の意思なくこれを放置してその場から立ち去った事案。

判旨

「従来の判例によれば、死体遺棄罪は葬祭に関する良俗に反する行為を処罰するのを目的とするものであるから、法令又は慣習により葬祭をなすべき義務のある者が、葬祭の意思なく死体を放置してその所在場所から離去する場合には、たとえみずから刑法上有責にその死体の死の結果を招いたものでないとしても、死体遺棄罪を構成するというにあると解せられるのであって、原判示のA及びBの両名は被告人の妻子であるので、被告人は慣習上これらの死体の葬祭をなすべき義務のあることは明らかであるから、たとえ本件の死体について何ら場所的移転を加えたのでないにしても、右死体が他人の宅の押し入れに隠してあることを知りながら葬祭の意思なくこれを放置してその場所から離去した被告人の所為に対し、原判決が死体遺棄罪をもって問擬したのは正当という外はなく、所論の死体遺棄罪に関する従来の判例についての解釈は誤った独自の見解に基くものであり、所論は採用の限りでない。」

「領得」とは、死体等の占有を取得することをいいます。この点、死者の金歯を領得した行為が、窃盗罪か「棺に納めてある物」を領得したので刑法190条の罪が成立するのかが争われた裁判例があります。

3 東京高裁昭和27年6月3日判決
高裁刑集5巻6号938頁〔27941336〕

事案

　被告人らは、東京都の管理する戦災死亡者仮墳墓の改葬作業に従事していたところ、死体または遺骨から脱落した金歯を不正に領得した。原審の東京簡裁は、被告人らは、東京都管理にかかる金歯を窃取したものであるとして、被告人らを窃盗罪に処した。

判旨

　控訴棄却。
「論旨は本件金歯は死者が生存中は他の自然の歯と共に一体となつて人体の一部を構成していたものであって、この関係は死体となり遺骨となっても存続するものであるから右金歯は遺骨の一部と認むべきであり仮りに百歩を譲って遺骨の一部ではないとしても仮埋葬墓内に存在したものであるから棺内に蔵置した物であると主張するけれども訴訟記録によれば本件金歯は東京都が管理する戦災死亡者仮墳墓の改葬作業中に右死体より脱落したものであり、被告人がこれを取得する際既に右死体より離脱しておったことが明らかである。而して刑法第190条に所謂死体とは死者の祭祀若しくは記念のために墳墓に埋葬し又は埋葬すべき死体を謂うのであり且つ右死体と謂うのは全部でなくともその一部である場合も指称するのであり、同条に所謂遺骨とは前同様の目的のために火葬の上保存し又は保存すべき遺骨を謂うのであるが人工的に附加した金歯の如きものは本来人体の一部分をなすものではないのであるからそれが本件のように既に死体より離脱するに至った場合にはもはやこれを以て死体の一部若しくは遺骨の一部と謂うことはできない。また前叙の如く本件金歯は仮埋墳墓の改葬作業中死体より脱落したものであるから所論の如く棺内に蔵置した物と謂うこ

ともできない。従ってかような状態にある右金歯は既に死体若くは遺骨とは別個独立して純然たる財物として死者の遺族の権利に属し明らかに所有権の対象となるものと解するを相当とする。論旨は理由がない。」

6 墳墓発掘死体損壊等の罪

　刑法191条は、「189条の罪を犯して、死体、遺骨、遺髪又は棺に納めてある物を損壊し、遺棄し、又は領得した者は、3月以上5年以下の懲役に処する。」と規定しています。墳墓の発掘は死体や納棺物の領得を目的とすることが多い点に着目して規定された墳墓発掘罪（刑法189条）と死体損壊等の罪（刑法190条）との結合犯です。

7 変死者密葬罪

　刑法192条は、「検視を経ないで変死者を葬った者は、10万円以下の罰金又は科料に処する。」と規定しています。「検視」とは、司法検視のみでなく、行政検視を含むとされていますが、司法検視に限るとする説もあります。「変死者」とは、不自然な死亡を遂げ、その死因が不明な者をいいます（大審院大正9年12月24日判決（刑録26輯1437頁）〔27943248〕）。「葬る」とは、火葬、土葬などの方法で埋葬することをいいます。本条は、宗教感情を保護するための規定というよりも、警察目的、犯罪捜査目的の行政的取締法規です。

III 宗教法人運営に伴う刑事法裁判例

1 寺院住職の横領行為が問題となった事案

　寺院は、住職の起臥寝食の場であるという特質をもっているため、宗教法

人としての寺院の会計と住職個人の家計とが混同されやすいという傾向にあります。そのため、寺院に税務調査が行われるときは、しばしば寺院からの出費が住職個人の収入だとされて源泉所得税の追徴課税がなされることが往々にしてありますし、寺院の会計と住職個人の家計が混同していないかという点は、税務調査における重点調査項目とされています。

　このような特質を有する寺院における住職の横領行為が問題となった事案を紹介します。本件判決は、結論としては、事実の錯誤について故意を阻却するとして住職を無罪としています。しかしながら、本件は、宗教法人の管理運営面における強化が図られ、寺院規則に基づいて責任役員制のもとに財産管理が行われるようになった現行宗教法人法施行直後の事案であり、宗教法人法の趣旨が浸透した現在においては間違いなく有罪となるであろう事案だと思います。寺院においては、法人財産と住職個人財産の混同がなされやすい傾向にあるということを示す一事例として紹介します。

1　京都地裁昭和35年3月16日判決
判タ102号87頁〔27916515〕

事案

　宗教法人慈照寺（銀閣寺）の住職であり同法人の代表役員として、その事務の総理及び財産の管理に任じられていた者が、同寺の拝観料などの収得金について業務上横領をしたものとして起訴された事件。

判旨

　①　「宗教法人慈照寺の維持経営並びに住職たる被告人及びその家族の生計費用は、同寺の拝観料、賽銭、集印料、絵はがき代等の収入及び被告人夫婦によつてなされる華道の免許料、墨蹟料、点茶料等の収入によつてまかなわれていたが、その収入総額のほとんど大部分は拝観料収入で占められ、その余の収入は、これに比すると、全く微微たるものであつた。そ

して、被告人及び妻Aは、いずれも、右の収入は、すべて、当然に、住職たる被告人の所得となるものと思惟し、寺院収入と、個人収入とを区別することなく混同させて、第一銀行百万遍支店の預金として、或は、現金として、保管し、これらの収入金は、寺院関係の費用と、被告人の個人関係の費用とを問わず、自由に支出していたことが認められ、前叙第三の一において認定した被告人の費消金員も右保管金のうちから支出されたものであることは明らかである。…被告人は、昭和15年頃、実父Bの死亡により、慈照寺の住職として任命されたのであるが、前叙のような同寺の収入金は、被告人の先代の頃より、同寺の維持経営の費用に充てられると共に、余剰はすべて住職の個人所得とされ、住職、及びその家族の生計費等に充てられており、被告人が住職となつた後も、引き続きこれを踏襲して、前認定のような取扱いをしていたことが認められる。」

② 「昭和26年4月3日公布施行の現行宗教法人法は、宗教法人令による宗教法人設立の自由放任を是正し、宗教法人規則の作成、合併等に関する認証の制度、宗教法人の管理運営面における責任役員制と財産管理上、重要な行為の公告制などを新しい構想とするものであつて、宗教法人法及びこれに基いて定められた宗教法人慈照寺規則によると、宗教法人慈照寺の財産管理の事務決定は寺院規則に従つて責任役員がすることとなつているが、同寺が、独立して、権利、義務の主体となることは明らかであり、その代表責任役員は、代表機関、全責任役員は、事務決定の機関にすぎず、宗制による住職は、寺務の主管者に過ぎないのであるから、慈照寺が、その基本財産たる寺宝を拝観させることによつて、参観人より徴収する拝観料、賽銭及び慈照寺の名においてなす集印料、絵葉書の販売代金等が、まず、法人たる慈照寺に帰属するものであることは疑いのないところであり、被告人は、これを宗教法人慈照寺の代表役員たる権限に基づき占有していると認めるのが相当である。そして、同寺が右のように宗教法人として独立の権利義務の主体となるものである以上、これに帰属する財産の管理、処分に属する被告人及びその家族の個人的生活の費用に充て得べき金額の

有無並びに範囲の決定は、同寺院規則及びこれが事務決定の機関たる責任役員の議決によつてなさるべきこと法理上当然であり、宗教法人法及び宗教法人慈照寺規則もこのことを明らかに規定している。(…)

以上認定のとおり、慈照寺においては、新宗教法人設立後の昭和29年3月25日以後、住職である被告人が、同寺の普通財産中より取得し、又は費消し得べき金額につき何らの定めがなかつたのであるから、被告人が代表役員たる権限により慈照寺のために保管していた前叙拝観料収入等の普通財産を、自由に、自己に取得し、或は、自己のために費消することは許されないというべきである。」

③「元来、寺院の住職には、その寺院と住職個人の密接な関係から、寺院即住職という観念が強く、宗教団体法、宗教法人令施行当時、既に、寺院財産と個人財産とが区別して考えられていたにも拘らず、大多数の寺院においては、寺院の拝観料収入等の普通財産の処分は、全く住職が自由になしており、これが前叙のような各寺院の慣行となつていたのであるが、慈照寺においても、この例外ではなく、宗教法人令施行当時、現行寺院規則と、ほぼ同一内容の財産処理に関する規定を有する寺院規則が存在していたに拘らず、右慣行による財産処分がなされており、これは被告人の先代の頃より当然のことと理解され、総代等の寺院関係者において、これを疑うものはなかつた。しかして、新宗教法人設立後も、大多数の寺院は、従来の慣行に従つた財産管理をなしており、被告人は、宗教法人法、慈照寺規則における普通財産管理に関する諸規定について、明確な知識を有していなかつたことから、右法規の存在に拘らず、前叙慣行の正当性を信じ、且つ、右慣行に従つて、慈照寺の普通財産を処分すべき権限ありと誤信するに至り、右法規所定の手続によることなく、従来の慣行通り、自由に、同寺の普通財産を処分し来り、本件前認定の各費消行為に出でたものであることが認められる。

ところで、当該法規は、被告人の同寺の代表役員としての、普通財産処分の権限に関するものであるから、被告人において、前叙費消行為をなす

につき、その権限がなかつたとしても、被告人は、これについて認識を欠いたことにおいて、刑法第253条の構成要素たる事実の錯誤を生じたものであつて、被告人が右誤信したことについて、相当の理由の有無を問わず、犯意を阻却するものといわなければならない。」

2 寺院の敷地と住居侵入罪

　刑法130条は、「正当な理由がないのに、人の住居若しくは人の看守する邸宅、建造物若しくは艦船に侵入し、又は要求を受けたにもかかわらずこれらの場所から退去しなかった者は、3年以下の懲役又は10万円以下の罰金に処する。」と住居侵入等の罪について規定しています。それでは、寺院の敷地に侵入することによって、住居侵入等の罪が成立することがあるのでしょうか。寺院は、門が開かれ日頃から不特定多数人に開放されている場合が多いため、その敷地に入り込んでも「侵入」とはいえないように思われます。この点について判断したのが、後記裁判例❶です。

1　福岡高裁昭和57年12月16日判決
判タ494号140頁〔27921898〕

事案

　被告人らは共謀のうえ、Ａ方の加入電話による通話を盗聴するため、Ａ方付近の電柱の端子函内にＡ方の通話中のみ作動する盗聴発信装置を設置し、その受信録音装置をＡ方に隣接するＢ寺敷地内の植木陰に設置してＡ方の通話を録音し、通信の秘密を侵すとともに、さらにその数日後の午後11時56分頃、Ｂ寺敷地内に居住者の承諾を得ずに立ち入り、上記録音装置を回収しあるいは再度設置したが、Ａ方の通話がないうちに警察官によつて住居侵入の現行犯人として逮捕され、上記装置も発見押収されたため、この日の盗聴については未遂に終わった事案について、第１審が住居

第５章　宗教と刑事法

侵入罪を認めたため、被告人らが控訴した。

> **判旨**
>
> 「刑法130条にいわゆる人の住居に関しては、建造物を住居として使用しているときはその囲繞地もまた住居の一部と解するのが相当である。
>
> しかして、原判決挙示の関係証拠によれば、原判決４枚目裏10行目以下５枚目２行目までの事実が認められる。（編注：敷地内には住職らの居宅及び本堂等を含む建物が存し、周囲は付近の建造物やブロック塀等によつて遮断されており、右敷地に立入ることのできる箇所は正門及び居宅裏口の２か所にすぎない。）
>
> そうすると、Ｂ寺の原判示敷地はＢ寺の住居である建造物の囲繞地であるから、Ｂ寺の住居の一部と解すべきである。
>
> また、原判決挙示の関係証拠によれば、右敷地は昼間においては開放されている正門から墓地へ参る人や毘沙門天の参詣者、散歩する者などが自由に出入りすることができるが、午後10時ころになるとＢ寺住職のＣが正門の高さ1.82メートルの門扉に閂をかけて、人が自由に出入りすることを防いでいること、被告人両名は原判示第二のとおり深夜である午後11時56分頃、盗聴器を設置して他人の電話を盗聴する目的で、かつ、居住者であるＣらの承諾を得ることもなく、Ｂ寺の正門の門扉をあけてその敷地内に立ち入ったものであることが認められる。
>
> してみると、右敷地がＢ寺の墓地に至る唯一の通路であり、昼間から午後10時ころまでは前記参詣人らに出入りの容認されていた場所であるからといつて、本件におけるが如く、深夜盗聴器を設置して他人の電話を盗聴する目的で立ち入るような異常な行動までを認容もしくは放任する趣旨のものでないことは、いうをまたないところであつて、大学の教養を身につけた被告人両名においてもこのけじめは当然に分かつていたはずである。被告人両名は故なく人の住所に侵入したものといわなければならない。」

3 仏具・寺宝と刑事法

　ここでは、仏具・寺宝の所持・販売等に関して宗教法人関係者が刑事犯罪に問われたケースについて紹介していきます。

（１）寺院が魔除けの仏具として刀剣類を所持する場合と銃砲刀剣類等所持取締令第２条但書

> **1** 名古屋高裁金沢支部昭和27年６月20日判決
> 高裁刑集５巻９号1459頁〔27680309〕

事案

　被告人が住職をしているＡ寺には、昭和４年の大火に類焼して住職に相伝せられる寺有の刀剣一振が焼失したため、その後その代換として檀家が寄進し、檀家での葬儀の際に魔除けの具と使用されてきた刀剣があった。ところが、銃砲等所持禁止令施行に伴い、この刀剣が同令に抵触するところとなったので、Ａ寺住職である被告人は、檀家に諮ったうえで鍛冶職に依頼してこれを三つに分断し、引き続き上記目的のために所持使用していた。これが銃砲刀剣類等所持取締令に違反するとして起訴された。弁護人は、①本件所持は、上記取締令規定の禁止除外事由の１つたる「法令に基き業務のために所持するとき」に該当する、②刑法35条の正当業務行為に該当するとして争った。

判旨

　「銃砲等所持禁止令の後継法たる銃砲刀剣類等所持取締令第２条但書列挙の除外事由、特に第１号の「法令に基づき職務のために」の律意には所論の如き寺院が葬儀の魔除の仏具として刀剣類を所持する場合を含まないものと解すべきであり、且つ右法条但書の規定は銃砲刀剣類等の所持行為

第 5 章　宗教と刑事法

につき違法性阻却の原由を列挙限定した規定というべきであるから、所論所持に刑法第35条を適用する余地がないものといわなければならない。」

※原田保愛知学院大学教授は、『宗教判例百選〈第二版〉』有斐閣（1991年）16頁以下の本件裁判例の解説において、「本件で適用された25年取締令は、日本の独立回復を目前にして日本政府によって作られたものであり、当時の政治的経済的状況が寺院仏具たる刀剣の所持を禁止しなければならないようなものであったとは考え難い。かかる事情から判断すれば同令制定に際しては寺社の伝統への配慮が十分に可能であったと言うべく、「風俗慣習」規定の不存在はむしろ立法の不備であったと解し得る。そうであるとすれば、かかる法規による処罰は信教の自由に対する不当な侵害であり、本件においてこそ、裁判所は憲法20条を立法批判原理として機能せしめ、被告人を無罪とすべきであったと言わなければならない。」と本件裁判例を批判している。

なお、昭和33年に現行の銃砲刀剣類所持等取締法が制定され、そこには、除外事由として、「祭礼等の年中行事に用いる刀剣類その他の刀剣類で所持することが一般の風俗慣習上やむを得ないと認められるものを所持しようとする者」が住所地を管轄する都道府県公安委員会の許可を得れば、刀剣類を所持できるとされている（法4条1項7号）。銃砲等所持禁止令には、このような除外規定がなかったため、刑法35条の正当業務行為該当性が問題となったのである。

（2）秘仏の写真と刑法175条のわいせつ物該当性

2 東京高裁昭和29年11月12日判決
判時42号28頁〔27941428〕

事案

　被告人は、伊豆下田町所在の了仙寺の住職であったが、その妻と共謀のうえ、男子性交図入りのハンカチーフ等のわいせつ物を販売目的をもって所持した。第1審の下田簡裁は、被告人に刑法175条・60条を適用し、罰金10万円に処した。

　これに対し、被告人は控訴し、以下のように主張した。

　①性器は古代社会において洋の東西を問わず、原始宗教の対象であったし、今日もなお性器を神体として祀り、あるいは真面目に礼拝の対象としている多数国民のあることを否定し得ないところ本件写真の実物の多くは上記の如き礼拝の対象物たりしものであり、本質上わいせつ物ではない。

　②本件秘仏は大正13年以来、了仙寺で展示されてきており、戦時中は文芸品美術品に対する弾圧から一時封印しておいたが、戦後再び寺院の戦災による建物改築のための寄付金募集と地元下田町の観光地としての繁栄のために下田警察署あてに公開を公認されるよう願書を提出し、これが静岡地方検察庁に申達された結果、検察官から詳細な調査を受けたが、公開を禁止する旨の指示を受けておらず、被告人をはじめ下田町長たちも公開を黙認されたものと信じて観覧に供してきたものであり、町を訪れた名士には町当局が、わざわざ本件秘仏写真集を贈呈するを常としたのみならず各地で行われる展覧会にも上記写真の出品されたことは数多く、また、学術書等にも本件秘仏写真が掲載されてあり、いずれも美術品または学術品として扱われてきた。

　③したがって、本件秘仏自体が本質的に「わいせつ物」とは異なるのであるから、その写真もわいせつ物とはいえないし、被告人は、拝観者にも

第 5 章　宗教と刑事法

自ら案内説明をし、未成年者には拝観を許さないよう注意し、入場者でなければ、写真を購入できなかった。それにもかかわらず、そして、秘仏の陳列は起訴されなかったのに、特定の人々に直接販売する目的で所持した写真について、これを犯罪として断じたことは「民を網するもので刑法の目的に反する」。

判旨

　東京高裁は、原判決を破棄したものの、なおも有罪として、被告人を罰金 5 万円に処した。控訴理由については、以下のように判示してこれを退けた。
　「古代の社会では、人智も発達せず、性交、妊娠、出産という生命力の発生してくる由来を理解できないので、性そのものに神秘的な力を感じ、性器を崇拝するという風習を生じ、我が国各地に散在している社祠堂宇の類の中には現時なお性器を模した本件の『秘仏』と類似したものを以って神体としているものがあり、地方民衆の尊崇を受けている事実を窺えないわけではない。しかし近代宗教は古代の性器崇拝から転化したものではなく、これと全然無関係なものであり、現時に於ける性器崇拝的風習の遺物の如きも、その実性器を性器と知りつつ礼拝しているわけではなく、祭神の本体が何であるかを知らず、かつ又知ろうとせず、昔からのいいつたえに従って神聖なものとし畏み崇めているだけの事で、そのベールを剥ぎ実体を白日の下に曝すならば、何人と雖もこれを崇拝する愚をやめるに至るであろう（証人 A の証言参照）。本件秘仏も同様であって、その中にはかつては民衆の崇敬の対象であったかも判らないものも存するが、今や一個の蒐集品としては了仙寺内に移されてしまえば聖なるものといいつたえを伝承する人とてなく、いわば宗教的ベールを剥がされた存在に過ぎないのである。してみればそれが嘗て民衆の尊敬を受けていたというだけでは、その本質がわいせつ物であることを否定し得ないところといわなければならない。又学術書に本件と同様の写真の一部が掲載されたり従前屡々展覧

会に秘仏写真が出陳されたからとて、学術的或は芸術的価値が（もしそのような価値があるとしても）そのわいせつ物と認定することを妨げるものでもない。

　（…）了仙寺は由来日蓮宗の一寺院であるが、同寺を詣でる人々は日蓮宗の信者とは限らないのであり（…）単に行楽の旅路を、下田町にとり、了仙寺の『秘仏』の事を聞きつたえてその観覧を求めるもの大部分なのであるから、これらの人々は秘仏を見ることにより性的な刺激興奮を味わい猟奇心を満足させんとするにあって秘仏を学問的に研究し、或は美術的に鑑賞しようというのではないことが明白であると同時に、了仙寺住職たる被告人もこの事を知り旅客の性的好奇心に媚びることにより収益を図らんがために、わいせつ物たる秘仏を人々の観覧に供し、その写真を販売してきたものと認められるのである。従って右写真は不特定多数の観光客に販売するためのもので所論のように特定の者のみに販売する目的であったと云えないのであり、被告人が秘仏の観覧に際し自ら案内説明し、未成年者には拝観を許さない等多少の注意を払っていたとしても、被告人の所為が刑法に触れないものとすることはできない。なるほど被告人から秘仏の公開を許されんことを求め下田警察署に願書を提出した結果、静岡地方検察庁から秘仏の調査に来た事実及びその後秘仏の公開を禁止すべしとの指示を受けたことのない事実は記録上認められないではない。しかし被告人がそれ故に秘仏の公開を許されたものと信じていたとまでは認められないのみならず、本件処罰の対象となった所為は右秘仏の公開自体ではなく、秘仏の写真を作成し販売の目的で所持したとの所為であり、このような所為は写真の携帯も容易でこれを買い求めた人々の手から更に転々することも考えられるし、従っていつ何処で何人の目に触れないでもないことを考えると、秘仏の観覧を許すよりも一層その弊害が大きいといわなければならない。」

4 宗教法人と注意義務違反（過失）

　宗教法人は、そこに勤務する人のみならず、檀信徒や近隣住民等多数の人々が出入りするという特質があります。そのため、一般の事業会社と比べて事故が起こる危険性が高いといえます。民事上の責任は、損害保険の加入によってリスクを転嫁させることができますが、刑事上の責任については、日頃より気を付ける以外に回避する方策はありません。ここでは、宗教法人に事故が起きたときに、宗教法人の役職員に注意義務違反（過失）があったとして、刑事責任を問われた事案について紹介していきます。

1　東京高裁昭和47年7月21日判決
判タ285号227頁〔27940504〕

事案

　栃木県日光市山内に所在する輪王寺所属の薬師堂（別名本地堂）は、寛永年間に徳川家康の霊廟として造営された東照宮本殿等とともに建築されたもので、国の重要文化財に指定されており、殊にその天井に画かれた竜は鳴竜として世に知られていたところ、昭和36年3月15日夜火災によりその大部分を焼損したのである。この火災の原因について、原判決は、起訴状と同様、輪王寺職員で薬師堂に承仕として勤務し火災予防等の職務に従事していた被告人両名の業務上過失による出火であると認定した（刑法117条の2、業務上失火罪）。これについて、被告人は、寺院の職員として勤務場所の火災に注意すべきことは、一般の会社の従業員、家庭の主婦の場合と変わらないなどとして控訴した。

判旨

　控訴棄却。
　「被告人両名は夫々薬師堂勤務の承仕として、参拝観光客の案内、整理

説明、お札お守の授与や薬師堂および堂内に安置された仏像等の盗難毀損の防止等のほか同堂およびその境内における火災の予防の業務に従事していたものと認定した原判決を支持することができる。特に重要文化財である薬師堂の勤務者として火災の発見防止は条理上も慣例上も主要な職務の内容であったことが前掲各証拠から是認される。これを、ただ一般的な事業所や家庭における火災防止の注意と同一にみる所論には賛同することができず、被告人らが特に薬師堂における火気取扱者やその責任者に指定されていなかったことは、前記職務に何ら影響を及ぼさない。既に述べたとおり、本件火災は、被告人両名が自ら取扱った火気の不始末に基づくものであって、その限りでは、一般家庭、事業所における採暖のために使用した火気取扱上の不注意と異ならない。しかし、前記のような重要文化財である薬師堂における火災の発見防止の業務に随伴する注意義務は、拝観客等の喫煙などによる火災発生の予防のみに限られるものではなく、自ら取扱った火気による火災の予防をも当然包含すべきものであって、退堂に際して、自ら使用したのであると参拝客その他の原因によるとを問わず、火災の発見防止に努めることは、業務上の注意義務に属すると解するのが相当である。」

2 最高裁昭和42年5月25日判決
刑集21巻4号584頁〔27681472〕

事案

　新潟県の弥彦神社の職員である被告人らが、昭和30年12月31日から翌年元旦にかけていわゆる二年詣りと呼ばれる行事を企画施行し、その行事の一環として午前0時の花火を合図に拝殿前の斎庭で餅まきを行ったが、その二年詣りの参拝者中、午前0時より前に右斎庭内に入り、餅まきの餅を拾うなどした後同神社随神門から出ようとする群衆と、その頃餅まきに遅れまいとして右随神門から右斎庭内に入ろうとする群衆とが、上記

随神門外の石段付近で接触し、いわゆる滞留現象を生じたため、折り重なって転倒する者が続出し、窒息死等により124名の死者が出たため、被告人らは、過失致死罪によって起訴された。群衆の局部的滞留現象による人身事故という結果の発生を平均的神社職員として予見することができたかどうかという結果予見可能性の有無が過失致死罪成否のキーポイントとなった。

> **判旨**
>
> 　上告棄却（有罪）。
> 「本件発生の当時においては、群衆の参集自体から生じた人身災害の事例は少なく、一般的にこの点の知識の普及が十分でなかったとはいえるにしても…右二年詣りの行事は、当地域における著名な行事とされていて、年ごとに参拝者の数が増加し、現に前年（…）実施した餅まきのさいには、多数の参拝者がひしめき合って混乱を生じた事実も存するのであるから、原判決認定にかかる時間的かつ地形的状況のもとで餅まき等の催しを計画実施する者として、参拝のための多数の群衆の参集と、これを放置した場合の災害の発生とを予測することは、一般の常識として可能なことであり、また当然これらのことを予測すべきであったといわなければならない。したがって、本件の場合、国鉄弥彦線の列車が延着したことや、往きと帰りの群衆の接触地点が地形的に危険な右随神門外の石段付近であったこと等の悪条件が重なり、このため、災害が異常に大きなものとなった点は否定できないとしても、かかる災害の発生に関する予見の可能性とこれを予見すべき義務とを、被告人らについて肯定した原判決の判断は正当なものというべきである。」

Ⅳ 宗教的感情に関連する事案の刑事法裁判例

　他の法人（団体）とは異なった宗教法人（団体）の特色として、役職員や信者等の利害関係者の多くに、程度の差はあれ、本尊への信仰心等の宗教的感情があり、それを軸に宗教法人（団体）が動いていくという点があります。宗教的感情こそが、宗教にとって一番重要な要素であるといえます。

　ここでは、Ⅱ、Ⅲで紹介した以外の裁判例で、宗教的感情が問題となった事案に関する裁判例を紹介していきます。

1 祈祷名目による詐欺

　宗教関係の刑事事件で詐欺罪の成否が争われた嚆矢としては、最高裁昭和31年11月20日決定（刑集10巻11号1542頁）〔24002704〕があります。同決定は、「祈祷師が自己の行う祈祷が実は全然治病の効能なく、また、良縁、災難の有無、紛失物の行衛を知る効もないことを信じているにかかわらず、如何にもその効があるように申し欺いて祈祷の依頼を受け依頼者から祈祷料等の名義で金員の交付を受けたときは詐欺罪を構成するものというべきである。」と判示しています。ただ、祈祷効能については誇張が伴いがちですので、祈祷に関する詐欺罪の成立を幅広く認めてしまうと信教の自由（憲法20条）との関係で問題が生じてきます。このことについて、上記決定において、垂水克己裁判官は、「たとえ祈祷者が予め依頼者に対しそれが効能あるもののように申し述べても、彼は依頼者が効能がなくても祈祷料をだすことを知っているかぎり、それだけでは彼は依頼者を欺く意思を有するものということはできない。また、祈祷者等が自ら効能の可能性が多少でもあることを信ずる場合には依頼者に対して効能があると－余りに誇大でなく－申し述べても彼を欺く意思があるものということはできない（効能を余りに誇大に、しかも相手方を欺くことのできる程度に、吹聴するときはその点で欺く意思があるといえるであろう）。」「本件は、…祈祷者が欺く意思を有しない場合、ま

第 5 章　宗教と刑事法

たは、依頼者が効能の有無を意に介しない場合には当らず、また信教の自由に関係はない。」と補足意見しています。

　ただ、被告人に霊的能力や宗教的確信があったか否かという主観的内面的事実の認定は中々に困難を伴うものです。ここでは、状況証拠（教団の研修や面談の仕組み、各種手法の実態等）を総合して霊的能力や範囲の有無を認定した裁判例を紹介します。

1　富山地裁平成10年6月19日判決
判タ980号278頁〔28035699〕

事案

　宗教法人の系列寺院の僧侶が住職らと共謀し、霊能力による病気治癒等を標榜した宣伝チラシをみて寺院を訪れた相談者から、加持祈祷の供養をすれば病気が治ると称して合計100万円をだましとったとされた事例である。被告人は、自己が霊能力をもつ僧侶で加持祈祷をし仏の啓示を受ける能力があるなどとして無罪を主張した。

判旨

・被告人の霊能力の有無

（修行研修の実体や相談者に対する僧侶の行動の実態と供養料発生の仕組みを事実認定した上で）

「被告人がＡ寺僧侶として研修を受けＢ院など系列寺院に勤務し、本件当時までに通算して約10か月間の経験を有していたことは認められるが、その間に読経、加持作法の次第や、鬼業即知法及び流水灌頂の使い方などは習ったものの、霊障の有無や種類を見極めたりこれを成仏させて因縁を断ち霊障をはずすなどの霊能力を身につけるための特別な研修を受けたり修行を積んだとは認めがたく、鬼業即知法や流水灌頂によっても各相談者の因縁霊障を特定できたとは考えられないのであって、とりわけ流水灌頂

の儀式は、墨がにじみやすく赤色が出やすい筆ペンを用意しておいて使わせ、実際には霊障の存在や僧侶の祈祷能力に無関係であるのに、あたかも僧侶の読経や祈祷によって霊障が出現したかのように相談者に見せるべく設定していたものである。被告人は、これらの事情を十分認識しながら、Ａ寺による研修や指導に従って、相談者の悩み事の原因が特定の霊の影響であるとはわからないまま、これを分かったかのように申し向けていたものと認められる。」

・詐欺罪の成否

「以上検討したところを総合すると、被告人は、霊障（因縁、過去業）について啓示を受けるなどの方法で識別・鑑定する能力はなく、甲野夏美の病気の原因について実際には分からないのに、分かったように装い、水子が原因だと断言し、かつ、水子供養の効果についても分からないのに、供養すれば病気が治るが供養しなければ治らないと断定したものと認められる。そして、甲野春子をして、Ｂ院の配布したチラシ、被告人の右言動やこれと同様のＣ住職の言動、更に流水灌頂の紙塔婆などから、被告人らに霊障を鑑定し供養して奇跡の霊験（病気の治癒）をもたらす特殊な霊能力があると信用させ、供養料名目で現金を交付させている。甲野春子は、被告人らＢ院僧侶にそのような能力がないと知っていれば、Ｂ院へ相談に訪れることもなく供養料も支払わなかった旨証言しており、被告人の本件行為は詐欺罪に該当する。（…）

仏教の教学上、財施供養が重要な意義を与えられていることは尊重されるべきであり、また、加持祈祷など宗教行為は超自然的領域に属し、その効果（霊験）があることについて自然科学上の証明を要しないことは性質上当然であるうえ、効果について多少の誇張を伴っても直ちに違法とはいえない。しかしながら、単に過去業ないし因縁の転換の必要性を説き「徳積み」により願いを成就するため供養を勧めたり、相手方が供養の直接的効果までは期待していないような事案とは異なり、本件では、前認定のように被告人には病気の原因も効果も分からないのに、特殊な霊能力によっ

て分かる旨装い、紙塔婆を見せるなどし、霊障が現に影響を及ぼしているため供養しなければ治癒しないと殊更に断言する方法によって、病気に悩み治癒を願っている相手方の甲野春子を不安と錯誤に陥れ、病気治癒の効験が必ずあると信じさせた結果、数日内に高額の供養料を交付させている。したがって、供養の意義に関するＡ寺Ｂ院の教義内容にかかわらず、病気治癒などの効果に関して、著しく誇張し虚偽に等しい宣伝や説明を行っていることが明らかである以上、社会的相当性を逸脱し違法というべきである（もっとも、「恐怖と利益」を説くのは宗教の基本であるとＤ門主が証言しているのは前記のとおりであるが、究極の理念はともかくとして、悩みを抱える相談者に供養料の支払いを決断させる目的で効果を誇張し不安を煽る手法について、その違法性を否定する根拠にはなり得ない。）。」

2 「罰があたるぞ」との言辞と選挙妨害

　本件は、創価学会の信者が、同会の他の信者に対し、選挙に絡んで「罰があたるぞ」と大声で難詰したことが、公職選挙法225条１号（選挙の自由妨害罪。選挙人、公職の候補者、公職の候補者となろうとする者、選挙運動者又は当選人に対し暴行若しくは威力を加え又はこれをかどわかしたとき。）にいう「威力」にあたるかどうかが問題となった事案です。

> **1** 東京高裁昭和39年３月11日判決
> 判タ161号186頁〔28221849〕

事案

　被告人らは、昭和37年７月１日施行の参議院議員選挙に際し、東京地方区から立候補した創価学会員甲の選挙運動者であったが、創価学会員であるＡが、上記選挙区に立候補した乙の選挙運動をしていることを知り、これを難詰する目的で同年６月24日Ａ方に至ったところ、同人は留守で

あったが、被告人らは共同して留守居をしていた同選挙における選挙人Ａの妻子に対し、「創価学会員でありながら何故学会できめた人の運動をせず、乙候補の運動をするのか、それは間違っている。一体御本尊があるのかないのか、今は物質的に恵まれていても何かにぶつかればすぐにくじける、罰があたるぞ」という趣旨のことを約20分間にわたって大声で難詰したという事案であるが、原審は、被告人らには多人数をもって投票の自由に関し威力を加えた事実はなかったとして無罪を言い渡した。それに対して、検察官は事実誤認を理由に控訴した。

> 判旨
>
> 「本件においては被告人らは創価学会という組織の力を背景としてＡの昭和37年7月施行の参議院議員選挙における選挙関係の行動を非難、詰問する目的の下にＡ方を訪れたところ、偶々右Ａが留守であったので、同人の妻子であり、同選挙における選挙人であるＢ、同Ｃに対し、Ａ一家の選挙関係の行動につき、語気を強め大声を発して難詰し、同人らを畏怖、困惑の状態においたものと認めることができ、かかる行為は選挙の自由、公正を害し、公職選挙法第225条において禁止されている選挙に関し選挙人等に威力を示す行為であると認め得るので、結局本件公訴事実に副う犯罪事実の証明がないと判断した原判決は、証拠の取捨判断を誤り事実を誤認しているものと認めるべく、検察官の所論はこの点においてその理由がある。」

3 墓地外埋葬と期待可能性

　墓埋法4条1項は、「埋葬又は焼骨の埋蔵は、墓地以外の区域に、これを行つてはならない。」と規定し、その違反は、2万円以下の罰金または拘留もしくは科料に処せられることになります（墓埋法21条1号）。墓埋法4条1項の趣旨は、公衆衛生の確保と国民の宗教的感情の尊重という点にありま

す。
　下記裁判例は、墓埋法4条1項違反が問われた事案です。本件では、被告人が墓地外埋葬をしたことに期待可能性があったのか否かが問題となりました。

1　東金簡易裁判所昭和35年7月15日判決
下級刑集2巻7＝8号1066頁〔27660728〕

事案
　被告人は、墓埋法の存在を知らずに、急死した亡夫Aを埋葬する墓地の手配に窮したあげく、やむをえず死体を墓地以外の自分の山林に埋葬し、懇ろに葬ったものの、墓埋法4条1項違反を理由に起訴された。

判旨
　以下の事由を総合して、被告人には、本件行為の当時、知事の許可のある墓地に埋葬することが期待できなかったとして、無罪判決を言い渡した。
・被告人は、本家から本家の墓地に埋葬することを断られ、被告人方では墓地をほかに持っていなかった。
・被告人所在地付近の風習として、火葬は特別の場合以外はしないで、全部土葬にすることになっていた。そのため、遺体を長く放置することはできなかった。
・共同墓地はすでに飽和状態であった。被告人所在地付近には、無許可と認められる墓地が何か所も点在していた。
・亡夫が突然脳溢血で急死したため、被告人は大変落胆していた。また、被告人と本家とは親しく付き合ってきて、本家ははじめは埋葬を承諾していたものの、急に宗派が異なるという理由から埋葬を断ってきて被告人は、非常に精神的衝撃を受けた。
・被告人は、墓埋法の存在を知らなかった。

Ⅳ　宗教的感情に関連する事案の刑事法裁判例

4 霊感治療と準強姦

　本件は、霊感治療と称して姦淫した行為が準強姦罪（刑法178条2項）に該当するか否かが問題となった事案です。

1 東京地裁昭和58年3月1日判決
判時1096号145頁〔27917075〕

事案

　被告人は、夕方から夜半にかけて繁華街の路上で、一人で通行中であった被害女性に、「あなたの顔を見て霊感が働き、あなたの目の下にクマがあるのが気になつて声をかけたんです。あなたの目の下にクマがあるのは子宮が曲がつているからです。僕には霊感があるからそれが判るし治すこともできます。とにかく話だけでも聞いて下さい。」などと言って近づき、近くの喫茶店に誘った。喫茶店内で、被告人は自己に霊感があることを言葉巧みに相手方に信用させ、「僕には霊感があるので判るんですが、あなたは、初めてのセックスのとき、乱暴にされたので、それ以来、あなたの子宮の入口は下の方に曲がつたままになつているんです。そのせいで、あなたは、不感症だし、目の下にクマが出ているんですよ。それを治しておかないと結婚しても子供ができにくいし、奇形児が生まれてしまいますよ。子宮の曲がつている人は生理不順のことが多いのですがあなたもそうでしよう。あなたの病気は医者では治せないんです。僕のいとこは医者をしているんで、子宮が曲がる病気についていろいろ聞いてみましたが、医者では治らないと聞いています。僕は、この子宮が曲がつていることについては、いろいろ聞いて知つているし、霊感のある僕だけにしかこの病気を治せないんです。僕の霊感を使つて指でちょっとマッサージすれば必ず治ります。」などと言い、近くのホテルに誘い込んだ。ホテルへ入ると被告人は、その場限りの口実を用いて被害者を全裸かそれに近い状態にし、霊感治療

499

という名目の下に女性の膣内に被告人の手指を挿入してしばらく内部のマッサージをし、治療をしているかの如く装った後、「あなたの子宮は、だいぶひどく曲がつていて、いくら霊感を使つても指だけでは治らない。だから僕のものをちよつと入れて、マッサージしてあげる。これは決してセックスではなく治療ですから心配しないで任せて下さい。霊感を使つてちよつとマッサージするだけですよ。」などと言い、霊感治療の続きであるかのごとく言い繕いながら姦淫行為に及んだ。

公判においては、刑法178条2項の「抗拒不能」の意義が問題となった。

判旨

無罪。

「刑法177条の強姦罪が、暴行・脅迫により相手方の自由意思を無視して姦淫する行為について規定していることと対比し、規定の位置・法定刑の同一性等に照らし、更には刑法改正作業の進行過程において偽計による姦淫の罪の新設に関し構成要件の定め方や新設そのものの当否を巡つて種々の論議が交わされた経過等をも視野に入れながら考察すれば、刑法178条の準強姦罪は、暴行・脅迫以外の方法を手段とするもののうち、実質上これと同程度に相手方の自由意思を無視して姦淫する行為について規定しているものと解するのが相当である。このような観点から、性行為についての承諾がある場合になお準強姦罪が成立するか否かについて考えると、そのような場合には、一般に暴行・脅迫により相手方の自由意思を無視して行われる通常の姦淫の場合に比べ、性的自由に対する侵害の程度が際立つて異なつており、仮に性行為を承諾するに至つた動機ないし周辺事情に見込み違いがあつたとしても、実質的にはるかに軽い程度の被害にとどまつているのが通例であると言わざるを得ないのであるから、それにもかかわらず準強姦罪の成立を認めるためには、そのような承諾があつたにもかかわらずなお暴行・脅迫と同程度に相手方の自由意思を無視したものと認めざるを得ない特段の事情の存することが必要と考えられるのであ

る。」「被害者らとしては、被告人の話が霊感という不可解で直ちには信用し難い性質のものを根拠としていることや、そのような霊感治療を受けるのもこれを拒否するのも共に自由かつ可能な立場にあることを知りながらも、反面、不可解であるだけに神秘的に見えるところもあつて、全面的に否定し去る気にもなれず、そのような霊感治療にはある種のリスクが伴うことを承知しながら、なお、被告人に短時間同行し、ただ一度被告人の言うような治療を受けることにより、他人におおつぴらに知られることなく治り将来に不安を感じないで済むというのであれば、試しにそのような治療を受けてみてもよいと自らの意思で決め、これに応じる選択をしたものであろうと考えさせる証拠が多く、またそのように理解するとき初めて、被害者らが女性に本能的な性的警戒心を抑えて霊感治療を受けようとした行動を辛うじて無理なく了解することが可能になると思われる。」、「こうしてみると、当初に述べた特段の事情、すなわち、性行為の承諾があつたにもかかわらず、なお暴行・脅迫と同程度に相手方の自由意思を無視したものと認めざるを得ないような特段の事情については、本件の全経過に徴してもこれを認めることができないと言うべきである。」

第6章

宗教と税法

第6章　宗教と税法

I　はじめに

　宗教と税法と聞いてどのように思いますか。恐らく、宗教法人は免税特権があっておいしい思いをしているのではないかということが真っ先に思い浮かぶのではないでしょうか。

　確かに、宗教法人は、税制上、多くの優遇措置を受けています。一番の優遇措置は、宗教活動や宗教法人法6条1項に該当する公益事業については、法人税が課税されないというものでしょう（法人税法4条1項）。その他、宗教法人には、収益事業の軽減税率、みなし寄付金、固定資産税・都市計画税・不動産取得税・登録免許税の非課税などといった優遇措置が用意されています。宗教法人がこれだけの税制上の優遇措置を受ける根拠としては、公益説、政教分離説、非営利説といった種々の学説が唱えられております。

　もちろん、宗教法人といえども、収益事業は法人税が課税されますし、所得税についても、源泉徴収義務があり、役員や使用人から源泉徴収した所得税を納付しなければなりません。また、宗教法人も消費税の課税対象となる取引を行う場合が往々にしてあります。そして、地方税法で非課税とされた固定資産以外の固定資産には、固定資産税及び都市計画税が課されることになります。宗教家は、俗事に無頓着な傾向があるとともに、優遇措置との関係からか、事業会社の役員と比較して、税務にとって無頓着な傾向があるようです。そのため、宗教法人絡みの税務紛争がしばしば法廷に持ち込まれるケースがままあります。本章では、宗教法人の税務紛争が起きる主要税務領域である、法人税、固定資産税・都市計画税に関する裁判例（裁決例）について紹介した後、その他の税目に関する裁判例（裁決例）を紹介していきます。

Ⅱ 法人税に関する裁判例（裁決例）

1 はじめに

　法人税法4条1項は、法人税法の納税義務者について規定しており、「内国法人は、この法律により、法人税を納める義務がある。ただし、公益法人等又は人格のない社団等については、収益事業を行う場合…に限る」と定めています。

　宗教法人の活動としては、①宗教の教義を広め、儀式行事を行い、及び信者を教化育成する活動（宗教活動。宗教法人法2条）、②公益事業（宗教法人法6条1項）、③公益事業以外の事業（収益事業。宗教法人法6条2項）の3つがありますが、宗教法人の活動のうち、法人税が課せられるのは、収益事業のみです。

　それでは、法人税が課せられる収益事業とはどのようなものをいうのでしょうか。収益事業については、法人税法2条13号に「販売業、製造業その他の政令で定める事業で、継続して事業場を設けて行われるものをいう」と定義されています。そして、法人税法施行令5条は、以下の34種類の事業が収益事業に該当するとしています。

1. 物品販売業	10. 請負業	19. 仲立業
2. 不動産販売業	11. 印刷業	20. 問屋業
3. 金銭貸付業	12. 出版業	21. 鉱業
4. 物品貸付業	13. 写真業	22. 土石採取業
5. 不動産貸付業	14. 席貸業	23. 浴場業
6. 製造業	15. 旅館業	24. 理容業
7. 通信業	16. 料理店業その他の飲食店業	25. 美容業
8. 運送業	17. 周旋業	26. 興行業
9. 倉庫業	18. 代理業	27. 遊技所業

28. 遊覧所業	31. 駐車場業	34. 労働者派遣業
29. 医療保健業	32. 信用保証業	
30. 技芸教授業	33. 無体財産権提供業	

　逆に言えば、収益を上げる事業があっても、上記の34種類の事業にあてはまらなければ、法人税が課税される収益事業には該当せず、法人税を支払う必要はありません。それゆえ、収益事業該当性をめぐって宗教法人と税務当局との間で紛争が発生することがしばしば見受けられます。宗教法人が行う収益事業のうち、問題となりやすい項目については、法人税基本通達が出されたり、国税庁が毎年発行する「宗教法人の税務」（国税庁のホームページで閲覧することができます。）にて解説がなされたりしておりますが、それでも宗教法人側と税務当局との間で見解の相違の溝が埋まらず、裁判所に紛争が持ち込まれることがあります。次項では、宗教法人の行う事業の収益事業該当性が問題となった裁判例（裁決例）を紹介していきます。

2 収益事業の収益事業該当性が問題となった裁判例（裁決例）

（1）宗教法人が死亡したペットの買主から依頼を受けて葬儀等を行う事業

　宗教法人の行うペットの葬祭業が、収益事業（請負業、倉庫業、物品販売業等）に該当するかが争われた事案です。ペット葬祭業は、全国で6,000ないし8,000ほどの事業者があり、仏教寺院によるものだけでなく、倉庫業、運送業、不動産会社、石材店、動物病院等によるものがあります。この事案の背景には、一般事業者が利益の獲得を目的として行っている事業と同じ類型の収益事業から生じた宗教法人の収益に対しては、これらに税制上の便宜を提供すべき根拠がなく、また課税の公平性の確保の観点から、課税すべきではないかという問題意識があります（イコールフィッティング論）。本件は、宗教法人の活動の収益事業該当性に関する初の最高裁の判断として注目されました。

1 最高裁平成20年9月12日判決
判タ1281号165頁〔28141940〕

事案

　宗教法人が、死亡したペットの飼い主から依頼を受けて葬儀や供養等を行って金員を受け取ったことについて、小牧税務署長から、ペット葬祭業は法人税法2条13号及び同法施行令5条1項各号所定の収益事業（請負業、倉庫業、物品販売業等）に当たるとして、法人税の決定処分及び無申告加算税賦課決定処分を受けたため、ペット葬祭業は宗教的行為であって収益事業に当たらないなどと主張して、処分の取消を求めた抗告訴訟である。宗教法人は、地裁、高裁と敗訴したため、上告受理を申し立てたところ、受理された。

判旨

　上告棄却。
「本件ペット葬祭業は、外形的にみると、請負業、倉庫業及び物品販売業並びにその性質上これらの事業に付随して行われる行為の形態を有するものと認められる。法人税法が、公益法人等の所得のうち収益事業から生じた所得について、同種の事業を行うその他の内国法人との競争条件の平等を図り、課税の公平を確保するなどの観点からこれを課税の対象としていることにかんがみれば、宗教法人の行う上記のような形態を有する事業が法人税法施行令5条1項10号の請負業等に該当するか否かについては、事業に伴う財貨の移転が役務等の対価の支払として行われる性質のものか、それとも役務等の対価でなく喜捨等の性格を有するものか、また、当該事業が宗教法人以外の法人の一般的に行う事業と競合するものか否か等の観点を踏まえた上で、当該事業の目的、内容、態様等の諸事情を社会通念に照らして総合的に検討して判断するのが相当である。

前記事実関係（編注：依頼者は、パンフレット及びホームページに掲載された料金表等により定められた金額を宗教法人に支払う。）によれば、本件ペット葬祭業においては、上告人の提供する役務等に対して料金表等により一定の金額が定められ、依頼者がその金額を支払っているものと認められる。したがって、これらに伴う金員の移転は、上告人の提供する役務等の対価の支払として行われる性質のものとみるのが相当であり、依頼者において宗教法人が行う葬儀等について宗教行為としての意味を感じて金員の支払をしていたとしても、いわゆる喜捨等の性格を有するものということはできない。また、本件ペット葬祭業は、その目的、内容、料金の定め方、周知方法等の諸点において、宗教法人以外の法人が一般的に行う同種の事業と基本的に異なるものではなく、これらの事業と競合するものといわざるを得ない。前記のとおり、本件ペット葬祭業が請負業等の形態を有するものと認められることに加えて、上記のような事情を踏まえれば、宗教法人である上告人が、依頼者の要望に応じてペットの供養をするために、宗教上の儀式の形式により葬祭を執り行っていることを考慮しても、本件ペット葬祭業は、法人税法施行令5条1項1号、9号及び10号に規定する事業に該当し、法人税法2条13号の収益事業に当たると解するのが相当である。」

※第1審の名古屋地裁平成17年3月24日判決（判タ1241号81頁）〔28100900〕は、宗教法人の税制上の優遇措置の根拠について、「宗教法人が非営利法人であることを求められ、しかも、そのことを担保するために所轄庁による監督に服している点」を述べていること、イコールフィッティング論を前提に宗教行為と収益事業性の有無について判断していることに注目される。

（2）不動産貸付業

　宗教法人は、借地を有していることが多いです。時おり、再開発に関する

報道がなされるときに地主が宗教法人であることが明らかにされるように、都市部では、地主に占める宗教法人の割合は相当なものになると思います。

　土地の貸付けは、不動産貸付業にあたり、法人税が課されますが、法人税施行規則4条は、主として住宅の用に供される土地の貸付業で、その貸付けの対価の額（その敷地の経常的な地代のことをいい、名義書換料、更新料、条件変更料等を除きます（法人税法基本通達15－1－21））のうち、当該事業年度の貸付期間にかかる収入金額の合計が、当該貸付けにかかる土地に課される固定資産税額及び都市計画税額で当該貸付期間にかかるものの3倍以下であるものは、収益事業である不動産貸付業に該当しないこととしています。

　このように、貸し付けている土地が主として住宅の用に供されている場合、年間地代が固定資産税と都市計画税の年間の合計額の3倍以下であるときは、借地の貸付けは非収益事業となり、地代・名義書換料・更新料・条件変更料等の収入に関して法人税の納税義務はなくなります。しかしながら、年間地代が固定資産税と都市計画税の年間の合計額の3倍を超えたときは、収益事業（不動産貸付業）となり、地代・名義書換料・更新料・条件変更料等の収入に法人税が課されます。法人税の納税義務が発生してくるとなると、法人税申告のための税理士報酬や経理担当者の人件費などのコストもかかることになります。

　そのため、宗教法人の借地では、あえて年間地代を固定資産税と都市計画税の年間の合計額の3倍以下に抑え、その分、更新料をしっかりととるという方針をとっているところが結構あります。

　本件事案は、旧借地権者のときは非収益事業、新借地権者のときは収益事業となる借地権の譲渡の際の譲渡承諾料が、収益事業にかかる収入に当たるか否かが問題となったものです。

2 東京地裁平成7年1月27日判決
判タ901号171頁〔22008481〕

事案

　自己所有の土地を低廉住宅用地貸付業にかかる貸付けに供していた宗教法人である原告が、借地権者が上記借地権を譲渡する際の承諾料として得た収入（譲渡承諾料）を、非収益事業にかかる収入として益金の額に算入せずに本件各事業年度にかかる法人税の申告をしたところ、芝税務署長から、これを収益事業にかかる収入として益金の額に算入すべきであるなどとして本件各更正を受けたため、原告が、本件各更正の取消を求めた。なお、借地権譲渡後の新借地人への土地貸付けは、収益事業となっている。

判旨

　請求棄却。

　「借地権の譲渡は、旧借地権者から新借地権者に対して借地権が承継的に移転するという法的効果をもたらすものではあるが、これを実質的にみれば、賃貸人と旧借地権者との間の賃貸借関係を終了させ、新借地権者に当該土地を将来に向かって利用させるものであるから、賃貸人と新借地権者との間に新たな賃貸借関係を設定することにほかならない。

　したがって、賃貸人が借地権の譲渡を承諾した際に収受する譲渡承諾料は、賃貸人と新借地権者との間に新たな賃貸借関係を設定するために対価としての実質を有するものであり、前記の権利金、更新料、更改料と同様、賃貸人の新借地権者に対する新たな貸付けに基因するものというべきである。

　しかも、前記施行令（編注：法人税法施行令）5条1項5号への趣旨に照らすと、公益法人である賃貸人の旧借地権者に対する貸付けが、低廉住宅用地貸付業に係る貸付けとしての要件を満たしていたとしても、借地権

の譲渡により、当該賃貸人の新借地権者に対する新たな貸付けが、一般の用に供される貸付けになった場合には、当該賃貸人が借地権の譲渡を承諾することによって、他の営利企業との間で競合関係が生じ得る状態となったものというべきであるから、異議承諾の対価である譲渡承諾料を非収益事業に係る収入として益金の額に算入しなければ、課税上の不均衡が生じることになる。

右のような譲渡承諾料の性質及び施行令5条1項5号への趣旨にかんがみると、譲渡承諾料が非収益事業とされる低廉住宅用地貸付業に係る収入に該当するかどうかについては、賃貸人の新借地権者に対する新たな貸付けが低廉住宅用地貸付業に係る貸付けとしての要件を満たしているかどうかという観点から判断するのが相当である。

そこで、本件について検討すると、本件新貸付けが収益事業とされる不動産貸付業に該当することについては当事者間に争いがないから、本件譲渡承諾料は、非収益事業とされる低廉住宅用地貸付業に係る収入に該当するとは認められず、収益事業に係る収入に該当するというべきである。」

(3) 霊園に関する事業

墓地の経営主体は、墓地経営許可実務上、市町村等の地方公共団体が原則であり、これによりがたい事情があっても宗教法人または公益法人等に限られています（厚生省生活衛生局通知「墓地経営・管理の指針等について」（平成12・12・6生衛発第1764号））。このような事情から、墓地（霊園）の経営主体の多くが宗教法人となっております。

墓地（霊園）に関する収益事業性が問題となった事案について紹介してきます。

第6章 宗教と税法

3 東京地裁平成24年1月24日判決
判タ1384号139頁〔28181339〕

事案

　宗教法人である原告が、霊園の墓地等の使用者から永代使用料として収受した金員の全てを法人税の課税対象にならないものとして確定申告をしたところ、永代使用料のうちの墓石及びカロート（遺骨を納めるために墓石の下に設置されるコンクリート製の設置物）にかかる部分は、法人税法上の収益事業（物品販売業）に該当するとされて、札幌北税務署長から法人税の更正処分及び加算税の賦課決定処分を受けたことから、それらの処分の取消訴訟を提起した。原告霊園使用規定によれば、原告の霊園の使用者は、墳墓の建立その他の附属工事については、原告以外に申込みをすることができないとされており、原告は、組立て前の墓石を仕入れ、使用者が申込金額の半額以上の金額を支払った後に、墓石への字彫りや組立て、設置等を業者に外注して行わせていた。法人税法4条1項及び7条によれば、公益法人である宗教法人については、当該宗教法人が収益事業を営む場合に、当該収益事業から生じた所得についてのみ法人税を課するものとされており、法人税法施行令5条1項によれば、物品販売業、不動産販売業及び不動産貸付業等が収益事業とされているものの、宗教法人が行う墳墓地の貸付業については収益事業から除外されている（法人税法施行令5条1項5号ニ）。原告は、本件永代使用料は全体として「墳墓地の貸付け」の対価であり、法人税の課税対象にならないと主張した。

判旨

　請求棄却。
　「墓石及びカロートの販売は、外形的に法人税法施行令5条1項1号に規定する物品販売業であるものと認められるだけでなく、その事業に伴う

財貨の移転は、まさに墓石及びカロートという物品の移転とその設置に伴って行われる行為の対価の支払として行われるものであり、当該事業は、一般的に石材店等の宗教法人以外の法人が行っている墓石等の販売業と競合するものであるといえるから、原告が行う墓石及びカロートの販売事業は、社会通念に照らしてみても、実質的に同号に規定する物品販売業に該当するというのが相当である。したがって、本件永代使用料のうち墓石及びカロートの販売等の対価に相当する部分は、法人税法にいう収益事業による所得として、法人税の課税対象となるというのが相当である。」

※同判決は、宗教法人の税制優遇の根拠について、「宗教法人等の公益法人等について、法人税法上、原則として法人税を課さないこととし、収益事業を行う場合にのみ課税することとされているのは、公益法人等は、専ら公益を目的として設立され、営利を目的としないという公益性を有する一方で、収益事業を行う場合には、一般の私企業と競争関係にあることから、課税の公平性という観点からも、そのような収益事業から生じた所得についてまで公益性を理由に非課税とするのは相当でないためであると解される。」と言及している。

4 国税不服審判所平成21年11月10日裁決
裁決事例集No. 78　309頁

事案

宗教法人である審査請求人（以下、「請求人」という。）が、墓地の永代使用権の譲渡は法人税法第2条第13号に規定する収益事業に当たらないとしてこれにかかる収入を益金の額に算入せずに法人税の申告をしていたところ、原処分庁が、請求人の行った一連の行為は、墓地の永代使用権の譲渡ではなく、土地を購入し、区画形質の変更を行ったうえで譲渡したものであるから、収益事業（不動産販売業）に該当するとして更正処分等を

したのに対して、請求人が、その全部の取消しを求めた事案である。

裁決要旨

請求棄却。

下記の行為は、住宅団地を造成し譲渡する行為や工業団地を造成し譲渡する行為などと同様に土地を買収してこれを造成し譲渡するものであるから、一般私企業との間で競合関係を有するものであり、法人税法施行令第5条第1項第2号に規定する不動産販売業に当たるものと解される。

記

「請求人が本件霊園開発事業の事業主体として、A県知事から本件霊園の開発行為の許可を取得し、請求人又は業務委託したC社において、請求人を買主として本件各土地を買収し、当該土地を墓地に造成した上で、本件霊園の経営について宗教法人Bに許可がなされたことにより、本件霊園を27億0660万円で宗教法人Bへ譲渡したものと認められる。」

そして、本件霊園開発事業は、請求人が事業主体となり、継続して事業を行ったものと認められることからすれば、法人税法第2条第13号に規定する「継続して事業場を設けて営まれるもの」に当たるというべきである。

そうすると、本件霊園開発事業は、収益事業に当たると解するのが相当である。

5 国税不服審判所平成26年12月8日裁決
裁決事例集 No. 97

事案

宗教法人である審査請求人（以下、「請求人」という。）が、経営するE霊園の墓地使用権者から収受した管理料収入が収益事業にかかる収入に該

当するとして平成24年4月1日から平成25年3月31日までの事業年度の法人税・復興特別法人税の確定申告をした後、当該管理料収入が収益事業にかかる収入に該当しないとして当該事業年度の法人税・復興特別法人税の更生の請求をしたところ、原処分庁がそれぞれの更生の請求に対してその更生をすべき理由がない旨の各通知処分を行ったことから、請求人がそれらの取消しを求めた事案であり、争点は、当該管理料収入が収益事業にかかる収入に該当するか否かである。

裁決要旨

請求棄却。

「請求人は、墓地管理者として、墓地使用権者から永代使用料とは別個に管理料を収受しているところ、当該管理料は、墓地埋葬法等によって義務付けられた墓地全体の保全管理を行うための費用として収受しているのであるから、請負業に係る収入には該当しない旨主張する。

しかしながら、請求人が定めた霊園使用規程等をみると、墳墓地の貸付けと共用部分の管理運営等を行う管理行為とは、業務形態として別個独立のものであるし、それぞれの事業についての対価も別個に定められている。さらに、請求人と墓地使用権者との間で、請求人が共用部分の管理行為に係る役務を提供すべきことを約し、墓地使用権者がその対価として当該管理料を支払う旨を約したのであって、請求人が提供する当該管理行為という役務の対価として当該管理料が支払われている関係にあるとみるのが相当である。したがって、当該管理行為は、収益事業たる請負業として行われたものであり、当該行為によって収受した当該管理料は、請負業に係る収入と認められる。」

第6章　宗教と税法

Ⅲ　固定資産税・都市計画税に関する裁判例

1 はじめに

　固定資産税とは、賦課期日（1月1日）現在に存在する固定資産（土地（田、畑、宅地、塩田、鉱泉地、池沼、山林、牧場、原野その他の土地）、家屋（住家、店舗、工場（発電所および変電所を含む）、倉庫その他の建物）及び償却資産（土地及び家屋以外の事業の用に供することができる資産））に対し、固定資産の所有者（土地登記簿または建物登記簿上の所有者）に課せられる地方税で、一般に固定資産の所在する市町村において課せられます（地方税法342条、343条）。固定資産税の標準税率は、100分の1.4とされています（地方税法350条1項）。納期は年に4回あります（地方税法362条1項）。課税対象は、賦課期日（1月1日）に保有している固定資産に限られる（地方税法359条）ため、1月2日以降に焼失、解体、流出してしまっても、1年分の固定資産税が課税されます。

　都市計画税は、都市計画事業または土地区画整理事業に要する費用にあてるため市街化区域内に所在する土地および家屋に対し、その所有者に対して課せられる地方税です（地方税法702条）。都市計画税の課税制限税率は100分の0.3です（地方税法702条の4）。都市計画税は、固定資産税とあわせて課税される扱いとなっているため、課税対象・納税義務者・非課税の範囲・賦課期日・納期は、固定資産税の場合に準じています。

　地方税法348条2項3号は、「宗教法人が専らその本来の用に供する宗教法人法第3条に規定する境内建物及び境内地」を、地方税法348条2項4号は、「墓地」を非課税としています。

　地方税法348条2項3号・4号の固定資産を非課税としたのは、固定資産税は、土地家屋等の資産価値に着目し、その所有という事実に担税力を認めて課する一種の財産税の考え方が背景にありますが、3号・4号の固定資産には収益力がなく、担税力をもたないからだとされています。地方税法348

条2項3号に関して、宗教法人が所有などし、もっぱらその本来の用に供する境内建物および境内地等の固定資産については、それらの固定資産が所在する各都道府県知事に証明してもらい、この証明書とともに各市町村長に対して非課税申告書を提出することで、その固定資産が非課税として取り扱われていることを確認してもらうことができます（昭和37年12月15日天理教奈良教区長あて調査局宗務課回答）。

宗教法人の所有している固定資産の非課税該当性をめぐって、しばしば税務紛争が生じます。3号・4号の非課税事由各々について裁判例をみていきましょう。

2 地方税法348条2項3号の非課税事由に関する裁判例

(1) はじめに

「宗教法人が専らその本来の用に供する宗教法人法第3条に規定する境内建物及び境内地」の「専ら」とは、全くという意味ではなく、仮にほかの用途に供されることがあったとしても、ほとんどの場合において本来の用に供されているのであれば、ここにいう「専ら」にあたるとされています（昭和43年9月17日自治府第131号）。「その本来の用に供する」とは、歴史、沿革、その他伝統からして、その宗教法人にとって本来的に欠くことのできない、本質上宗教目的に使用されるべきものであるとされています（昭和27年7月18日衆質第50号）。

この条文の文言の理解を前提に問題となった固定資産ごとに裁判例をみていきましょう。

(2) 庫裡

1 東京地裁昭和32年2月28日判決
判時121号6頁〔21008541〕

事案

　原告寺院の庫裡に固定資産税が課税されたため、原告は、地方税法348条2項2号（昭和28年法律第202号による改正前のもの）の解釈上、非課税なのは明らかであるとして固定資産税の課税処分の取消訴訟を提起した。

判旨

　請求認容。
「寺院の庫裡の多くは現在においては住職及びその家族の日常生活のための場所として使用されて居り、右は公知の事実であるが、多くの中小寺院においては、住職が自ら堂宇及び境内地の管理に当たるために庫裡に起居する必要があり、又現代における我が国の仏教界は僧侶の妻帯を禁じていないのであるから、住職等の日常生活の用に供されている庫裡は、住職が特にこれを他の目的のための用に供しない限り、寺院の管理のために起居しているものとみるべく、又住職の家族も、特にこれを他の目的のための用に供しない限り、住職の寺院管理の補助者として起居を共にするものと解するのを相当とする。従って、その限りにおいては、現時の寺院の庫裡が寺院の宗教目的のために必要でないと言うことはできない。…
　宗教法人法第18条第5項は、代表役員及び責任役員がその保護管理する財産を他の目的に使用することを禁じており、ただ同法第6条が、宗教法人が公益事業及び『その目的に反しない限り』公益事業以外の事業を行うことをも認めているに止まる。従って地方税法第348条第2項第2号の言う『もっぱらその本来の用に供する』とは、宗教法人の役員が他の目

的に使用する場合はもちろん、宗教法人法第6条所定の事業の用に供する場合も含まれないことを明らかにした意味を有するに止まると解すべきである。なお、仏教寺院の庫裡のみならず、庫裡と同様な用途に使用されている他の宗教法人の建物についても、庫裡と同様な取扱がなされるべきである。従って、寺院の庫裡を非課税の対象とすることは、当該寺院又は当該寺院のみが国から特権を受けることにはならない。

ところで本件においては、原告寺住職A及びその家族が本件庫裡部分を衣食住のための日常生活の場所として使用していることは、弁論の全趣旨に照らし当事者間に争いのないと言うべく、（証拠を総合すると）Aは昭和27年度及び昭和28年度においては主としてその二人の家族の補助を受けて原告寺の堂宇境内地等の運営維持保護に当り、本件庫裡部分の全部又は一部を貸家貸間又は貸席等として利用したことはなく、その他原告寺、A又はその家族が他の目的のために使用した事実もないことを認めることができる。そして右の事実によれば、原告寺は本件庫裡部分をその宗教目的のためにその固有の建物として必要とし、かつ現にもっぱらその本来の用に供していると言うべきであって、本件庫裡部分が地方税法第348条第2項第2号に該当しないとの被告の主張は理由がない。」

（3）沐浴道場

　宗教法人が、沐浴道場を運営していたところ、固定資産税が課せられたため、訴訟となった事案です。イコールフィッティング論が用いられ、スーパー銭湯との比較等から宗教上の修行、布教の目的で使用されているとはいえないとされて固定資産税の課税が認められています。

第6章　宗教と税法

2　名古屋地裁平成25年11月27日判決
D1-Law.com 判例体系〔28265597〕

事案

　伝統仏教宗派の中本山である寺院が、宗教施設の沐浴道場に固定資産税を課した市の処分は違法であるとして固定資産税賦課決定処分の取消訴訟を提起した。

判旨

　「①原告寺院本体建物には、本件温浴施設とは別に沐浴場が設けられ僧侶や参拝者等の利用に供している、②原告寺院から700メートル以上、徒歩で15分程度の場所に本件温浴施設があり、修行の場として用いられていない、③本件温浴施設には、偈を唱えて入浴して下さいとの紙が掲示され、複数の観音像が置かれているが、それらを解説した掲示物はない上、僧侶が礼拝等の指導はしていない、④本件温浴施設には、大浴場・スチームサウナが設置され、原告寺院本体建物への参拝とは別に料金を支払って利用するものであること、⑤スチームサウナには世俗的な効用の説明がなされていること、⑥本件温浴施設の利用者は、信者に限らない不特定多数の者であって、原告寺院等は、ストレスを癒やしてくださいなどと呼びかけて集客をしていた、⑦本件温浴施設の料金体系は一般の公衆浴場等と基本的に変わらない、⑧原告寺院が本件温浴施設が開設された際に発行していた会報にも『沐浴道場』であるとは紹介していなかったことが認められる。

　これらの諸点に照らせば、本件温浴施設は、信者に限られない不特定多数の者によって、いわゆるスーパー銭湯等の入浴施設と同様に、単に入浴を楽しみ、心身の疲れを癒やすなどの世俗的目的で少なからず利用されているものとみられるから、本件温浴施設が専ら宗教上の修行儀式としての

沐浴を行う目的や沐浴体験を通じた仏教の布教・伝道・教化を行う目的で使用されているということはできない。
　したがって、本件土地建物は、地方税法348条2項3号の『宗教法人が専らその本来の用に供する境内建物及び境内地』には該当しないというべきである。」

(4) 堂宇建設までの建築資材等の仮置き場

　地方税法348条2項3号の解釈について詳しく判示しているのが参考になります。

> **3　名古屋地裁平成4年6月12日判決**
> 判タ803号102頁〔22005564〕

事案

　原告寺院は、もともと名古屋市内に本堂及び境内地を有していたが、昭和62年に責任役員会決議により春日井市に境内地を移転することになった。原告寺院は春日井市内の土地3筆を購入することとなったが、地主の都合により昭和63年には1筆のみを購入し、他の2筆は境内地として賃借した後、平成元年に残2筆を購入し、全3筆を合筆した。原告寺院は上記土地全体にわたる堂宇配置計画を立案していたが、旧境内地の売却がはかどらず、とりあえず土地の一部に仮本堂と庫裡を建築し、他の土地部分に3棟を建てて建築資材等を収納していた。被告である春日井市長は、仮本堂付近の土地については固定資産税及び都市計画税の非課税物件に当たるが、それ以外の部分はこれに当たらないとして両税について賦課決定をした。本件は上記課税処分の取消訴訟である。

判旨

　請求認容。

「土地が地方税法348条2項3号に該当するというためには、次の3要件が必要であるというべきである。〈一〉宗教法人が専らその本来の用に供する土地であること。〈二〉本殿等の存する一画の土地のように宗教法人の宗教目的のために必要な土地であること。〈三〉当該宗教法人に固有の土地であること。そして、右の規定が固定資産の現実の用途によって非課税にするという特例を定めたものであることに照らすと、右3要件については、次のように解することができる。〈一〉の要件は、実際の使用状況からみて当該土地が専ら宗教目的に使用されていることをいう。ただし、右の『実際の使用状況』を余りに狭く解するのは相当でない。例えば、堂宇その他の宗教施設が焼失して、現在は当該土地上において宗教活動が行われていない場合であっても、当該土地上に宗教施設が復興されることが客観的に明らかであるようなときには、その焼跡地は、なお実際の使用状況からみて、専ら宗教目的に使用されていると解するのが相当である。〈二〉の要件は、〈一〉の要件と関連することであるが、当該土地が宗教目的のために必要であることをいい、『一画の土地』とは、いわゆる『雨だれ落ち』の内側の土地との対比を考慮して規定されたもので、当該建物又は工作物の周辺一帯の一区域の土地を意味し、建物等と土地との相互関係から一体的に考慮されるべき範囲の土地をいう。〈三〉の要件は、〈二〉の要件と関連することであるが、当該土地が当該宗教法人の宗教目的のために必要なもので、当該宗教法人の存立のために欠くべからざる本来的なものであることをいう。

　これを本件についてみるに、前認定の事実によれば、原告は、新五番一の土地の中央に六角堂を据え、その余の部分に旧境内地にあった境内建物を移転し、あるいは新たに建物を建築して、同土地全体を一個の境内地として使用するとの構想のもとに、とりあえず仮本堂及び庫裏（これらが宗教法人法3条1号にいう『本堂』及び『庫裏』に該当することは明らかである。）を同土地南端に設置してこれらを原告の宗教活動の本拠とし、かつ、旧境内地に存した六角堂等の建物の解体材、建具、仏具等を右建築工事を

行うまでの間収納するために、右仮本堂及び庫裏に近接して2棟の小屋を、同土地の北東端に1棟の小屋をそれぞれ設置していたのであるから、このような実際の使用状況からみて、新五番一の土地は、仮本堂及び庫裏の敷地部分だけでなく。その全体が宗教法人たる原告が専ら宗教目的に使用する土地であって、その宗教目的のために必要であり、かつ、その宗教活動の本拠として原告の存立のために欠くことのできない本来的なものということができる。したがって、新五番一の土地は、全体として前記〈一〉ないし〈三〉の要件を充足する。

以上のとおりであるから、本件土地は、『宗教法人が専らその本来の用に供する宗教法人法第3条に規定する境内地』に当たるというべきである。」

（5）将来境内地となる予定の工事中の土地

地方税法348条2項3号の要件該当性の判断は、一般社会通念に基づいて外形的、客観的に行うべきとしているところに注目されます。

4 東京高裁平成20年10月30日
裁判所ウェブサイト〔28153949〕

事案

原告寺院は、テナントビルが建っていた原告所有地を取り壊し、再開発計画に基づいて、2年以上の工事期間を経て境内地とした。東京都が、建設工事中であった平成14年度、平成15年度の固定資産税を原告所有地に課してきたため、原告寺院は、賦課処分の取消を求めて出訴した。

判旨

請求棄却。

「外形的事実からはうかがい知ることのできない宗教法人内部の主観的

な意図にまで立ち入らないと地方税法348条2項3号の要件該当性が判断できないこととしたのでは、固定資産税の賦課を理由に、市町村及び都（特別区の存する区域における場合。同法734条1項、736条1項）が宗教法人内部の活動に容かいする余地を生み出すことになり、宗教に対する圧迫、干渉等となるなど国家と宗教の角のかかわり合いが招来されるおそれが強く、ひいては信教の自由を妨げることになりかねない。既に説示した日本国憲法の趣旨に加え、宗教法人法84条が『国及び公共団体の機関は、宗教法人に対する公租公課に関係がある法令を制定し、若しくは改廃し、又はその賦課徴収に関し境内建物、境内地その他の宗教法人の財産の範囲を決定し、若しくは宗教法人について調査をする場合その他宗教法人に関して法令の規定による政党の権限に基く調査、検査その他の行為をする場合においては、宗教法人の宗教上の特性及び慣習を尊重し、信教の自由を妨げることがないように特に留意しなければならない。』と規定している趣旨にかんがみても、地方税法348条2項3号の要件該当性の判断は、一般の社会通念に基づいて外形的、客観的にこれを行うべきである。具体的には、対象地の実際の使用状況について、賦課期日に加え、賦課期日以前の状態をも踏まえて認められる外形的、客観的事実関係に基づき、一般の社会通念に照らして、賦課期日現在において同号の要件が認められるか否かを判断すべきであり、また、そうすることをもって足りるものと解するのが相当である。（…）

αビルが解体されたものの、平成14年1月及び平成15年1月当時、本件土地1付近は建設工事現場の一角にすぎず、それ以上に本件土地1が将来どのような目的で使用されるものであるかが外形的、客観的に判然とする状態にあったとは認められないことに照らせば（控訴人は、平成14年1月1日及び平成15年1月1日当時、本件土地1は復興計画に基づき宗教施設を建設中の土地であったと主張しているが、本件証拠上、定期借地権を設定するスキームを含めた事業計画全体が公にされたのは、建築工事が完成した後の平成15年6月18日のことであるとまでしか認められ

ず、それ以前の平成14年あるいは平成15年の1月1日当時、本件土地1が宗教法人法3条1号に列挙されているような建物又は工作物を建設中の土地であることが外形的、客観的に明らかな状況にあったとは認めるに足りる証拠はない。）。そのころ、控訴人自身が本件土地1を地方税法348条2項3号に規定する境内地として使用する意図をもって業者に建設工事をさせていたとしても、平成14年度の固定資産税賦課期日及び平成15年度の固定資産税賦課期日において、本件土地1が同号に規定する境内地に該当したと認めることはできない。」

（6）宗旨宗派を問わない納骨堂

現在、都市部では、宗旨宗派を問わないビル型の納骨堂が多くみられますが、そのような納骨堂の固定資産税非課税要件該当性が問題となった事案です。納骨堂とは、「他人の委託をうけて焼骨を収蔵するために、納骨堂として都道府県知事の許可を受けた施設」のことをいいます（墓埋法2条6号）。地方税法348条2項は、原則として固定資産税を課することのできない固定資産を定め、そのような固定資産として、「宗教法人が専らその本来の用に供する宗教法人法第3条に規定する境内建物及び境内地」（同項3号）、墓地（同項4号）などを列挙しているが、納骨堂自体は直ちに非課税とするものとはされていません。同項3号が、同号に定める固定資産について非課税としたのは、信教の自由や、宗教法人のもつ社会的意義を考慮した他、上記の固定資産については一般的にみて担税力を見出すことができないことをも勘案したものと解されます。そして、同号4号において墓地が非課税とされる一方、納骨堂については直ちに非課税とする旨の定めがないことからすると、納骨堂は、同項3号が定める固定資産に該当する場合において、非課税となるものと解されます。この点の理解を前提に、裁判例を紹介していきます。

第6章 宗教と税法

5 東京地裁平成28年5月24日判決
判タ1434号201頁〔28243260〕

事案

　曹洞宗を宗派とする宗教法人である原告が、処分行政庁である東京都港都税事務所から、原告所有の土地及び建物にかかる平成26年度の固定資産税及び都市計画税の各賦課処分を受けたことに関し、本件建物において納骨堂を運営しており、本件土地はその敷地であるから、地方税法348条2項3号所定の「宗教法人が専らその本来の用に供する宗教法人法第3条に規定する境内建物及び境内地」に該当し、固定資産税及び都市計画税を賦課することはできないと主張して、被告である東京都に対して、賦課処分の取消を求めた事案である。

判旨

　請求棄却。

　「地方税法348条2項3号に規定する『宗教法人が専らその本来の用に供する宗教法人法第3条に規定する境内建物及び境内地』とは、①当該宗教法人にとって、宗教の教義をひろめ、儀式行事を行い、信者を教化育成するという主たる目的のために必要な、本来的に欠くことのできない建物、工作物及び土地で、同条各号に列挙されたようなものであり、かつ、②当該宗教法人が、当該境内建物及び境内地を、専ら、宗教団体としての主たる目的を実現するために使用している状態にあるものをいうと介すべきであり、当該要件該当性の判断は、当該建物及び土地の実際の使用状況について、一般の社会通念に基づいて、外形的、客観的にこれを行うべきである。（…）

　本件非課税対象外部分についてみると、上記の認定事実のとおり、①原告は、昭和28年8月31日に石川県知事から設立認可を受けた宗教法人

であるが、平成21年1月及び平成26年3月、原告の宗教法人規則を一部変更し、東京都において公益事業として納骨堂事業を行うことを定めたこと、②本件納骨堂事業において、本件納骨堂の使用権は、宗旨宗派を問わず、また、原告の檀家となることなく、取得することができるものとされ、使用権を取得した者は、地下1階及び3階の納骨庫部分に保管された遺骨収蔵厨子を本件建物の2階参拝室部分及び3階参拝室部分を使用して参拝することができるほか、一定の施設使用料を支払うことにより、3階副本堂部分を使用して、原告以外の宗旨宗派の僧侶等が法要等の宗教的儀式を執り行うことが認められていること、③本件建物の4階客殿部分は、法要前の待合、会食、僧侶控室、セミナー、参拝後の休憩・雑談の場などに使用されるものであり、また、1階のパントリーやダムウェイターの部分は飲食物の配膳や運搬のために使用されるものであること、④原告は、平成25年4月1日から平成26年3月31日までの間に、他宗派及び無宗派の者からの収入として240万円を計上しており、原告の宗教活動とは直接の関係のない施設使用料等の収入を得ていたこと、⑤本件建物において平成27年12月1日までの間に行われた法要の約15％は、原告以外の宗旨宗派によるものであったこと、⑥原告は、訴外会社との間で本件委託契約を締結し、使用権の販売業務を訴外会社のみに委託し、訴外会社に販売手数料を支払い、宗旨宗派を問わず広く使用者を募集する一方、販売数が一定数に満たない場合には販売保証金の預託を受けることとしているほか、訴外会社が本件建物内の一部を販売活動のために無償で使用することや、訴外会社が使用者に対して仏壇・仏具・葬儀等に関する営業活動をすることを認め、原告においては、訴外会社が葬儀、法要の施行業者に選任されるよう努めることとされていることが認められる。

　以上の点を踏まえ、また、上記（1）の点（編注：本件建物のうち、5階寺務所部分、5階庫裏部分及び1階寺務所部分が非課税とされていること）も勘案して、上記の各部分（本件非課税対象外部分）の使用状況を、一般の社会通念に基づいて外形的、客観的にみると、原告は、本件非課税

対象外部分につき、曹洞宗の教義をひろめ、儀式行事を行い、信者を教化育成するという主たる目的のために使用していないとはいえないが、当該目的のために必要な、本来的に欠くことのできない建物の一部であると評価することにはやや困難がある。また、仮にそのような評価が可能であるとしても、本件納骨堂の使用者については宗旨宗派を問わないとされているのみならず、本件建物においては、原告以外の宗旨宗派の僧侶等が主催する法要などの儀式行事が行われることが許容され、その場合、使用者は原告に対して施設使用料を支払うこととされ、実際にも、それが例外的とはいえない割合で行われており、原告は、上記のような使用者を訴外会社を通じて広く募集していることに照らすと、原告が、上記の各部分（本件非課税対象外部分）を、専ら、宗教団体としての主たる目的を実現するために使用している状態にあるとは認められないといわざるを得ない。」

(7) 動物霊園・動物遺骨安置供養施設

　動物供養を行う宗教法人は、しばしば見受けられます。それに伴い、動物霊園・動物遺骨安置供養施設を設けているところがあります。後述のように、地方税法348条2項4号の墓地は、墓埋法の許可を得た墓地のことをいいますので、動物霊園等の非課税事由該当性は、地方税法348条2項3号の要件（宗教法人が専らその本来の用に供する宗教法人法3条に規定する境内建物および境内地）にあたるかによって決められます。

　❻と❼の裁判例の判断が分かれていることに注目されますが、❻の事例で非課税事由該当性が認められたのは、江戸時代からの供養実績、動物供養の頻度等が決め手になったものと思われます。

6 東京高裁平成20年1月23日判決
D1-Law.com 判例体系〔28152801〕

事案

　宗教法人である控訴人（回向院）が、動物の遺骨を収蔵保管している建物部分及びその敷地相当部分の土地に固定資産税及び都市計画税が課税されたため、その賦課処分の取消を求めて提訴した。

判旨

　請求認容。

　「地方税法348条2項3号にいう非課税とされる境内建物及び境内地とは、宗教法人が、専らその本来の用に供し、宗教の教義をひろめ、儀式行事を行い、及び信者を教化育成するために必要な当該宗教法人の固有の境内建物及び境内土地をいうものと解される。

　そして、当該境内建物及び境内地が、同号にいう『宗教法人が専らその本来の用に供する境内建物及び境内土地』に当たるかどうかについては、当該境内建物及び境内地の使用の実態を、社会通念に照らして客観的に判断すべきである。

　これを本件についてみると、前記認定の事実によれば、控訴人においては、江戸時代の開祖以来動物の供養を行ってきたこと、控訴人において動物を供養することが世間一般に広く受け入れられ庶民の信仰の対象となってきたこと、控訴人は、回向堂及び供養塔において動物の遺骨の安置をするとともに、毎日勤行で動物の供養を行うほか、月1回あるいは年3回の動物供養を行っていることが認められるのであるから、これらの使用状況からみれば、回向堂及び供養塔は、本件ロッカー部分のみならず、その敷地部分も含めて全体が宗教法人である控訴人が専ら宗教目的に使用する施設であって、その宗教活動のために欠くことができないものであるという

べきである。

したがって、回向堂及び供養塔は、その敷地部分も含めて、地方税法348条2項3号の『宗教法人が専らその本来の用に供する宗教法人法第3条に規定する境内建物及び境内地』に該当するものと認められる。」

※被控訴人による、民間業者の動物霊園事業と類似しているとのイコールフィッティング論の主張に対して、同判決は、以下のように判示している。
「控訴人の動物の安置・供養については、前記認定のとおり、控訴人は、民間のペット霊園が多数開業する以前の昭和37年からロッカー形式による遺骨の安置を開始したこと、檀家だけでなく、一般の動物愛好家の飼育していた諸動物の供養も受け入れているが、浄土宗以外の教義・作法による供養は行っていないこと、回向堂及び供養塔のいずれも馬頭観世音菩薩像がその中心に位置し、動物の遺骨を安置した本件ロッカー部分が仏像を取り囲むように配置され、その間に仕切りはなく、空間的には仏像と不可分一体の構造として設計されていること、控訴人においては、基本的に合祀を勧めており、火葬の後、1年間遺骨を無償で預かり、その後も合祀を勧め、それでも気持ちの整理がつかず個別の安置を申し出た者につき、有料で遺骨の保管をするが、合祀については管理費等の費用はかからないこと、宣伝広告は一切しておらず、リベートを伴う民間業者の紹介にも応じていないこと等、民間業者との相違が認められ、これらの事情を考慮すると、控訴人が、年間5万円、3万5000円、2万円の三段階の定額制で動物の霊の供養料を徴収していることをもって、控訴人の動物の安置保管が、民間業者の行う霊園事業と同様の営利的なものとまではいうことができない。

したがって、控訴人の動物の遺骨の保管行為が、民間業者のそれと類似しているから、控訴人は非課税の優遇措置を受けるべきでないとの被控訴人の主張は採用することができない（なお、控訴人の動物の遺骨の

安置保管については、これが法人税法上の収益事業に当たるものと認められるが、そのことが直ちに上記地方税法348条2項3号の非課税該当性を否定するものではない。）。」

7 東京地裁平成23年12月13日判決
判例地方自治372号12頁〔28206459〕

事案

本件土地は、原告（文京区内の浄土宗寺院）から無償で借り受けているＡ（練馬区内の浄土宗寺院）が動物専用墓地として使用している土地であり、地方税法所定の「宗教法人が専らその本来の用に供する境内地（宗教法人法第3条）」に該当するため、固定資産税及び都市計画税を賦課することはできないとして、原告が、処分行政庁である練馬都税事務所の所属する公共団体である東京都を被告として賦課処分の取消しを求めて出訴した。

判旨

請求棄却。

「そこで検討するに前記認定事実1（3）ウ（※本件課税土地は、動物を埋葬するための専用の墓地として利用されており、慰霊像や聖観音像のある土地の部分とは、植栽などにより区別されている。墓地には、人の墓地と同様の外観を有する墓石や卒塔婆が設置されている。なお、十字架を模した墓石が設置されているのは、本件課税土地上の750基の墓石のうちわずか1基のみである。）のとおり、本件課税土地は、動物を埋葬するための専用の墓地として利用されており、慰霊碑や聖観音像の敷地とは植栽などにより区別されていることが認められるから、本件課税土地を慰霊碑や聖観音像の敷地と不可分一体のものとして利用されていると認めることはできない。したがって、本件課税土地の利用状態を判断するに際して

は、慰霊碑や聖観音像の敷地が地方税法348条２項３号の『宗教法人が専らその本来の用に供する宗教法人法第３条に規定する境内建物及び境内地』に該当するとして非課税とされていることを考慮に入れることはできず、この点に関する原告の主張には理由がない。」「動物の元飼主から依頼があるときには、僧侶資格を有しないＡの職員が動物の遺体を火葬又は埋葬するところ、その際、特に元飼主から依頼がある場合には、Ａの住職を兼務する原告の住職が立ち会って本件課税土地において読経が行われることがあるが、その回数は年に２回程度にすぎず、その他のときには、Ａの職員が立ち会うのみであること、四十九日や一周忌等の法要の際に動物の元飼主から依頼があった場合には、本件課税土地においてＡの住職による読経が行われることがあるが、その回数は年20回程度にすぎないこと、慰霊祭の際には、慰霊碑の壇上で住職による読経が行われた後、本件課税土地内の通路部分を僧侶が歩きながら供養を行うが、その回数は年２回にすぎないことが認められる。そうすると、Ａが本件課税土地を浄土宗の儀式行事に利用するのは上記の機会に限られ、その余の多くの場合には、本件課税土地はＡが行う儀式行事以外の目的で、専ら動物の火葬・埋葬を依頼した元飼主によって利用されているにすぎないことになる。」「以上の検討結果を前提とすると、本件課税土地は、Ａにより浄土宗の儀式行事を行う場として利用される機会はあるものの、その機会はごく限られたものにすぎないのであるから、本件課税土地がＡの儀式行事というその本来の用に専ら供されている土地であると認めることはできない。そして、Ａが宗教の教義をひろめ、信者を教化育成するためには本件課税土地を利用している事実を認めるに足りる証拠はないから、本件課税土地は地方税法348条２項３号の『宗教法人が専らその本来の用に供する境内地』には該当しないというほかない。」

※同判決で、収益事業と地方税法348条２項３号の「専ら本来の用に供する」の要件との関係について、「被告は、宗教法人が収益事業を行うための

施設は、宗教法人の本来の用に供されていることにはならず、地方税法348条2項3号の「専ら本来の用に供する」ものに該当する余地がない旨主張するが、宗教法人法6条2項は、宗教法人は、その目的に反しない限り、公益事業以外の事業を行うことができるとしており、宗教的色彩の有無と収益事業該当性の有無とは必ずしも排斥し合うものとはいえないこと、施設の客観的性格とそこで行われる活動・事業の性格とを区別して検討すべき場合もあること等からすると、当該施設において行われる活動が収益事業に該当することをもって、直ちに当該施設である土地等が地方税法348条2項3号の非課税土地等に該当することを否定すべきことにはならないというべきである。」と判示していることに注目される。

3 地方税法348条2項4号の非課税事由に関する裁判例

　固定資産税が非課税となる地方税法348条2項4号の「墓地」とは、一般的に、墓埋法における墓地と同義とされ、墳墓（死体を埋葬し、または焼骨を埋蔵する施設）をもうけるために、墓地として都道府県知事の許可を受けた区域（墓埋法2条5項）のことをいうとされてきました（固定資産税務研究会『固定資産税逐条解説』地方財務協会（2010年）84頁）。この点、同様の判断を行ったのが、下記裁判例です。

1　名古屋地裁平成3年9月18日判決
判タ774号167頁〔22004763〕

事案

　原告は、名古屋市長より、所有する土地に固定資産税・都市計画税の賦課処分がなされたが、現況は墓地（ただし、墓埋法上の経営許可は受けていない。）であるから、非課税であるとして、本件賦課処分の取消を求め

第6章　宗教と税法

て出訴した。

判旨

請求棄却。

「法348条2項4号にいう『墓地』は、次に述べる理由により、墓地法2条5項にいう『墓地』と同義であり、『墓地』として同法10条、19条の3の規定による許可を受けた区域をいうものと解するのが相当である。

（1）固定資産税の賦課事務は大量反復事務であるので、これを公平迅速に行うためには、法348条2項4号の『墓地』に該当するか否かの判断は、客観的な基準により一律に行うことが相当であるところ、そのためには、墓地法により墓地として許可を受けた区域であるか否かによって判断するのが、最も簡明かつ客観的であって適当である。

（2）墓地法2条5項によれば、墓地とは、死体を埋葬し、又は焼骨を埋蔵する施設すなわち墳墓（墓地法2条4項）をもうけるために、墓地として都道府県知事（同法19条の3の規定により、政令指定都市にあっては市長）の許可を受けた区域をいい、同法10条によれば、墓地を経営しようとする者は都道府県知事（市長）の許可を受けなければならないとされているところ、同条にいう『経営』とは、広く、墓地を設置し、管理し、運営することをいい、営利目的の有無を問わないと解され、自己所有地に自家用の墓地のみを設置したいわゆる個人墓地であっても、同法10条の許可を要するのであるから、右許可を得ていない以上、墓地として使用されていないとみなす取扱いをしても、不合理であるとはいえない。

（3）原告は、法348条2項4号において墓地を非課税とする目的は、墓地法の立法目的とは異なるのであるから、法348条2項4号の『墓地』を墓地法にいう『墓地』と同義であるとする必要はなく、相続税についての取扱いと同じく、使用の実態に着目して判断すべきである旨主張するが、同号において墓地が固定資産税の対象から除外されたのは、墓地の公共的施設としての性格、事業の公益性等に鑑み、法人税（法人税法7条、同法

施行令5条5項ニ)、特別土地保有税(法586条2項28号)と同様に税制上の優遇措置を与えたものと解されるのであり、その解釈適用に当たって、公衆衛生その他公共の福祉の見地から墓地等について規制する墓地法の許可を前提とすることには合理性がある。また、相続税において墓所等が非課税とされたのは、民法上、系譜、祭具、墳墓等のいわゆる祭祀財産が相続財産とは別個に承継されることとされている(同法897条1項)ことを前提にして、これらの財産については、相続財産から除外されているとの考えに立つからであって、固定資産税を非課税とする理由とは異なるものである。」

そして、地方税法348条2項4号の「墓地」というためには、賦課期日において、当該土地が墓埋法10条1項に基づく墓地経営許可等を受けた区域であるとともに、死体や遺骨を埋葬し得る墓地としての現況を備えていることが必要とされます。

2 さいたま地裁平成19年6月27日判決
判例地方自治301号42頁〔28131999〕

事案

さいたま市見沼区長が宗教法人である原告に対し、原告が墓地用に購入した土地について、平成18年5月1日付けで平成18年度固定資産税及び都市計画税について賦課決定処分をしたところ、原告が、上記固定資産税等の賦課期日である平成18年1月1日現在、本件土地は、地方税法348条2項4号により非課税とされるべき墓地に該当していたのであるから、本件処分は違法である等と主張して、被告であるさいたま市に対してその取消しを求めた。

> **判旨**
>
> 　請求棄却。
>
> 　「地方税法は、土地、家屋等を課税客体とする一方で（地方税法342条1項、341条1号）、墓地の公共性にかんがみ、墓地を用途とする固定資産については固定資産税を課さないこととしている（同法348条2項4号）。
>
> 　そして、固定資産税は、土地、家屋等の資産価値に着目し、その所有という事実に担税力を認めて課する一種の財産税である（地方税法342条1項、341条1項参照）ところ、地方税法が、墓地について固定資産税を非課税としたのは、当該土地を死体や遺骨を埋葬し得る墓地としての現況を備え公共の用に供することによって、当該土地の所有者によるその他の使用収益の可能性がなくなり、ひいてはその資産価値を見い出せないからであると解される。
>
> 　また、墓埋法4条1項によれば、同法10条1項に基づく墓地経営許可を受けている区域でない限り、適法に死体を埋葬したり焼骨を埋蔵したりすることができないのであり、これは公衆衛生その他公共の福祉の見地からの合理的な規制であると解されるから、墓地経営許可を受けていない土地は、墓地としての公共的な用途を有するとはいえない。
>
> 　そうすると、ある土地が、地方税法348条2項4号の『墓地』に該当するためには、賦課期日において、当該土地が墓埋法10条1項に基づく墓地経営許可等を受けた区域であるとともに、死体や遺骨を埋葬し得る墓地としての現況を備えていることを要するというべきである。」

Ⅳ　その他の税目等に関する裁判例（裁決例）

1　所得税

　宗教法人の税務処理上、重要な位置を占めるのは、前述の法人税における

Ⅳ　その他の税目等に関する裁判例（裁決例）

収益事業の判定と所得税の源泉徴収です。源泉徴収制度は、給与や報酬・料金などの源泉徴収の対象とされている所得を支払う者が、その支払いの際に一定の所得税を徴収して国に納付する制度のことをいいます。源泉徴収税は、金銭による給与の支払いのみならず、現物支給に対しても発生します（所得税法36条1項）。宗教法人は、代表役員及びその家族がその敷地内に居住していることが多く、生活と宗教法人の活動が分離していない場合が往々にして見られます。そのため、宗教法人の敷地内に住むことで得られる便益や宗教法人の役職員として当たり前のように支出する費目が現物支給ではないか（源泉所得税が課税されるのではないか）が問題となり得るものが多くあります。前述の国税庁「宗教法人の税務」には、そのような事例について解説がなされています。以下に紹介する裁決例は、宗教法人の役員の現物支給性が問題となった事案です。

1　国税不服審判所平成21年10月28日裁決
裁決事例集No.78　237頁

事案

　本件は、原処分庁が、審査請求人（以下、「請求人」という。）がその所有している資産を請求人の代表者（以下、「代表者」という。）に低額または無償で貸与したことは、請求人から代表者に対する経済的利益の供与に当たるとして、源泉徴収にかかる所得税（以下、「源泉所得税」という。）の納税告知処分及び不納付加算税の賦課決定処分を行ったことに対し、請求人が、当該資産のうち、家具、カーテン、食器等を代表者に貸与した事実はないとして原処分の一部の取消しを求めた事案であり、争点は次のとおりである。

争点：請求人は、代表者に、家具、カーテン、食器等を貸与しているか否か。仮に、貸与している場合、代表者が享受している経済的利益の額はいくらか。

裁決要旨

「請求人は、本件家具等は、請求人が宗教活動の用に供するために取得し、装飾や請求人の来客用として本件マンション内に設置され、直接的あるいは間接的に宗教活動の用に供されるものであって、代表者に貸与したものではない旨主張する。

しかしながら、本件マンションの間取りは居住用であり、代表者が一人で居住していることや宗教活動の用に供された事実がないことなどからすると、本件マンションは、その全体が専ら代表者の居住の用に供されていたと認められ、そうすると、本件マンション内に設置されている本件家具等は、請求人が、代表者が使用する目的で購入して代表者に貸与し、これを代表者が専属的に使用していたものと認めるのが相当である。

そして、代表者は、請求人に対し、本件家具等の使用料名目での金員の支払をしておらず、また、本件マンションの賃貸料にも、本件家具等の使用料は含まれていないというべきであるから、本件家具等は、請求人から代表者に対して無償で貸与されていると認められ、代表者はこれにより通常支払うべき対価に相当する利益、すなわち本件家具等の使用に係る経済的利益を享受しているというべきである。」

2 登録免許税

登録免許税とは、不動産登記、商業（法人）登記、弁護士等の登録などを対象に、登記ないし登録するものなどに対して、不動産価額などを課税標準として、これら登記・登録から得られる利益などに担税力を認めて課税するものです。一般には、登記料・登録料という認識の税金です。

宗教法人の場合、登録免許税が非課税となる範囲が広いです。まず、墳墓地に関する登記には課税されません（登録免許税法5条10号）。また、代表役員の変更等の法人登記についても非課税とされます。

登録免許税法4条2項・同法別表第3の12は、登記申請をしようとする

不動産が以下に該当したときは、登録免許税を非課税とするとしています。
　①専ら自己またはその包括する宗教法人の宗教の用に供する宗教法人法3条（境内建物及び境内地の定義）に規定する境内建物の所有権の取得登記または同条に規定する境内地の権利の取得登記
　②自己の設置運営する学校（学校教育法1条（学校の範囲）に規定する幼稚園に限る）の校舎等の所有権の取得登記または当該校舎等の敷地、当該学校の運動場、実習用地その他の直接に保育もしくは教育の用に供する土地の権利の取得登記
　③自己の設置運営する保育所もしくは家庭的保育事業等の用に供する建物の所有権の取得登記または当該建物の敷地その他の直接に保育の用に供する土地の権利の取得登記
　④自己の設置運営する認定こども園の用に供する建物の所有権の取得登記または当該建物の敷地その他の直接に保育もしくは教育の用に供する土地の権利の取得登記

　ただし、①ないし④の不動産に該当するとするためには、財務省令に定められた書類が必要とされています（登録免許税法別表第3の12の4欄）。このうち、宗教法人が関係する頻度が一番高いのは、①の場合です。登録免許非課税の適用を受けるためには、①に該当することを不動産所在地の都道府県知事に「境内地・境内建物証明」を発行してもらい、登記申請の際に添付する必要があります。

　それでは、登記申請の際に、「境内地・境内建物証明」を提出しなかったとき、宗教法人は、後日、非課税物件であったとして、還付請求をすることができるのでしょうか。この点が問題となったのが下記裁判例です。

2 横浜地裁平成20年9月24日判決
税務訴訟資料（250号〜）258号11036順号〔28170555〕

事案
　宗教法人である原告は、不動産競売によって不動産を取得した。競落した不動産の所有権移転登記手続きまたは持分移転登記手続きをするときに、原告は「境内地・境内建物証明」を提出することなく登録免許税を納付した。原告は、国に対し、後日、登録免許税法4条2項、別表第3の12所定の非課税事由に該当することを理由に不当利得返還請求権に基づき納付した登録免許税の返還を請求した。

判旨
　請求棄却。
　「（1）登録免許税は、国税通則法15条3項所定のいわゆる自動確定の租税の一つであり、納税義務の成立と同時に、納税者又は税務官庁の特別の行為を要することなくいわば自動的に納付すべき税額が確定する租税である。そして、登録免許税の納税義務は登記等のときに成立し（国税通則法15条2項12号）、そのときに同時に納付すべき税額が確定することになる。また、登記を担当する登記官は、登記の申請、嘱託があったとき、その適正か否かの審査につき、形式的な審査権のみを有するものである。
　ところで、前記第2の2のとおり、登録免許税法4条2項、別表第3の12第3欄1号は、宗教法人が、専ら自己又はその包括する宗教法人の宗教の用に供する宗教法人法3条に規定する境内建物の所有権の取得登記又は同条に規定する境内地の権利の取得登記については、登録免許税を課さない旨規定するが、同第4欄は、これを同号に該当するものであることを証する財務省令で定める書類（非課税証明書）の添付があるものに限るとしている。また、法4条2項は、非課税となる登記等は、『同表の第4欄

に財務省令で定める書類の添付があるものに限る旨の規定がある登記等にあっては、当該書類を添付して受けるものに限る。』旨その要件を明確に規定している。

　以上によると、法は、上記境内建物等の取得についての登記を非課税とすることにつき、登記を担当する登記官が形式的審査権しか有しないことも考慮し、非課税証明書の添付を要件（いわゆる手続的課税要件）としたものと解される。

　（2）本件についてみると、前記第2の1のとおり、原告は、平成19年3月28日、被告に対し本件各登記等の登録免許税として2812万8300円を納付し、横浜地方裁判所裁判所書記官は、同月30日、横浜地方法務局神奈川出張所に対し本件各登記等の嘱託をし、横浜地方法務局神奈川出張所登記官は、同日、上記嘱託を受けて本件各登記等をしたというところ、この際、原告が非課税証明書を添付しなかったことについては当事者間に争いがない。

　そうすると、本件各登記については、手続的課税要件を満たしておらず、法4条2項の適用を受けることができないから、原告が登録免許税を過大に納付したということはできない。」

3 相続税

　相続税法12条1項2号（以下、「本件非課税規定」といいます。）は、「墓所、霊びょう及び祭具並びにこれらに準ずるもの」の財産の価額は、相続税の課税価格に参入しないと定めています。しかし、どのような施設・設備が、本件非課税規定の「墓所、霊びょう及び祭具」や「これらに準ずるもの」に該当するのかについては、相続税法等の関係法令には特に定められておらず、解釈に委ねられてきました。下記裁判例では、いわゆる「庭内神し」（一般に、屋敷内にある神の社や祠等といったご神体を祀り日常礼拝の用に供されているもの）である祠の敷地が相続税法12条1項2号にいう「これらに準ずる

第6章　宗教と税法

もの」に当たり相続税の非課税財産に当たるか否かが問題となりました。

1　東京地裁平成24年6月21日判決
判タ1411号275頁〔28212363〕

事案

　原告が、被相続人の相続財産である土地一筆のうち、庭内神しである弁財天及び稲荷を祀った祠の敷地部分を相続税法12条1項2号（平成19年法律第6号による改正前のもの。）の非課税財産とする内容を含む申告及び更生の請求をしたところ、Y税務署長が、納付すべき税額を申告額よりも減じるものの、本件敷地は非課税財産に当たらないとしてこれについての課税をする内容を含み、上記更正請求にかかる税額を上回る税額とする減額更正処分をしたことから、本件処分が違法であるとして、その取消しを求めた事案である。

判旨

　請求認容。
　「庭内神しの敷地のように庭内神し等の設備そのものとは別個のものであっても、そのことのみを理由としてこれを一律に『これらに準ずるもの』から排除するのは相当ではなく、当該設備とその敷地、附属設備との位置関係や当該設備の敷地への定着性その他それらの関係等といった外形や、当該設備及びその附属設備等の建立の経緯・目的、現在の礼拝の態様等も踏まえた上での当該設備及び附属設備等の機能の面から、当該設備と社会通念上一体の物として日常礼拝の対象とされているといってよい程度に密接不可分の関係にある相当範囲の敷地や附属設備の当該設備と一体の物として『これらに準ずるもの』に含まれるものと解すべきである。
　したがって、本件敷地についても、庭内神しである本件各祠との位置関係や現況等の外形及び本件各祠等の機能の面から、本件各祠と社会通念上

一体の物として日常礼拝の対象とされているといってよい程度に密接不可分の関係にある相当範囲の敷地であるか否かを検討すべきである。…

　本件各祠は、庭内神しに該当するところ、本件敷地は、①本件各祠がコンクリート打ちの土台により固着されてその敷地となっており、しかも本件各祠のみが存在しているわけではなく、その附属設備として石造りの鳥居や参道が設置され、砂利が敷き詰められるなど、外形上、小さな神社の境内地の様相を呈しており、②本件各祠やその附属設備（鳥居は原告の父の代には既に存在していた。）は、建立以来、本件敷地から移設されたこともなく、その建立の経緯をみても、本件敷地を非課税財産とする目的でこれらの設備の建立がされたというよりは、真に日常礼拝の目的で本件各祠やその附属設備が建立されたというべきであるし、祭事にはのぼりが本件敷地に立てられ、現に日常礼拝・祭祀の利用に直接供されるなど、その機能上、本件各祠、附属設備及び本件敷地といった空間全体を利用して日常礼拝が行われているといえる（例えば、仏壇や神棚等だけが置かれていて、当該敷地全体や当該家屋部分全体が祖先祭祀や日常礼拝の利用に直接供されていない単なる仏間のようなものとは異なるといえよう。）。

　このような本件各祠及び本件敷地の外形及び機能に鑑みると、本件敷地は、本件各祠と社会通念上一体の物として日常礼拝の対象とされているといってよい程度に密接不可分の関係にある相当範囲の敷地ということができる。

　以上からすると、本件敷地は、本件非課税規定にいう『これらに準ずるもの』に該当するということができる。」

4 差押禁止財産

　国税徴収法75条1項7号は、「仏像、位牌その他礼拝又は祭祀に直接供するため欠くことができない物」を差押禁止財産としています。では、宗教法人の葬儀会場及び法要会場として使用されている建物の敷地はそれに当たる

第6章　宗教と税法

のでしょうか。下記裁決例は、その点について判断したものです。なお、宗教法人は、宗教法人法83条の規定「宗教法人の所有に係るその礼拝の用に供する建物及びその敷地で、第7章第2節の定めるところにより礼拝の用に供する建物及びその敷地である旨の登記をしたものは、不動産の先取特権、抵当権又は質権の実行のためにする場合及び破産手続開始の決定があった場合を除くほか、その登記後に原因を生じた私法上の金銭債権のために差し押さえることができない。」により差し押さえることができないとも主張していました。

> **1　国税不服審判所平成21年11月10日裁決**
> 裁決事例集No.78　536頁

事案

　原処分庁が、宗教法人である審査請求人の滞納国税を徴収するため、不動産の差押処分を行ったのに対し、請求人が、当該不動産は、宗教法人法第3条に規定する境内地であり、同法83条の規定により差し押さえることができない不動産であるとして、その全部の取消しを求めた事案である。

裁決要旨

　請求棄却。
　「（1）法令解釈
　徴収法第75条第1項第7号は、仏像、位牌その他礼拝又は祭祀に直接供するため欠くことができない物は差し押さえることができない旨規定しているが、これは、一般の信教を尊重し、もって精神生活の安寧を保護するところにあると解される。
　ところで、礼拝又は祭祀に直接供するため欠くことができない物とは、仏像、位牌、神体、仏具、神具等で現に信仰又は礼拝の対象となっているもの及びこれに必要なものと解されるところ、寺院の本堂、庫裏、神社の

拝殿、社務所等は、礼拝又は祭祀に直接供するため欠くことができない物とは認められないから、徴収法第75条第1項第7号に規定する「その他礼拝又は祭祀に直接供するため欠くことができない物」には当たらないと解される。

（2）これを本件についてみると、本件各土地は、主に葬儀会場及び法要会場等として使用されている本件建物と一体として使用されていると認められるところ、たとえこれが宗教法人法に規定する境内地に当たるとしても、仏像、位牌、神体、仏具、神具等で現に信仰又は礼拝の対象となっているものとは異なり、寺院の本堂、庫裏などと同様に、礼拝又は祭祀に直接供するため欠くことができない物とは認められないから、徴収法第75条第1項第7号に規定する「その他礼拝又は祭祀に直接供するため欠くことができない物」には当たらず、また、その他の差押禁止財産にも当たらない。

なお、請求人は、本件各土地は、宗教法人法第83条に規定する宗教法人の所有に係るその礼拝の用に供する建物及びその敷地に当たるから差し押さえることができないなどとも主張するが、同法は私法上の金銭債権に関する規定であるところ、国税債権は私法上の金銭債権ではないから、同法の規定は、本件差押処分には適用されない。

したがって、この点に関する請求人の主張は、採用できない。」

5 消費税

消費税とは、消費一般に広く公平に課税する間接税であり、その負担は消費者が、その申告・納税は事業者が行うものと説明されます。宗教法人も事業を行う事業者であり、事業として対価を得て物品の販売など資産の譲渡等を行えば、一般の事業者と同様、納税義務者となります（消費税法4条）。

課税要件の「資産の譲渡等」とは、資産の譲渡、資産の貸付け、役務の提供の3つをいいます（消費税法2条1項8号）。

①資産の譲渡

　資産の譲渡とは、資産につきその同一性を保持しつつ、他人に移転させることをいいます（消費税基本通達5－2－1）。

②資産の貸付け

　資産の貸付とは、資産に係る権利の設定その他他の者に資産を使用させる一切の行為です（消費税法2条2項）。

　たとえば、土地にかかる地上権もしくは地役権、特許権等の工業所有権にかかる実施権もしくは使用権または著作物にかかる出版権の設定などがそれにあたります（消費税基本通達5－4－1）。

③役務の提供

　役務の提供とは、土木工事、修繕、運送、保管、印刷、広告、仲介、興行、宿泊、飲食、技術援助、情報の提供、便益、出演、著述その他のサービスを提供することをいいます（消費税基本通達5－5－1）。

　消費税が課税されない取引として、非課税取引・免税取引・不課税取引の3つがあります。

①非課税取引

　資産の譲渡等が行われたとしても、①消費税の性格から課税することになじまないもの（土地の譲渡・貸付け、有価証券の譲渡、利子、保証料、保険料など）、②社会政策的配慮に基づくもの（埋葬料、火葬料、学校の授業料、入学検定料、住宅の貸付けなど）は、非課税とされています（消費税法6条、同法別表1）。

②免税取引

　国内からの輸出として行われる資産の譲渡等、外国貨物の譲渡等、国際運送・通信等及び輸出物品販売場における輸出物品の譲渡については、手続きをすることで消費税の課税を免れることができます（消費税法7条、8条）。

③不課税取引

　資産の譲渡等に該当しない取引、国外において行う取引等、課税要件のいずれかもしくは全部が欠ける取引のことをいいます。

宗教法人の行う活動のうち、消費税課税の有無が問題となる代表的な事例については、国税庁「宗教法人の税務」に解説されています。ここでは、宗教法人が、消費税の課税をめぐって税務紛争に発展した裁判例（裁決例）を紹介していきます。

1　国税不服審判所平成25年1月22日裁決
裁決事例集No. 90

事案

　本件は、宗教法人である審査請求人（以下、「請求人」という。）がその所有する会館を請求人の檀家以外の者に対し葬儀等の会場として利用させ金員を受領したことについて、原処分庁が、当該会館を檀家以外の者に対し利用させ金員を受領したことは、法人税法上の公益法人等が行う収益事業（席貸業）に該当し、また、消費税法上の課税資産の譲渡等に該当するなどとして、法人税の更正処分等並びに消費税及び地方消費税の決定処分を行ったことに対し、請求人が同処分等の全部の取消しを求めた事案である。

裁決要旨

　請求棄却。
　「請求人は、請求人が境内に所有する会館を請求人の僧侶が出仕しないで檀家以外の者に対し利用させる行為により利用料を受領する際、領収証のただし書に『会館使用布施』と記載し、布施として利用料を受領しており、当該会館を利用させた対価として利用料を受領したものではないから、当該行為により金員を受領していたことは、いわゆる不課税取引に当たり、資産の譲渡等に該当しない旨主張する。
　しかしながら、法人が行うすべての資産の貸付けは『事業として』行われるものであるから、当該行為は、『事業として』行われるものに該当し、

第 6 章　宗教と税法

　また、一般的に『対価』とは、資産の譲渡及び貸付け並びに役務の提供に対する反対給付として支払を受けることをいうから、資産の貸付けが無償で行われる場合や支払行為に対価性がない場合には消費税が課されないことになるが、本件においては、請求人は、当該会館を檀家以外の者に利用させ、その対価として当該者からその利用料を受領したものであり、さらに、当該利用料が喜捨等の性格を有するということはできないから、上記の資産の貸付けが無償で行われる場合や支払行為に対価性がない場合には当たらないというべきであり、この判断は、請求人が当該会館の利用者に交付した領収証に『会館使用布施』と記載していたとしても左右されるものではない。そうすると、請求人が当該行為により金員を受領する行為は、『事業として対価を得て行われる資産の貸付け』に該当し、資産の譲渡等に該当すると認めるのが相当である。」

2　国税不服審判所平成24年2月7日裁決
裁決事例集No. 86

事案

　本件は、審査請求人（以下、「請求人」という。）が、収益事業部門（結婚式場）にかかる収支と非収益事業部門（神社）にかかる収支を区分経理し、このうち収益事業部分にかかる収支のみに基づいて消費税及び地方消費税の確定申告をしたところ、原処分庁が、非収益事業部門にかかる収支を合算のうえ、消費税法60条（国、地方公共団体等に対する特例）4項に規定する課税仕入れ等の税額の控除の特例を適用して更正処分を行ったことから、請求人が、非収益事業部門における初穂料等の収入が収益事業部門における課税仕入れにあてられることはないのであるから、請求人に同項の規定が適用されるべきではないなどとして、その全部の取消しを求めた事案である。

Ⅳ その他の税目等に関する裁判例（裁決例）

裁決要旨

「請求人は、収益事業部門（結婚式場等）と非収益事業部門（神社）における収支を厳密に区分経理しており、非収益事業部門における初穂料等の収入（本件収入）が収益事業部門における課税仕入れに使われることはないなどとして、本件収入が消費税法第60条《国、地方公共団体等に対する特例》第4項に規定する特定収入に該当しない旨主張する。

しかしながら、消費税法施行令第75条《国、地方公共団体等の仕入れに係る消費税額の特例》第1項第6号イは、法令又は交付要綱等によって課税仕入れ等に係る支払対価以外の支出のみに使途が限定されている収入を特定収入から除く旨規定しているところ、本件収入は、法令の規定又は交付要綱等によって拘束されることなく請求人が自らその使途を選択できる収入であり、同号イに掲げる収入に該当しないことは明らかであるから、請求人が収益事業部門と非収益事業部門における収支を厳密に区分経理していたとしても、請求人が任意に本件収入の使途を定めているにすぎず、そのことをもって、本件収入が特定収入から除かれる収入に当たるということはできない。そうすると、本件収入は、特定収入から除かれる収入について規定する消費税法施行令第75条第1項第1号から第5号まで及び第6号ロに掲げる収入のいずれにも当たらず、同号イに規定する法令又は交付要綱等によって課税仕入れ等に係る支払対価以外の支出のために使用することとされている収入にも当たらないから、消費税法第60条第4項に規定する特定収入に該当する。」

3　東京地裁平成24年1月24日判決
判タ1384号139頁〔28181339〕

事案

　法人税法のところでも紹介した裁判例。宗教法人である原告が、霊園の墓地等の使用者から永代使用料等として収受した金員の全てを消費税の課

549

第6章　宗教と税法

税対象とならないものとして確定申告をしたところ、永代使用料のうちの墓石及びカロートにかかる部分や、墳墓地、御廟及び納骨堂の管理料は、消費税等の課税対象となるとして、消費税の各更正処分及び加算税の賦課決定処分を受けたことから、それらの取消しを求める事案である。

判旨

・墓石及びカロートに係る収入について

「本件永代使用契約に係る事業は、土地部分の貸付けに係る事業と墓石及びカロートの販売に係る事業からなるところ、墓石及びカロートの販売が原告の事業として対価を得て行われる資産の譲渡であり、消費税法2条1項8号にいう『資産の譲渡等』に該当することは明らかであって、同法別表第一に掲げる取引のいずれにも当たらないから、本件永代使用料収入のうち、墓石及びカロートの販売の対価に相当する部分は、原告の各事業年度の消費税の課税標準に含まれるというべきものであると認められる。」

・本件有期管理料について

「原告は、使用者から、本件永代使用料とは別に有期の管理料として本件有期管理料の支払を受けているところ、これは、本件使用規定5条からも明らかなように、霊園の維持管理に関する費用として支払を受けているものであって、使用者が本件霊園を使用する便益のための役務の提供の対価であると認められ、社会通念上役務の提供の対価と認めるのが相当であって、消費税法別表第一に掲げる取引のいずれにも当たらないから、これらは、原告の各事業年度の消費税の課税標準に含まれるべきものであると認められる。」

・御廟の使用料収入のうちの永代管理料及び納骨堂等の使用料収入のうちの年間管理料について

「原告は、遺骨を永代供養するための御廟の永代管理料として10万円の支払を、遺骨を一時的に安置するための納骨堂の年間管理費として毎年1万円の支払を、それぞれの使用者から受けているところ、これらは、御

廟や納骨堂の使用料そのもの（御廟につき30万円、納骨堂につき50万円）や永代供養料とは別途支払われるもので、御廟や納骨堂を維持管理するための対価と認められ、社会通念上役務の提供の対価と認めるのが相当であって、消費税法別表第一に掲げる取引のいずれにも当たらないから、これらは、各事業年度の消費税の課税標準に含まれるべきものであると認められる。」

事項索引

あ

遺骨無断処分 ・・・・・・・・・・・・・・・・・・・・・・・・・・・・・・ 295
板まんだら事件 ・・・・・・・・・・・・・・・・・・・・・・・・・・・・ 72
永代使用料 ・・・・・・・・・・・・・・・・・・・・・・・・・・・・・・・・ 271
愛媛玉串料事件 ・・・・・・・・・・・・・・・・・・・・・・・・・・・・ 50

か

解散 ・・・・・・・・・・・・・・・・・・・・・・・・・・・・・・・・・・・・・・ 228
解散命令 ・・・・・・・・・・・・・・・・・・・・・・・・・・・・・・・・・・ 37
改葬・分骨拒否事例 ・・・・・・・・・・・・・・・・・・・・・・・・ 300
加持祈祷事件 ・・・・・・・・・・・・・・・・・・・・・・・・・・・・・・ 33
貸金債権の履行期 ・・・・・・・・・・・・・・・・・・・・・・・・・・ 436
合併 ・・・・・・・・・・・・・・・・・・・・・・・・・・・・・・・・・・・・・・ 226
ガバナンス ・・・・・・・・・・・・・・・・・・・・・・・・・・・・・・・・ 94
ガバナンス関係訴訟 ・・・・・・・・・・・・・・・・・・・・・・・・ 183
仮責任役員 ・・・・・・・・・・・・・・・・・・・・・・・・・・・・・・・・ 158
仮代表役員 ・・・・・・・・・・・・・・・・・・・・・・・・・・ 158,185
観音像の仏頭部のすげ替えと同一性保持権 ・・・・ 452
議決・諮問・監査等の機関 ・・・・・・・・・・・・・・・・・・ 159
規則 ・・・・・・・・・・・・・・・・・・・・・・・・・・・・・・・・・・・・・・ 95
　──の認証 ・・・・・・・・・・・・・・・・・・・・・・・・・・・・ 101
規則規定事項 ・・・・・・・・・・・・・・・・・・・・・・・・・・・・・・ 96
規則変更認証・不認証処分 ・・・・・・・・・・・・・・・・・・ 108
祈祷名目による詐欺 ・・・・・・・・・・・・・・・・・・・・・・・・ 493

事項索引

寄付金の返還請求 ································ 424
吸収合併 ······································ 226
教義等の著作物性 ································ 450
庫裡 ·· 518
境外地処分 ···································· 138
原告適格 ································ 108, 149
言論の応酬の抗弁 ································ 397
公益性 ······································ 392
公告 ·· 142
後任住職選定 ·································· 159
公表文書等の名誉毀損該当性の否定 ···················· 398
神戸高専剣道実技履修拒否事件 ·························· 9
固定資産税 ···································· 516

さ

財産処分 ···································· 128
 文化財保護法と── ························· 144
 利益相反取引と── ························· 152
財産処分等に関する無効の訴え ······················ 149
祭祀承継者 ···································· 316
 ──の権利 ·································· 316
 ──の指定基準 ······························ 320
差押禁止財産 ·································· 543
寺院住職
 ──の横領行為 ······························ 479
 ──の不用意な発言 ·························· 297
寺院の敷地と住居侵入罪 ···························· 483
寺族に対する明渡請求 ···························· 360

553

死体損壊等の罪・・・・・・・・・・・・・・・・・・・・・・475
司法・・・・・・・・・・・・・・・・・・・・・・・・・・・・・62
司法権の限界・・・・・・・・・・・・・・・・・・・・・・・・62
氏名権・・・・・・・・・・・・・・・・・・・・・・・・・・・444
収益事業の収益事業該当性・・・・・・・・・・・・・・・・・506
宗教活動の違法性・・・・・・・・・・・・・・・・・・・・・370
宗教者の守秘義務違反・・・・・・・・・・・・・・・・・・・423
宗教上の地位の確認・・・・・・・・・・・・・・・・・・・・・64
宗教団体内の懲戒処分・・・・・・・・・・・・・・・・・・・・67
宗教団体の自律的決定権・・・・・・・・・・・・・・・・・・・72
宗教的感情・・・・・・・・・・・・・・・・・・・・・・・・・493
宗教的結社の自由・・・・・・・・・・・・・・・・・・・・・・37
宗教的行為の自由・・・・・・・・・・・・・・・・・・・・・・33
宗教的人格権・・・・・・・・・・・・・・・・・・・・・・・・・12
　——に基づく請求・・・・・・・・・・・・・・・・・・15,19
宗教法人
　——と注意義務違反・・・・・・・・・・・・・・・・・・490
　——の財産・・・・・・・・・・・・・・・・・・・・・・・128
　——の地位争い・・・・・・・・・・・・・・・・・・・・・429
　——の懲戒処分の効力・・・・・・・・・・・・・・・・・429
宗教法人運営・・・・・・・・・・・・・・・・・・・・・・・・424
宗教法人関係者の労働者性・・・・・・・・・・・・・・・・・437
宗教法人売買・・・・・・・・・・・・・・・・・・・・・・・・385
宗旨宗派を問わない納骨堂・・・・・・・・・・・・・・・・・525
住職
　——の逸失利益・・・・・・・・・・・・・・・・・・・・・422
　——の前科・行状と名誉毀損・・・・・・・・・・・・・・394
住職等選任基準・・・・・・・・・・・・・・・・・・・・・・・171

554

事項索引

取得時効	338
受忍限度	376
殉職自衛官合祀事件	12
使用貸借	355, 360
消費税	545
商標の無効	465
商標法	465
所轄庁提出書類と情報公開	125
所得税	536
処分	139

所有権
　　——の帰属 ……………………………… 326
　　——の行使 ……………………………… 348

書類の引渡請求	434
人格権侵害	407
信教の自由	3, 211
信仰の自由	4

　　——の実質的保障 ………………………… 5
　　私人間における—— …………………… 24

信者の地位 ……………………………………… 189
　　——の確認 ………………………………… 69

信者やその他の利害関係人の閲覧請求権	118
新設合併	226
政教分離	41
正当の理由	258
責任役員	156, 168
責任役員会運営	196
責任役員会議の決議無効確認訴訟	170

555

説教等妨害罪 · · · · · · · · · · · · · · · · · · 473
選挙妨害 · 496
占有回収の訴え · · · · · · · · · · · · · · · · 429
葬儀費用の負担 · · · · · · · · · · · · · · · · 314
相続税 · 541
訴訟物による制限 · · · · · · · · · · · · · · · 64
備付書類 · 118
　──の写しの所轄庁への提出 · · · · 119
　──の内容 · · · · · · · · · · · · · · · · · · 118
空知太神社事件 · · · · · · · · · · · · · · · · 53

た

代表役員 · · · · · · · · · · · · · · · · 64,156,168
　──の解任 · · · · · · · · · · · · · · · · · · 163
　──の選定方法 · · · · · · · · · · · · · · · 64
　──の地位 · · · · · · · · · · · · · · · · · · · 74
　──の地位確認の訴え · · · · · · · · · 175
代表役員（住職等）選任基準 · · · · · 171
代務者 · 157
塔頭寺院の使用貸借契約 · · · · · · · · · 365
単位宗教法人 · · · · · · · · · · · · · · · · · · 204
単立宗教法人 · · · · · · · · · · · · · · · · · · 204
地位確認の訴え · · · · · · · · · · · · · · · · 175
知的財産法 · 444
懲戒処分
　──の適否 · · · · · · · · · · · · · · · · · · 208
　宗教法人の──の効力 · · · · · · · · · 429
　包括宗教団体による── · · · · · · · 219

556

著作権法	450
賃貸借	355, 356
津地鎮祭事件	42
手続きに瑕疵のある規則変更の効力	104
典礼施行権	258
登記関係訴訟	180
動物霊園・動物遺骨安置供養施設	528
登録免許税	538
特別縁故者	316, 321
特別財産	128
特別利害関係人	168
都市計画税	516
土地賃借権の時効取得	357

な

日曜日授業参観事件	6
任意解散	228
認証審査	102
――の放置	114

は

破門と解雇	443
非課税事由	517, 533
被告適格	175
秘仏の写真と刑法175条のわいせつ物該当性	487
被包括宗教法人	204
不正競争防止法	446
普通財産	128

仏具・寺宝と刑事法	485
不動産貸付業	508
不法行為	370
プライバシー侵害	391
墳墓発掘罪	474
墳墓発掘死体損壊等の罪	479
ペット葬祭業	506
変死者密葬罪	479
包括宗教団体	
――による懲戒処分	219
――による被包括宗教法人役員罷免	208
包括宗教法人	204
法人税	505
法定解散	228
法律上の争訟	62,429
墓石無断移動	293
墓石無断撤去	289
墓地開発・運営	302
墓地外埋葬と期待可能性	497
墓地管理	267
墓地管理料	274
墓地経営者・管理者の注意義務	288
墓地事業者	309
墓地使用契約の解除・解消	283
墓地使用権の性質	238
墓地所有権	267
墓地等の経営許可	242
墓地・納骨堂無許可経営	299

事項索引

墓地の区画整理 ・・・・・・・・・・・・・・・・・・・・・・・ 280
本門寺事件 ・・・・・・・・・・・・・・・・・・・・・・・・・・・ 74

ま

箕面忠魂碑事件 ・・・・・・・・・・・・・・・・・・・・・・・ 46
名誉毀損 ・・・・・・・・・・・・・・・・・・・・・・・・・・・・・ 391
　　住職の前科・行状と―― ・・・・・・・・ 394
　　霊言と―― ・・・・・・・・・・・・・・・・・・・・ 401
沐浴道場 ・・・・・・・・・・・・・・・・・・・・・・・・・・・・・ 519

や

役員解任権限 ・・・・・・・・・・・・・・・・・・・・・・・・・ 173
役員の地位を争う原告適格 ・・・・・・・・・・ 176

ら

リース契約 ・・・・・・・・・・・・・・・・・・・・・・・・・・・ 431
霊園に関する事業 ・・・・・・・・・・・・・・・・・・・ 511
霊感治療と準強姦 ・・・・・・・・・・・・・・・・・・・ 499
霊言と名誉毀損 ・・・・・・・・・・・・・・・・・・・・・ 401
礼拝所及び墳墓に関する罪 ・・・・・・・・・・ 470
礼拝所不敬罪 ・・・・・・・・・・・・・・・・・・・・・・・ 470
蓮華寺事件 ・・・・・・・・・・・・・・・・・・・・・・・・・・ 80

判 例 索 引

〔大正〕

大審院大正6年11月24日判決（刑録23輯1302頁）〔27943058〕・・・・・・・・・ 476
大審院大正9年12月24日判決（刑録26輯1437頁）〔27943248〕・・・・・・・・・ 479

〔昭和元年～10年〕

大審院昭和9年6月13日判決（刑集13巻747頁）〔27543025〕・・・・・・・・・・ 474

〔昭和21年～30年〕

最高裁昭和23年11月16日判決（刑集2巻12号1535頁）〔24000347〕・・・・・・ 475
東京高裁昭和27年6月3日判決（高裁刑集5巻6号938頁）〔27941336〕・・・・・ 478
名古屋高裁金沢支部昭和27年6月20日判決（高裁刑集5巻9号1459頁）〔27680309〕・・・ 485
東京高裁昭和27年8月5日判決（判タ24号64頁）〔27941341〕・・・・・・・・ 472
最高裁昭和28年11月17日判決（裁判集民10巻455頁）〔27600644〕・・・・・・ 62
東京高裁昭和29年1月18日判決（高等裁判所刑事判決特報40号2頁）〔27942458〕・・・・ 473
東京高裁昭和29年9月9日判決（高裁民集7巻10号767頁）〔27680586〕・・・・ 149
東京高裁昭和29年11月12日判決（判時42号28頁）〔27941428〕・・・・・・・ 487
最高裁昭和30年6月8日判決（判タ50号25頁）〔27003034〕・・・・・・・・・・ 24
東京高裁昭和30年9月5日判決（家裁月報7巻11号57頁）〔27450221〕・・・・・ 314

〔昭和31年～40年〕

福島地裁平支部昭和31年3月30日判決（下級民集7巻3号792頁）〔27440243〕・・・ 345
最高裁昭和31年11月20日決定（刑集10巻11号1542頁）〔24002704〕・・・・・ 493
最高裁昭和32年2月22日判決（判タ68号88頁）〔27430288〕・・・・・・・・・ 429
東京地裁昭和32年2月28日判決（判時121号6頁）〔21008541〕・・・・・・・・ 518
津地裁昭和33年1月24日判決（下級民集9巻1号75頁）〔27620937〕・・・・・・ 149

判 例 索 引

大阪地裁昭和33年5月9日判決（行裁例集9巻5号1047頁）〔27601876〕・・・・・・・・ 216
大阪高裁昭和33年7月18日判決（下級民集9巻7号1311頁）〔27430380〕・・・・・・・ 348
最高裁昭和33年12月24日判決（民集12巻16号3352頁）〔27002603〕・・・・・・・・ 327
京都地裁昭和35年3月16日判決（判タ102号87頁）〔27916515〕・・・・・・・・・・ 480
東金簡易裁判所昭和35年7月15日判決（下級刑集2巻7＝8号1066頁）〔27660728〕・・・ 498
札幌地裁小樽支部昭和35年9月20日判決（下級民集11巻9号1953頁）〔27440507〕・・・ 227
大阪地裁昭和36年9月27日決定（判時277号27頁）〔27681131〕・・・・・・・・・・ 229
名古屋高裁昭和36年12月15日判決（判時292号19頁）〔27660825〕・・・・・・・・・ 236
京都地裁昭和37年4月27日判決（下級民集13巻4号910頁）〔27440639〕・・・・・・・ 164
最高裁昭和37年7月20日判決（判タ135号64頁）〔27002116〕・・・・・・・・・148,357
名古屋地裁昭和38年4月26日判決（判時333号10頁）〔27611443〕・・・・・・・・・・ 25
東京地裁昭和38年5月10日判決（判タ151号79頁）〔28233253〕・・・・・・・・・・ 144
最高裁昭和38年5月15日判決（加持祈祷事件／判タ145号168頁）〔27681213〕・・・・・ 33
大阪高裁昭和38年6月10日決定（下級民集14巻6号1127頁）〔27681219〕・・・・・・ 229
津地裁昭和38年6月21日判決（判時341号19頁）〔27681221〕・・・・・・・・・240,260
最高裁昭和38年10月15日判決（判時357号36頁）〔27001992〕・・・・・・・・・・ 356
山形地裁昭和39年2月26日判決（判タ159号175頁）〔27430739〕・・・・・・・・・ 238
最高裁昭和39年3月11日決定（刑集18巻3号99頁）〔24004368〕・・・・・・・・・ 474
東京高裁昭和39年3月11日判決（判タ161号186頁）〔28221849〕・・・・・・・・・ 496
仙台高裁昭和39年11月16日判決（下級民集15巻11号2725頁）〔27402569〕・・・・238,239
広島高裁昭和40年5月19日判決（判タ178号111頁）〔27661111〕・・・・・・・・・ 138
大阪高裁昭和40年7月12日判決（判タ183号112頁）〔27621800〕・・・・・・・・・ 209
東京高裁昭和40年7月19日判決（判タ183号155頁）〔27930343〕・・・・・・・・・ 477
東京家裁昭和40年8月12日審判（判タ194号191頁）〔27451171〕・・・・・・・・・ 323
福岡地裁飯塚支部昭和40年11月9日判決（下級刑集7巻11号2060頁）〔27941826〕・・・・ 475

〔昭和41年〜50年〕

最高裁昭和41年2月8日判決（民集20巻2号196頁）〔27001227〕・・・・・・・・・・ 62

561

最高裁昭和41年3月31日判決（訟務月報12巻5号669頁）〔27621876〕・・・・・・・・・ 102
長崎地裁佐世保支部昭和41年4月18日判決（判タ190号199頁）〔27681386〕・・・・・ 146
松山家裁昭和41年5月30日審判（家裁月報19巻1号59頁）〔27451268〕・・・・・・・ 323
最高裁昭和41年6月23日判決（判タ194号83頁）〔27001181〕・・・・・・・・・・・ 393
松山地裁昭和41年10月20日判決（下級民集17巻9＝10号）983頁〔28224414〕・・・ 336
京都地裁昭和42年5月20日判決（判タ208号130頁）〔27201158〕・・・・・・・・・ 132
最高裁昭和42年5月25日判決（判タ208号106頁）〔27001077〕・・・・・・・・・・ 26
最高裁昭和42年5月25日判決（刑集21巻4号584頁）〔27681472〕・・・・・・・・・ 491
東京地裁昭和42年9月14日判決（判時500号47頁）〔27403058〕・・・・・・・・・・ 141
最高裁昭和43年2月27日判決（判時512号41頁）〔27403144〕・・・・・・・・・・・ 149
仙台地裁昭和43年3月4日判決（下級民集19巻3＝4号119頁）〔27403149〕・・・・・ 281
最高裁昭和43年6月5日判決（刑集22巻6号427頁）〔27681561〕・・・・・・・・・・ 471
奈良地裁昭和43年7月17日判決（判時527号15頁）〔21028431〕・・・・・・・・・・ 4
宇都宮家裁栃木支部昭和43年8月1日審判（判タ238号283頁）〔27451497〕・・・・・ 315
東京地裁昭和43年9月18日判決（判時552号60頁）〔27441136〕・・・・・・・・・・ 133
最高裁昭和43年10月8日判決（判タ228号96頁）〔27000911〕・・・・・・・・・・・ 358
最高裁昭和43年11月19日判決（判タ230号158頁）〔27441156〕・・・・・・・・・・ 142
大阪地裁昭和44年3月28日判決（判タ238号240頁）〔27431095〕・・・・・・・・・ 368
最高裁昭和44年7月10日判決（判タ239号147頁）〔27000799〕・・・・・・・・・ 65,175
最高裁昭和45年6月24日判決（八幡製鉄政治献金事件／判タ249号116頁）〔27000715〕・・ 97
高岡簡裁昭和45年10月1日決定（判タ255号203頁）〔27422279〕・・・・・・・・・ 376
東京高裁昭和45年10月29日判決（判タ259号248頁）〔27441339〕・・・・・・・・・ 149
最高裁昭和45年12月15日判決（判タ257号129頁）〔27000665〕・・・・・・・・・・ 358
福島家裁昭和46年3月18日審判（家裁月報24巻4号210頁）〔27451713〕・・・・・・ 323
大阪地裁昭和46年3月26日判決（判タ265号259頁）〔27422415〕・・・・・・・・・ 422
名古屋高裁昭和46年5月14日判決
　（津地鎮祭事件第2審／行裁例集22巻5号680頁）〔27200546〕・・・・・・・・・・ 2
福島家裁郡山支部昭和46年8月25日審判（判タ279号381頁）〔27451750〕・・・・・ 322

判　例　索　引

東京高裁昭和46年9月21日判決（判タ270号245頁）〔27431291〕・・・・・・・・・・ 238
宮崎地裁昭和47年1月24日判決（判タ275号231頁）〔27441445〕・・・・・・・・・・ 338
東京高裁昭和47年7月21日判決（判タ285号227頁）〔27940504〕・・・・・・・・・・ 490
最高裁昭和47年11月28日判決（判タ286号228頁）〔27000527〕・・・・・・・・・・ 130
東京地裁昭和48年1月17日判決（判時695号21頁）〔27403983〕・・・・・・・・・・ 165
京都地裁昭和48年2月9日判決（判タ292号293頁）〔27650277〕・・・・・・・・・・ 150
大阪高裁昭和48年9月6日判決（判タ300号236頁）〔27603444〕・・・・・・・・・・ 181
最高裁昭和48年11月22日判決（D1-Law.com 判例体系）〔27000464〕・・・・・・・ 131
大阪高裁昭和49年6月27日判決（判タ315号234頁）〔27431451〕・・・・・・・・・・ 332
東京高裁昭和49年12月19日判決（判タ323号169頁）〔27441649〕・・・・・・・・・ 333
神戸簡裁昭和50年2月20日判決（牧会活動事件／判タ318号219頁）〔27681946〕・・・ 35
最高裁昭和50年3月6日判決（判タ322号134頁）〔27000383〕・・・・・・・・・・ 145
名古屋高裁昭和50年11月6日判決（判タ335号239頁）〔27441715〕・・・・・・・・ 339

〔昭和51年～60年〕

東京地裁昭和51年6月24日判決（判タ346号264頁）〔27441769〕・・・・・・・・・ 350
東京高裁昭和51年7月8日決定（判時832号58頁）〔27452166〕・・・・・・・・・・ 324
大阪高裁昭和52年1月19日判決（判時860号163頁）〔27682068〕・・・・・・・・・・ 242
大阪家裁昭和52年1月19日審判（家裁月報30巻9号108頁）〔27452204〕・・・・・・・ 316
名古屋高裁昭和52年1月31日判決（判タ350号295頁）〔27431635〕・・・・・・・・ 140
最高裁昭和52年7月13日判決（津地鎮祭事件／民集31巻4号533頁）〔27000278〕・・・ 41,42
福岡高裁昭和53年3月29日判決（判タ369号213頁）〔27650710〕・・・・・・・・・ 170
名古屋高裁昭和53年7月10日判決（判タ371号99頁）〔27404912〕・・・・・・・・・ 436
大阪高裁昭和53年9月14日判決（判タ371号89頁）〔27682173〕・・・・・・・・・・ 434
最高裁昭和53年11月30日判決（判タ378号89頁）〔27682187〕・・・・・・・・・・ 169
京都地裁昭和54年3月23日判決（判タ395号131頁）〔27682204〕・・・・・・・・・ 327
京都地裁昭和54年6月4日決定（判タ392号152頁）〔27650828〕・・・・・・・・・・ 184
大阪高裁昭和54年8月11日決定（判タ398号144頁）〔27650849〕・・・・・・・・・・ 176

563

最高裁昭和55年1月11日判決（種徳寺事件／判タ410号94頁）〔27000187〕‥ 66,79,87,208
岡山家裁備前出張所昭和55年1月29日審判（家裁月報32巻8号103頁）〔27452434〕‥‥ 323
熊本地裁昭和55年3月27日判決（判時972号18頁）〔27603821〕‥‥‥‥‥‥ 257
最高裁昭和55年4月10日判決（本門寺事件／判タ419号80頁）〔27650912〕‥ 74,87,172,208
東京高裁昭和55年4月15日判決（訟務月報26巻9号1491頁）〔27431837〕‥‥‥‥ 339
東京地裁昭和55年6月3日判決（判タ421号133頁）〔27682278〕‥‥‥‥‥ 173
広島地裁昭和55年7月31日判決（判時999号104頁）〔27423530〕‥‥‥‥‥ 303
最高裁昭和56年4月7日判決（板まんだら事件／民集35巻3号443頁）〔27000141〕‥‥ 63,72
最高裁昭和56年4月16日判決（判タ440号47頁）〔27761143〕‥‥‥‥‥‥ 392
仙台地裁昭和57年5月31日判決（訟務月報28巻12号2294頁）〔27662563〕‥‥‥ 112
大阪高裁昭和57年7月27日判決（判タ479号105頁）〔27651172〕‥‥‥‥ 213,216
京都地裁昭和57年9月20日判決（判タ489号106頁）〔27431995〕‥‥‥‥‥ 328
福岡高裁昭和57年12月16日判決（判タ494号140頁）〔27921898〕‥‥‥‥‥ 483
東京地裁昭和58年3月1日判決（判時1096号145頁）〔27917075〕‥‥‥‥‥ 499
徳島地裁昭和58年12月12日判決（判時1110号120頁）〔27490689〕‥‥‥‥‥ 27
福岡高裁昭和59年6月18日判決（判タ535号218頁）〔27490047〕‥‥‥‥‥ 240
福岡高裁昭和59年6月19日判決（判時1127号157頁）〔27917105〕‥‥‥‥‥ 474
東京地裁昭和59年7月12日判決（判時1150号205頁）〔27453037〕‥‥‥‥‥ 315
京都地裁昭和60年4月26日判決（判タ560号181頁）〔27803829〕‥‥‥‥ 134,186
京都地裁昭和60年8月20日判決（判タ592号109頁）〔27802758〕‥‥‥‥‥ 216
京都地裁昭和60年9月26日判決（判タ569号70頁）〔27443031〕‥‥‥‥‥ 354

〔昭和61年～64年〕

福岡高裁昭和61年3月13日判決（判タ601号76頁）〔27921948〕‥‥‥‥‥ 472
東京地裁昭和61年3月20日判決（日曜日授業参観事件／判タ592号122頁）〔27803442〕‥‥ 6
神戸地裁昭和61年4月9日判決（判タ691号215頁）〔27804095〕‥‥‥‥‥ 297
京都地裁昭和61年5月15日決定（判タ599号78頁）〔27803956〕‥‥‥‥‥ 166
東京地裁昭和61年8月1日決定（判時1204号128頁）〔27803926〕‥‥‥‥‥ 173

最高裁昭和61年9月4日判決（判タ639号125頁）〔27100051〕・・・・・・・・・ 180
横浜地裁昭和62年2月18日判決（判タ648号167頁）〔27800357〕・・・・・・・ 105
大分地裁豊後高田支部昭和62年3月11日判決（判時1234号123頁）〔27802079〕・・・・ 394
名古屋地裁豊橋支部昭和62年3月27日判決（判時1259号95頁）〔27801752〕・・・・・・・ 32
東京高裁昭和62年7月30日判決（判時1252号51頁）〔27800689〕・・・・・・・・ 160
東京高裁昭和62年10月8日判決（家裁月報40巻3号45頁）〔27800735〕・・・・・・ 316
静岡地裁沼津支部昭和63年2月24日判決（判時1275号26頁）〔27801853〕・・・・・ 167
高松高裁昭和63年4月27日判決（判タ679号280頁）〔27802544〕・・・・・・・・ 187
最高裁昭和63年6月1日判決（殉職自衛官合祀事件／判タ669号66頁）〔27801761〕・・・ 12,45
東京高裁昭和63年9月28日判決（判タ694号163頁）〔27802592〕・・・・・・・・ 118
福岡高裁昭和63年9月28日判決（判時1304号95頁）〔27804116〕・・・・・・・・ 364
東京地裁昭和63年11月11日決定（判タ691号200頁）〔27803061〕・・・・・・・・ 444
最高裁昭和63年12月16日判決（稲荷神社参道補修事件／判タ741号96頁）〔27807446〕・・ 45
東京地裁昭和63年12月20日判決（判タ707号186頁）〔27804846〕・・・・・・・ 174
大阪高裁昭和63年12月22日判決（判タ695号184頁）〔27804404〕・・・・・・・ 267,270

〔平成元年～10年〕

京都地裁平成元年3月20日判決（判タ707号252頁）〔27804854〕・・・・・・・・ 213,216
大阪高裁平成元年7月14日判決（判タ715号96頁）〔27805369〕・・・・・・・・ 183
最高裁平成元年7月18日判決（家裁月報41巻10号128頁）〔27809714〕・・・・・・ 316
最高裁平成元年9月8日判決（蓮華寺事件／判タ711号80頁）〔27804829〕・・・ 80,88,208,429
東京地裁平成2年3月20日判決（判タ734号239頁）〔27807134〕・・・・・・・・ 334
東京地裁平成2年7月18日判決（判タ756号217頁）〔27808827〕・・・・・・・・ 241
水戸地裁平成2年7月31日判決（判タ746号173頁）〔27807699〕・・・・・・・・ 304
名古屋地裁平成3年9月18日判決（判タ774号167頁）〔22004763〕・・・・・・・ 533
名古屋高裁平成3年11月27日判決（判タ789号219頁）〔27811826〕・・・・・・・ 32
最高裁平成4年1月23日判決（民集46巻1号1頁）〔27810691〕・・・・・・・・ 67,219
名古屋地裁平成4年6月12日判決（判タ803号102頁）〔22005564〕・・・・・・・ 521

静岡地裁富士支部平成4年7月15日決定（判タ796号227頁）〔27813779〕・・・・・・・ 415
最高裁平成4年11月16日判決（大阪地蔵像事件／判タ802号89頁）〔25000030〕・・・・・・ 45
高松高裁平成5年1月28日判決（判タ849号217頁）〔27825124〕・・・・・・・・・ 276
最高裁平成5年2月16日判決（箕面忠魂碑事件／判タ815号94頁）〔27814472〕・・・・・ 45,46
神戸地裁明石支部平成5年3月29日判決（判タ827号238頁）〔27816713〕・・・・・・・ 401
横浜地裁平成5年6月17日判決（判タ840号201頁）〔27818543〕・・・・・・・・・ 164
広島地裁平成5年6月28日判決（判タ873号240頁）〔27827037〕・・・・・・・・・ 32
東京高裁平成5年6月29日判決（判タ857号257頁）〔27825472〕・・・・・・・・・ 210
横浜地裁平成5年6月30日判決（判タ841号186頁）〔27816862〕・・・・・・・・・ 374
神戸地裁平成5年7月19日判決（判タ848号296頁）〔27825631〕・・・・・・・・・ 258
最高裁平成5年7月20日判決（判タ855号58頁）〔27815733〕・・・・・・・・・・ 80
最高裁平成5年9月7日判決（日蓮正宗管長事件／判タ855号90頁）〔27815981〕・・・・・ 77
最高裁平成5年9月10日判決（判タ855号74頁）〔27816371〕・・・・・・・・・・ 80
東京地裁平成5年9月17日判決（判タ872号273頁）〔27826990〕・・・・・・・・・ 33
京都地裁平成5年11月15日決定（労判647号69頁）〔28019206〕・・・・・・・ 442,444
京都地裁平成5年11月19日判決（判タ861号269頁）〔27826149〕・・・・・・・・ 202
最高裁平成5年11月25日判決（判タ855号74頁）〔27816822〕・・・・・・・・・ 80
東京地裁平成5年11月30日判決（判時1512号41頁）〔27826255〕・・・・・・・ 284,294
高松高裁平成6年3月17日判決（判タ873号264頁）〔27827039〕・・・・・・・・・ 210
東京高裁平成6年3月23日判決（判タ870号267頁）〔27825945〕・・・・・・・・・ 118
東京地裁平成7年1月27日判決（判タ901号171頁）〔22008481〕・・・・・・・・・ 510
東京高裁平成7年1月30日判決（判タ891号236頁）〔27828489〕・・・・・・・・・ 217
前橋地裁桐生支部平成7年3月3日判決（判時1543号155頁）〔27828340〕・・・・・・ 265
横浜地裁平成7年4月3日判決（判タ887号223頁）〔27827925〕・・・・・・・・・ 295
東京地裁八王子支部平成7年5月31日判決（判時1544号79頁）〔27828354〕・・・・ 408,443
最高裁平成7年7月18日判決（判タ888号130頁）〔27827574〕・・・・・・・・・ 69
大阪地裁平成7年8月31日判決（判時1568号97頁）〔28010892〕・・・・・・・・・ 416
東京地裁平成7年10月30日決定（判タ890号38頁）〔27828351〕・・・・・・・・・ 231

仙台地裁平成7年11月13日決定（判タ910号218頁）〔28010910〕・・・・・・・・・・・・・	216
仙台高裁平成7年11月27日判決（判タ905号183頁）〔28010561〕・・・・・・・・・・・・	285
大阪地裁堺支部平成7年12月1日判決（判時1581号110頁）〔28020003〕・・・・・・・	296
仙台高裁平成7年12月14日判決（判タ911号137頁）〔28010978〕・・・・・・・・・・・・	301
名古屋地裁平成8年1月19日判決（判時1570号87頁）〔28011012〕・・・・・・・・・・	210
最高裁平成8年1月30日決定 （宗教法人オウム真理教解散事件／判タ900号160頁）〔27828991〕・・・・・・・・・	38,229
最高裁平成8年3月8日判決 （神戸高専剣道実技履修拒否事件／判時1564号3頁）〔28010410〕・・・・・・・・・	9
松山地裁今治支部平成8年3月14日判決（労判697号71頁）〔28011058〕・・・・・・・	442
最高裁平成8年6月24日判決（判タ918号114頁）〔28010784〕・・・・・・・・・・・・・・・	179
東京高裁平成8年7月24日判決（判時1597号129頁）〔28031310〕・・・・・・・・・・・	445
最高裁平成8年10月29日判決（判タ926号159頁）〔28020289〕・・・・・・・・・・・・・	266
東京高裁平成8年10月30日判決（判時1586号76頁）〔28020206〕・・・・・・・・・・・	261
富山地裁平成8年12月18日判決（判例地方自治162号73頁）〔28021283〕・・・・・・	115
京都地裁平成8年12月24日判決（判タ937号170頁）〔28021046〕・・・・・・・	262,267,268
高松地裁平成9年3月13日判決（判タ955号190頁）〔28030121〕・・・・・・・・・・・・	299
最高裁平成9年4月2日判決（愛媛玉串料事件／判タ940号98頁）〔28020801〕・・・・	45,46,50
静岡地裁平成9年8月8日判決（判時1650号109頁）〔28033309〕・・・・・・・・・・・	412
大阪高裁平成9年8月29日判決（判タ985号200頁）〔28040042〕・・・・・・・・・・・	369
最高裁平成9年9月9日判決（判タ955号115頁）〔28021760〕・・・・・・・・・・・・・・	397
大阪地裁平成9年9月17日決定（判タ968号254頁）〔28030989〕・・・・・・・・・・・	19
札幌地裁平成9年9月19日判決（判タ982号290頁）〔28033262〕・・・・・・・・・・・	211
東京地裁平成9年10月23日判決（判タ995号234頁）〔28040887〕・・・・・・・・・・・	30
京都地裁平成10年1月22日判決（判タ983号233頁）〔28032126〕・・・・・・・・・・	444
福岡高裁平成10年2月27日判決（判タ1008号156頁）〔28042469〕・・・・・・・・・	357
最高裁平成10年3月10日判決（判タ1007号259頁）〔28030597〕・・・・・・・・・・	429
長野地裁松本支部平成10年3月10日判決（判タ995号175頁）〔28040880〕・・・・	425
名古屋高裁平成10年3月11日判決（判時1725号144頁）〔28052578〕・・・・・・・・	32

東京地裁平成10年4月24日判決（判タ1029号254頁）〔28051595〕・・・・・・・・・・ 97

東京地裁八王子支部平成10年4月24日判決（判タ995号282頁）〔28045163〕・・・・・・ 476

大津地裁平成10年5月25日判決（判タ1013号154頁）〔28042832〕・・・・・・・・ 365

富山地裁平成10年6月19日判決（判タ980号278頁）〔28035699〕・・・・・・・・ 494

名古屋高裁金沢支部平成10年6月24日判決（判例地方自治185号69頁）〔28040924〕・・・ 115

千葉地裁佐倉支部平成10年9月8日判決（判タ1020号176頁）〔28050629〕・・・・・・ 360

広島高裁岡山支部平成10年9月29日判決（判タ997号231頁）〔28040998〕・・・・・ 299

〔平成11年～20年〕

最高裁平成11年3月25日判決（裁判集民192号499頁）〔28040618〕・・・・・・・・ 15

神戸家裁平成11年4月30日審判（家裁月報51巻10号135頁）〔28042620〕・・・・・・ 315

最高裁平成11年9月28日判決（判タ1014号174頁）〔28042212〕・・・・・・・・・・ 79

最高裁平成11年10月21日判決
（箕面遺族会補助金事件／判タ1018号166頁）〔28042451〕・・・・・・・・・・・・ 45

東京高裁平成11年12月16日判決（判時1742号107頁）〔28062614〕・・・・・・・ 423

前橋地裁平成11年12月22日判決（D1-Law.com 判例体系）〔28263164〕・・・・・ 263,288

最高裁平成12年1月31日判決（判タ1027号95頁）〔28050209〕・・・・・・・・・ 431

最高裁平成12年2月29日判決（判タ1031号158頁）〔28050437〕・・・・・・・・ 21

最高裁平成12年3月17日判決（判タ1029号159頁）〔28050542〕・・・・・・・・ 245

広島高裁平成12年8月25日判決（家裁月報53巻10号106頁）〔28061243〕・・・・・ 316

最高裁平成12年9月7日判決（判タ1045号123頁）〔28051939〕・・・・・・・・ 213

広島高裁岡山支部平成12年9月14日判決（判時1755号93頁）〔28062106〕・・・・ 371

東京高裁平成12年9月21日判決（判タ1094号181頁）〔28072074〕・・・・・・・ 399

京都地裁平成13年11月1日判決（裁判所ウェブサイト）〔28071400〕・・・・・・・ 317

最高裁平成14年1月22日判決（判タ1084号139頁）〔28070184〕・・・・・・・・ 263

さいたま地裁平成14年1月23日判決（判例地方自治236号83頁）〔28080774〕・・・・ 213

和歌山地裁平成14年1月24日決定（訟務月報48巻9号2154頁）〔28070703〕・・・・ 234

最高裁平成14年2月22日判決（判タ1087号97頁）〔28070377〕・・・・・・・・・ 80

判 例 索 引

佐賀地裁平成14年4月12日判決（判時1789号113頁）〔28071992〕・・・・・・・・・・・・・ 14
最高裁平成14年7月9日判決
（主基斉田抜穂の儀参列事件／判タ1105号136頁）〔28071915〕・・・・・・・・・・・ 45
最高裁平成14年7月11日判決（大嘗祭参列事件／判タ1105号134頁）〔28071916〕・・・ 45
福岡高裁平成14年10月25日判決（判タ1150号268頁）〔28080556〕・・・・・・・・・・・ 71
水戸地裁平成14年12月27日判決（裁判所ウェブサイト）〔28151717〕・・・・・・・・・・ 253
神戸地裁平成15年1月8日判決（裁判所ウェブサイト）〔28081043〕・・・・・・・・・・・ 274
名古屋地裁平成15年10月29日判決（判タ1189号325頁）〔28090443〕・・・・・・・・・ 190
最高裁平成16年6月28日判決
（即位礼正殿の儀参列事件／判タ1176号121頁）〔28091849〕・・・・・・・・・・・・ 45
名古屋高裁金沢支部平成16年10月13日判決（判タ1209号300頁）〔28111547〕・・・・ 201
長野地裁平成16年10月29日判決（判例地方自治272号36頁）〔28110248〕・・・・・・ 103
名古屋地裁平成17年3月24日判決（判タ1241号81頁）〔28100900〕・・・・・・・・・・・ 508
さいたま地裁平成17年6月22日判決（裁判所ウェブサイト）〔28101672〕・・・・・・・・・ 253
東京高裁平成17年7月27日判決（判タ1214号307頁）〔28111816〕・・・・・・・・・・・ 193
最高裁平成17年11月8日判決（判タ1197号117頁）〔28102300〕・・・・・・・・・・・・・ 200
東京地裁平成17年12月16日判決（D1-Law.com 判例体系）〔28265595〕・・・・・・・・ 362
最高裁平成18年1月20日判決（判タ1205号108頁）〔28110343〕・・・・・・・・・・ 445, 447
鳥取地裁平成18年2月7日判決（判時1983号73頁）〔28111925〕・・・・・・・・・・・・ 126
東京高裁平成18年4月19日決定（判タ1239号289頁）〔28131463〕・・・・・・・・・・・ 320
最高裁平成18年6月23日判決（判タ1218号183頁）〔28111345〕・・・・・・・・・・・・ 17
東京地裁平成18年9月14日判決（判タ1247号231頁）〔28132055〕・・・・・・・・・・・ 304
広島高裁松江支部平成18年10月11日判決（判時1983号68頁）〔28130001〕・・・・・ 126
東京地裁平成18年10月12日判決（判タ1249号294頁）〔28131498〕・・・・・・・・・・ 209
東京地裁平成19年2月8日判決（D1-Law.com 判例体系）〔28265592〕・・・・・・・・・ 290
東京地裁平成19年5月29日判決（判タ1261号215頁）〔28140709〕・・・・・・・・・・・ 371
さいたま地裁平成19年6月27日判決（判例地方自治301号42頁）〔28131999〕・・・・・ 535
京都地裁平成19年6月29日判決（裁判所ウェブサイト）〔28131790〕・・・・・・・・・・・ 271
東京地裁平成19年8月23日判決（D1-Law.com 判例体系）〔28265594〕・・・・・・・・ 312

569

東京高裁平成20年1月23日判決（D1-Law.com 判例体系）〔28152801〕・・・・・・・・・・ 529

最高裁平成20年8月27日判決（判タ1301号124頁）〔28155730〕・・・・・・・・・・・ 36

最高裁平成20年9月12日判決（判タ1281号165頁）〔28141940〕・・・・・・・・・・ 507

横浜地裁平成20年9月24日判決
（税務訴訟資料（250号～）258号11036順号）〔28170555〕・・・・・・・ 540

東京高裁平成20年10月30日判決（裁判所ウェブサイト）〔28153949〕・・・・・ 523

東京地裁平成20年11月27日判決（D1-Law.com 判例体系）〔28265596〕・・・・ 433

東京高裁平成20年12月18日判決（判タ1306号266頁）〔28150596〕・・・・・・・ 340

〔平成21年～30年〕

東京地裁平成21年1月28日判決（判タ1303号221頁）〔28151344〕・・・・・・・・ 397

京都地裁平成21年6月15日判決（判タ1334号249頁）〔28163547〕・・・・・・・・ 88

最高裁平成21年9月15日判決（判タ1308号117頁）〔28153142〕・・・・・・・ 80,84

東京地裁平成21年10月20日判決（判タ1328号139頁）〔28160928〕・・・・・281,284

東京地裁平成21年12月18日判決（判タ1322号259頁）〔28161723〕・・・・・・・・ 91

東京高裁平成21年12月21日判決（判タ1328号134頁）〔28161603〕・・・・・・・ 318

最高裁平成22年1月20日判決（空知太神社事件／判タ1318号57頁）〔28160142〕・・・・ 46,53

大阪高裁平成22年1月28日判決（判タ1334号245頁）〔28163546〕・・・・・・・・ 89

京都地裁平成22年2月5日判決（判時2082号105頁）〔28162479〕・・・・・・・・ 386

知財高裁平成22年3月25日判決（判タ1370号206頁）〔28160679〕・・・・・・・ 454

東京地裁平成22年3月29日判決（労判1008号22頁）〔28163000〕・・・・・・・ 443

東京地裁平成22年4月16日判決（判時2079号25頁）〔28162057〕・・・・・・・ 246

最高裁平成22年4月20日判決（判タ1325号78頁）〔28160977〕・・・・・・・・・ 99

最高裁平成22年6月29日判決（判タ1330号89頁）〔28161754〕・・・・・・・・ 383

東京地裁平成22年7月6日決定（判時2122号99頁）〔28174369〕・・・・・・・・ 384

最高裁平成22年7月22日判決（白山ひめ神社事件／判タ1330号81頁）〔28161889〕・・・・ 60

長野地裁平成23年2月4日判決（D1-Law.com 判例体系）〔28265591〕・・・・・・ 162

最高裁平成23年6月3日判決（判タ1354号94頁）〔28172939〕・・・・・・・・ 346

判 例 索 引

東京地裁平成23年12月13日判決（判例地方自治372号12頁）〔28206459〕・・・・・・・ 531
京都地裁平成24年1月17日判決（裁判所ウェブサイト）〔28180825〕・・・・・・・・・ 352
東京地裁平成24年1月24日判決（判タ1384号139頁）〔28181339〕・・・・・・・・・ 512,549
宇都宮地裁平成24年2月15日判決（判タ1369号208頁）〔28181257〕・・・・・・・・ 265
最高裁平成24年2月16日判決（判タ1369号96頁）〔28180301〕・・・・・・・・・・・・・ 60
東京地裁平成24年2月28日判決（裁判所ウェブサイト）〔28180575〕・・・・・・・・ 465
名古屋高裁平成24年3月29日判決（裁判所ウェブサイト）〔28180997〕・・・・・・ 315
東京地裁平成24年6月21日判決（判タ1411号275頁）〔28212363〕・・・・・・・・・ 542
大阪地裁平成24年7月27日判決（判タ1386号335頁）〔28182588〕・・・・・・・・・ 196
東京地裁平成24年8月28日判決（D1-Law.com 判例体系）〔28270207〕・・・・・・ 122
東京地裁平成24年9月28日判決（判タ1407号368頁）〔28182119〕・・・・・・・・・ 452
神戸地裁姫路支部平成25年2月6日判決（判タ1411号344頁）〔28231966〕・・・ 327
東京地裁平成25年7月31日判決（D1-Law.com 判例体系）〔29029053〕・・・・・・ 123
松山地裁平成25年9月25日判決（判例地方自治390号77頁）〔28213204〕・・・・ 256
東京地裁平成25年10月25日判決（D1-Law.com 判例体系）〔29026503〕・・・・・ 401
名古屋地裁平成25年11月27日判決（D1-Law.com 判例体系）〔28265597〕・・・ 520
東京地裁平成25年12月13日判決（裁判所ウェブサイト）〔28220579〕・・・・・・・ 452
高松高裁平成26年2月27日判決（D1-Law.com 判例体系）〔28265593〕・・・・・・ 292
大阪地裁平成26年4月25日判決（判時2235号84頁）〔28224792〕・・・・・・・・・ 433
東京地裁平成26年5月27日判決（D1-Law.com 判例体系）〔28251527〕・・・・・ 273,375
さいたま家裁平成26年6月30日審判（判タ1416号391頁）〔28233359〕・・・・・・ 321
東京地裁平成27年2月26日判決（判時2270号56頁）〔28234068〕・・・・・・・・・ 309
福岡地裁平成27年11月11日判決（判時2312号114頁）〔28234244〕・・・・・・・ 439
東京地裁平成28年1月25日判決（労経速報2272号11頁）〔28241284〕・・・・・・ 444
東京地裁平成28年3月10日判決（D1-Law.com 判例体系）〔29018305〕・・・・・・ 311
東京地裁平成28年5月24日判決（判タ1434号201頁）〔28243260〕・・・・・・・・・ 526
東京地裁平成28年6月3日判決（D1-Law.com 判例体系）〔29018797〕・・・・・・ 343
高松地裁丸亀支部平成28年6月6日判決（判時2332号23頁）〔28252235〕・・・・ 153

571

東京地裁平成28年9月21日判決（D1-Law.com 判例体系）〔29019922〕	277,278
東京地裁平成28年10月27日判決（D1-Law.com 判例体系）〔29021207〕	210
高松高裁平成28年11月25日判決（判時2332号19頁）〔28252234〕	153,158
名古屋地裁平成28年12月8日判決（裁判所ウェブサイト）〔28253248〕	108
東京地裁平成29年1月13日判決（D1-Law.com 判例体系）〔29038506〕	310
東京地裁平成29年2月6日判決（消費者法ニュース113号293頁）〔28254305〕	120
高松地裁丸亀支部平成29年3月22日判決（判時2354号66頁）〔28251023〕	18
横浜地裁川崎支部平成29年4月27日判決（D1-Law.com 判例体系）〔28265599〕	419
大阪地裁平成29年7月26日判決（D1-Law.com 判例体系）〔28265598〕	218
東京地裁平成29年11月16日判決（D1-Law.com 判例体系）〔29046181〕	219
徳島地裁平成30年6月20日判決（D1-Law.com 判例体系）〔28263032〕	23

〔裁決例〕

国税不服審判所平成21年10月28日裁決（裁決事例集No. 78・237頁）	537
国税不服審判所平成21年11月10日裁決（裁決事例集No. 78・309頁）	513
国税不服審判所平成21年11月10日裁決（裁決事例集No. 78・536頁）	544
国税不服審判所平成24年2月7日裁決（裁決事例集No. 86）	548
国税不服審判所平成25年1月22日裁決（裁決事例集No. 90）	547
国税不服審判所平成26年12月8日裁決（裁決事例集No. 97）	514

著者プロフィール

本間　久雄（弁護士・横浜関内法律事務所）
東京都出身・昭和57年生。平成20年12月弁護士登録（第61期）
学習院高等科卒業、東京大学法学部卒業、慶應義塾大学法科大学院卒業
宗教法学会会員、宗教法制研究会会員
日蓮宗僧侶
１級ファイナンシャル・プランニング技能士（資産相談業務）、マンション管理士
『月刊住職』（興山舎）、『中外日報』法律相談コーナー担当

〜主な著書・論文〜
『寺院法務の実務と書式－基礎知識から運営・管理・税務まで－』（共著・民事法研究会・2018年）
『マンション・団地の法律実務』（共著・ぎょうせい・2014年）
『葬儀・墓地のトラブル相談Ｑ＆Ａ』（共著・民事法研究会・2014年）
『寺院の法律知識－適正な運営と紛争の予防－』（共著・新日本法規・2012年）
『Ｑ＆Ａ宗教法人をめぐる法律実務』（加除式書籍・共著・新日本法規）
『事例式　寺院・墓地トラブル解決の手引』（加除式書籍・共著・新日本法規）

サービス・インフォメーション
─── 通話無料 ───
①商品に関するご照会・お申込みのご依頼
　　　　　TEL 0120(203)694／FAX 0120(302)640
②ご住所・ご名義等各種変更のご連絡
　　　　　TEL 0120(203)696／FAX 0120(202)974
③請求・お支払いに関するご照会・ご要望
　　　　　TEL 0120(203)695／FAX 0120(202)973

●フリーダイヤル（TEL）の受付時間は、土・日・祝日を除く
　9：00～17：30です。
●FAXは24時間受け付けておりますので、あわせてご利用ください。

神弁協叢書
弁護士実務に効く　判例にみる宗教法人の法律問題

2019年3月20日　初版発行

著　者　　本　間　久　雄
発行者　　田　中　英　弥
発行所　　第一法規株式会社
　　　　　〒107-8560　東京都港区南青山2-11-17
　　　　　ホームページ　http://www.daiichihoki.co.jp/
装　丁　　篠　隆二
ＤＴＰ　　タクトシステム株式会社
印刷・製本　株式会社光邦

判例宗教法人　ISBN 978-4-474-06650-2　C2032（6）